Das IT-Gesetz: Compliance in der IT-Sicherheit

EBOOK INSIDE

Die Zugangsinformationen zum eBook inside finden Sie am Ende des Buchs.

Lizenz zum Wissen.

Sichern Sie sich umfassendes Technikwissen mit Sofortzugriff auf tausende Fachbücher und Fachzeitschriften aus den Bereichen: Automobiltechnik, Maschinenbau, Energie + Umwelt, E-Technik, Informatik + IT und Bauwesen.

Exklusiv für Leser von Springer-Fachbüchern: Testen Sie Springer für Professionals 30 Tage unverbindlich. Nutzen Sie dazu im Bestellverlauf Ihren persönlichen Aktionscode C0005406 auf www.springerprofessional.de/buchaktion/

Jetzt 30 Tage testen!

Springer für Professionals.
Digitale Fachbibliothek. Themen-Scout. Knowledge-Manager.

- 🔑 Zugriff auf tausende von Fachbüchern und Fachzeitschriften
- ⊙ Selektion, Komprimierung und Verknüpfung relevanter Themen durch Fachredaktionen
- ✎ Tools zur persönlichen Wissensorganisation und Vernetzung

www.entschieden-intelligenter.de

Springer für Professionals

Ralf-T. Grünendahl · Andreas F. Steinbacher
Peter H. L. Will

Das IT-Gesetz: Compliance in der IT-Sicherheit

Leitfaden für ein Regelwerk
zur IT-Sicherheit im Unternehmen

3., korrigierte Auflage

Ralf-T. Grünendahl
Düsseldorf, Deutschland

Andreas F. Steinbacher
Düsseldorf, Deutschland

Peter H. L. Will
Hamburg, Deutschland

ISBN 978-3-658-18204-5   ISBN 978-3-658-18205-2 (eBook)
DOI 10.1007/978-3-658-18205-2

Die Deutsche Nationalbibliothek verzeichnet diese Publikation in der Deutschen Nationalbibliografie; detaillierte bibliografische Daten sind im Internet über http://dnb.d-nb.de abrufbar.

Springer Vieweg
© Springer Fachmedien Wiesbaden GmbH 2009, 2012, 2017
Das Werk einschließlich aller seiner Teile ist urheberrechtlich geschützt. Jede Verwertung, die nicht ausdrücklich vom Urheberrechtsgesetz zugelassen ist, bedarf der vorherigen Zustimmung des Verlags. Das gilt insbesondere für Vervielfältigungen, Bearbeitungen, Übersetzungen, Mikroverfilmungen und die Einspeicherung und Verarbeitung in elektronischen Systemen.
Die Wiedergabe von Gebrauchsnamen, Handelsnamen, Warenbezeichnungen usw. in diesem Werk berechtigt auch ohne besondere Kennzeichnung nicht zu der Annahme, dass solche Namen im Sinne der Warenzeichen- und Markenschutz-Gesetzgebung als frei zu betrachten wären und daher von jedermann benutzt werden dürften.
Der Verlag, die Autoren und die Herausgeber gehen davon aus, dass die Angaben und Informationen in diesem Werk zum Zeitpunkt der Veröffentlichung vollständig und korrekt sind. Weder der Verlag, noch die Autoren oder die Herausgeber übernehmen, ausdrücklich oder implizit, Gewähr für den Inhalt des Werkes, etwaige Fehler oder Äußerungen. Der Verlag bleibt im Hinblick auf geografische Zuordnungen und Gebietsbezeichnungen in veröffentlichten Karten und Institutionsadressen neutral.

Gedruckt auf säurefreiem und chlorfrei gebleichtem Papier

Springer Vieweg ist Teil von Springer Nature
Die eingetragene Gesellschaft ist Springer Fachmedien Wiesbaden GmbH
Die Anschrift der Gesellschaft ist: Abraham-Lincoln-Str. 46, 65189 Wiesbaden, Germany

Vorwort der 2. Auflage

Die Schlacht von Wikileaks gegen die Regierungen und Konzerne der Welt, die Schlacht von Anonymus, der Hackercommunity hinter Wikileaks, gegen sogenannte ‚Feinde' der Plattform, der Stuxnet-Angriff auf das iranische Atomprogramm, der Bundestrojaner, der Diebstahl von 100 Mio. Kundendaten bei Sony – die Anzahl besorgniserregender Meldungen dieser Art hat in den letzten Monaten stark zugenommen. Immerhin hat Sony nach diesem Coup erstmals einen Chief Security Officer (CSO) berufen. Zugleich eröffnet die Bundesregierung das Nationale Cyber-Abwehrzentrum zum Schutz kritischer Infrastrukturen.

Auf der anderen Seite gibt es die alltägliche Kriminalität rund um Informationen von Unternehmen, die in ihrer Summe das vielleicht sogar größere Problem ausmacht.

Ein Botnetz mit 10.000 Bot-PCs lässt sich für 200 US-Dollar pro Tag mieten, so Michael Hange, Präsident des Bundesamtes für Sicherheit in der IT im Lagebericht seines Instituts 2011. Trojaner-Kits im freien Verkauf sind auch für einfache Betrüger erschwinglich, werden für wenige Dollar auf eine neues Ziel hin angepasst oder gar für wenige hundert pro Monat als Software as a Service angeboten.

Kein Wunder also, dass viele Unternehmen sich wie im Rennen von Hase und Igel fühlen, selbst wenn sie sehr viel Aufwand in die Sicherung ihrer Informationen stecken, als Hase also eigentlich sehr schnell unterwegs sind. Zugleich gibt es noch immer eine beträchtliche Anzahl Unternehmen, die sich der Tragweite des Problems nicht bewusst sind, und dies, obgleich ein Viertel der Unternehmen in den vergangenen drei Jahren Opfer von Computerkriminalität war.

In den meisten Unternehmen, so konstatiert KPMG in einer aktuellen Studie (Weiss & Fritzsche, KPMG 2010), trägt die IT-Abteilung die Hauptverantwortung für die Bekämpfung von ‚eCrime', obgleich zunehmend nicht technisch bedingte Schwachstellen das Problem darstellen. Zugleich halten nach dieser Studie ein Drittel der von eCrime betroffenen Unternehmen ihre Erstreaktion für nur teilweise angemessen.

Sicherheit von Unternehmensinformationen ist nicht nur ein Thema der IT-Abteilung. Es sollte entsprechend breit aufgestellt sein und fest in den Abläufen und Strukturen eines Unternehmens verankert werden. Es braucht ein Regelwerk, das weit über die IT hinaus Wirkung entfaltet. Das meinen wir, wenn wir dieses Buch ‚Das IT-Gesetz' genannt haben.

Die Autoren

Vorwort der 1. Auflage

Im Rückblick der vergangenen 15 Jahre hat die IT-Sicherheitsfunktion in Unternehmen drastische Veränderungen erfahren. Gestartet zu Mainframe-Zeiten als wenig beachtetes Thema mit dem Charakter einer Geheimwissenschaft, ist IT-Sicherheit heute eine unverzichtbare Unternehmensfunktion, deren Effektivität gegenüber Dritten verpflichtend nachgewiesen werden muss. Mit diesem Wandel der Bedeutung hat sich auch das Herangehen an dieses Thema fortentwickeln müssen. Während in der Vergangenheit IT-Sicherheit vornehmlich mit dem Einsatz geeigneter Sicherheitstechnologien sowie deren Bedienung und Kontrolle verbunden war, steht heute die nachhaltige und effiziente Aufrechterhaltung eines angemessenen Sicherheitsniveaus im Vordergrund. Der Forderung nach Nachhaltigkeit und Effizienz wurde begegnet, indem zunächst Vorgehensweisen und Methoden des IT Risikomanagements in die Methoden der IT-Sicherheit integriert wurden. Gleichzeitig rückte das Management der IT-Sicherheitsfunktion gegenüber ihrer operativen Rolle stärker in den Vordergrund. Es wurden IT-Sicherheitsmanagement-Prozesse definiert und standardisiert. Auf dieser Basis besitzen wir heute das theoretische und praktische Rüstzeug für das professionelle Management der IT-Sicherheit in Unternehmen. Dennoch konnten bei weitem nicht alle Unternehmen mit dieser Evolution der IT-Sicherheit Schritt halten. Branchen, deren Kernwertschöpfung eng mit dem Einsatz von Informationstechnologie verbunden ist, haben hier oft den höchsten Reifegrad erreicht, was sich durch deren extreme Abhängigkeit von Informationstechnologien erklärt. Andere Branchen werden hier folgen, da auch deren Abhängigkeit von Informations- und Kommunikationstechnologien stetig steigt. Das hier vorliegende Buch kann aus unserer Sicht einen wertvollen Beitrag zu einer Professionalisierung des Umgangs mit IT-Sicherheit und dem Management der IT-Sicherheitsfunktion im Unternehmen leisten, indem es die wesentlichen Facetten des modernen IT-Sicherheitsmanagements zusammenfasst.

Bernd Eßer
Head of Group
ICT Risk & Security Management
Detecon International

Thomas Götz
Head of Practice
Information Technology Management
Detecon International

Die Autoren

Ralf-T. Grünendahl ist Client Industry Executive bei DXC (entstanden aus dem Merger der Servicesparte von Hewlett Packard Enterprise mit CSC) und dort in internationalen Accounts, vorrangig in der Telekommunikationsindustrie, tätig. Andreas F. Steinbacher leitet Beratungsprojekte für die IT Governance Practice der DXC Transformation & Integration Services. Peter Will ist Branchenverantwortlicher für den Public-Bereich bei kobaltblau Management Consultants. Will war zuvor Division Head des Business Technology Management bei Kienbaum und Managing Consultant der Detecon International. Die Autoren beschäftigen sich seit vielen Jahren mit IT-Strategie, strategischer Ausrichtung von IT-Organisationen und der Digitalen Transformation von Unternehmen sowie mit Regulierungsfragen (SOX, Basel II), Risikomanagement und den daraus folgenden Implikationen für die IT und insbesondere für IT-Sicherheit.

Danksagung

Die Autoren danken ihren Kollegen für ihre Beiträge und Anregungen zu diesem Buch. Besonderer Dank gilt Andrea Ritschel, Moritz Klingholz und Michael Weissing.

Inhaltsverzeichnis

1	**Einleitung**	1
	1.1 Gesetzliche und regulatorische Vorgaben	2
2	**Bedeutung der IT-Sicherheit in Unternehmen**	5
3	**COBIT und BSI als Leitschnur der IT-Sicherheit**	13
4	**‚Grundgesetz' der IT-Sicherheit**	19
	4.1 Regelungsziele nach COBIT	20
	4.1.1 Planung und Organisation	20
	4.1.2 Monitoring	23
	4.2 Vorschlag für eine IT-Sicherheitspolicy	24
	4.2.1 Vorbemerkung und Einführung	24
	4.2.2 Übergeordnete Aspekte	25
	4.2.3 Infrastruktur	36
	4.2.4 IT-Systeme	38
	4.2.5 Netze	42
	4.2.6 IT-Anwendungen	45
5	**Schutz von Daten**	51
	5.1 Regelungsziele nach COBIT	52
	5.1.1 Planung und Organisation	52
	5.1.2 Delivery & Support	53
	5.1.3 Monitoring	54
	5.2 Vorschlag für eine Datenschutzrichtlinie	55
	5.2.1 Geltungsbereich	55
	5.2.2 Begriffsbestimmung und Eingrenzung	55
	5.2.3 Ziele des Datenschutzes im Unternehmen	56
	5.2.4 Verankerung des Datenschutzes in der Organisation	56
	5.2.5 Grundsätze des Datenschutzes	58

5.3 Vorschlag für eine Richtlinie zum Schutz von Unternehmensdaten 61
    5.3.1 Datenschutz 61
    5.3.2 Authentikation 64
    5.3.3 Verschlüsselung 67
    5.3.4 Datensicherung und Archivierung 70
5.4 Hinweise für ein Datensicherungskonzept 75
    5.4.1 Definitionen 75
    5.4.2 Gefährdungslage 75
    5.4.3 Regelungsbedarfe je IT-System 75
    5.4.4 Datensicherungsplan je IT-System 77
    5.4.5 Minimaldatensicherungskonzept 78
    5.4.6 Verpflichtung der Mitarbeiter zur Datensicherung 78
    5.4.7 Sporadische Restaurierungsübungen 79

6 Sicherheitsmanagement 81
6.1 Regelungsziele nach COBIT 81
    6.1.1 Prozess und Organisation 82
    6.1.2 Akquisition und Implementierung 86
    6.1.3 Delivery & Support 86
    6.1.4 Monitoring 89
6.2 Vorschlag für eine Richtlinie zum Sicherheitsmanagement 90
    6.2.1 Vorbemerkung und Einführung 91
    6.2.2 Rollen und Verantwortlichkeiten 92
    6.2.3 Änderungsmanagement 94
    6.2.4 Notfallmanagement 95
    6.2.5 IT-Sicherheitsziele des Unternehmens 96
    6.2.6 IT-Sicherheitskonzept des Unternehmens 97
    6.2.7 Sicherheitsmanagement-Prozess des Unternehmens ... 100
    6.2.8 IT-Strukturanalyse 100
    6.2.9 Schutzbedarfsfeststellung 103
    6.2.10 Sicherheitsanalyse und Formulierung zielführender
           Sicherheitsmaßnahmen 108
    6.2.11 IT-Sicherheitsreporting an das Management 109
    6.2.12 Verhaltensweisen zu Sicherheitsvorfällen 109

7 IT-Betrieb 111
7.1 Regelungsziele nach COBIT 111
    7.1.1 Planung & Organisation 112
    7.1.2 Akquisition & Implementierung 117
    7.1.3 Delivery & Support 119
    7.1.4 Monitoring 124

7.2	Vorschlag für eine Richtlinie zum sicheren IT-Betrieb		124
	7.2.1	Vorbemerkung und Einführung	124
	7.2.2	Gebäudesicherheit	125
	7.2.3	Organisation und Governance	130
	7.2.4	Regelungen zu Zutritt, Zugang, Zugriff	138
	7.2.5	Hardware- und Softwareeinsatz	150
	7.2.6	Sichere technische Infrastruktur	158
	7.2.7	Regelmäßige Kontrollmaßnahmen	177
	7.2.8	Datensicherung und Archivierung	185
	7.2.9	Schutz gegen Angriffe	186
	7.2.10	Dokumentation	189
	7.2.11	Schulung und Training	195
	7.2.12	Ergänzende allgemeine Sicherheitsrichtlinien	197

8 IT-Systeme ... 201

8.1	Regelungsziele nach COBIT		201
	8.1.1	Planung & Organisation	202
	8.1.2	Akquisition & Implementierung	204
	8.1.3	Delivery & Support	207
	8.1.4	Monitoring	208
8.2	Vorschlag für eine Richtlinie zu IT-Systemen		209
	8.2.1	Vorbemerkung und Einführung	209
	8.2.2	Allgemeine Sicherheitsrichtlinien	210
	8.2.3	User-Management	212
	8.2.4	Server	214
	8.2.5	Client	216
	8.2.6	Mobile Systeme	217
	8.2.7	Externer Zugang	218
	8.2.8	Lotus Notes/Domino	219
	8.2.9	Webserver	222
	8.2.10	Novell	223
	8.2.11	Windows XP	226
	8.2.12	Windows	230
	8.2.13	Windows Server 2003	231
	8.2.14	Unix	234
	8.2.15	Aktive Netzwerkkomponenten	236
	8.2.16	Paketfilter & Proxy	240
	8.2.17	Datenbanken	243
	8.2.18	SAP	244
	8.2.19	Drucker	247

	8.2.20	Samba... 247
	8.2.21	Verzeichnisdienst... 248
	8.2.22	VPN... 250
8.3		Vertiefende Detailregelungen in Arbeitsanweisungen... 251

9 Verankerung der IT-Sicherheit in der Organisation... 259
- 9.1 Regelungsziele nach COBIT... 259
  - 9.1.1 Planung und Organisation... 260
  - 9.1.2 Delivery & Support... 262
- 9.2 Vorschlag für eine Richtlinie zur IT-Organisation... 262
  - 9.2.1 Schulung und Training... 262

10 Service-Management... 267
- 10.1 Regelungsziele nach COBIT... 267
  - 10.1.1 Planung und Organisation... 268
  - 10.1.2 Akquisition und Implementierung... 270
  - 10.1.3 Delivery & Support... 277
- 10.2 Vorschlag für eine Service-Management-Richtlinie... 279
  - 10.2.1 Vorbemerkung und Einführung... 279
  - 10.2.2 Incident-Management... 280
  - 10.2.3 Problem-Management... 283
  - 10.2.4 Change-Management... 288
  - 10.2.5 Release-Management... 296
  - 10.2.6 Configuration-Management... 302

11 IT Continuity-Planung... 313
- 11.1 Regelungsziele nach COBIT... 313
  - 11.1.1 Planung und Organisation... 314
  - 11.1.2 Delivery & Support... 314
- 11.2 Vorschlag für eine IT Continuity-Richtlinie... 316
  - 11.2.1 Grundlegende Maßnahmen zur IT Continuity-Planung... 316
  - 11.2.2 Ziele der IT Continuity-Planung... 321
  - 11.2.3 Abgrenzung... 322
  - 11.2.4 Gegenstand dieser Richtlinie... 323
  - 11.2.5 Planung der IT Continuity... 325
  - 11.2.6 Contingency-Management... 326
  - 11.2.7 Prozesse der IT Continuity... 326
  - 11.2.8 Organisation der IT Continuity... 327
  - 11.2.9 Umgebungswiederherstellung... 329
  - 11.2.10 Funktionale Wiederherstellung... 333

Stichwortverzeichnis... 337

Einleitung 1

Die Anzahl der IT-Systeme, die wichtige Unternehmensdaten halten oder die einen wichtigen Beitrag zur Geschäftstätigkeit eines Unternehmens leisten, nimmt ständig zu. Gleichzeitig nimmt die räumliche Verteilung dieser Systeme zu. Standorte müssen miteinander verbunden werden, Daten werden auf mobilen Geräten gehalten, wichtige Anwendungen beispielsweise des Vertriebes laufen auf mobilen Geräten. Schließlich sind immer mehr dieser IT-Systeme mit dem Internet verbunden, um für das Unternehmen und seine Kunden die Vorteile diese Form der Kommunikation nutzbar zu machen.

Diese verteilte Haltung und die Mobilität von Daten erfordern, dass der Schutz dieser Daten und ihrer Kommunikationswege eine immer höhere Bedeutung erhält. In Kap. 2 zur Bedeutung der IT-Sicherheit in Unternehmen werden wir exemplarisch auf einige der Bedrohungsszenarien eingehen. Die Schutzziele Verfügbarkeit, Vertraulichkeit und Integrität von Daten und der Systeme zu ihrer Speicherung und Verteilung sind mittlerweile so hoch einzuschätzen, dass das Thema IT-Sicherheit in Diskussionen einen Spitzenplatz einnimmt. Dabei wird der unbedarfte und auch professionelle Teilnehmer an diesen Diskussionen mit Begriffen und Inhalten überschüttet, die einer Erklärung und Erläuterung bedürfen und die es in einen sinnvollen Zusammenhang zu stellen gilt. Wir haben es uns mit diesem Buch zur Aufgabe gemacht, diesen Zusammenhang herzustellen.

Dieses Buch gibt den Begriffen, Inhalten und Zusammenhängen der IT-Sicherheit eine Struktur. Durch dieses Buch werden die Begriffe

- IT-Sicherheit und IT-Sicherheitsmanagement,
- Sicherheitsziele und Sicherheitskonzept,
- IT-Grundschutz, Schutzbedarfsfeststellung und Sicherheitsanalyse,
- IT-Sicherheitsbeauftragte und IT-Sicherheitsrichtlinie,
- Sicherheitsreporting und IT-Sicherheitsorganisation,

- Datenschutz und Datensicherungskonzept,
- Zutritt, Zugang und Zugriff,
- K-Fall Handbuch, Business Continuity, Disaster Recovery

und viele mehr in einen sinnvollen Kontext überführt.

Die Struktur, die wir für diesen Zweck gewählt haben, ist mit einem Gesetzeswerk vergleichbar. Deshalb haben wir das Buch das ‚IT-Gesetz' genannt: Die Inhalte sind grundlegender Natur und sollten in jedem Unternehmen auf eine vergleichbare Weise geregelt werden. Der Aufbau ist hierarchisch, ausgehend von einem übergeordneten Rahmenwerk, der ‚IT-Sicherheitspolicy' als einer Art Verfassung, hin zu detaillierteren Durchführungsgesetzen und schließlich einzelnen Arbeitsanweisungen.

Damit wendet sich dieses Buch sowohl an

- Manager, die vor der Herausforderung stehen, die Sicherheit in der IT ihres Unternehmens zu gewährleisten, als auch an
- IT-Fachleute, die zwar die Inhalte und Begriffe kennen, aber auf der Suche nach einer Struktur sind, um die Dinge, von denen sie wissen, dass sie richtig sind, auch in ihrem Unternehmen zu verankern.

Dieses Buch liefert komplette Lösungen für die notwendige Dokumentation aller sicherheitsrelevanten Aspekte der IT. Der IT-Sicherheitsbeauftragte und alle anderen mit der IT-Sicherheit beschäftigen Personen eines Unternehmens erhalten hiermit eine Vorlagensammlung, die (auf die speziellen Bedürfnisse einer Firma angepasst) ein umfassendes Regelungswerk zur IT-Sicherheit bilden, das auf bewährten Standards aufsetzt und als Startpunkt für die Entwicklung einer auditfähigen Dokumentation zur IT-Sicherheit gelten kann.

1.1 Gesetzliche und regulatorische Vorgaben

Aus verschiedensten Rechtsvorschriften lassen sich Handlungsverpflichtungen oder sogar Haftungsrisiken für Unternehmensführer ableiten, wenn sie der Sicherheit der IT ihres Unternehmens nicht die notwendige Aufmerksamkeit und Fürsorge widmen. Dies gilt sowohl für Geschäftsführungen von GmbHs als auch für Vorstände von Aktiengesellschaften.

Insbesondere das Gesetz zur Kontrolle und Transparenz im Unternehmensbereich (KonTraG) ergänzt das bestehende Handelsgesetzbuch und das Aktiengesetz um die Forderung nach einem Risikomanagement für Kapitalgesellschaften. Aktiengesellschaften und GmbHs unterliegen damit einer Reihe von neuen Verpflichtungen:

- Ein Vorstand haftet persönlich, wenn er Entwicklungen, die zukünftig ein Risiko für das Unternehmen darstellen könnten, nicht durch ein Risikomanagement überwacht und durch geeignete Maßnahmen vorbeugt (§ 91 Abs. 2 und § 93 Abs. 2 AktG).

1.1 Gesetzliche und regulatorische Vorgaben

- Geschäftsführern einer GmbH wird im GmbH-Gesetz „die Sorgfalt eines ordentlichen Geschäftsmannes" auferlegt (§ 43 Abs. 1 GmbHG).
- Die im Aktiengesetz genannten Pflichten eines Vorstands gelten auch im Rahmen des Handelsgesetzbuches (§ 317 Abs. 4 HGB). Weiterhin verpflichtet das Handelsgesetzbuch Abschlussprüfer zu prüfen, „ob die Risiken der künftigen Entwicklung zutreffend dargestellt sind" (§ 317 Abs. 2 HGB).
- Die Bundesregierung hat im Jahr 2007 ein Strafrechtsänderungsgesetz zur Bekämpfung der Computerkriminalität (StrÄndG) beschlossen. Damit wurden neue Straftatbestände für das Ausspähen und Abfangen von Daten und für diesbezügliche Vorbereitungshandlungen geschaffen.

Der Umgang mit personenbezogenen Daten wird zusätzlich in den Datenschutzgesetzen (Bundes und Länder), dem Gesetz über den Datenschutz bei Telediensten und der Telekommunikations-Datenschutzverordnung geregelt.

Auch aus dem Verbraucherschutz lassen sich Handlungsnotwendigkeiten in Bezug auf die Sicherheit der Unternehmens-IT ableiten. Die Verwendung von Informationstechnik, die Nutzung des Internets oder von Telekommunikationsdiensten werden im Gesetz zur Nutzung von Telediensten, im Telekommunikationsgesetz, im Mediendienste-Staatsvertrag und im Urheberrecht zum Teil sehr genau geregelt.

Doch nicht nur die Verpflichtungen, die das Unternehmen selbst betreffen, legen große Sorgfalt im Umgang mit den Risiken der IT nahe. Darüber hinaus existieren Vorschriften, die die Sicherheit der IT für ein Unternehmen zum kritischen Erfolgsfaktor werden lassen. Banken sind beispielsweise gemäß Basel II gezwungen, sogar bei der Vergabe von Krediten die Risiken der IT des Kreditnehmers zu berücksichtigen, da nach dem Baseler Ausschuss für Bankenaufsicht erarbeiteten Konzept bei der Vergabe sowohl Markt- und Kreditrisiken als auch operationelle Risiken des kreditnehmenden Unternehmens eine Rolle spielen sollen. Zu den operationellen Risiken eines Unternehmens zählen auch die Risiken, die sich aus dem Einsatz von Informationstechnologie in den Unternehmensprozessen ergeben. Ein aktives IT-Risikomanagement, das sich mit allen Aspekten der IT-Sicherheit für das jeweilige Unternehmen befasst, wird als wichtige Voraussetzung gefordert. Darüber hinaus werden Kriterien wie die Redundanz wichtiger IT-Systeme, gesicherte Verfügbarkeiten, Existenz von Notfallplänen oder wirksame Abwehrmaßnahmen gegen Angriffe auf die IT-Systeme von innen und außen gefordert.

Dann ist da schließlich noch die große Keule: Die amerikanische Gesetzgebung, die unter dem Namen SOX, SOXA oder SARBOX für so viel Furore gesorgt hat. Im Sog der Bilanzskandale von Großunternehmen hat der amerikanische Kongress im Juli 2002 den Sarbanes-Oxley Act verabschiedet. Dessen Ziel ist es, die Wiederholung einer solchen Krise zu vermeiden und das Vertrauen der Öffentlichkeit in Amerikas Finanzberichterstattung wiederherzustellen. Jedes Unternehmen, dessen Aktien an einer U.S.-amerikanischen Börse gehandelt werden, unterliegt ‚Sarbanes-Oxley'.

Der Sarbanes-Oxley Act ist ein weitreichendes Gesetz mit vielen Facetten – inklusive Strafmaßnahmen für leitende Angestellte von Unternehmen. Das Management soll – sowohl in seinem internen Bericht, als auch in der Stellungnahme des Wirtschaftsprüfungsunternehmens – eine schriftliche Feststellung zur Effektivität der internen Kontrollen zur Finanzberichterstattung treffen.

Viele der Detaillierungen der Implementierung von SOX wurden an die Securities and Exchange Commission (SEC) zur Ausgestaltung gegeben. Besonderes Augenmerk verdient Section 404, die mit „Management Assessment of Internal Controls" überschrieben ist. Im Kommentar der SEC zu Section 404 heißt es:

> „Wir denken, dass der Zweck interner Kontrollen und Verfahren für die Finanzberichterstattung darin besteht, Gewissheit zu schaffen, dass Unternehmen Prozesse gestaltet haben, die angemessen sicherstellen, dass die Rechnungslegung im Einklang mit den allgemein anerkannten Buchhaltungsprinzipien konform geht: Die Geschäftsvorfälle des Unternehmens sind verfahrensgemäß autorisiert; das Anlagevermögen des Unternehmens ist abgesichert gegen unautorisierte missbräuchliche Verwendung; die Geschäftsvorfälle des Unternehmens werden verfahrensgemäß aufgezeichnet und gemeldet."

Von den Forderungen der SEC betroffen sind damit aber auch Prozesse, die über die Erstellung der Rechnungslegung hinausgehen. Jeder Geschäftsprozess, der Geschäftsvorfälle des Unternehmens autorisiert, Anlagevermögen des Unternehmens nutzt, Geschäftsvorfälle aufzeichnet oder meldet, muss angemessen gestaltet sein. Dies dürfte die Mehrzahl aller Prozesse sein. Und damit ist vor allem auch die IT immer mit im Boot.

Derzeit hitzig diskutiert wird, ob eine vergleichbare Gesetzgebung auch auf Europa übertragen werden sollte, oder ob eventuell die bestehenden gesetzlichen Vorschriften bereits in vergleichbarer Weise gedeutet werden könnten und sollten.

Bedeutung der IT-Sicherheit in Unternehmen

2

Der Anteil von 96,1 %, den Spam-Mails am gesamten E-Mail-Verkehr haben, ist eine gute Nachricht im aktuellen Bericht zur Lage der IT-Sicherheit des zuständigen Bundesamtes (BSI), und zwar so ziemlich die einzige gute Nachricht. Eine gute Nachricht ist es deshalb, weil dieser Anteil einen Rückgang bedeutet. Eine gute Nachricht ist auch, dass Deutschland als Quelle von Spam-Mails von immer mehr Ländern überholt wird. Wen es beruhigt: Leider wird die (Sprach-)Qualität der Spam-Mails immer besser und diese werden damit wirkungsvoller.

Seinen neuesten Bericht hat das Bundesamt für die Sicherheit in der Informationstechnologie gerade anlässlich der Eröffnung des Nationalen Cyber-Abwehrzentrums des Bundes veröffentlicht. Darin stellt das BSI fest,

- dass die Anzahl der Schwachstellen in Softwareprodukten zunimmt;
- die größte Gefahr schon dann besteht, wenn man nur eine Webseite besucht (Drive-by-Exploits);
- Botnetze inzwischen schon angemietet werden können, quasi als Söldnerarmee, um damit kontrollierte Attacken auszuführen;
- Identitätsdiebstahl und -missbrauch stark zunehmen und vermehrt durch Trojaner (statt einfaches Phishing) erfolgen;
- Schadprogramme (und Virenbausätze) immer weitere Verbreitung finden und Viren immer schneller durch die nächste, dann wieder schutzresistente Variation abgelöst werden.

„Organisierte Kriminalität aber auch Nachrichtendienste führen heute hoch professionelle IT-Angriffe auf Firmen, Behörden und auch auf Privatpersonen durch. Die Methoden werden immer raffinierter, und die Abwehr von Angriffen erfordert einen immer höheren Aufwand" stellt das BSI in seinem IT-Lagebericht 2011 fest. „Entsprechend sind seit Erscheinen des letzten Berichts aus dem Jahr 2009 die Methoden der Angreifer noch arglistiger geworden".

Obgleich das so ist, legen kleine und mittlere Unternehmen noch immer zu wenig Wert auf IT-Sicherheit, so das Ergebnis einer Befragung der Unternehmen Datev, Sophos und SAP mit dem Verband BITKOM im Rahmen des Vereins „Deutschland sicher im Netz" (DsiN), bei der über tausend kleine und mittlere Unternehmen in Deutschland befragt wurden:

- Nur jedes vierte Unternehmen hat einen Notfallplan, sollten die Computersysteme ausfallen.
- Ähnlich wenige besitzen Sicherheitsrichtlinien und verbindliche Organisationsanweisungen zu Datenschutz und IT-Sicherheit.
- Drei Viertel der Mittelständler verzichten auf regelmäßige Schulungen und Informationen ihrer Mitarbeiter.
- Ein knappes Drittel (32 %) hat überhaupt keine organisatorischen Maßnahmen zu Datenschutz und IT-Sicherheit getroffen.

Technische Lösungen wie Virenscanner, Firewall und Spamfilter gehörten, so der BITKOM jüngst ausgeschiedene BITKOM-Präsident Prof. Dr. August-Wilhelm Scheer, mittlerweile bei KMUs zur Standardausstattung. Bei der Umsetzung von IT-Sicherheit in der Unternehmensorganisation gebe es aber noch große Defizite.

Die polizeiliche Kriminalstatistik weist für das Jahr 2010 246.607 Fälle mit dem „Tatmittel Internet" aus, eine Steigerung zum Vorjahreswert von über 8 % (Abb. 2.1). Die allgemeine Computerkriminalität ist dagegen stärker, nämlich um 12,6 % auf 84.377

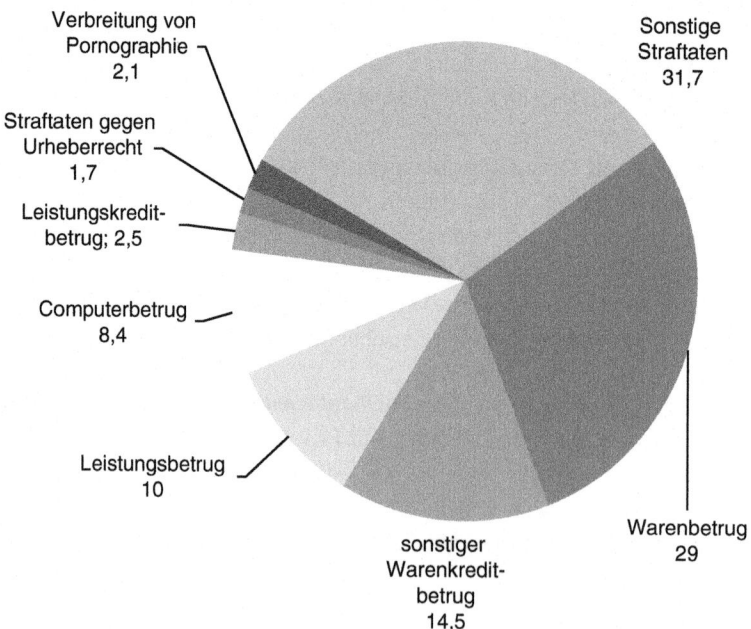

Abb. 2.1 Anteile an Straftaten mit Tatmittel Internet. (Bildquelle: Bundesministerium des Innern)

2 Bedeutung der IT-Sicherheit in Unternehmen

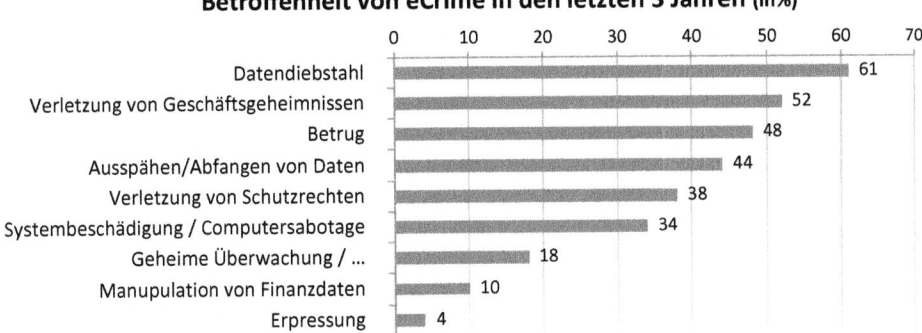

Abb. 2.2 eCrime-Handlungen bei betroffenen Unternehmen in den letzten 3 Jahren. (Quelle: KPMG)

Fälle angestiegen und umfasst 15.000 Fälle von Ausspähen oder Abfangen von Daten sowie 28.000 Fälle von Computerbetrug.

Die Fälle und Schäden werden immer größer: Inzwischen ist ein 28-jähriger US-Amerikaner angeklagt, 130 Mio. Kreditkartendatensätze gestohlen zu haben. Das Geschick der Hacker wird dabei immer ausgefeilter. Der Kreditkartendienstleister Heartland musste erst von VISA und mastercard auf Unregelmäßigkeiten hingewiesen werden und konnte selbst dann bei einer eigenen Untersuchung keine Hinweise auch eine Attacke erkennen. Erst der Einsatz eines externen Forensikers brachte den Angriff ans Licht. Schließlich hat es auch SEGA, Nintendo und Sony getroffen, denen Millionen Kundendaten gestohlen wurden.

Sogar den Internationalen Währungsfonds hat eine Phishing-Attacke getroffen. Und auch Experten sind nicht sicher vor Angriffen: Anfang des Jahres 2011 brachen Hacker aufgrund von Sicherheitslücken in das Netz der Sicherheitsfirma RSA ein, deren Geschäftsmodell eigentlich der Schutz der Daten ihrer Kunden ist. Dabei wurden Informationen gestohlen, welche die Sicherheit der von RSA vertriebenen SecureID-Tokens massiv beeinträchtigen. Mit nachgebauten Tokens erfolgte dann ein Zugriff auf das VPN des Rüstungskonzerns Lockheed Martin. RSA musste die Tokens der Kunden, die dies wünschten, nun austauschen. Davon sind immerhin wohl ca. 40 Mio. im Umlauf.

Studien zeigen, wie stark die Wirtschaft bereits heute von ITK-Kriminalität betroffen ist (Abb. 2.2): Mehr als die Hälfte aller Unternehmen, die 2010 Opfer von Wirtschaftskriminalität wurden, verzeichneten Schäden durch ITK-Kriminalität. 2006 lag der Wert noch bei 23 %. Der durchschnittliche Schaden lag bei 300.000 €. Das ergab eine Studie von KPMG. Die Dunkelziffer ist jedoch wahrscheinlich noch höher. Viele betroffene Unternehmen scheuen den Gang in die Öffentlichkeit, oft aus Angst vor Imageverlust.

Die eCrime-Studie 2010 von KPMG förderte zudem Folgendes zu Tage:

- Ein Viertel der befragten Unternehmen war in den letzten drei Jahren von eCrime betroffen.
- Dabei werden der Diebstahl von Kunden- oder Arbeitnehmerdaten als größtes Risiko eingeschätzt.

- Die Schadenshöhen rangieren zwischen 100.000 € und Millionenbeträgen pro Einzelfall. Vor allem Datendiebstahl und das Ausspähen von geschäftskritischen Unternehmensinformationen verursachen Schäden von über einer Million Euro pro Vorfall (Abb. 2.3 und 2.4).
- Als Hauptgefahrenquelle identifizieren die Umfrageteilnehmer Mitarbeiter, ehemalige Mitarbeiter und sonstige Insider wie zum Beispiel Geschäftspartner oder Dienstleister (Abb. 2.5). Die Erfahrung der von eCrime betroffenen Unternehmen bestätigt diese Einschätzung.
- Im Focus des Datendiebstahls lagen in letzter Zeit vermehrt Betriebe im Einzelhandel und im Gastgewerbe, da dort insbesondere die Kundendaten eine wertvolle Ausbeute darstellen, so der 2011 Data Breach Investigation Report des Sicherheitsdienstleisters Verizon Business in Zusammenarbeit mit dem US Secret Service und der niederländischen National High Tech Crime Unit.
- Seltener waren dabei Insider die Übeltäter. In 92 % der Fälle erfolgten die Einbrüche durch Externe. Viren und andere feindliche Programme kamen in 49 % der Fälle zum Einsatz, Hacking in 50 %.
- In 17 % der Fälle, so die Studie, ermöglichten gravierende Fehler im System die Angriffe. In 29 % der Fälle erfolgte ein physischer Eingriff.
- Dramatisch erscheint eine weitere Erkenntnis der Untersuchung: Fast 90 % der Daten wurden aus Quellen entwendet, von denen die Bestohlenen gar nicht wussten, dass sie existieren.

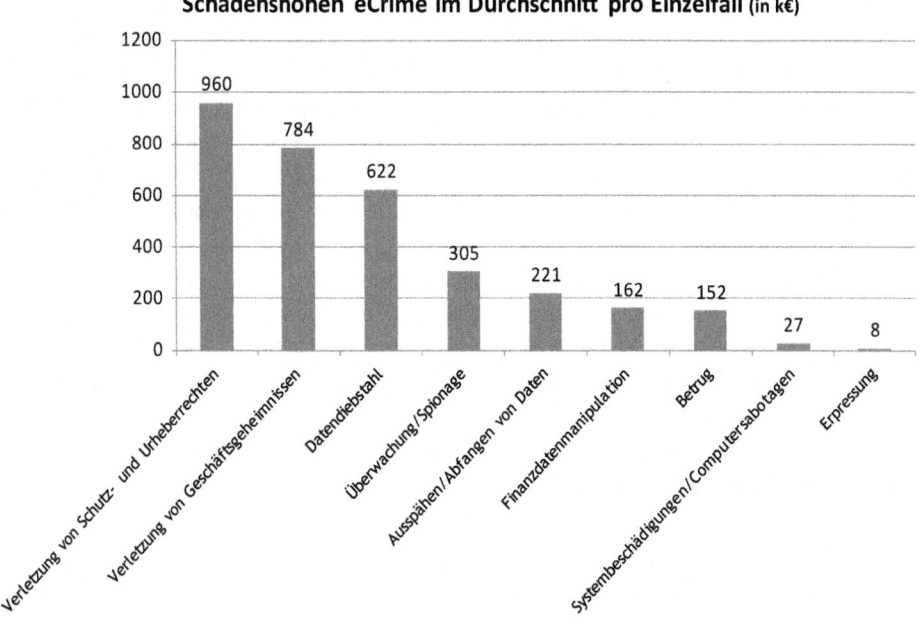

Abb. 2.3 Schadenshöhe von eCrime-Vorfällen in betroffenen Unternehmen. (Quelle: KPMG)

2 Bedeutung der IT-Sicherheit in Unternehmen

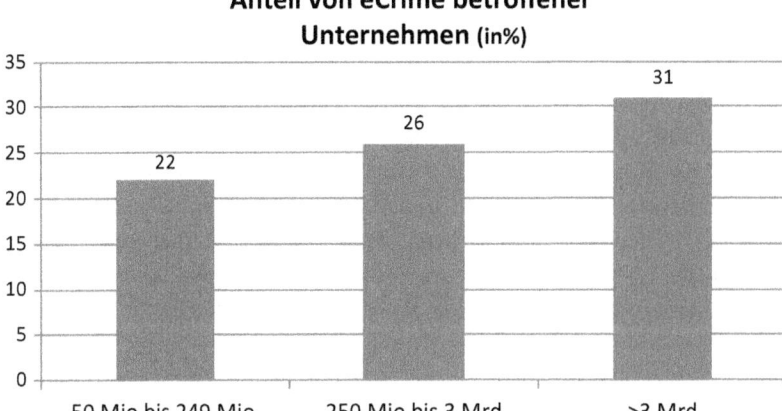

Abb. 2.4 Anteil von eCrime betroffener Unternehmen. (Quelle: KPMG)

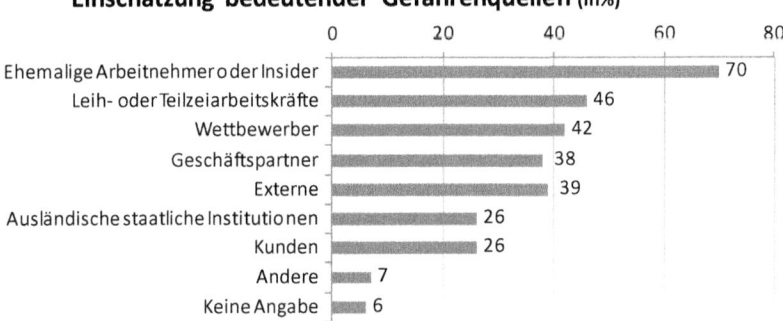

Abb. 2.5 Einschätzung von betroffenen Unternehmen von Personengruppen als besondere Gefahrenquelle. (Quelle: KPMG)

Zum Teil helfen die Unternehmen eben auch selbst kräftig mit. Das jedenfalls ist das Resultat einer Umfrage unter über 100 deutschen IT-Führungskräften, die die Compuware Corporation in Zusammenarbeit mit NIFIS (Nationale Initiative für Internet-Sicherheit) durchgeführt hat. Laut dieser Umfrage ist es mit dem Datenschutz in deutschen Unternehmen nicht zum Besten bestellt. Der Befragung zufolge nutzen 64 % der Entscheidungsträger echte Kundendaten für Anwendungstests. Das ist zunächst einmal laut Bundesdatenschutzgesetz – Stichwort Zweckbindung – nicht erlaubt. Doch dieses Gesetz, das seit 1990 gilt, kennen nach eigenem Bekunden 36 % der Befragten nicht hinreichend. Zudem kann es, wenn solche Daten in die falschen Hände geraten, erheblichen Schaden, nicht nur im Hinblick auf die Reputation des Unternehmens, anrichten. Immerhin schließen 53 % der Befragten mit externen Dienstleistern bei der Vergabe von Softwaretests Vertraulichkeitsvereinbarungen ab.

Schließlich noch dies: Hätten Sie gedacht, dass allein am Frankfurter Flughafen im Jahr 2007 rund 1500 Notebooks vergessen wurden? Und das in Zügen der Deutschen

Bahn fast 700 Notebooks gefunden und abgegeben wurden, von den nicht gemeldeten Fällen gar nicht zu reden? Leider ist nicht bekannt, wie viele dieser Rechner eine Festplattenverschlüsselungssoftware installiert hatten.

Oft werden Trojaner und mehr noch Würmer als Kavaliersdelikt von Hobby-Anarchisten wahrgenommen, oder sogar als eigentlich ehrenwerter Kampf des Gallischen Dorfes gegen das Microsoft-Imperium. Die Distributed Dinial of Service-Attacken von Anonymus gegen die ‚Feinde' von Wikileaks, also zum Beispiel gegen Kreditkartenfirmen oder Paypal, wurden oft genug als Robin-Hood-Aktion gegen böse Kapitalisten beschrieben. Zugegebenermaßen entbehrt es nicht einer gewissen Ironie, wie Anonymus schließlich HBGary, einen lautstark auftrumpfenden Anonymus-Jäger, in seine Schranken gewiesen hat. Der Chef der US-Sicherheitsfirm HBGary Federal hatte medienwirksam verkündet, seine Firma habe die führenden Köpfe von Anonymus enttarnt. Er wollte diese Informationen dem FBI übergeben. Bereits am nächsten Tag jedoch hatte Anonymus 60.000 E-Mails von den HBGary-Servern gezogen und sich durch viele Schichten der Sicherheitsarchitektur der Firma gefressen. Es gelang der schlagende Nachweis, dass 1) die durch HBGary gesammelten Informationen über Anonymus (die Anonymus nun selbst ins Netz stellte) kaum der Rede wert waren, dass 2) die Sicherheitsmechanismen der selbst in diesem Geschäftsfeld tätigen Firma HBGary wohl nicht hinreichend durchdacht waren und dass 3) HBGary ein paar sehr fragwürdige Maßnahmen plante, um seine Dienstleistungen bei potenziellen Kunden zu promoten.

Das sympathisierende Lächeln vergeht jedoch sicher schnell, wenn man bedenkt,

- dass Anonymus selbst Regierungen und Unternehmen den ‚Krieg' erklärt hat,
- wie schnell offenbar großer Schaden (an materiellen Werten oder auch der Reputation) angerichtet werden kann,
- wie groß das Ausmaß der nicht-legalen Computeraktivitäten inzwischen ist und
- wie wenig man noch ‚Freund' von ‚Feind' unterscheiden kann.

Die Erfolge der Strafverfolgungsbehörden sind dagegen bisher eher symbolischer Natur, die ergangenen Urteile mal mehr, mal weniger abschreckend. Für einen der größten Kreditkartenbetrugsfälle in der US-Geschichte ist ein Beschuldigter in Boston (Massachusetts) zu 20 Jahren Gefängnis verurteilt worden. Insgesamt waren elf Personen, darunter drei US-Bürger sowie Hacker aus Estland, China, der Ukraine und Weißrussland, beschuldigt, über 40 Mio. Kredit- und Debit-Kartennummern gestohlen zu haben. Sie sollen WLANs von Einzelhändlern wie TJX und Barnes & Noble erkundschaftet haben und dort eingedrungen sein. Der Verurteilte hat übrigens schon für den US-Geheimdienst Secret Service als Informant gearbeitet.

Ein 20 Jahre alter „Botmaster" ist von einem Gericht in Kalifornien unter anderem wegen Beschädigung von staatseigenen Computern zu einer Haftstrafe von 57 Monaten und anschließend drei Jahren Bewährung verurteilt worden. Der geständige Delinquent war in rund 400.000 Computer eingedrungen (unter anderem der Weapons Division des United States Naval Air Warfare Center in China Lake und der Defense Information Systems

Agency des US-Verteidigungsministeriums) und hatte diese zu einem von ihm kontrollierten Bot-Netz zusammengeschlossen. Den Zugang zu seinem Bot-Netz hatte der Mann zum Zwecke des Spam-Versands oder für DDOS-Attacken verkauft. Sein Erlös aus auf den infizierten Rechnern platzierter Adware betrug 60.000 US-Dollar.

Ob nun gesetzliche Anforderungen, die Einsicht in die Fehlbarkeit der eigenen Mitarbeiter, die Furcht vor der kriminellen Energie begabter Informatiker oder auch der Glaube an Murphys Law der Anstoß sind: Um die Erkenntnis, dass ein strukturiertes Vorgehen zur Gewährleistung von Sicherheit in der IT eines Unternehmens, bei der inzwischen erreichten Abhängigkeit und dem Grad der Komplexität von IT, unabdingbar ist, kommt wohl kein vernunftbegabter Mensch mehr herum. Dieses Buch gibt dafür eine wichtige Hilfestellung.

3 COBIT und BSI als Leitschnur der IT-Sicherheit

In Anbetracht der wachsenden Bedeutung von IT in Unternehmen und der damit einhergehenden wachsenden Bedrohung von Unternehmensdaten stellen sich zunehmend mehr Führungskräfte die Frage, wie sie IT-Sicherheit in ihrem Unternehmen umfassend verankern können. Dieses Buch liefert dazu ein Konzept, das von einer Unternehmens-Policy zur IT-Sicherheit auf einer obersten Ebene bis hinunter zu Hinweisen für operative Arbeitsanweisungen reicht. Wir stellen ganz konkrete Vorschläge zu Formulierungen solcher Richtlinien als Beispiel und Grundlage für die Erarbeitung einer auf die Bedürfnisse ihres Unternehmens zugeschnittenen Regelwerkes vor. Diese Vorschläge adressieren drei Ebenen:

- Auf der obersten Ebene steht eine grundlegende Policy des Unternehmens zur IT-Sicherheit. Darin wird definiert, welches die relevanten Regelungsinhalte sind und welche Zielvorgaben das Unternehmen zu diesen Themenbereichen setzt.
- Auf einer zweiten Ebene werden, basierend auf den Vorgaben der Policy und in enger inhaltlicher Verknüpfung, Richtlinien zu abgeschlossenen Sicherheitsthemen mit konkreten Sicherheitszielen definiert. Die Themenblöcke, zu denen eine umfassendes IT-Sicherheits-Framework Vorgaben machen muss, haben wir folgendermaßen gegliedert:
  - Schutz von Daten
  - IT-Sicherheitsmanagement
  - IT-Betrieb
  - IT-Systeme
  - Organisation
  - Service-Management
  - IT-Continuity.

  Jedem dieser Themenblöcke ist ein eigenes Kapitel gewidmet.

- Auf der dritten Ebene stehen schließlich operative Dokumente, welche erläutern, wie die in den Richtlinien gesteckten Ziele konkret umgesetzt werden. Zu diesen Handlungsanweisungen, Prozessbeschreibungen etc. können wir im Rahmen dieses Buches nur Hinweise geben. Die konkrete Ausgestaltung hängt ganz von den konkreten Rahmenbedingungen ihres Unternehmens ab. Die Umsetzung der Richtlinien in solche operativen Dokumente sollte durch die hier vorgeschlagenen Regelungsinhalte angeleitet werden.
- Die Übersicht in Abb. 3.1 zeigt die Hierarchie der in diesem Buch vorgeschlagenen Dokumente und gibt einen ersten Überblick über die dort behandelten Themen.

Jedes Kapitel zu einem klar abgrenzbaren Bereich der IT-Sicherheit enthält einen konkreten Entwurf einer Richtlinie zu diesem Thema. Dieser Entwurf kann in kürzester Zeit für Ihr Unternehmen maßgeschneidert und in eine Ihren Belangen genügende Richtlinie umgesetzt werden. Die Policys und Richtlinien orientieren sich sehr stark an den Vorgaben des Grundschutzhandbuches des BSI. Die in diesem Standardwerk zusammengestellten umfangreichen Vorgaben und Maßnahmen haben wir auf die hier relevanten Bereiche eingegrenzt, entsprechend der verwendeten Dokumenthierarchie sortiert und in die Themenblöcke gruppiert.

Ebene 1: Hauptdokument

Hauptkapitel (Grundstruktur nach BSI Grundschutzhandbuch):
- Übergeordnete Aspekte
- Netze
- Infrastruktur
- IT-Anwendungen
- IT-Systeme

Ebene 2: Ergänzende, themenorientierte Richtlinien

IT-Sicherheits-management	Organisations-handbuch	Richtlinie zum Datenschutz	Richtlinie zum sicheren IT-Betrieb	Sicherheits-richtlinie für IT-Systeme	Continuity Handbuch	Datensicherungs-/Archivierungs-konzept
Aufbau und Betrieb des IT-Sicherheits-managements, Sicherheits-ziele, Sicherheits-konzept und Prozess	Beschreibt u. a. organisatorische Zuordnung: Ansprech-partner, Richtlinien, Prozesse, Schulungen	Beschreibt Behandlung personen-bezogener Daten.	Best Practices für den operativen, sicheren IT-Betrieb, z. B. sicherheits-relevante Maßnahmen zum Betrieb von Infrastruktur	System-spezifische Sicherheits-richtlinien und detaillierte Richtlinien für den Einsatz von Hard- und Software	Notfall-definition, Maßnahmen in Notfall-situationen	Beschreibt die Konzepte zu Datensicherung und Daten-archivierung

Ebene 3: Operative Dokumente

- Arbeitsanweisungen
- Prozessbeschreibungen
- Schutzbedarfs-Feststellungen für Infrastruktur, IT-Systeme, Netze und IT-Anwendungen
- System- und Anwendungsdokumentationen
- Übersichten über Zutrittsberechtigungen, Zugangsberechtigungen und Zugriffsrechte

Abb. 3.1 Dokumentenhierarchie der IT-Sicherheitsrichtlinien

3 COBIT und BSI als Leitschnur der IT-Sicherheit

Als ganzheitliches Konzept für IT-Sicherheit hat sich das Vorgehen nach IT-Grundschutz zusammen mit den IT-Grundschutz-Katalogen des BSI als Standard etabliert. Es bietet sich daher an, die Bemühungen eines Unternehmens um Sicherheit in der IT auf diesen Vorgaben zu basieren. Das BSI formuliert den eigenen Anspruch folgendermaßen:

> „BSI-Standards enthalten Empfehlungen des BSI zu Methoden, Prozessen und Verfahren sowie Vorgehensweisen und Maßnahmen mit Bezug zur Informationssicherheit. Das BSI greift dabei Themenbereiche auf, die von grundsätzlicher Bedeutung für die Informationssicherheit in Behörden oder Unternehmen sind und für die sich national oder international sinnvolle und zweckmäßige Herangehensweisen etabliert haben."

Das BSI orientiert sich selbst an internationalen Standards wie den ISO-Standards 13335, 17799 und 27001, deren sehr allgemeine Anforderungen das BSI mit seinen Vorschlägen, Hinweisen und Hintergrundinformationen operational machen will.

Allerdings ist der Regelungsumfang des BSI wiederum sehr weitreichend. Für dieses Buch haben wir uns daher auf die wesentlichen Inhalte beschränkt und diese für den Nutzer durch Neuordnung leichter zugänglich gemacht. Die weitergehenden Ausführungen des BSI in all seinen Verästelungen sind jedoch als Hilfestellung für die Definition der Handlungsanweisungen und Prozessbeschreibungen der dritten Ebene sehr empfohlen. Die vom BSI seit der Einführung 1994 laufend weiterentwickelten Methoden umfassen detaillierte Anweisungen zum

- Aufbau einer Sicherheitsorganisation zur Risikobewertung,
- für die Überprüfung des vorhandenen IT-Sicherheitsniveaus sowie
- die Implementierung der angemessenen IT-Sicherheit.

Die IT-Grundschutz-Kataloge dienen zahlreichen Unternehmen und Behörden als Grundlage Ihrer Vorgehensmodelle.

Insbesondere im Bereich der IT-Systeme liefern wir Ihnen bereits konkrete Vorschläge, welche Detailregelungen zum Vorgehen in den Grundschutzmaßnahmen des BSI Ihr Unternehmen insbesondere berücksichtigen sollte. Das BSI selbst erläutert diese Maßnahmen wie folgt:

> „In den IT-Grundschutz-Katalogen werden Standard-Sicherheitsmaßnahmen für typische IT-Systeme empfohlen. Das Ziel dieser IT-Grundschutz-Empfehlungen ist es, durch geeignete Anwendung von organisatorischen, personellen, infrastrukturellen und technischen Standard-Sicherheitsmaßnahmen ein Sicherheitsniveau für IT-Systeme zu erreichen, das für den normalen Schutzbedarf angemessen und ausreichend ist und als Basis für hochschutzbedürftige IT-Systeme und -Anwendungen dienen kann."

Ein Grundgedanke dieses Buches ist die Ausrichtung der IT-Sicherheit an den relevanten Kernelementen anerkannter Standards. Neben dem Grundschutzhandbuch des BSI orientieren wir unsere Vorschläge zudem an den Kontrollzielen des COBIT-Frameworks.

Zum tieferen Verständnis des Zwecks und des notwendigen Regelungsumfanges ist jedem Richtlinienentwurf ein Kapitel vorangestellt, in dem aus den Vorgaben des COBIT-Frameworks die wesentlichen Best-Practice-Vorgaben abgeleitet sind. Diese Ausführungen sollen auch die Detaillierung der jeweiligen Richtlinie in konkreten Handlungsanweisungen, Prozess- und Rollenbeschreibungen etc. erleichtern, indem sie das zu erreichende Ziel der angestrebten Sicherheitskontrollen beschreiben. Dabei muss nicht jeder Aspekt der aufgeführten COBIT-Kontrollziele eines Kapitels durch die jeweilige Richtlinien dieses Kapitels abgedeckt werden. Die umfassende Berücksichtigung der Kontrollziele ergibt sich aus dem Zusammenwirken aller Richtliniendokumente.

COBIT wurde im Original vom IT Governance Institute in englischer Sprache publiziert. Die exklusive Genehmigung zur Übersetzung wurde KPMG Österreich vom IT Governance Institute erteilt. Auf diese Übersetzung beziehen wir uns in unseren Referenzen.

Auch COBIT ist in Übereinstimmung gebracht worden mit anderen internationalen Standards und konzentriert sich auf die wesentlichen Erfordernisse, um ein angemessenes Management und eine angemessene Steuerung der IT umzusetzen. Insgesamt basiert COBIT auf mehr als 40 internationalen detaillierten IT-Standards, Frameworks, Guidelines und Best Practices. Die wesentlichen sind:

- Die Veröffentlichungen des Committee of Sponsoring Organisations of the Treadway Commission (COSO) zu:
  Internal Control – Integrated Framework
  Enterprise Risk Management – Integrated Framework
- Die vom Office of Government Commerce (OGC®) entwickelte IT Infrastructure Library® (ITIL®)
- Der ISO/IEC 17799:2005, Code of Practice for Information Security Management der *International Organisation for Standardisation*
- Den Software Engineering Institute (SEI®):
  SEI Capability Maturity Model (CMM®)
  SEI Capability Maturity Model Integration (CMMI®)
- Der Project Management Body of Knowledge (PMBOK®) des Project Management Institute (PMI®)
- Der Standard of Good Practice for Information Security des Information Security Forum (ISF)

Anders als das BSI Framework ist COBIT auf strategischer Ebene angesiedelt. COBIT integriert unterschiedliche Standards und deren Regelungsziele in einen gemeinsamen Rahmen.

COBIT orientiert sich durch eine Verbindung von Unternehmenszielen mit IT-Zielen am Kerngeschäft des Unternehmens und stellt Messgrößen und Reifegradmodelle bereit, um die Zielerreichung zu messen. Zudem identifiziert es die jeweiligen Verantwortlichkeiten im Fachbereich und der IT.

3 COBIT und BSI als Leitschnur der IT-Sicherheit

COBIT ist prozessorientiert. Das Prozessmodell untergliedert die IT in 34 Prozesse, die in die Bereiche Planung, Entwicklung, Betrieb und Monitoring strukturiert sind. Die nachfolgende Übersicht zeigt die Gruppierung der IT-Prozesse in die vier ‚Domains'.

Inhaltlich beschreibt COBIT Ziele von Kontrollen und Maßnahmen in der IT, die die Sicherheit von Informationen im Unternehmen gewährleisten sollen. Dazu definiert COBIT folgende Kriterien an Unternehmensinformationen:

- Effektivität
- Effizienz
- Vertraulichkeit
- Integrität
- Verfügbarkeit
- Compliance
- Verlässlichkeit

Um es der IT zu ermöglichen, erfolgreich die Geschäftsanforderungen zu erfüllen und die Sicherheit der Unternehmensinformationen zu gewährleisten, sollte vom Management ein internes Kontroll-/Steuerungssystem umgesetzt werden, wie es von COBIT beschrieben wird (Abb. 3.2).

Für das Kap. 10.2 zum Service-Management haben wir selbstverständlich auf die Terminologie und die Regelungsvorgaben von ITIL zurückgegriffen. Mit BSI, COBIT und ITIL® basieren die hier vorliegenden Vorschläge also auf den wichtigsten internationalen Standards im Umfeld der IT.

Die IT Infrastructure Library (ITIL®) wurde Ende der 1980er-Jahre von der britischen Regierung entwickelt. Das Ziel des Office of Government Commerce (OGC) war zunächst die Umsetzung einer Richtlinie für Service-Management für eigene Zwecke. Das OGC sammelte dazu praktische Erfahrungen im Bereich IT-Service-Management aus verschiedenen Organisationen. Daraus entstanden schließlich eine Bibliothek mit zehn grundlegenden Büchern und dreißig weitere Bänder zu Spezialthemen. Insgesamt stellt die IT Infrastructure Library ein vollständiges Rahmenwerk für das IT-Service-Management dar und ist inzwischen ein international anerkanntes Rahmenwerk bzw. ein de-facto-Standard für das IT-Service-Management. Basierend auf ITIL® spezifiziert die Norm ISO 20000:2005 seit neuestem Service-Management-Prozesse. Damit ist auf Basis von ITIL® eine Grundlage für die Durchführung von Assessments von IT-Services geschaffen worden. Durch solche ISO 20000/ITIL®-Assessments können Unternehmen die Schwachstellen in ihren IT-Prozessen aufdecken.

Aus dem umfangreichen Fundus der IT-Prozesse von ITIL® haben wir unter dem Gesichtspunkt der IT-Sicherheit den Fokus auf Incident- und Problem-Management sowie Change-, Release- und Configuration-Management gelegt. Die Einführung weiterer Prozesse nach den Vorgaben von ITIL® sind dem Leser allerdings, im Interesse der Verbesserung der Effizienz der IT, sehr empfohlen.

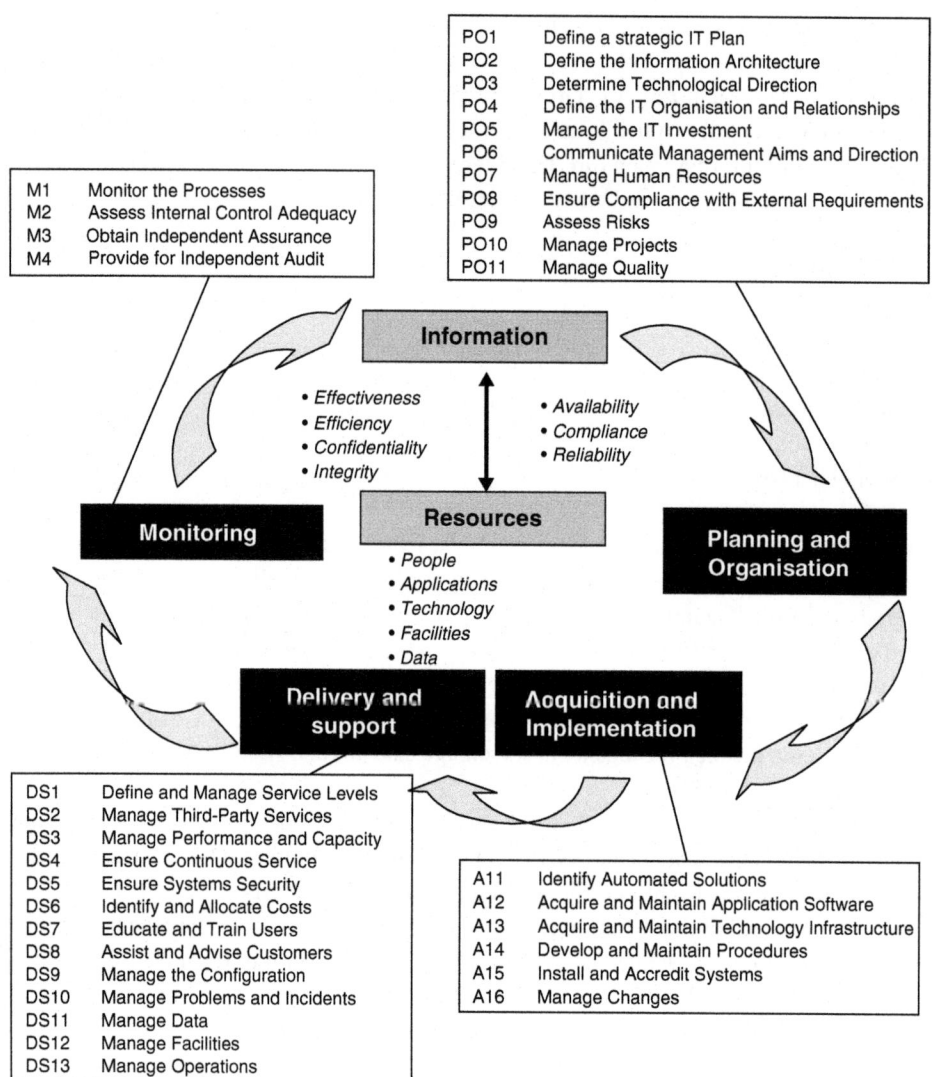

Abb. 3.2 Das COBIT-Framework

'Grundgesetz' der IT-Sicherheit

Zunächst sollte sich ein Unternehmen so etwas wie eine ‚IT-Verfassung' geben. Dieses Dokument der obersten Ebene kann beispielsweise IT-Sicherheitspolicy heißen. Es steckt den Rahmen ab, in dem sich die IT-Sicherheit im Unternehmen bewegt und legt strukturelle und organisatorische Grundlagen für die detaillierten Richtlinien zu spezifischen Themen. Alle weiteren Dokumente nehmen Bezug auf die IT-Sicherheitspolicy und beziehen ihre Legitimation aus diesem Grundlagendokument.

In der IT-Sicherheitspolicy wird beschrieben, wer im Unternehmen für IT-Sicherheit welche Verantwortung trägt und in welchem Umfang IT-Sicherheit geregelt werden soll. Damit erfüllt eine solche IT-Sicherheitspolicy auch wichtige Forderungen von regulatorischen Rahmenwerken wie Sarbanes-Oxley, die insbesondere eine klare Verantwortlichkeit fordern.

Die IT-Sicherheitspolicy ist, als eine Art ‚Verfassung', nicht der Ort, um Detailregelungen zu treffen, zum Beispiel bezüglich der Ausgestaltung von Passwörtern. In einem solchen Dokument sollte aber festgelegt werden, ob und in welchem Umfang ein Unternehmen Verschlüsselung von Kommunikation einsetzten will.

Wie in allen folgenden Kapiteln wird im nächsten Unterkapitel nun zunächst erläutert, welche Anforderungen sich aus dem COBIT-Framework an eine solche ‚IT-Verfassung' ergeben. Anschließend präsentieren wir einen konkreten Vorschlag, wie eine solche IT-Sicherheitspolicy aussehen könnte. Dieser Vorschlag ist mit dem Ziel erstellt worden, dass er für die meisten Unternehmen mit geringem Aufwand an die jeweiligen Besonderheiten angepasst werden kann. Eine solche Vorgabe ersetzt aber natürlich nicht die unternehmensinterne Diskussion über die Ziele und die Ausgestaltung der IT-Sicherheit. Wir wollen lediglich diese Diskussion stimulieren und strukturieren und die Umsetzung der Ergebnisse erleichtern.

4.1 Regelungsziele nach COBIT

Die Inhalte des COBIT-Frameworks im Zusammenhang mit IT-Sicherheit, die auf einer obersten Regelungsebene, also in einer IT-Sicherheitspolicy, verankert werden sollten, entstammen den COBIT-Domains

- Planung und Organisation sowie
- Monitoring.

Nicht jeder Aspekt der aufgeführten COBIT-Kontrollziele muss durch dieses Policy-Dokument abgedeckt werden. Die umfassende Berücksichtigung der Kontrollziele ergibt sich aus dem Zusammenwirken aller Richtliniendokumente.

4.1.1 Planung und Organisation

COBIT betont sehr stark den Beitrag von IT-Prozessen zum Unternehmenserfolg. Dabei wird der Aspekt der Zuverlässigkeit von IT-Prozessen immer auch um eine Kosten-Nutzen-Betrachtung ergänzt. Gemäß COBIT sollten IT-Prozesse eine effektive und effiziente Bereitstellung der IT-Komponenten für Programme und ein Frühwarnsystem bieten für alle Planabweichungen (inklusive Kosten, Terminplan oder Funktionalität), welche die im Programm geplanten Ergebnisse beeinträchtigen können.

IT-Services sollten entsprechend vernünftiger und durchsetzbarer Service Level Agreements erbracht werden. Verantwortlichkeiten für die Erreichung des Wertbeitrags und für Kostenkontrolle sind klar festgelegt und werden überwacht. Eine angemessene, transparente, wiederholbare und vergleichbare Beurteilung von Business-Cases wird angestrebt, welche eine Aussage zur finanziellen Rechtfertigung, zum Risiko einer Nichterbringung eines Potenzials und zum Risiko einer Nichtausschöpfung von erwartetem Nutzen zum Inhalt hat.

Die Geschäftsführung sollte gut informiert sein über aktuelle technologische Möglichkeiten und künftige Richtungen, über die Möglichkeiten, welche die IT bietet sowie über die durch das Unternehmen zu ergreifenden Maßnahmen, um diese Möglichkeiten nutzen zu können. Das Geschäft, an dem die IT ausgerichtet ist, sollte von den Planenden in der IT verstanden sein. Die Geschäfts- und IT-Strategie sollten integriert und allgemein kommuniziert werden; es sollte eine klare Verbindung zwischen Unternehmenszielen, IT-Zielen, erkannten Möglichkeiten und Grenzen des Potenzials geben.

Dieselben Anforderungen, die COBIT an die Planung der IT als Ganzes stellt, lassen sich auch auf den Bereich der IT-Sicherheit übertragen.

Es gilt zu identifizieren, in welchen Bereichen die Geschäftsstrategie von der IT kritisch abhängt und zu vermitteln zwischen den Erfordernissen des Kerngeschäfts und der Technologie, damit vereinbarte Prioritäten festgehalten werden können. Die Performance der bestehenden Pläne und Informationssysteme auf deren Beitrag zu Geschäftszielen, Funktionalität, Stabilität, Komplexität, Kosten, Stärken und Schwächen ist dabei zu beurteilen.

In Zusammenarbeit mit den relevanten Stakeholdern sollte ein strategischer IT-Plan erstellt werden, welcher festlegt, inwieweit die IT zu den strategischen Zielen des Unternehmens beiträgt und der die damit verbundenen Kosten und Risiken aufzeigt. Der Plan bestimmt, inwieweit die IT die durch IT ermöglichten Investitionsvorhaben und die operative Leistungserbringung unterstützt. Er definiert, wie die Ziele erreicht und gemessen und wie diese durch die Stakeholder formell freigegeben werden. Der strategische IT-Plan sollte das Investitions- und operative Budget, Finanzierungsquellen, die Sourcing-Strategie, die Beschaffungsstrategie, sowie rechtliche und regulatorische Anforderungen abdecken.

Der strategische IT-Plan sollte detailliert genug gehalten sein, um die Definition von taktischen IT-Plänen zu ermöglichen. Ein Portfolio von taktischen IT-Plänen ergänzt den strategischen Plan und wird vom strategischen IT-Plan abgeleitet. Diese taktischen Pläne beschreiben notwendige IT-Vorhaben, Anforderungen an Ressourcen und wie die Verwendung von Ressourcen und die Generierung von Nutzen überwacht und gemanagt werden.

Die taktischen Pläne sollten genügend detailliert sein, um die Festlegung von Projektplänen zu ermöglichen. Die taktischen Pläne und Initiativen sollten aktiv durch die Analyse von Projekt- und Service-Portfolios gemanagt werden. Dies umfasst die regelmäßige Abstimmung von Anforderungen und Ressourcen, den Abgleich derselben mit strategischen und taktischen Zielen und erwartetem Nutzen und das Ergreifen geeigneter Maßnahmen bei Abweichungen.

Das Portfolio an IT-unterstützten Investitionsvorhaben, die für die Erreichung der strategischen Unternehmensziele erforderlich sind, sollte ebenfalls aktiv und in Abstimmung mit dem Kerngeschäft angegangen werde, indem die relevanten Programme identifiziert, definiert, evaluiert, priorisiert, ausgewählt, initiiert, gemanagt und gesteuert werden. Dies umfasst auch:

- die Abklärung der erwünschten Geschäftsergebnisse,
- die Sicherstellung, dass Programmziele die Erzielung der Ergebnisse unterstützten,
- das Verstehen des Gesamtaufwands, um die Ergebnisse zu erreichen,
- die Zuweisung klarer Verantwortlichkeiten mit unterstützenden Maßnahmen,
- die Definition von Projekten innerhalb des Programms, die Bereitstellung von Ressourcen und Finanzmitteln,
- die Übertragung von Autorität und die Beauftragung von erforderlichen Projekten zu Beginn des Programms.

Bestehende und künftige Technologien gilt es zu analysieren und es ist zu planen, welche technologische Richtung für die Umsetzung der IT-Strategie und der Architektur der Geschäftsanwendungen angemessen ist. Der Plan sollte für die Komponenten der Infrastruktur, die Systemarchitektur, technologische Richtung, Migrationsstrategien sowie Aspekte im Rahmen der Notfallplanung (Contingency) behandeln.

Ein technischer Infrastrukturplan sollte mit den strategischen und taktischen IT-Plänen abgestimmt sein. Der Plan basiert auf der technologischen Ausrichtung und umfasst

Maßnahmen zur Notfallvorkehrung und Vorgaben für die Beschaffung von technischen Ressourcen. Er betrachtet Änderungen im Wettbewerb, Skaleneffekte bei Stellenbesetzung und Investitionen, sowie die verbesserte Interoperabilität von Plattformen und Applikationen.

Ein IT-Strategieausschuss auf Ebene der Unternehmensleitung sollte etabliert werden. Dieser Ausschuss stellt sicher, dass IT-Governance als Teil der Corporate Governance angemessen adressiert wird. Er berät bei der strategischen Ausrichtung und beurteilt im Namen der Unternehmensleitung wesentliche Investitionen.

Ein IT-Lenkungsausschuss (oder ein äquivalentes Gremium), das sich aus Mitgliedern der Unternehmensleitung, Kerngeschäftsprozess- und IT-Management zusammensetzt, sollte ebenfalls eingesetzt werden, um

- die Prioritäten der durch IT unterstützten Programme in Abstimmung mit der Unternehmensstrategie und deren Prioritäten festzulegen,
- den Status von Projekten zu verfolgen und Ressourcenkonflikte zu lösen und
- die Service-Levels und Verbesserung von Services zu monitoren.

Die IT-Organisationseinheit muss in die Gesamtorganisation unter Beachtung der Bedeutung der IT für das Unternehmen, speziell deren Kritikalität für die Unternehmensstrategie und die Abhängigkeit des operativen Betriebs von der IT platziert werden. Die Stelle, an die der/die CIO berichtet, entspricht der Bedeutung der IT im Unternehmen. Rollen und Verantwortlichkeiten für alle Mitarbeiter der Organisation, die mit Informationssystemen in Verbindung stehen, müssen definiert und kommuniziert werden, um ausreichend Autorität für die Umsetzung der festgelegten Rollen und Verantwortlichkeiten zu ermöglichen.

Rollenbeschreibungen müssen regelmäßig aktualisiert werden. Diese beschreiben sowohl Autorität als auch Verantwortung, umfassen eine Festlegung der Kenntnisse und Erfahrungen, die für die Position erforderlich sind, und können auch geeignet sein für die Performancebeurteilungen. Rollenbeschreibungen sollten die Verantwortung für Internal Control umfassen.

Richtlinien zur Unterstützung der IT-Strategie müssen entwickelt und unterhalten werden. Diese Richtlinien sollten die Absicht der Richtlinie, Rollen und Verantwortlichen, Prozesse zur Ausnahmebehandlung, Ansatz zur Compliance und Referenzen zu Verfahren, Standards und Anleitungen umfassen. Die Richtlinien sollten die wichtigsten Themen, wie Qualität, Sicherheit, Vertraulichkeit, Internal Controls und Schutz von geistigem Eigentum behandeln. Die Relevanz der Richtlinien sollte regelmäßig bestätigt und bewilligt werden.

Dem IT-Personal sollte bei der Anstellung eine entsprechende Einweisung angeboten werden. Laufende Schulungen sind durchzuführen, um Wissen, Fähigkeiten, Begabungen und ein Bewusstsein für Internal Controls und Security auf dem Niveau zu erhalten, das notwendig ist, um die Unternehmensziele zu erreichen. Ein allgemeiner Qualitätsplan, der eine kontinuierliche Verbesserung fördert, wird regelmäßig gewartet und kommuniziert.

4.1.2 Monitoring

In Zusammenarbeit mit der Geschäftsleitung sollte ein IT-Governance Framework festgelegt und eingerichtet werden, das Führung, Prozesse, Rollen und Verantwortlichkeiten, Informationsbedarf und Organisationsstrukturen umfasst, um sicherzustellen, dass die IT-gestützten Investitionsprogramme des Unternehmens an den Unternehmensstrategien und -zielen ausgerichtet sind und entsprechend diesen arbeiten. Diese Unternehmensziele müssen selbstverständlich auch die Vorgaben der Unternehmensleitung zur Sicherheit im Unternehmen umfassen.

Das Framework sollte eine klare Verbindung herstellen zwischen der Unternehmensstrategie, dem Portfolio von IT-gestützten Investitionsprogrammen, welche die Strategie umsetzen, den individuellen Investitionsvorhaben und den Unternehmens- und IT-Projekten, die die Programme darstellen. Das Framework sollte unmissverständliche Zuständigkeiten und Praktiken unterstützen, um einen Zusammenbruch der Internal Controls und der Aufsicht zu vermeiden.

Das Framework sollte mit der unternehmensweiten Control-Umgebung und allgemein akzeptierten Grundsätzen für Control konsistent sein und auf dem Framework für IT-Prozesse und Control basieren.

Es muss der Geschäftsführung ermöglicht werden, die strategischen IT-Belange wie die Rolle der IT, technologische Einblicke und Möglichkeiten zu verstehen. Es gilt sicherzustellen, dass ein gemeinsames Verständnis zwischen dem Geschäftsbereich und der IT über den potenziellen Beitrag der IT zur Unternehmensstrategie besteht. Ein klares Verständnis sollte darüber bestehen, dass nur Wertbeitrag durch IT erzielt wird, wenn durch IT-gestützte Investitionen als ein Portfolio von Programmen gemanagt werden. Dieses Portfolio muss den vollen Umfang der Changes berücksichtigen, die das Unternehmen umzusetzen hat, um den Wertbeitrag für die Umsetzung der Strategie durch Potenziale der IT zu optimieren.

In Zusammenarbeit mit der Geschäftsleitung sollten Governance-Gremien wie ein IT-Strategieausschuss bestimmt und implementiert werden, um strategische Vorgaben an das Management in Relation zur IT zu erstellen, womit sichergestellt wird, dass die Strategie und Ziele in die Unternehmenseinheiten und die IT-Funktionen heruntergebrochen werden und dass Zuversicht und Vertrauen zwischen dem Kerngeschäft und der IT aufgebaut wird.

Gemeinsame Verantwortung von Kerngeschäft und IT für das Treffen strategischer Entscheidungen und dem Erzielen von Nutzen aus IT-gestützten Investitionen ermöglicht die Ausrichtung der IT am Kerngeschäft in strategischer und operativer Hinsicht. IT-gestützte Investitionsprogramme und andere Werte und Services der IT sind so zu managen, dass diese den höchstmöglichen Nutzen zur Unterstützung der Unternehmensstrategie und -ziele erbringen.

Dafür ist es erforderlich, dass der erwartete Unternehmenserfolg von IT-gestützten Investitionsprogrammen und der gesamte Umfang des Aufwands, der für die Erreichung dieses Erfolgs notwendig ist, verstanden wird, und

- dass umfassende und konsistente Business-Cases von Stakeholdern erstellt und freigegeben werden,

- dass Vermögenswerte und Investitionen über ihren gesamten wirtschaftlichen Lebenszyklus verwaltet werden und
- dass ein aktives Management der Realisierung des Nutzens vorhanden ist, wie zum Beispiel der Wertbeitrag für neue Services, Steigerung der Wirtschaftlichkeit und verbesserte Reaktion auf Kundenanfragen.

Ein disziplinierter Ansatz für Portfolio-, Programm- und Projektmanagement muss durchgehalten werden. Es ist wichtig, dass vom Kerngeschäft die Eigentümerschaft aller IT-gestützten Investitionen übernommen wird und dass die IT eine Optimierung der Kosten für die Bereitstellung von IT-Potenzialen und Services sicherstellt.

Technologie-Investitionen sollten so weit wie möglich standardisiert sein, um erhöhte Kosten und Komplexität eines Wildwuchses technischer Lösungen zu verhindern. Die Investitionen in IT-Vermögenswerte sind dadurch zu optimieren, dass deren Verwendung und Belegung regelmäßig beurteilt werden, um sicherzustellen, dass die IT ausreichende, kompetente und fähige Ressourcen hat, um die derzeitigen und künftigen strategischen Ziele umzusetzen und mit dem Unternehmensbedarf mitzuhalten. Das Management sollte klare, konsistente und durchgesetzte Human-Ressource- und Beschaffungs-Richtlinien einsetzen, um sicherzustellen, dass Ressourcenanforderungen wirksam und entsprechend den Architektur-Richtlinien und Standards erfüllt werden. Die IT-Infrastruktur sollte in periodischen Abständen beurteilt werden, um sicherzustellen, dass sie, wo immer möglich, standardisiert ist und dass eine Interoperabilität, wo gefordert, besteht.

4.2 Vorschlag für eine IT-Sicherheitspolicy

Im Folgenden haben wir einen Vorschlag zusammengestellt, welche Regelungen in einer IT-Sicherheitspolicy bzw. in einer allgemeinen Richtlinie zur IT-Sicherheit enthalten sein sollten. Dieser Vorschlag muss selbstverständlich auf Ihr Unternehmen zugeschnitten werden. Diese Richtlinie verweist für viele Regelungsinhalte auf andere Dokumente der im Kap. 4 ‚Aufbau des Buches' vorgestellten Dokumenthierarchie. Diese Verweise sind entsprechend anzupassen, wenn Sie die Inhalte gemäß den Bedürfnissen Ihres Unternehmens neu zugeschnitten haben.

Der folgende Vorschlag versteht sich insofern nur als eine Anregung und soll inhaltliche Orientierung geben sowie ein Verständnis für die erforderliche Regelungstiefe schaffen.

4.2.1 Vorbemerkung und Einführung

4.2.1.1 Zweck
Dieses Dokument regelt die grundlegenden Prinzipien des Unternehmens in Bezug auf IT-Sicherheit. Nähere Einzelheiten regeln ergänzende Richtlinien, auf die an entsprechender Stelle verwiesen wird.

4.2.1.2 Gegenstand und Umfang

Diese Richtlinie gilt ausschließlich für das Unternehmen sowie für alle Mitarbeiter, Contractor und andere dritte Parteien, sofern sie im Auftrage des Unternehmens Tätigkeiten verrichten. Darüber hinaus gilt diese Richtlinie, soweit anwendbar, für alle Dritten, die mit Informationen des Unternehmens umgehen.

In dieser IT-Sicherheitsrichtlinie sind Standard-Sicherheitsmaßnahmen für die IT-Systeme definiert oder es wird auf dokumentierte Richtlinien der Organisation verweisen.

Das Ziel dieser IT-Sicherheitsempfehlungen ist, durch geeignete Anwendung von organisatorischen, personellen, infrastrukturellen und technischen Standard-Sicherheitsmaßnahmen ein angemessenes und ausreichendes Sicherheitsniveau für die IT-Systeme zu erzielen.

Das Unternehmen erlässt diese Richtlinie als formales Regelungswerk für IT-Sicherheit. Sie ist Bestandteil der übergeordneten Governance-Richtlinien des Unternehmens. Zuwiderhandlungen können disziplinarische Konsequenzen zur Folge haben.

Rollen und Verantwortlichkeiten im Rahmen dieser Richtlinie müssen formal zugewiesen und dokumentiert sein. Dabei wird insbesondere sichergestellt, dass Verantwortungen regulierungskonform getrennt und Autorisierungen auditierbar dokumentiert werden.

4.2.1.3 Verantwortlichkeiten für diese Richtlinie

Die Verantwortung für die Erstellung, Weiterentwicklung und Umsetzung dieser Richtlinie liegt beim CEO des Unternehmens. Eine für die Umsetzung erforderliche Governance-Struktur ist einzurichten, um die Einhaltung dieser Richtlinie zu garantieren.

Die Führungskräfte des Unternehmens sind verpflichtet, dafür Sorge zu tragen, dass alle Mitarbeiter, Contractor und andere Dritte Kenntnis von dieser Richtlinie und den darauf aufbauenden weiterführenden Dokumentationen erhalten und die getroffenen Regelungen umsetzen.

4.2.2 Übergeordnete Aspekte

4.2.2.1 IT-Sicherheitsmanagement

Die Planungs- und Lenkungsaufgabe, die erforderlich ist, um einen durchdachten und planmäßigen IT-Sicherheitsprozess aufzubauen und kontinuierlich umzusetzen, wird als IT-Sicherheitsmanagement bezeichnet. Die Erfahrung zeigt, dass es ohne ein funktionierendes IT-Sicherheitsmanagement praktisch nicht möglich ist, ein durchgängiges und angemessenes IT-Sicherheitsniveau zu erzielen und zu erhalten.

Aufbau, Struktur und Ablauf des IT-Sicherheitsmanagements

Das IT-Sicherheitsmanagement ist in die Managementstrukturen eingebettet. Eine für das Unternehmen anwendbare Organisationsstruktur für das IT-Sicherheitsmanagement ist im Dokument „Richtlinie für das IT-Sicherheitsmanagement" geregelt.

In dem Dokument „Richtlinie für das IT-Sicherheitsmanagement" ist geregelt, wie ein funktionierendes IT-Sicherheitsmanagement eingerichtet und im laufenden Betrieb weiterentwickelt wird. Es beschreibt die Schritte des systematischen IT-Sicherheitsprozesses und umfasst das IT-Sicherheitskonzept.

Das IT-Sicherheitsmanagement umfasst Maßnahmen beginnend mit der Konzeption über den Aufbau geeigneter Organisationsstrukturen bis hin zur regelmäßigen Revision. Das Dokument regelt im Einzelnen:

- die Gesamtverantwortung für IT-Sicherheit durch die Leitungsebene,
- die Festlegung der IT-Sicherheitsziele und -strategie des Unternehmens,
- die Benennung eines IT-Sicherheitsbeauftragten des Unternehmens,
- die Integration der IT-Sicherheit in organisationsweite Abläufe und Prozesse des Unternehmens,
- das IT-Sicherheitskonzept für das Unternehmen,
- die Integration der Mitarbeiter in den Sicherheitsprozess des Unternehmens sowie
- die Definitionen der Risikoklassifizierung.

4.2.2.2 Organisation

Zutrittsberechtigungen, Zugangsberechtigungen und Zugriffsrechte
Allgemeine und übergreifende Empfehlungen für den Organisationsbereich des Unternehmens, die als organisatorische Standardmaßnahmen zur Erreichung eines Mindestschutzniveaus erforderlich sind, sind abzustimmen und im „Organisationshandbuch" zu dokumentieren.

Spezielle Maßnahmen organisatorischer Art, die in unmittelbarem Zusammenhang mit anderen Themen stehen (zum Beispiel LAN-Administration), werden in den entsprechenden Unterpunkten dieser IT-Sicherheitsrichtlinie aufgeführt. Auf das ordnungsgemäße Management informationstechnischer Komponenten wie Hardware oder Software ausgerichtete Standard-Sicherheitsmaßnahmen sind im Unterpunkt Hard- und Software-Management oder dem damit verbundenen Dokument geregelt.

Übergreifende Regelungen zur IT-Sicherheit sind verbindlich festgelegt, einschließlich der Zuweisung von verantwortlichen Personen für einzelne IT-Objekte (zum Beispiel Anwendungen, IT-Komponenten) über entsprechende organisatorische Handlungsanweisungen bis hin zur Behandlung von schützenswerten Betriebsmitteln.

Darüber hinaus sind Regelungen für Wartungs- und Reparaturarbeiten eindeutig getroffen. Die Aufgabenverteilung und Funktionstrennung innerhalb des Unternehmens ist definiert und es ist eine Zuweisung der Verantwortung für Informationen, Anwendungen und IT-Komponenten erfolgt.

Die Vergabe von Zutrittsberechtigungen, die Vergabe von Zugangsberechtigungen und die Vergabe von Zugriffsrechten weist dedizierte Verantwortlichkeiten auf und ist im Organisationshandbuch dokumentiert.

Die Überprüfung der bestehenden Zutrittsberechtigung zu den Bereichen mit hohem und mittlerem Risiko wird regelmäßig durchgeführt:

- Bei der Vergabe von Zutrittsberechtigungen für Personen muss geregelt werden, welches die schutzbedürftigen Räume des Unternehmens bzw. des Gebäudes sind. Schutzbedürftige Räume sind zum Beispiel Büro, Datenträgerarchiv, Serverraum,

Operating-Raum, Maschinensaal, Belegarchiv, Rechenzentrum. Der Schutzbedarf eines Raumes ist festzustellen anhand der im Raum befindlichen Informationstechnik sowie am Schutzbedarf der eingesetzten IT-Anwendungen und ihrer Informationen. Eine vorläufige Analyse des Schutzbedarfs ergab folgende Einteilung:
  - Hohes Risiko: Serverraum (elektronische Sicherungen, Zugangskarte), Patchräume (durch Schlüssel gesichert)
  - Mittleres Risiko: Büroräume
  - Niedriges Risiko: Schulungsräume
- Zugangsberechtigungen erlauben der betroffenen Person des Unternehmens oder einem autorisierten Vertreter, bestimmte IT-Systeme bzw. System-Komponenten und Netze zu nutzen. Dies ist für jede nutzungsberechtigte Person aufgrund ihrer Funktion unter Beachtung der Funktionstrennung im Einzelnen festgelegt. Entsprechend der Funktion ist der Zugang zum Rechner zu definieren, zum Beispiel Zugang zum Betriebssystem (Systemverwalter) oder Zugang zu einer IT-Anwendung (Anwender). Ergänzend hierzu muss sichergestellt sein, dass personelle und aufgabenbezogene Änderungen unverzüglich berücksichtigt werden.
- Über Zugriffsrechte regelt das Unternehmen, welche Person im Rahmen ihrer Funktion bevollmächtigt wird, IT-Anwendungen oder Daten zu nutzen. Die Zugriffsrechte (zum Beispiel Lesen, Schreiben, Ausführen) auf IT-Anwendungen, Teilanwendungen oder Daten sind von der Funktion abhängig, die die Person wahrnimmt, zum Beispiel Anwenderbetreuung. Es dürfen immer nur so viele Zugriffsrechte vergeben werden, wie es für die Aufgabenwahrnehmung notwendig ist („Need-to-know-Prinzip"). Umgesetzt werden müssen die Zugriffsrechte durch die Rechteverwaltung des IT-Systems.

Reserveschlüssel sind vorzuhalten und gesichert aufzubewahren. Gleiches gilt auch für alle Identifikationsmittel wie Magnetstreifen- oder Chipkarten.

Personen, die nicht dem Unternehmen angehören, wie Besucher, Handwerker, Wartungs- und Reinigungspersonal dürfen, außer in Räumen, die ausdrücklich dafür vorgesehen sind, nicht unbeaufsichtigt sein.

4.2.2.3 Rollen und Verantwortlichkeitn

Für jeden Mitarbeiter müssen die wahrzunehmenden Aufgaben definiert und beschrieben sein. „Jeder sollte wissen, was er zu tun hat." Die Aufgaben sind so zugeschnitten, dass keine Überschneidungen entstehen, damit es keine Probleme mit Zuständigkeiten gibt. Die Mitarbeiter müssen alle Ansprechpartner kennen, die mit ihrem Aufgabengebiet Schnittstellen haben. Dazu gehören insbesondere alle, die ähnliche Aufgaben erledigen oder die anderen dabei unterstützen. Beispielsweise sollten Mitarbeiter wissen, wer für den IT-Support zuständig ist, damit einerseits Probleme unmittelbar nach dem Auftreten abgestellt werden können und andererseits kein Mitarbeiter auf falsche Support-Mitarbeiter hereinfällt.

Vertreterregelungen sind frühzeitig im Sinne der Teambildung festzulegen.

Die Rollen und Verantwortlichkeiten, die ein Mitarbeiter wahrnehmen soll, müssen klar definiert sein. Darauf aufbauend sind alle erforderlichen Berechtigungen zu vergeben.

Die Rollen und Verantwortlichkeiten sind ebenfalls ein zentraler Punkt des Kontrollnetzwerkes. Alle relevanten Rollen des Unternehmens sind im Folgenden aufgeführt und kurz erklärt. Eine detaillierte Beschreibung und Dokumentation der damit verbundenen Verantwortlichkeiten sollte in gesonderter Dokumentation zur einzelnen Rolle in Abstimmung mit dem IT-Sicherheitsmanagement stattfinden.

Verantwortliche und Rollenbeschreibung
Administrator: Ein Administrator ist zuständig für Einrichtung, Betrieb, Überwachung und Wartung der IT-Systeme.

Anwendungsentwickler: Ein Anwendungsentwickler ist ein mit der Planung, Entwicklung, Test oder Pflege von Programmen betrauter Experte des Unternehmens.

Brandschutzbeauftragter: Der Brandschutzbeauftragte des Unternehmens ist Ansprechpartner und Verantwortlicher in allen Fragen des Brandschutzes. Er ist unter anderem zuständig für die Erstellung von Brandrisikoanalysen, Aus- und Fortbildung der Beschäftigten, teilweise auch für Wartung und Instandhaltung der Brandschutzeinrichtungen.

Datenschutzbeauftragter: Der Datenschutzbeauftragte des Unternehmens ist eine von der Unternehmensleitung bestellte Person, die für den datenschutzrechtlich korrekten bzw. gesetzeskonformen Umgang mit personenbezogenen Daten im Unternehmen verantwortlich ist.

Haustechnik: Haustechnik bezeichnet die Organisationseinheit des Unternehmens, die für die Einrichtungen der Infrastruktur in einem Gebäude oder in einer Liegenschaft des Unternehmens verantwortlich ist. Betreute Gewerke können dabei zum Beispiel sein: Elektrotechnik, Melde- und Steuerungstechnik, Sicherungstechnik, IT-Netze (physikalischer Teil), Heizungs- und Sanitärtechnik, Aufzüge etc.

IT-Sicherheitsbeauftragter: Ein IT-Sicherheitsbeauftragter ist eine vom Unternehmen ernannte Person, die im Auftrag der Konzernleitungsebene für die Ausgestaltung bzw. Umsetzung ausreichender IT-Sicherheit im Konzern verantwortlich ist.

Leiter IT: Hiermit ist der Leiter der IT-Abteilung bzw. das für die Informationstechnik zuständige Management des Unternehmens gemeint.

Verantwortliche der einzelnen IT-Anwendungen: Der Verantwortliche für die einzelne IT-Anwendung des Unternehmens ist nicht nur zuständig für den reibungslosen Betrieb der IT-Anwendung, sondern auch für die Initiierung und Umsetzung von IT-Sicherheitsmaßnahmen für diese Anwendung.

TK-Anlagen-Verantwortlicher: Der TK-Anlagen-Verantwortliche des Unternehmens ist für den Betrieb der Telekommunikationsanlagen und für entsprechende Regelungen verantwortlich.

Verantwortliche für die Datensicherung: Der Verantwortliche für die Datensicherung des Unternehmens ist zuständig für die Erstellung, Pflege, regelmäßige Aktualisierung und Umsetzung eines Datensicherungskonzeptes.

Verantwortlichkeit von Eigentümern (Owner) & Betreuer (Custodian)
Alle Produktionsinformationen, -daten, -prozesse, -anwendungen oder -systeme, die von einem Teilbereich des Unternehmens besessen oder benutzt werden, müssen einen

zugewiesenen Eigentümer haben. Eigentümer müssen die betreffende Risikoklassifizierung durchführen und geeigneten Kontrollen für die relevanten Daten, Prozesse, Anwendungen oder Systeme zustimmen.

Betreuer bekommen ihre Verantwortlichkeit, wie sie Daten, Prozesse, Anwendungen oder Systeme nutzen und Kontrollen nach dem notwendigen Standard durchzuführen haben, vom Eigentümer zugewiesen.

Die Zuweisung von Rollen und Verantwortlichkeiten stellt sicher, dass alle Produktionsinformationen des Unternehmens einen zugewiesenen Eigentümer haben und dass der Eigentümer weiß, was getan werden muss, wenn es um Informationssicherheit geht. Der Eigentümer muss den Inhalt und die Sensibilität der Informationen kennen, so dass er die Risikoklassifizierung für die entsprechende Information durchführen kann. Der Eigentümer kann die Durchführung und die notwendigen Kontrollen an andere Gruppen delegieren (zum Beispiel die IT-Abteilung), die die spezifischen technischen Maßnahmen durchführen, um die Information abzusichern. Der Eigentümer klassifiziert das Risiko, entscheidet über Zugriffsrechte und delegiert die Verantwortung für die Umsetzung der Kontrolle an den Betreuer. Der Betreuer muss den notwendigen Standard der Betreuung der Information umsetzen und dem Eigentümer alle Änderungswünsche, Vorfälle und Änderungen an den zugrunde liegenden Risikoannahmen der Information mitteilen.

Vertraulichkeitsvereinbarung
Alle Mitarbeiter des Unternehmens als auch externe Dritte sollten sowohl für ihre Aufgaben als auch für die Nutzung der dafür eingesetzten IT-Systeme geschult sein. Außerdem sollten die Mitarbeiter und externe Dritte eine Vertraulichkeitsvereinbarung über den Umgang mit vertraulichen Daten unterzeichnen.

4.2.2.4 Continuity-Konzept

Grundlegende Prinzipien
Jede Software und alle Datenbestände müssen im Falle eines Versagens oder Verlustes vollständig wiederherstellbar sein. Geschäftsinformationen, Prozesse sowie Assets müssen gegen Krisen und Katastrophen abgesichert sein.

Der CEO des Unternehmens ist verantwortlich für die Wiederherstellung von Assets im Falle eines Systemversagens. Mitarbeiter und Führungskräfte des Unternehmens sind verpflichtet, proaktiv am Schutz von Geschäftsinformationen, Prozessen und Assets im Krisenfalle mitzuwirken.

Die Leitungsebene des Unternehmens ist dazu verpflichtet,

- vertragliche Verpflichtungen, regulatorische Anforderungen und Geschäftserfordernisse in Bezug auf „Business Continuity" zu verstehen und bewerten können,
- die notwendigen Mittel bereitzustellen für die erforderliche Planung und Schulung (Schulungs- und Sensibilisierungsprogramm),
- die Ausbildung der Mitarbeiter sicherzustellen,

- die Business Continuity-Maßnahmen in Bezug auf Planung, Weiterentwicklung und Tests zu unterstützen und
- die Umsetzung der Maßnahmen durch die Mitarbeiter sicherzustellen.

Die Mitarbeiter des Unternehmens sind verpflichtet,

- ihre Verantwortlichkeiten und Rollen im Rahmen der „Business Continuity" zu verstehen,
- sich auf die Erfüllung dieser Rolle vorzubereiten,
- proaktiv an der Minimierung von Risiken mitzuwirken,
- mögliche Risiken und Gefährdungen umgehend weiterzuleiten und
- ihre Kenntnisse zur „Business Continuity" stetig zu vertiefen.

Alle Maßnahmen zur Sicherung der Geschäftstätigkeit sind in einem Continuity-Handbuch dokumentiert.

4.2.2.5 Datensicherungskonzept

Unternehmenskontinuitätsplanung/Aufrechterhaltungsplanung

Das Unternehmen hat ein Datensicherungskonzept erstellt, das die Gewährleistung einer funktionierenden Datensicherung sowie die Datenrestaurierbarkeit mittels praktischer Übungen als Verpflichtung vorsieht.

Verantwortlich für die Initiierung des Datensicherungskonzeptes ist das IT-Sicherheitsmanagement.

Verantwortlich für die Umsetzung des Datensicherungskonzeptes sind neben dem IT-Sicherheitsmanagement der IT-Leiter sowie die Verantwortlichen der einzelnen IT-Anwendungen.

Für jedes IT-System, aber auch für die einzelnen IT-Anwendungen (mit besonderer Bedeutung), wurden die nachfolgenden Einflussfaktoren ermittelt und im Datensicherungskonzept hinterlegt:

- Spezifikation der zu sichernden Daten
- Verfügbarkeitsanforderungen der IT-Anwendungen an die Daten
- Rekonstruktionsaufwand der Daten ohne Datensicherung
- Datenvolumen
- Änderungsvolumen
- Änderungszeitpunkte der Daten
- Fristen
- Vertraulichkeitsbedarf der Daten
- Integritätsbedarf der Daten
- Kenntnisse und datenverarbeitungsspezifische Fähigkeiten der IT-Benutzer

Der Verantwortliche für die Datensicherung ist benannt. Dieser ist ebenfalls verantwortlich für die tägliche Überprüfung der ordnungsgemäßen Funktionen der Backup-Server.

4.2.2.6 Datenschutz

Führungskräfte, Mitarbeiter, Lieferanten und andere dritte Parteien müssen ihre Verpflichtungen zum Datenschutz formal annehmen. Geschäftspartner, Lieferanten, Kunden und andere Business Associates müssen auf ihre Verantwortung in Umgang mit dem Datenschutz und den Datenschutzmaßnahmen durch entsprechende Texte in den Verträgen hingewiesen werden, die die Beziehung zu dem Unternehmen definieren.

4.2.2.7 Computer-Viren-Schutzkonzept

Das Unternehmen stellt sicher, einen effektiven Computer-Virenschutz zu erreichen, indem sie abgestimmte und angemessene Schutzmaßnahmen ausgewählt und umgesetzt hat. Das Unternehmen hat hierzu eine konzeptionelle Vorgehensweise gewählt, um sämtliche betroffenen IT-Systeme mit geeigneten Maßnahmen zu versehen und durch die Aktualisierung den notwendigen Schutz aufrechtzuerhalten.

Das Computer-Virenschutzkonzept (Bestandteil der Richtlinie zum sicheren IT-Betrieb) dokumentiert die vom Unternehmen definierten Schutzmaßnahmen hinsichtlich Computer-Viren.

Das Unternehmen wird regelmäßig über Sicherheitsrisiken durch Computer-Viren über Security-Newsletter informiert.

4.2.2.8 Kryptokonzept

Systemvertraulichkeit

Für mobile Arbeitsplätze werden die Datenübertragungen per VPN verschlüsselt. Jeder Datenaustausch von Systemen der Risikoklassifizierung mittleres und hohes Risiko über das Internet muss mit geeigneten Mitteln so verschlüsselt und mit einem geeigneten Authentifizierungsprozess ausgestattet werden, dass der unberechtigte Zugriff oder die Offenlegung der Daten verhindert wird. Die Definition der Risikoklassifizierung ist im Dokument „Richtlinien zum IT-Sicherheitsmanagement" geregelt.

4.2.2.9 Behandlung von Sicherheitsvorfällen

Verhalten im Störfall

Die Etablierung des IT-Sicherheitsmanagements ist die Vorbereitung auf den angemessenen Umgang mit Sicherheitsvorfällen aller Art. Sicherheitsvorfälle können durch eine Vielzahl von Ereignissen ausgelöst werden und zum Beispiel zum Verlust der Verfügbarkeit, Integrität und/oder Vertraulichkeit von Daten, einzelnen IT-Systemen oder des gesamten Netzes führen.

Sicherheitsvorfälle, die im Rahmen des IT-Sicherheitsmanagements einer besonderen Behandlung bedürfen, sind solche, die das Potenzial für große Schäden besitzen. Das IT-Sicherheitsmanagement ist dann sofort zu kontaktieren. Detaillierte Regelungen zum Ablauf bei Sicherheitsvorfällen bzw. zur Definition von Sicherheitsvorfällen sind im Dokument „Richtlinie zum IT-Sicherheitsmanagement" festgeschrieben und sollten jedem Mitarbeiter zur Verfügung stehen.

Die Verantwortlichkeiten zur Behandlung von Sicherheitsvorfällen sind im IT-Sicherheitsmanagement dokumentiert. Für die handelnden Personengruppen des Unternehmens ist dabei festgelegt worden, welche Aufgaben und Kompetenzen sie haben und auf welche Art sie verpflichtet bzw. unterrichtet werden.

Ebenfalls sind dort die Verhaltensregeln und Meldewege sowie die Eskalationsstrategie für Sicherheitsvorfälle dokumentiert, als auch die Prioritäten für die Behandlung von Sicherheitsvorfällen festgelegt und beschrieben.

Neben der Prävention kommt auch der Detektion von Sicherheitsvorfällen große Bedeutung zu. Der Einsatz von Detektionsmaßnahmen für Sicherheitsvorfälle ist daher ebenso im IT-Sicherheitsmanagement dokumentiert.

Systemintegrität
Nach dem Einbruch in ein System müssen alle Kennworte geändert werden.

Wann immer der Verdacht über den Einbruch in ein System vorliegt, muss der Systemeigentümer alle Kennworte auf dem betroffenen System ändern und den Datenschutzbeauftragten informieren.

Unverzügliches Handeln ist in diesem Fall erforderlich: Je länger der unautorisierte Zugriff dauert, desto wahrscheinlicher ist es, dass falsche User-IDs, Trapdoors oder Ähnliches installiert bzw. eingerichtet werden. Änderungen an den Zugriffrechten müssen zwingend überprüft werden.

4.2.2.10 Hard- und Software-Management

Grundlegende Prinzipien
Alle Anforderungen, Spezifikationen und Projektergebnisse sind zu dokumentieren. Produkte und Applikationen werden nur dann innerhalb des Unternehmens verwendet, wenn sie für die Nutzung im Umfeld des Unternehmens als tauglich bewertet wurden.

Keine Netzwerke oder Arbeitsmittel werden mit dem Firmennetzwerk verbunden, ohne vorab für solch eine Nutzung freigegeben und dokumentiert worden zu sein.

Keine Veränderungen werden in das Produktivsystem übertragen, die nicht vorab daraufhin überprüft worden sind, dass sie keine unvorhergesehenen negativen Auswirkungen auf bestehende Funktionalitäten haben. Es ist zwingend erforderlich, jede Veränderung zu dokumentieren.

Alle Entwicklungsarbeiten müssen einen eindeutigen Verantwortlichen haben. Diese Verantwortlichkeit umfasst die

- Sicherstellung angemessener Tests,
- Durchführung von Peer-Reviews sowie
- Einholung entsprechender Autorisierungen für alle Prozessschritte.

Die für den sicheren Betrieb aller IT-Komponenten notwendigen Maßnahmen sind in einer Richtlinie zum sicheren IT-Betrieb festgelegt.

Die Einhaltung des darin spezifizierten Sicherheitsniveaus erfordert neben den technischen Maßnahmen auch ein umfangreiches Regelwerk für den Benutzer, das diesem eine Hilfestellung und eine verbindliche und präzise Anleitung gibt. Potentielle Risikofaktoren und Schwachstellen wie Passwörter, Fremdpersonal, nicht freigegebene IT-Komponenten oder Zugang zu den IT-Systemen müssen durch organisatorische Regelungen (zum Beispiel Regelungen für den Einsatz von Fremdpersonal) oder durch eine Kombination von organisatorischen und technischen Maßnahmen (zum Beispiel Regelung des Passwortgebrauchs) minimiert werden. Die Benutzer werden regelmäßig für den sorgfältigen Umgang mit sicherheitskritischen Informationen und IT-Komponenten sensibilisiert (zum Beispiel sorgfältige Einstufung und Umgang mit Informationen, Anwendungen und Systemen), was ebenfalls in der Richtlinie zum sicheren IT-Betrieb dokumentiert ist.

Der effiziente und sichere Betrieb heterogener Netze erfordert strikte Richtlinien hinsichtlich Test, Installation und Dokumentation neuer Hard- und Software (zum Beispiel Genehmigungsverfahren für IT-Komponenten) sowie eine effiziente Benutzerverwaltung (Regelung für die Einrichtung von Benutzern/Benutzergruppen). Der physikalische Zugang zu IT-Systemen sowie eine Authentisierung der Benutzer gegenüber den Anwendungen und Systemen (Richtlinien für die Zugriffs- bzw. Zugangskontrolle) sollten grundsätzlich unter Beachtung des Need-to-know-Prinzips erfolgen und sind in der Richtlinie zum sicheren IT-Betrieb geregelt.

Der Einsatz von externen Datenträgern kann ein hohes Sicherheitsrisiko darstellen, da vermeintliche Sicherheitsbarrieren häufig einfach ausgehebelt werden können. Regelungen zur Verwendung, Kennzeichnung und Prüfung – zum Beispiel auf Viren – für Disketten, CD-ROMs, Memory-Sticks und andere über USB anschließbare Geräte für den Datenaustausch dienen ebenfalls zur Aufrechterhaltung eines sicheren IT-Betriebs (Datenträgerverwaltung) und sind in der in der Richtlinie zum sicheren IT-Betrieb festgeschrieben.

Vereinbarungen mit Dritten, die mit Daten des Unternehmens umgehen
Sämtliche Vereinbarungen, die den Umgang mit Daten des Unternehmens durch Dritte regeln, müssen einen speziellen Zusatz beinhalten. Dieser muss es dem Unternehmen erlauben, Sicherheitsüberprüfungen über den Umgang mit den Daten durchzuführen und zu spezifizieren, wie die Daten geschützt werden müssen.

4.2.2.11 Standardsoftware
Für Standardsoftware hat das Unternehmen in dieser IT-Sicherheitsrichtlinie Maßnahmen definiert, die umzusetzen sind, beginnend mit der Planung des Einsatzes über die Beschaffung bis zu ihrer Außerbetriebnahme. Die Schritte, die dabei zu durchlaufen sind sowie die Maßnahmen, die in den jeweiligen Schritten beachtet werden müssen, sind im Folgenden aufgeführt.

Planung und Konzeption
Vor der Auswahl einer bestimmten Standardsoftware ist ein Anforderungskatalog zu erstellen, anhand dessen das Produkt nach objektiven und nachvollziehbaren Kriterien ausgewählt werden kann. Bei komplexeren Produkten sind die Verantwortlichen für deren Beschaffung und Einsatz festzulegen und zu dokumentieren.

Vor der Entscheidung für ein geeignetes Standardsoftwareprodukt für das Unternehmen müssen die nach der Vorauswahl in die engere Wahl gezogenen Produkte als Testlizenz beschafft und ausreichend getestet werden.

Werden dabei vertrauliche Informationen oder Informationen mit hohem Integritätsanspruch übertragen und besteht eine gewisse Möglichkeit, dass diese Daten Unbefugten zur Kenntnis gelangen, von diesen manipuliert oder durch technische Fehler verändert werden können, so ist ein kryptographisches Verfahren zum Schutz der Daten für den Transport oder die Übermittlung zwingend erforderlich.

Beschaffung
Anhand von konkreten Vorgaben des Anforderungskatalogs wird bei der Beschaffung geprüft, welches der am Markt vorhandenen Produkte die am besten geeignete Funktionalität aufweist.

Umsetzung
Das Unternehmen stellt durch Tests in angemessener Tiefe sicher, dass das ausgewählte Produkt über die in der Dokumentation angegebene Funktionalität tatsächlich verfügt. Sofern das Produkt auf breiter Basis einzusetzen ist, muss es in die vorhandenen Installationsverfahren eingebunden werden. Die Installation selbst ist zu dokumentieren. Eine Nutzung in der Fläche darf erst erfolgen, wenn das Produkt nach erfolgreichem Durchlaufen der Tests und nach Abschluss der Vorbereitungsarbeiten dafür freigegeben wurde.

Betrieb
Die Kontrolle der installierten Versionen und die Nachverfolgung der verfügbaren Lizenzen und deren Abgleich mit der installierten Anzahl der Produkte ist eine permanente Aufgabe während der Nutzung der Standardsoftware.

Aussonderung
Eine saubere Deinstallation von Standardsoftware erfordert umfangreiche und komplexe Arbeiten, in einzelnen Fällen bis hin zur Neuinstallation von Rechnern durch dafür verantwortliche Mitarbeiter des Unternehmens.

4.2.2.12 Patch- und Änderungsmanagement

Planung des Patch- und Änderungsmanagement-Prozesses
Für das Patch- und Änderungsmanagement ist ein klar definierter Prozess einzurichten. Die Zuständigkeiten für die verschiedenen Aufgaben sind zu regeln. Alle Änderungen von Hard- und Softwareständen und Konfigurationen sind über den Prozess Patch- und Änderungsmanagement zu steuern und zu kontrollieren. Um alle Änderungen erfassen und bewerten zu können, sind alle vom Patch- und Änderungsmanagement betreuten IT-Systeme dem Änderungsmanager zu unterstellen.

Dies entspricht der Maßnahme M 2.421 des BSI Grundschutzkataloges.

Festlegung der Verantwortlichkeiten für das Patch- und Änderungsmanagement
Für jeden Aufgaben- und Organisationsbereich ist exakt zu definieren, welche Verantwortlichkeiten im Patch- und Änderungsprozess ein Mitarbeiter besitzt und wie die Koordination zwischen den einzelnen Bereichen abzulaufen hat.

Kein Mitarbeiter darf Änderungen durchführen, ohne diese vorher mit dem Änderungsmanagement abzusprechen. Auch alle Mitarbeiter des IT-Betriebs müssen relevante Änderungen grundsätzlich mit dem Änderungsmanagement absprechen.

Die zentrale Rolle für die Koordination und Bewertung der Änderungen übernimmt der Änderungsmanager (Change Manager). Bei einem Unternehmen mindestens mittlerer Größe oder mit komplexen IT-Infrastrukturen ist der Änderungsmanager bei seiner Arbeit durch ein Change Advisory Board (CAB) zu unterstützen.

Dies entspricht der Maßnahme M 2.423 des BSI Grundschutzkataloges.

Sicherheitsrichtlinie zum Einsatz von Patch- und Änderungsmanagement-Werkzeugen
Eine Sicherheitsrichtlinie für das Patch- und Änderungsmanagement ist zu erstellen. Diese muss mit dem Sicherheitskonzept des Unternehmens und den daraus abgeleiteten Sicherheitsrichtlinien abgestimmt sein.

Aspekte, zu denen in dieser Sicherheitsrichtlinie Vorgaben formuliert werden müssen, sind:

- Vorgaben für die Planung
- Vorgaben für die Administration
- Vorgaben für den sicheren Betrieb
- Vorgaben für Protokollierung und Monitoring
- Datensicherung
- Störung und Notfallvorsorge

Dies entspricht der Maßnahme M 2.424 des BSI Grundschutzkataloges.

4.2.2.13 Outsourcing
Die Auslagerung des Unternehmens kann sowohl aus Komponenten bestehen, die sich ausschließlich im Einflussbereich des Outsourcing-Dienstleisters befinden, als auch aus Komponenten beim Auftraggeber. In der Regel gibt es in diesem Fall Schnittstellen zur Verbindung der Systeme. Für jedes Teilsystem und für die Schnittstellenfunktionen muss die IT-Sicherheit gewährleistet sein. Eine Regelung für jeden einzelnen Vertrag muss schriftlich dokumentiert werden und Bestandteil des Vertrages der Vertragsparteien sein.

4.2.2.14 Archivierung
Das Unternehmen hat zu Archivierung eine Vorgehensweise definiert, die für die Einführung und den Betrieb von elektronischen Archivsystemen bindend ist.

4.2.2.15 IT-Sicherheitssensibilisierung und -schulung
Um eine umfassende Sensibilisierung für IT-Sicherheitsfragen zu erreichen, wird ein Programm aufgebaut, das unter anderem Schulungen, Trainingsprogramme, Sicherheitskampagnen und andere Sicherheits-Aktivitäten beinhaltet.

4.2.3 Infrastruktur

4.2.3.1 Gebäude
Die Rezeption im Gebäude des Unternehmens versorgt Besucher mit Besucherausweisen und informiert die Ansprechpartner des Unternehmens. Die Rezeption ist während der normalen Geschäftszeiten besetzt. Das Sicherheitspersonal kontrolliert außerhalb der Büro-Arbeitszeiten den Zugang zu dem Gebäude und den Räumlichkeiten. Es wird allabendlich ein einmaliger Schließgang durchgeführt. Die Alarmanlage wird durch das Sicherheitspersonal aktiviert.

Schutzbedarfsfeststellung:

- Hohes Risiko: Serverraum (elektronische Sicherungen, Zugangskarte), Patchräume (durch Schlüssel gesichert)
- Mittleres Risiko: Büroräume
- Niedriges Risiko: Schulungsräume (außerhalb des Business Centers)

4.2.3.2 Bauliche Zugangskontrolle
Bauliche Maßnahmen haben sicherzustellen, dass Bereiche mit entsprechender Risiko-Klassifizierung nur autorisierten oder begleiteten Personen zugänglich sind.

4.2.3.3 Umgang mit Besuchern
Alle Besucher müssen angemeldet werden. Besuchern ist Zutritt zu den Räumen des Unternehmens nur in Begleitung eines Mitarbeiters gestattet. Besucher haben deutlich sichtbar einen Besucherausweis zu tragen.

Personen, die weder Mitarbeiter noch autorisierte Auftragnehmer/Berater sind, müssen überwacht werden, wenn sie sich in Bereichen mit Systemen der Klassifizierung mittleres oder hohes Risiko aufhalten.

4.2.3.4 Büroraum
Alle Multi-User-Computer und Kommunikationsausrüstungen müssen in abgeschlossenen Räumen untergebracht werden, um den Missbrauch und nicht autorisierten Umgang auszuschließen. Die Zugangskontrollmechanismen sollten der Risikoklassifizierung (gemäß IT-Sicherheitsmanagement) entsprechen und den Empfehlungen der Computerraum-Sicherheitsrichtlinie folgen.

Unabhängig davon, wie umfangreich die Software-Zugangskontrolle auch ist, kann für den Fall, dass ein physikalischer Zugriff auf Server oder ähnliche Einrichtungen erlangt wird, der Kontrollmechanismus umgangen werden. Dies beinhaltet auch Switches, PBXs,

Hubs, Routers, Firewalls und andere Netzwerkkomponenten, die in abgeschlossenen Räumen aufgebaut werden.

4.2.3.5 Technische Räume

Server Raum

Nur diejenigen Mitarbeiter, die zur Durchführung ihrer Aufgaben direkten Zugriff auf Server und sonstige im Serverraum installierte Geräte wie Kommunikationsverteiler, Firewalls etc. benötigen, dürfen Zutritt zu einem Serverraum erhalten. Es herrscht Trink-, Ess- und Rauchverbot in diesen Räumen.

Serverräume müssen immer verschlossen sein, wenn sie nicht besetzt sind.

Computerraum

Die Computerräume-Sicherheitsrichtlinie muss als Regel betrachtet und durch den Eigentümer des Computerraums umgesetzt werden. Grundsätzlich gilt für Computerräume das Gleiche wie für Serverräume hinsichtlich Planung und Konzeption, Umsetzung und Betrieb.

Die Computerräume-Sicherheitsrichtlinie liegt in der Verantwortung des Sicherheitsbeauftragten und umfasst definierte Abwehrmaßnahmen, die im Einklang mit der Risikoklassifizierung des betroffenen Computerraums stehen. Dies impliziert, dass jeder Computerraum eine Risikobewertung und Risikoklassifizierung erhalten muss (IT-Sicherheitsmanagement).

Die Liste der Mitarbeiter oder explizit berechtigter Personen, die Zugang zum Computer-Center erhalten, muss quartalsweise vom Eigentümer des Computer-Centers überprüft und angepasst werden. Nur die Mitarbeiter, die legitimierte Geschäftsgründe haben, dürfen Zugang zum Computer-Center erhalten.

Mitarbeiter und Besucher dürfen weder rauchen, essen noch trinken, wenn sie sich in einem Computerraum mit erhöhtem Boden befinden, in dem sich zum Beispiel Server befinden.

Chemikalien, flammbare Materialien und andere gefährliche Stoffe dürfen nicht in Computerräumen gelagert werden.

4.2.3.6 Mobiler Arbeitsplatz

Eine Arbeitsanweisung zum mobilen Arbeitsplatz regelt folgende Punkte:

- Regelung der Mitnahme von Datenträgern und IT-Komponenten
- Sicherheitsrichtlinien und Regelungen für die mobile IT-Nutzung
- Geeignete Aufbewahrung dienstlicher Unterlagen und Datenträger
- Einsatz von Diebstahl-Sicherungen
- Einhaltung von Regelungen bzgl. Arbeitsplatz und Arbeitsumgebung
- Arbeiten mit fremden IT-Systemen
- Ordnungsgemäße Entsorgung von schützenswerten Betriebsmitteln

4.2.4 IT-Systeme

4.2.4.1 Allgemeine Regelungen

Sichere Entsorgung von Equipment
Am Ende des Lebenszyklus der Hardware müssen alle Computerkomponenten und Speichermedien so entsorgt werden, dass die Daten vor einer Offenlegung geschützt sind.
   Es ist sicherzustellen, dass Festplatten sicherheitsmäßig gelöscht werden (disk-shredding).
   CDs, Back-up-Tapes, Disketten und Memorysticks müssen zerstört werden, da die Daten selbst nach Löschung oder mehrmaliger Überschreibung wiederhergestellt werden können. Forensisches Computing kann Daten wiederherstellen, die hundertmal überschrieben wurden. Deshalb ist hier besondere Vorsicht geboten!

4.2.4.2 User Account-Administration

Erstellung neuer User IDs
Administratoren dürfen nur neue User-IDs anlegen, wenn sie die entsprechende formale Anweisung von den Systemeigentümern erhalten haben, zu dessen System der User hinzugefügt werden soll. Es muss eine schriftliche Dokumentation über die Anweisungen zum Anlegen jeder neuen User-ID erfolgen. Es dürfen keine anderen Accounts angelegt werden, es sei denn diese werden von Anwendungen oder Prozessen benötigt und die Betreuer werden dazu durch eine entsprechende formale Anweisung vom Systemeigentümer ermächtigt.

Kennwortübergabe
Wenn ein neues Kennwort angelegt oder ein Kennwort von den Administratoren zurückgesetzt wurde, muss dieses über einen anderen Kommunikationsweg übermittelt werden als der Anwendungsbereich des Kennwortes. Die Übermittlung muss in einer sicheren Art und Weise erfolgen. Kennwörter dürfen nicht ohne Überprüfung der Anwenderidentität zurückgesetzt werden.

Nutzung für Externe
Bevor an entsprechende Dritte (Nicht-Mitarbeiter, Berater oder Auftragnehmer) Zugriff auf ein System gewährt wird, muss ein Vertrag, der den Umfang und Art des Zugangs dokumentiert, beidseitig unterzeichnet werden. Des Weiteren müssen die entsprechenden Verantwortlichkeiten des Nicht-Mitarbeiters, Beraters oder Auftragnehmers im Vertrag dokumentiert werden. Es ist erforderlich, dass die persönlichen Daten der betreffenden Person in die HR-Datenbank eingepflegt werden und vom System-/Anwendungseigentümer genehmigt werden.
   Jede User-ID eines unternehmensfremden Mitarbeiters, Beraters oder Auftragnehmers muss mit einem Ablaufdatum versehen werden, das entweder dem Vertragsende entspricht oder maximal zwölf Monate in die Zukunft gesetzt wird, abhängig davon. was zuerst eintritt.

Falls der Administrator, der den Account anlegt, kein ausdrückliches Vertragsenddatum erhält, muss das Ablaufdatum auf dreißig (30) Tage begrenzt werden. Nur ein Manager, der für den Auftragnehmer verantwortlich ist, kann die Verlängerung des Ablaufdatums genehmigen. Diese Genehmigung muss durch das E-Mail-System des Unternehmens oder in anderer geeigneter Weise erfolgen, so dass die Autorisierung nachvollzogen werden kann und schriftlich dokumentiert ist.

4.2.4.3 Kennwort-Management

Kennwortkonventionen
Die Länge des Kennwortes muss bei der Erstellung automatisch überprüft werden. Alle Kennworte müssen mindestens sieben (7) Zeichen lang sein und mindestens aus zwei Buchstaben und zwei Ziffern bestehen. Ein User-Account sollte nach drei aufeinander folgenden Fehlversuchen dauerhaft gesperrt werden, so dass nur ein Administrator diesen wieder freischalten kann.

Es ist für jeden Anwender zwingend vorgeschrieben, dass er/sie das Kennwort mindestens alle 60 Tage wechselt. Es ist zu gewährleisten, dass die nächste Kennwortänderung erst 24 Stunden später erfolgen kann. Das System muss mindestens sechs Kennworte speichern, um zu verhindern, dass ein Anwender eines der letzten sechs Kennworte verwendet. Falls ein Kennwort neu angelegt oder durch den Administrator zurückgesetzt wurde, ist der User dazu aufgefordert, dieses bei der nächsten Anmeldung sofort zu ändern.

Individuelle Accounts
Jeder Mitarbeiter muss seinen eigenen Account und sein eigenes, individuelles Kennwort besitzen, um in Systemen mit mittlerem oder hohem Risiko zu arbeiten, damit eine eindeutige Nachverfolgung von Aktivitäten auf die verantwortliche Person gewährleistet ist. Es ist strikt untersagt, Kennworte gemeinsam zu nutzen oder an Dritte bekannt zu geben.

Für Log-Dateien als zuverlässige Quelle für Informationen, beispielsweise welcher User Zugriff auf Anwendungen und Daten hatte, ist es zwingend erforderlich, dass ein User-Account nur von einer Person genutzt wird.

Alle unternehmensinternen Netzwerkgeräte (Router, Firewalls, Access Control Servers etc.) müssen kennwortgeschützt sein oder anderen, vorab definierten und zu dokumentierenden Zugriffkontrollmechanismen unterliegen. Somit wird sichergestellt, dass der unerlaubte Zugang zu einem Gerät nicht automatisch zum Eindringen in ein weiteres Gerät führt.

Entfernung von User-Accounts
HR informiert über E-Mail, wenn Mitarbeiter die Firma verlassen. Alle User-Accounts müssen am gleichen Tag gelöscht werden, an dem der betreffende Mitarbeiter das Unternehmen verlässt, unabhängig davon, aus welchem Grunde er ausscheidet.

Das Entfernen solcher Accounts geht mit dem Prinzip „kleinste Rechtevergabe" einher.

Der Remote Access-Zugang muss ebenfalls am gleichen Tag, an dem der Mitarbeiter das Unternehmen verlässt, deaktiviert werden.

Server

Für den erfolgreichen Aufbau eines Servers sind eine Reihe von Maßnahmen zwingend erforderlich, beginnend mit der Konzeption über die Installation bis hin zum Betrieb. Ein besonderes Augenmerk ist auf die konzeptionellen Planungsmaßnahmen zu legen, wenn der Server im Rahmen des Aufbaus eines neuen servergestützten Netzes installiert wird. Sofern die Installation dagegen als Ausbau eines schon existierenden Netzes erfolgt, beschränken sich die Planungsmaßnahmen auf die Konformität des neuen Servers mit den schon vorhandenen Strukturen – darauf ist besonders zu achten.

Die Sicherheitsmaßnahmen für Server sind in die Sicherheitsrichtlinie für IT-Systeme eingegliedert, ihr sind die erforderlichen Maßnahmen für die Serverbetriebssysteme aus den jeweiligen betriebssystemspezifischen Kapiteln zu entnehmen. Dies gilt analog auch für die angeschlossenen Clients.

4.2.4.4 Laptop

Die Laptop-Nutzung ist in den Maßnahmen zur mobilen IT-Nutzung in der Sicherheitsrichtlinie für IT-Systeme geregelt. Dies umfasst beispielsweise, wer das System wann und wofür nutzen darf und ob und in welcher Weise ein Anschluss an das Netz des Unternehmens gestattet wird. Ebenso ist darin definiert, ob und in welcher Form bei mobiler Nutzung eine direkte Verbindung des Laptops mit dem Internet zulässig ist.

In den Maßnahmen zur mobilen IT-Nutzung werden des Weiteren die Beschaffung von Laptops, deren sichere Installation sowie die sichere Konfiguration der installierten Komponenten und der sichere Betrieb von Laptops als auch die Aussonderung und Datensicherung geregelt.

Das Unternehmen erarbeitet Vorschläge bzgl. der Standardkonfiguration von Laptops. Ein Imageserver hält die aktuell verfügbaren Software-Images für die einzelnen Maschinen vor. Die Konfigurationsdokumentation ist auf diesem Server abgelegt.

4.2.4.5 Clients

Die Sicherheitsanforderungen für die bereits vorhandene IT-Systeme (Clients) sowie die geplanten Einsatzszenarien für Clients sind in den Maßnahmen für die Clients definiert, die einen Teilbereich der Sicherheitsrichtlinie für IT-Systeme darstellen.

Alle nicht autorisierten PC-Clients müssen daran gehindert werden, Zugriff auf das Kernnetzwerk zu erhalten. Autorisierte PC-Clients, die auf das Netzwerk des Unternehmens zugreifen, müssen solange in Quarantäne genommen werden, bis sie eine Sicherheitsüberprüfung erhalten haben.

4.2.4.6 Sicherheitsgateway (Firewall)

Das Sicherheitsgateway ist in einem separaten Serverraum aufgestellt. Die hierfür zu beachtenden und zu realisierenden Maßnahmen sind in der Sicherheitsrichtlinie für IT-Systeme beschrieben.

Insbesondere sollten die in der Sicherheitsrichtlinie für IT-Systeme aufgeführten Empfehlungen zur Integration des E-Mail-Servers in das Sicherheitsgateway beachtet werden.

4.2 Vorschlag für eine IT-Sicherheitspolicy

In der Sicherheitsrichtlinie für IT-Systeme werden der Aufbau des Sicherheitsgateways sowie die Maßnahmen zur erfolgreichen Umsetzung dediziert beschrieben, beginnend mit der Konzeption über die Beschaffung bis zum Betrieb der Komponenten, der Aussonderung und Notfallvorsorge.

4.2.4.7 Verzeichnisdienst

Es ist ein Sicherheitskonzept zum Verzeichnisdienst zu erstellen. Darin ist zu regeln, welche Dienste, Komponenten etc. in welcher Weise genutzt werden sollen und dürfen. Regelungsbereiche, die speziell zu betrachten sind, sind Rechtevergabe, Administration, Datenkommunikation, Zertifikatsautorität, Dateisystem des unterliegenden Betriebssystems, LDAP, Client-Zugriff auf den Verzeichnisdienst, Verschlüsselung von Attributen, Fernzugriff zur Systemüberwachung und Administration.

Durch die Sicherheitsrichtlinie ist festzulegen, welche konkreten Sicherheitsbestimmungen in einem Verzeichnisdienst-System gelten sollen und wie diese bei der Installation und dem Betrieb umgesetzt werden müssen.

Durch die Verzeichnisdienst-Sicherheitsrichtlinie sind sämtliche sicherheitsbezogenen Themenbereiche eines Verzeichnisdienstes zu regeln. Diese komponentenspezifische Auflistung von Themengebieten kann in folgende zeitliche Abfolge gebracht werden: Definition der Verzeichnisdienst-Baumstruktur, Regelung der Verantwortlichkeiten, Festlegung von Namenskonventionen, Festlegung der Regeln für Benutzerkonten, Einrichtung von Gruppen, Festlegung der Vorgaben für Protokollierung, Regelung zur Datenspeicherung, Einrichtung von Projektverzeichnissen, Vergabe der Zugriffsrechte, Verantwortlichkeiten der Administratoren und Benutzer im Client-server-Netz, Schulung.

Dies entspricht den Maßnahmen M 2.404 und M 2.405 des BSI Grundschutzkataloges.

4.2.4.8 VPN

Die Sicherheitsrichtlinie ist um folgende Punkte der VPN-Nutzung zu erweitern:

- Beschreibung, wer im Unternehmen VPN-Komponenten installieren, konfigurieren und benutzen darf. Dazu sind auch eine Vielzahl von Randbedingungen festzulegen, wie zum Beispiel
  - welche Informationen über VPNs übertragen werden dürfen,
  - wo die VPN-Komponenten benutzt werden dürfen,
  - auf welche anderen internen oder externen Netze oder IT-Systeme über ein VPN zugegriffen werden darf.
- Für alle VPN-Komponenten sind Sicherheitsmaßnahmen und eine Standard-Konfiguration festzulegen.
- Alle VPN-Benutzer sind darauf hinzuweisen, dass bei einem Verdacht auf Sicherheitsprobleme ein Sicherheitsverantwortlicher hierüber informiert werden muss, damit dieser weitere Schritte unternehmen kann.
- Administratoren, aber auch Benutzer von VPN-Komponenten sind über VPN-Gefährdungen und die zu beachtenden Sicherheitsmaßnahmen zu informieren bzw. zu schulen.

4.2.4.9 Router und Switches

Der Einsatz von Routern und Switches ist im Dokument „Sicherheitsrichtlinie für IT-Systeme" geregelt.

4.2.4.10 Kommunikationseinrichtungen

TK-Anlage

Die zentralen Einrichtungen der TK-Anlage sind in einem Raum aufgestellt, der den Anforderungen an einen Serverraum (Sicherheitsrichtlinie für IT-Systeme) gerecht wird.

Mobiltelefon

Mitarbeiter können kurzfristig für Einsatzzwecke ein Mobiltelefon erhalten. Bei häufiger und wechselnder dienstlicher Nutzung von Mobiltelefonen, die von dem Unternehmen zur Verfügung gestellt werden, ist die Sammelaufbewahrung der Telefone geboten.

Bei einem eventuellen Verlust des Telefons muss die SIM-Karte dieses Telefons unverzüglich gesperrt werden, um Missbrauch und unnötige Kosten zu verhindern.

4.2.5 Netze

4.2.5.1 Heterogene Netze

Alle aktiven Netzkomponenten müssen in Räumen für technische Infrastruktur (zum Beispiel Verteilerräume) untergebracht werden, so dass auch die Maßnahmen aus dem Kap. 7.2.6 zur technischen Infrastruktur sowie der relevanten Abschnitte der Sicherheitsrichtlinie für IT-Systeme realisiert werden können.

Für den sicheren Einsatz eines heterogenen Netzes sind die Analyse und Dokumentation der aktuellen Netzsituation sowie die Entwicklung und Dokumentation eines Netzmanagement-Konzeptes bis zum Betriebskonzept des heterogenen Netzes für das Unternehmen zwingend erforderlich.

Im Patchraum ist die Belegung auf Papier dokumentiert. Die Netze sind logisch über eine Firewall getrennt. Die Dokumentation wird auf einem Fileserver in einem Verzeichnis gehalten, auf das nur die berechtigten Administratoren Zugriff haben. Ein Netzwerk-Diagramm (Visio) ist ebenfalls vorhanden. Die Liste der inventarisierten Netzwerkgeräte wird in SAP gehalten. Tools für die Administrierung des Netzwerks sind zum Beispiel Norton Device Manager, Whats Up oder Cisco Network Assistant. Patchräume sind durch Schlüssel gesichert. Schlüsselinhaber sind nur Mitarbeiter der Netzwerkadministration.

4.2.5.2 Netz- und Systemmanagement

Das zu verwaltende System besteht aus einzelnen Rechnern, Netzkoppelelementen und dem physikalischen Netz. Jede dieser Komponenten ist ein potenzielles Sicherheitsrisiko für das Gesamtsystem. Diese Risiken können im Allgemeinen alleine durch die Einführung von Managementsoftware nicht vollständig beseitigt werden. Dies gilt schon deshalb, weil

4.2 Vorschlag für eine IT-Sicherheitspolicy

in der Regel nicht alle Systeme in gleichem Maße durch ein Managementsystem erfasst werden. Grundvoraussetzung für die Systemsicherheit ist hier einerseits die Definition und andererseits die Realisierung von Sicherheitsmaßnahmen, die sich im betrachteten Fall insbesondere in der Konfiguration von Hard- und Software niederschlagen muss. Grundlegend für die Definition von Sicherheitsmaßnahmen sind die Ausführungen aus Abschn. 4.2.5.1 zu heterogenen Netzen.

Dem zentralen Managementsystem kommt eine besondere Bedeutung unter Sicherheitsgesichtspunkten zu und es ist daher besonders zu schützen. Zentrale Komponenten des Managementsystems werden nur in Räumen aufgestellt, die den Anforderungen an einen Serverraum (vgl. Abschn. 4.2.3.5 sowie der relevanten Abschnitte der Sicherheitsrichtlinie für IT-Systeme) entsprechen.

Verletzlichkeitseinstufung

Regelmäßig sollen Überprüfungen mit automatischen Werkzeugen durchgeführt werden, um aus Eigeninitiative heraus Schwachstellen, die auf den Servern oder der Netzwerkinfrastruktur bestehen, ausfindig zu machen. Systeme mit der Klassifizierung hohes Risiko müssen alle zwei Wochen, die mit mittlerem Risiko einmal im Quartal und die mit niedrigem Risiko mindestens einmal im Jahr überprüft werden.

Zugriffs- und Datenflusskontrollsysteme

Die internen Systemadressen, Konfigurationen und andere dem Netzwerkdesign zugrunde liegenden Informationen von Computersystemen dürfen nicht durch externe Computersysteme oder von Anwendern außerhalb des Netzwerks genutzt werden.

Alle eingehenden Telefonverbindungen zum internen Netzwerk oder anderer Computersysteme müssen durch einen geeigneten Zugriffskontrollpunkt (wie die Firewall), der durch den Datenschutzbeauftragen genehmigt wurde, erfolgen, bevor die Anmeldemaske erscheint.

Herstellung von Netzwerkverbindungen

Unbeaufsichtigte aktive Netzwerkzugänge und -dosen, die Zugriff auf das Netzwerk durch Externe ermöglichen, sind in öffentlichen Bereichen wie im Eingangsbereich der Gebäude oder in Besprechungsräumen verboten.

Der Aufbau einer direkten Verbindung zwischen dem Netzwerk und Computern von externen Organisationen über das Internet oder andere öffentliche Netzwerke ist verboten, es sei denn, sie sind vom Network & Security Services Manager des Unternehmens und dem Datenschutzbeauftragten genehmigt worden.

Ungesicherte Netzwerkverbindungen

Hausinterne Produktionssysteme sollten nicht direkt mit dem Internet verbunden sein. Stattdessen sollte die Verbindung über einen zwischengeschalteten Rechner erfolgen, zum Beispiel einen Reverse Proxy, der nur für Internetaufgaben genutzt wird und in einer Demilitarised Zone (DMZ) platziert ist. PCs, die über das LAN verbunden sind, dürfen das Internet HTTP nur über autorisierte Web Proxys erreichen.

Standard-Netzwerk-Sicherheitsmaßnahmen
Eine Risikobewertung ist verbindlich für jede Änderung am Netzwerk-Design vorzunehmen. Dabei sollten verschiedene Netzwerk-Bewegungen und technische Risiken in verschiedene Netzwerkbereiche aufgeteilt werden. Die Änderungen am Netzwerk-Design sind zu dokumentieren.

4.2.5.3 Modem

Das Unternehmen prüft vor dem Einsatz eines Modems, ob die lokalen Gegebenheiten die Installation eines Überspannungsschutzes erforderlich machen. Zudem ist festzustellen und zu dokumentieren, wer unter welchen Umständen das Modem benutzen darf.

Vor der Inbetriebnahme wird das Modem geeignet konfiguriert, wobei darauf geachtet wird, dass eventuell vorhandene, vom Hersteller vorgegebene Passwörter geändert werden. Dieses Vorgehen ist zu dokumentieren.

Von den Mitarbeitern, die für die Installation des Modems verantwortlich sind, ist sicherzustellen und zu dokumentieren, dass durch die Installation kein zusätzlicher, ungesicherter Zugang zu einem Rechnernetz, beispielsweise an einer Firewall vorbei, entsteht.

Der verantwortliche Mitarbeiter hat für eine sichere Administration und Nutzung des Modems zu sorgen. Dies lässt sich nur dann erreichen, wenn die Mitarbeiter in diesem Bereich entsprechend geschult werden. Dazu gehört auch, dass sich die Mitarbeiter bewusst sind, dass über eine Modem-Verbindung Viren eingeschleppt werden können und dass sie daher besonders dafür Sorge zu tragen haben, dass alle übertragenen Daten auf Viren geprüft werden.

Um externe Angriffe über die Modem-Verbindung zu erschweren, werden die Modems so konfiguriert, dass alle Verbindungen von innen nach außen aufgebaut werden und eingehende Verbindungen über ein Callback-Verfahren durchgeschaltet werden.

4.2.5.4 Remote Access

Ein RAS-System besteht aus mehreren Komponenten, die zunächst als Einzelkomponenten abgesichert werden. Jenseits der RAS-Funktionalität sind diese als normale IT-Systeme oder Netzkoppelelemente anzusehen und unterliegen den Sicherheitsmaßnahmen der „Sicherheitsrichtlinie für IT-Systeme" und der hierfür relevanten Kapitel.

RAS-Server sind Rechner, die sich im Hoheitsgebiet des Unternehmens befinden und die den Zugriff auf das interne Netz kontrollieren. Die RAS-Funktionalität ist auf einem Betriebssystem aufgesetzt, das weitere Dienste anbietet. Es ist sicherzustellen, dass die Sicherheit des RAS-Zuganges auf Betriebssystemebene keine Sicherheitslücken aufweist.

Das RAS-System wird im Umfeld anderer Systeme eingesetzt, die dazu dienen, den Zugriff auf das interne Netz von außen zu kontrollieren. Hier sind zum Beispiel Firewall-Systeme oder Systeme zur Fernwartung zu nennen, mit denen das RAS-System im Verbund zusammenarbeitet. Aus diesem Grund wurden bei der Erstellung der RAS-spezifischen Sicherheitsrichtlinie Verweise in andere Kapitel der IT-Sicherheitsrichtlinie gemacht, wie beispielsweise häuslicher Arbeitsplatz, Abschn. 4.2.4.6 und TK-Anlage.

Es werden zur Absicherung von RAS-Verbindungen sogenannte Tunnel-Protokolle eingesetzt. Diese erlauben es, aufbauend auf einer bestehenden Verbindung einen durch

Zugriffskontrolle und Verschlüsselung abgeschotteten Kommunikationskanal zwischen IT-Systemen oder Netzen herzustellen. Aufgrund dieser Abschottung gegen die Außenwelt wird hier auch von Virtuellen Privaten Netzen (VPN) gesprochen (Einsatz geeigneter Tunnel-Protokolle für die RAS-Kommunikation). Die Schulungsmaßnahmen sowie der Einsatz geeigneter Tunnel-Protokolle für die RAS-Kommunikation sind in der RAS-Sicherheitsrichtlinie geregelt.

LAN-Anbindung eines IT-Systems über ISDN
Zur sicheren Nutzung von Fernzugriff auf IT-Systeme des Unternehmens ist der sichere Einsatz von Kommunikationssoftware zwingend vorgeschrieben.

Fast jede Kommunikationssoftware bietet die Möglichkeit, Telefonnummern und andere Daten von Kommunikationspartnern zu speichern. Dies sind personenbezogene Daten, die entsprechend geschützt werden müssen.

Passwörter für den Zugang auf andere Rechner oder Modems dürfen nicht in der Kommunikationssoftware gespeichert werden. Jeder Mitarbeiter, der Zugang zum IT-System und der Kommunikationssoftware hat, kann sonst unter fremdem Benutzernamen Zugang in andere Systeme gelangen. Der Abschn. 4.2.5.3 (Modem) enthält Angaben über die geeignete Aufstellung eines Modems, das Organisationshandbuch regelt die Vergabe von Zugriffsrechten.

Bei der Installation eines ISDN-Zugangs sind alle nicht benötigten Dienste und Funktionalitäten abzuschalten, weil sie nur unnötige Risiken mit sich bringen. Es ist sicherzustellen, dass die tatsächlich genutzten Funktionen durch eine geeignete Konfiguration so gut wie möglich abgesichert werden, wozu unbedingt auch die sofortige Änderung eventueller, vom Hersteller vorgegebener Passwörter gehört. Die vorgesehene Konfiguration ist zu dokumentieren und diese Dokumentation ist bei Änderungen zu aktualisieren.

Es ist daher sicherzustellen, dass auf keinen Fall eine Verbindung mit externen Netzen entsteht, die das vorhandene Firewall-System überbrückt und damit weitestgehend unwirksam macht.

Die erzeugten Protokolldateien sind regelmäßig zu kontrollieren, damit sich ein eventueller Missbrauch der ISDN-Verbindung leichter und zeitnaher aufdecken lässt. Es findet eine gelegentliche Kontrolle programmierter Zieladressen und Protokolle in Abstimmung mit dem Datenschutzbeauftragten statt; damit wird vermieden, dass versehentlich Verbindungen mit einem falschen Kommunikationspartner aufgebaut werden.

4.2.6 IT-Anwendungen

4.2.6.1 System-/Anwendungsentwicklung und -inbetriebnahme
Mitarbeiter, die an der Entwicklung einer spezifischen Anwendungssoftware beteiligt sind, dürfen nicht an den formalen Tests oder dem Tagesgeschäft als Vertreter der Anwender beteiligt sein.

Software-Eigenschaften, die das Sicherheitssystem stören und/oder die im Computerumfeld eindeutig überflüssig sind, müssen zum Zeitpunkt der Installation auf Multi-

User-Systemen direkt deaktiviert werden. Dies gilt für jede Anwendung und jedes Betriebssystem.

Alle Computer und Kommunikationssysteme, die für den Produktionsprozess eingesetzt werden, müssen eine formale Änderungskontrollprozedur durchlaufen, die sicherstellt, dass nur autorisierte Veränderungen durchgeführt werden. Diese Änderungskontrollprozedur muss für alle signifikanten Änderungen an der Soft- und Hardware, den Kommunikationsnetzwerken und ähnlichen Prozessen durchgeführt werden.

Security Patches werden auf Integrationsplattformen getestet und danach zentral verteilt.

4.2.6.2 System Logging

Computer mit mittlerer oder hoher Risikoklassifizierung müssen über ein gesichertes Log verfügen, in dem alle sicherheitsrelevanten Vorkommnisse aufgezeichnet bzw. dokumentiert werden. Der Datenschutzbeauftragte definiert und dokumentiert, was sicherheitsrelevante Vorkommnisse sind.

Vorhandene System-Logfiles sind:

- VPN-Firewall Logging,
- Tägliche/Monatliche Reports vom Intrusion Detection System,
- tägliche/monatliche Auswertungen von zum Beispiel Pix-Firewalls für die unterschiedlichen DMZs und LANs,
- Checkpoint Firewall Reports.

Vom Computer erstellte Log-Dateien, die sicherheitsrelevante Vorkommnisse aufzeichnen bzw. dokumentieren, müssen mindestens drei (3) Monate aufbewahrt werden. Falls ein System als teilweise sensibel eingestuft wird, muss die Aufbewahrungszeit verlängert werden. Während der Aufbewahrungszeit ist sicherzustellen, dass die Daten nicht verändert werden und nur autorisiertes Personal darauf zugreifen kann.

4.2.6.3 Systemzugriff

Die Rechtevergabe für Computerzugriffe und für Kommunikationsmittel muss für alle Anwender, Systeme und Anwendungen auf das notwendige Maß zur Erfüllung der Unternehmensziele beschränkt werden. Alle lokal gespeicherten Daten müssen durch Zugriffskontrollmaßnahmen so gesichert werden, dass diese nicht missbraucht, verändert, gelöscht oder unbrauchbar gemacht werden können.

Alle Multi-User-System-Administratoren müssen mindestens zwei (2) User-IDs erhalten, eine davon mit erweiterten Zugriffsrechten und die zweite mit den normalen Standard-User-Rechten für die tägliche Arbeit.

Jede Anwendung, die „produktiv" geschaltet wird und das Internet benutzt, muss zuvor einem Sicherheitstest unterzogen werden, um die Schwachstellen zu beseitigen oder um entsprechend geeignete Gegenmaßnahmen zu ergreifen.

Falls bei der Anmeldung an einem Computer oder an einem Datenkommunikationssystem ein Problem auftritt, darf der Person, die den Zugriff versucht, nicht der genaue Fehler mitgeteilt werden. Es darf lediglich die Mitteilung erfolgen, dass die Anmeldung ungültig war.

Alle Authentifizierungsdaten, die auf vernetzten Computersystemen ausgetauscht werden, müssen vor dem Abfangen und der Offenlegung mit geeigneten Hilfsmitteln geschützt werden.

Wenn auf einem Computerterminal, einer Workstation, oder einem Computer 15 (10) Minuten keine Aktivitäten ausgeführt werden, muss das System die Sitzung unterbrechen und automatisch den systemeigenen Bildschirmschoner aktivieren. Die Wiederaufnahme der Sitzung darf nur durch den berechtigten Nutzer sowie nach einer erneuten Eingabe des richtigen Kennwortes erfolgen.

4.2.6.4 Peer-to-Peer-Dienste

Vor der Konfiguration und Installation von Peer-to-Peer-Diensten ist zu klären, welche Dienstleistung das jeweilige Betriebssystem erbringen und in welchem Rahmen es diesbezüglich eingesetzt werden darf, das heißt es ist festzulegen, ob überhaupt Peer-to-Peer-Funktionalitäten, also die Freigabe von Ressourcen wie Verzeichnisse oder Drucker auf einem Arbeitsplatz-Computer, verwendet werden dürfen.

Grundsätzlich gilt, dass das servergestützte Netz des Unternehmens wesentlich weitgehendere Sicherheitsfunktionalitäten bietet als Peer-to-Peer-Netze. Bei der Verwendung von Peer-to-Peer-Diensten in servergestützten Netzen entstehen jedoch zusätzliche Sicherheitsprobleme. Auf die Verwendung von Peer-to-Peer-Funktionalitäten sollte daher möglichst verzichtet werden.

Austausch von Informationen und Ressourcen über Peer-to-Peer-Dienste

Der unkontrollierte Informationsfluss aus einem LAN muss unterbunden werden, speziell bei Peer-to-Peer-Verbindungen von Peers zu IT-Systemen, die sich nicht im LAN befinden. Neben technischen Empfehlungen ist den Mitarbeitern des Unternehmens auch die Verwendung von Peer-to-Peer-Diensten zu untersagen.

Wenn im Unternehmen Peer-to-Peer-Dienste genutzt werden sollen, muss dies durch die Leitungsebene des Unternehmens beschlossen werden. Der IT-Sicherheitsbeauftragte muss hierbei einbezogen werden, außerdem ist die Entscheidung inklusive der Restrisiken zu dokumentieren.

Dies entspricht der Maßnahme M 5.152 des BSI Grundschutzkataloges.

4.2.6.5 Datenträgeraustausch

Beim Austausch von Datenträgern ist zu klären, verbindlich festzulegen und zu dokumentieren, mit welchen Kommunikationspartnern der Austausch stattfindet. Es ist zwingend erforderlich, dass in der Datenträgerverwaltung die Datenträger festgelegt und gekennzeichnet werden, die für den Austausch mit externen Stellen vorgesehen sind.

Die Auswahl geeigneter Datenträger ist mit dem Kommunikationspartner vorab abzustimmen und zu dokumentieren.

Um Schäden durch unsachgemäße Behandlung der Datenträger beim Transport zu minimieren, muss vorab die geeignete Versandart festgelegt werden.

Der Datenträgeraustausch ist so durchzuführen, dass Schäden vermieden werden. Es ist daher die sichere Aufbewahrung und Verpackung der Datenträger sowie eine eindeutige Kennzeichnung, die die Gefahr der Verwechslung verringert, sicherzustellen. Die Überprüfung auf Viren vor dem Versenden und nach dem Empfang wird als verbindlich vorgeschrieben.

Beim Austausch von magnetischen Datenträgern müssen diese Datenträger vor ihrer erneuten Verwendung physikalisch gelöscht werden, um die Übermittlung von Informationsresten an den falschen Empfänger zu vermeiden.

Da es nie auszuschließen ist, dass Datenträger beim Transport verloren gehen, müssen die übermittelten Daten zumindest so lange lokal in einer Kopie vorgehalten werden, bis der Empfang des Datenträgers formal bestätigt wird. Ist eine längere Speicherung als Beweismittel für spätere Konflikte erforderlich, so ist diese entsprechend vorzuhalten.

4.2.6.6 E-Mail

Die E-Mail-Benutzer setzen für den Versand, den Empfang und die Bearbeitung von E-Mails Mailprogramme ein. Die Benutzer-Mailprogramme übergeben und erhalten die E-Mail an bzw. vom Mailserver. Zu diesem Zweck muss der Mailserver für jeden Benutzer eine Mailbox führen. Für den weiteren Nachrichtentransport muss der Mailserver mit Gateways, die die Nachrichten an andere Mailsysteme senden, kommunizieren.

Diese Umsetzung erfordert Sicherheitsmaßnahmen für den Informationsaustausch per E-Mail. Systemspezifische Sicherheitsmaßnahmen sind von jedem Benutzer einzuhalten.

4.2.6.7 Webserver

Die sichere Anbindung des Webservers an öffentliche Netze (zum Beispiel das Internet) ist im Abschn. 4.2.4.6 geregelt, ebenso wie die für den Zusammenschluss mehrerer Intranets zu einem übergreifenden Intranet relevanten Sicherheitsvorkehrungen.

Die für den erfolgreichen und sicheren Aufbau des Webservers notwenigen Maßnahmen wie

- Planung des Einsatzes (Entwicklung eines Konzeptes für die WWW-Nutzung) und Festlegung einer WWW-Sicherheitsstrategie,
- Einrichtung des Webservers (Aufbau eines Webservers),
- Betrieb des Webservers (sicherer Betrieb eines Webservers) und
- sicherer Betrieb von WWW-Clients

sind in der „Sicherheitsrichtlinie für IT-Systeme" geregelt, in denen die Sicherheitsmaßnahmen für Web-Server eingehend beschrieben sind.

Grundsätzlich gilt, dass alle Web- und kommerziellen Server nicht benutzt werden dürfen, um kritische Daten zu speichern.

4.2.6.8 Faxserver

Verantwortlichkeiten für den Einsatz eines Faxservers sind definiert (Auswahl eines vertrauenswürdigen Administrators und Vertreters und Einrichten einer Fax-Poststelle).

Die Benennung von Verantwortlichen hat schriftlich zu erfolgen. Neben dem sicheren Betrieb des Faxservers ist von besonderer Bedeutung, dass von den Benutzern die entsprechenden Sicherheitsvorkehrungen und Anweisungen eingehalten werden.

4.2.6.9 Datenbanken

Datenbank-Server sind in einem separaten Serverraum aufzustellen (Abschn. 4.2.3.5).
Folgende Regelungen wurden getroffen und sind dokumentiert:

- Ermittlung der Anforderungen an Datenbank-Software
- Schulung der Datenbank-Administratoren
- Erstellung eines Datenbankkonzeptes
- Betrieb der Datenbanken
- Datenbank-Notfallvorsorge

Schutz von Daten 5

Datenschutz ist ein Thema mit vielen Facetten. Zumeist wird in der öffentlichen Diskussion Datenschutz als die Erhebung, Verarbeitung und Nutzung personenbezogener Daten von Mitarbeitern und Geschäftspartnern verstanden. Wir machen uns dieses allgemeine Verständnis hier zu eigen. Der Vorschlag für eine Datenschutzrichtlinie wird eben diesen Bereich behandeln.

Aus der Sicht der IT-Sicherheit und damit von BSI und COBIT ist Schutz von Unternehmens-, Mitarbeiter- und Kundendaten vielmehr eine Frage des Schutzes der Daten vor Verlust oder Veränderung als vor gesetzeswidrigem Einsatz verfügbarer Daten. Wir schlagen jedoch vor, die Rahmenbedingungen zum Schutz der Unternehmens-, Mitarbeiter- und Kundendaten vor Verlust oder unbefugtem Zugriff im thematischen Kontext des Sicherheitsmanagements (Kap. 6) und des sicheren IT-Betriebs (Kap. 8) zu behandeln.

Zum Betrieb der IT gehören dabei Vorgaben bezüglich

- Virenschutz und
- Verfügbarkeitsanforderungen.

Im Rahmen des Sicherheitsmanagements werden Vorgaben gemacht bezüglich

- Klassifizierung von Informationen sowie
- Zutritt, Zugang und Zugriff.

Der Vorschlag für eine Datenschutzrichtlinie enthält entsprechende Verweise.

Die notwendigen Regelungen zur Datensicherung werden im Zusammenhang mit Fragen der Continuity im Kap. 11 behandelt.

Dennoch erscheint es uns sinnvoll, die Regelungsziele gemäß dem COBIT-Framework der besseren Übersicht halber hier an zentraler Stelle zusammenzufassen, obgleich die relevanten Inhalte in den genannten Kapiteln ebenfalls noch einmal auftauchen.

5.1 Regelungsziele nach COBIT

Das COBIT-Framework gibt in den Domains

- Planung und Organisation,
- Delivery & Support und
- Monitoring

einige wichtige Ziele vor, die in einer Richtlinie zum Schutz von Daten verankert werden sollten. Nicht jeder Aspekt der aufgeführten COBIT-Kontrollziele muss durch die Richtlinien zum Datenschutz abgedeckt werden. Die umfassende Berücksichtigung der Kontrollziele ergibt sich aus dem Zusammenwirken aller Richtliniendokumente.

5.1.1 Planung und Organisation

Der Schutz von Daten im Sinne der IT-Sicherheit sollte sich am Schutzbedarf orientieren. Ein im gesamten Unternehmen anwendbares Klassifikationsschema ist einzurichten, dem die Kritikalität und Sensitivität (zum Beispiel öffentlich, vertraulich, streng geheim) der Unternehmensdaten zugrunde liegt. Dieses Schema beinhaltet Details über Dateneigentümerschaft, die Festlegung von angemessenen Sicherheitsstufen und Schutzmechanismen und eine kurze Beschreibung der Vorgaben für die Datenaufbewahrung und -zerstörung, Kritikalität und Sensitivität.

Ein solches Schema ist Grundlage für die Anwendung von Controls wie zum Beispiel Zutrittskontrollen, Archivierung oder Verschlüsselung. Das Kerngeschäft ist mit Verfahren und Werkzeugen zu unterstützen, um die Übernahme der Eigentümerschaft für Daten- und Informationssysteme zu ermöglichen. Eigner fällen Entscheidungen hinsichtlich der Klassifikation von Informationen und Systemen und dem der Klassifikation entsprechenden Schutz.

Richtlinien zur Unterstützung der IT-Strategie sollten entwickelt und unterhalten werden. Diese Richtlinien sollten die Absicht der Richtlinie, Rollen und Verantwortliche, Prozesse zur Ausnahmebehandlung, Ansatz zur Compliance und Referenzen zu Verfahren, Standards und Anleitungen umfassen. Die Richtlinien sollten die wichtigsten Themen wie Qualität, Sicherheit, Vertraulichkeit, Internal Controls und Schutz von geistigem Eigentum behandeln. Die Relevanz der Richtlinien sollte regelmäßig bestätigt und bewilligt werden.

5.1.2 Delivery & Support

Schutz von Daten ist aus der Sicht des COBIT-Ansatzes in erster Linie eine Frage der Regelung der Zugriffsberechtigung. Alle (internen, externen, temporären) Benutzer und ihre Aktivitäten auf IT-Systemen (Geschäftsanwendungen, Systembetrieb, Entwicklung und Wartung) sollten eindeutig identifizierbar sein. Benutzerberechtigungen für die Systeme und Daten sollten mit festgelegten und dokumentierten Geschäftsbedürfnissen und Arbeitsplatzanforderungen übereinstimmen.

Benutzerberechtigungen werden durch das Management des Fachbereichs angefordert, durch die Systemeigner bewilligt und durch die sicherheitsverantwortliche Person implementiert.

Benutzerkennungen und Zugriffsberechtigungen werden in einer zentralen Datenbank geführt. Kostengünstige technische und organisatorische Maßnahmen werden eingesetzt und aktuell gehalten, um die Benutzeridentifikation zu ermitteln, die Authentisierung einzurichten und Zugriffsrechte durchzusetzen.

Antrag, Einrichtung, Ausstellung, Aufhebung, Änderung und Schließung von Benutzerkonten und zugehörige Benutzerberechtigungen werden durch die Benutzerkontenverwaltung behandelt. Ein Freigabeverfahren sollte darin enthalten sein, das den Daten- oder Systemeigner behandelt, der die Zugriffsberechtigungen bewilligt. Diese Verfahren sollten für sämtliche Benutzer, einschließlich Administratoren (privilegierte Benutzer), interne und externe Benutzer, für normale und für Notfall-Changes Gültigkeit haben.

Rechte und Pflichten in Zusammenhang mit dem Zugriff auf Unternehmenssysteme und -informationen sollten vertraglich für alle Arten von Benutzer festgelegt werden. Regelmäßige Management-Reviews aller Benutzerkonten und entsprechender Berechtigungen werden durchgeführt. Richtlinien und Verfahren werden etabliert für die Erzeugung, Änderung, Widerrufung, Zerstörung, Verteilung, Zertifizierung, Speicherung, Eingabe, Verwendung und Archivierung von kryptographischen Schlüsseln, um den Schutz der Schlüssel gegen Veränderung und unberechtigte Aufdeckung sicherzustellen.

Besonderes Augenmerk legt COBIT zudem darauf, wie technisch sichergestellt werden kann, dass eben nur die berechtigten Personen und Anwendungen Zugriff auf Daten erhalten. Dazu ist sicherzustellen, dass präventive, detektive und korrektive Maßnahmen (speziell aktuelle Sicherheits-Patches und Virenschutz) in der gesamten Organisation vorhanden sind, um Informationssysteme und die Technologie vor bösartigem Code (Viren, Würmer, Spionage-Software (engl.: spyware), Spam, intern entwickelte betrügerische Software etc.) zu schützen. Technische Sicherheitsmaßnahmen und zugehörige Managementverfahren (zum Beispiel Firewall, Sicherheits-Appliances, Netzwerksegmentierung und Intrusionserkennung) müssen verwendet werden, um den Zugriff zu Netzwerken zu bewilligen und den Informationsfluss von und zu Netzwerken zu steuern.

Sensitive Transaktionsdaten dürfen nur über einen vertrauenswürdigen Pfad oder ein Medium ausgetauscht werden, wenn Maßnahmen greifen, um die Authentizität des Inhalts, den Beweis der Aufgabe und des Empfangs und die Nichtabstreitbarkeit der Quelle zu gewährleisten.

Schließlich muss die vollständige Verfügbarkeit der relevanten Daten entsprechend der Vorgaben des Business gewährleistet werden. Dazu gilt es Vorkehrungen zu treffen, um sicherzustellen, dass vom Kerngeschäft erwartete Quelldokumente erhalten werden, alle vom Kerngeschäft erhaltene Daten verarbeitet werden, der gesamte vom Kerngeschäft benötigte Output vorbereitet und abgeliefert wird und dass Anforderungen für Wiederanlauf und nochmalige Verarbeitung unterstützt werden.

Verfahren für die Datenspeicherung und -archivierung müssen definiert und umgesetzt werden, so dass Daten im Zugriff und verwendbar bleiben. Die Verfahren sollten Anforderungen hinsichtlich Wiederauffindung, Kostengünstigkeit, kontinuierliche Integrität und Sicherheit berücksichtigen.

Speicherungs- und Aufbewahrungsvorkehrungen müssen gesetzliche, regulatorische und Unternehmenserfordernisse für Dokumente, Daten, Archive, Programme, Berichte und (eingehende und ausgehende) Meldungen sowie die für deren Verschlüsselung und Authentisierung verwendeten Daten einhalten.

Verfahren zum Unterhalt eines Inventars von lokal vorhandenen Datenträgern müssen eingesetzt werden. Diese Verfahren stellen Verwendbarkeit und Integrität der Datenträger sicher. Diese Verfahren sollten ebenfalls für ein zeitgerechtes Review und Abklärung aller gefundenen Differenzen sorgen. Zudem sollten diese Verfahren den Zugriff auf sensitive Informationen und Software von Geräten oder Datenträgern verhindern, wenn diese entsorgt oder einem anderen Zweck übertragen werden. Solche Verfahren sollten sicherstellen, dass als gelöscht markierte oder zur Entsorgung bestimmte Daten nicht wiedergewonnen werden können.

Die so definierten Verfahren für Sicherung und Wiederherstellung von Anwendungen, Daten und Dokumentation müssen in Übereinstimmung mit den Geschäftsanforderungen und dem Kontinuitätsplan stehen. Die Einhaltung von Back-up-Verfahren, die Fähigkeit zu sowie die notwendige Zeit für eine erfolgreiche und komplette Wiederherstellung müssen regelmäßig verifiziert werden. Die Backup-Medien und der Wiederherstellungsprozess sind dabei zu testen. Vorkehrungen sind zu treffen, um Sicherheitsanforderungen in Bezug auf Empfang, Verarbeitung, physischer Speicherung und Ausgabe von Daten und sensitiven Meldungen zu identifizieren und umzusetzen. Dies umfasst physische Aufzeichnungen, Datenübermittlung und sowie die ausgelagerte Datenspeicherung.

5.1.3 Monitoring

Der Status der Internal Controls von sämtlichen externen Dienstleistern ist zu untersuchen, um zu bestätigen, dass externe Dienstleister rechtliche und regulatorische Anforderungen sowie vertragliche Verpflichtungen einhalten. Dies kann durch einen Audit durch Dritte erfolgen oder durch ein Review der internen Audit-Funktion des Managements und den Ergebnissen der Prüfungen.

5.2 Vorschlag für eine Datenschutzrichtlinie

Im Folgenden haben wir einen Vorschlag zusammengestellt, welche Regelungen in einer Datenschutzrichtlinie enthalten sein sollten. Dieser Vorschlag muss selbstverständlich auf Ihr Unternehmen zugeschnitten werden. Diese Richtlinie verweist für viele Regelungsinhalte auf andere Dokumente der im Kap. 3 vorgestellten Dokumenthierarchie. Diese Verweise sind entsprechend anzupassen, wenn Sie die Inhalte gemäß den Bedürfnissen Ihres Unternehmens neu zugeschnitten haben.

Der folgende Vorschlag versteht sich insofern nur als eine Anregung und soll inhaltliche Orientierung geben sowie ein Verständnis für die erforderliche Regelungstiefe schaffen.

5.2.1 Geltungsbereich

Diese Richtlinie ist ein Leitfaden für den gesetzeskonformen und sicheren Einsatz von IT-Systemen im Unternehmen. Sie enthält Grundsätze zur Erhebung, Verarbeitung und Nutzung personenbezogener Daten von Mitarbeitern und Geschäftspartnern.

Diese Datenschutzrichtlinie gilt für alle Beschäftigten des Unternehmens einschließlich externer Personen (zum Beispiel Mitarbeiter von kooperierenden Unternehmen) bei der Erhebung, Verarbeitung und Nutzung von personenbezogenen Daten.

Die Umsetzung der Datenschutzrichtlinie im Unternehmen wird im Rahmen von anlassbezogenen und regelmäßigen Prüfungen durch den Datenschutzbeauftragten kontrolliert.

5.2.2 Begriffsbestimmung und Eingrenzung

Personenbezogene Daten sind Einzelangaben über persönliche oder sachliche Verhältnisse einer bestimmten oder bestimmbaren natürlichen Person (Betroffener). Der Begriff personenbezogene Daten schließt den Begriff personenbeziehbare Daten ein.

Für den Umgang mit personenbezogenen Daten kommt das BDSG in der jeweils aktuellen Fassung zur Anwendung.

Für das Unternehmen gelten (beispielsweise) folgende Abschnitte:

- Erster Abschnitt, Allgemeine und gemeinsame Bestimmungen, §§ 1–11;
- Dritter Abschnitt, Datenverarbeitung nicht-öffentlicher Stellen und öffentlich-rechtlicher Wettbewerbsunternehmen, §§ 27–38;
- Fünfter Abschnitt, Schlussvorschriften, §§ 43–44.

Das Unternehmen betreibt IT-Infrastruktur und damit die Verfahren im Sinne des BDSG für eigene Zwecke und für Kunden.

Das Unternehmen betreibt Datenverarbeitung im Auftrag ihrer Kunden. Im Sinne des BDSG sind die Kunden die speichernde Stelle personenbezogener Daten, das Unternehmen handelt im Auftrag seiner Kunden.

Das Unternehmen ist verantwortlich für den verantwortungsvollen, rechtmäßigen und vertragsgemäßen Umgang mit allen personenbezogenen Daten, die in Geschäftsprozessen von Kunden erhoben und verarbeitet werden.

Nur für die Verfahren, die das Unternehmen für eigene Zwecke betreibt, ist das Unternehmen die speichernde Stelle.

5.2.3 Ziele des Datenschutzes im Unternehmen

Zur Realisierung des Datenschutzes im Unternehmen sind im Rahmen des Einsatzes von IT-Systemen und der damit realisierten Unterstützung der Geschäftsprozesse zwei wichtige Anforderungen zu erfüllen:

1. Der Schutz des Persönlichkeitsrechts (des Rechts auf informationelle Selbstbestimmung) von Mitarbeitern und Geschäftspartnern muss stets gewahrt sein.
2. Personenbezogene Daten sind fast immer auch Daten mit hoher geschäftlicher Relevanz.

Sicherheitsanforderungen für solche Daten sind zu definieren und in der Planung und im täglichen Einsatz durch geeignete Maßnahmen umzusetzen.

Die Realisierung und Aufrechterhaltung eines angemessenen Niveaus von Datensicherheit und Datenschutz in allen Geschäftsprozessen des Unternehmens ist deshalb das erklärte Ziel der Geschäftsleitung.

Datensicherheit und Datenschutz stellen ein Qualitätsmerkmal dar und stärken das Vertrauen der Geschäftspartner, der Mitarbeiter und der Öffentlichkeit in das Unternehmen und den Namen des Unternehmens.

Es gilt das Prinzip der Datenvermeidung und Datensparsamkeit (§ 3a BDSG).

5.2.4 Verankerung des Datenschutzes in der Organisation

5.2.4.1 Geschäftsleitung

Die Geschäftsleitung unterstützt den Datenschutzbeauftragten bei der Wahrnehmung seiner Tätigkeit. Sie stellt alle erforderlichen Informationen und Mittel zur Umsetzung von Maßnahmen zur Verfügung, um eine dem Datenschutz gerechte Gestaltung der Technik und Organisation sicherzustellen.

Gegebenenfalls ist die Geschäftsleitung der Auftraggeber für die Dienstleistung eines externen Datenschutzbeauftragten.

5.2.4.2 Datenschutzbeauftragter

Der Datenschutzbeauftragte (DSB) stellt die Ausführung des Bundesdatenschutzgesetzes (BDSG) und anderer Vorschriften über den Datenschutz sicher.

Der Datenschutzbeauftragte ist in seiner Funktion und Arbeit grundsätzlich weisungsfrei, das heißt er übt eine beratende Tätigkeit aus. Er genießt ein Vorschlagsrecht zu allen Fragestellungen des Datenschutzes. Bei seinen Empfehlungen orientiert sich der Datenschutzbeauftragte am Stand der Technik.

Bei der Durchführung ihrer Tätigkeit sind der Datenschutzbeauftragte und seine Berater zur Verschwiegenheit verpflichtet.

Aufgaben des Datenschutzbeauftragten:

- Beratung und Bewertung bei der Planung und Einführung neuer Verfahren zur Einhaltung der Anforderungen des Bundesdatenschutzgesetzes.
- Wiederkehrende Stichprobenprüfungen zur Kontrolle der Einhaltung der Richtlinien zum Datenschutz im Betrieb.
- Mitwirkung bei der vom Auftraggeber veranlassten Benachrichtigung und Auskunftserteilung gemäß §§ 33 und 34 BDSG.
- Mitwirkung bei der vom Auftraggeber veranlassten Bearbeitung von Beschwerden und Anfragen von Betroffenen, die im Zusammenhang mit dem BDSG stehen.
- Veranlassung zur Verpflichtung aller mit personenbezogener Datenverarbeitung beschäftigten Personen auf das Datengeheimnis gemäß § 5 BDSG.
- Durchführung aller notwendigen Schulungsmaßnahmen.
- Beratung des Auftraggebers gegenüber externen Stellen in Fragen des Datenschutzes, Verantwortung zur Erfüllung der Aufgaben gemäß § 4g Abs. 2, Satz 2 und 3 BDSG.
- Erstellung und Weiterentwicklung von Richtlinien zum Datenschutz.
- Führung des Verfahrensverzeichnisses.

Der DSB kann Aufgaben an einen sachkundigen Datenschutzberater delegieren.

5.2.4.3 Führungskräfte und Fachverantwortliche

Jede Führungskraft und jeder Fachverantwortliche trägt die Verantwortung für den Datenschutz und die Datensicherheit der im eigenen Verantwortungsbereich liegenden Daten. Dies erfordert, dass

- der Verantwortungsbereich regelmäßig auf Schwachstellen der Datensicherheit untersucht wird,
- unverzüglich Maßnahmen zur Behebung vorhandener Schwachstellen eingeleitet werden,
- nicht behebbare Schwachstellen oder wesentliche Vorfälle an die Geschäftsleitung und den DSB gemeldet werden,
- die vorgegebenen Richtlinien zum Umgang mit personenbezogenen Daten eingehalten werden,

- Zugriffsberechtigungen zu Programmen, Daten und Akten festgelegt werden,
- alle nötigen Informationen zum Verfahrensverzeichnis für den DSB bereitgestellt werden.

5.2.4.4 Mitarbeiter

Alle Mitarbeiter des Unternehmens sind verpflichtet, die Sicherheit von Informationen und Informationssystemen, auf die sie Zugriff haben, zu wahren und aktiv zu fördern. Dies erfordert, dass

- Daten und Datenverarbeitungssysteme ausschließlich im Sinne der zugewiesenen Aufgaben genutzt werden,
- angemessene Sorgfalt beim Umgang mit personenbezogenen Daten und Datenverarbeitungssystemen gewahrt wird,
- die geltenden Regelungen zum Datenschutz eingehalten werden,
- Schwachstellen und Vorfälle mit Auswirkung auf den Datenschutz oder die Datensicherheit unverzüglich an die verantwortliche Führungskraft oder den Datenschutzbeauftragten gemeldet werden.

5.2.5 Grundsätze des Datenschutzes

5.2.5.1 Datenverarbeitung

Die Verarbeitung und Nutzung personenbezogener Daten in oder aus Dateien und Akten ist zulässig, wenn dies der Erfüllung eigener Geschäftszwecke, zum Beispiel zur Personal- und Mitarbeiterverwaltung, Mitarbeiterbeurteilung, Kundenakquisition oder -verwaltung, dient.

Die Verarbeitung und Nutzung personenbezogener Daten darf nur im Rahmen der Fachaufgabe erfolgen.

Die Verarbeitung und Nutzung personenbezogener Daten im Unternehmen ist nur zulässig, wenn

- der Mitarbeiter eingewilligt hat. Die Einwilligung des Betroffenen setzt dessen schriftliche oder mündliche Information über den Zweck der Datenspeicherung sowie eine vorgesehene Übermittlung der Daten voraus. Über die Konsequenzen der Verweigerung der Einwilligung ist der Betroffene zu informieren.

oder

- es eine Betriebsvereinbarung zwischen dem Unternehmen und dem Gesamtbetriebsrat/Betriebsrat (GBR/BR) erlaubt

oder

- eine Rechtsvorschrift dies anordnet

oder

- es das BDSG gestattet.

Den mit der Datenverarbeitung beschäftigten Personen ist es untersagt, personenbezogene Daten unbefugt zu verarbeiten oder zu nutzen.

5.2.5.2 Datenerhebung

Personenbezogene Daten sind beim Betroffenen zu erheben. Ohne seine Mitwirkung dürfen sie nur erhoben werden, wenn die Erhebung beim Betroffenen einen unverhältnismäßig hohen Aufwand erfordern würde und keine Anhaltspunkte dafür bestehen, dass überwiegende schutzwürdige Interessen des Betroffenen beeinträchtigt werden.

Wird die Einwilligung zur Erhebung seiner personenbezogenen Daten bei dem Betroffenen eingeholt, ist er auf den Zweck der Speicherung sowie auf Verlangen auf die Folgen der Verweigerung der Einwilligung hinzuweisen.

Die Einwilligung bedarf der Schriftform, soweit nicht wegen besonderer Umstände eine andere Form angemessen ist. Soll die Einwilligung zusammen mit anderen Erklärungen schriftlich erteilt werden, ist die Einwilligungserklärung im äußeren Erscheinungsbild der Erklärung hervorzuheben.

Die Daten müssen nach Treu und Glauben und auf rechtmäßige Weise erhoben werden.

Personenbezogene Daten, die ausschließlich zum Zwecke der

- Datenschutzkontrolle (zum Beispiel Ereignisprotokollierung, Nachweisführung) oder
- der Datensicherung (zum Beispiel Bänder, Disketten, CD-ROM)

gespeichert werden, dürfen nur für diese Zwecke verwendet werden.

5.2.5.3 Datenübermittlung

Die Übermittlung personenbezogener Daten an Dritte ist nicht zulässig, wenn diese nicht durch das BDSG oder eine andere Rechtsvorschrift erlaubt wird.

Das Verbot der Übermittlung schließt insbesondere Auskünfte an Dritte per Telefon, Telefax, Brief, E-Mail und andere Wege zur fernmündlichen oder -schriftlichen Kommunikation ein.

Die Einrichtung automatisierter Abrufverfahren zur Übermittlung personenbezogener Daten an Dritte ist nicht gestattet.

5.2.5.4 Verpflichtung auf den Datenschutz und das Datengeheimnis

Mitarbeiter und Externe, die bei dem Unternehmen mit der Verarbeitung personenbezogener Daten befasst sind oder Einsicht in personenbezogene Daten oder Akten nehmen können, sind auf das Datengeheimnis gemäß § 5 BDSG zu verpflichten.

Das Datengeheimnis besteht auch nach Beendigung der Tätigkeit fort.

5.2.5.5 Rechte der Betroffenen

Jeder Betroffene, dessen personenbezogene Daten bei dem Unternehmen verarbeitet oder genutzt werden, hat das Recht auf vollständige Auskunft über die Art und Herkunft seiner gespeicherten Daten sowie auf Berichtigung, Löschung oder Sperrung unrichtiger Daten.

Bestehen Zweifel an der Rechtmäßigkeit der Auskunft oder andere Bedenken, ist das Auskunftsersuchen an den DSB weiterzuleiten.

5.2.5.6 Datenverarbeitung im Auftrag

Das Unternehmen legt bei der Auswahl eines Auftragnehmers, der Daten im Auftrag des Unternehmens verarbeitet, besonderen Wert darauf, dass dieser angemessene technische und organisatorische Maßnahmen zu Datenschutz und Datensicherheit trifft.

Der Auftragnehmer darf die ihm zur Verfügung gestellten Daten nur im Rahmen der Weisungen des Unternehmens verarbeiten.

Mit dem Auftragnehmer ist ein Dienstleistungsvertrag abzuschließen, in dem folgende Punkte zum Datenschutz zu beachten sind:

- Bestellung eines Datenschutzbeauftragten (§ 4f BDSG)
- Verpflichtung der Angestellten auf das Datengeheimnis (§ 5 BDSG)
- Führen einer Verfahrensübersicht
- Tätigkeit des Datenschutzbeauftragten (§ 4f Abs. 2 BDSG):
  Datum und Form der Bestellung, berufliche Vorbildung und Erfahrung, Aus- und Weiterbildung, bisherige Tätigkeiten (Kontrollen, Schulung, Mitwirkung bei Planungen, Datenschutzproblemen, Beschwerden, Personalauswahl)
- Datenverarbeitung im Rahmen der Weisungen des Auftraggebers
- Festlegungen zu technischen und organisatorischen Maßnahmen

5.2.5.7 Sicherheitsmaßnahmen

Das BDSG sieht eine Reihe von Kontrollen vor, die durch angemessene Sicherheitsmaßnahmen umzusetzen sind, wobei die Stärke der Maßnahmen in einem angemessenen Verhältnis zum Schutzbedarf der Daten stehen muss (Tab. 5.1).

Die Umsetzung der Kontrollen wird in den Richtlinien zur IT-Sicherheit dokumentiert und vom DSB überwacht.

5.2.5.8 Einführung, Betrieb und Änderung von Verfahren

Im Sinne des Datenschutzes ist ein Verfahren die durch IT (Hardware und Software) realisierte Unterstützung eines Geschäftsprozesses oder Geschäftsvorfalls, in dem personenbezogene Daten erhoben oder verarbeitet werden.

Für den datenschutzgerechten Betrieb von unternehmensinternen Verfahren gelten diese Vorgaben:

In der Planungsphase zur Beschaffung eines neuen oder zur erheblichen Änderung eines bestehenden Verfahrens, mit dem personenbezogene Daten verarbeitet werden, erstellt der unternehmensinterne Auftraggeber einen Anforderungskatalog.

Tab. 5.1 BDSG-Sicherheitsmaßnahmen

Kontrolle gemäß BDSG	Maßnahme
Zutrittskontrolle	Schlüsselvergabe, Ausweisleser
Zugangskontrolle	Passwortschutz, Verschlüsselung
Zugriffskontrolle	Passwortschutz, Firewall
Weitergabekontrolle	Verschlüsselung, Protokollierung
Eingabekontrolle	Berechtigungskonzept
Auftragskontrolle	Weisungen Auftraggeber, Verträge
Verfügbarkeitskontrolle	Datensicherung, Virenschutz
Trennungskontrolle	Benutzerprofile, Berechtigungen

Beschaffung beinhaltet auch die Programmierung von Verfahren mit Hilfe von Datenbankmanagementsystemen, Compilern, Interpretern oder Makrosprachen.

Der DSB prüft aufgrund des Anforderungskatalogs im Vorfeld die Rechtmäßigkeit der vorgesehenen Datenverarbeitung. Er definiert unter den Gesichtspunkten Datenvermeidung und Datensparsamkeit die Anforderungen für eine datenschutzkonforme Gestaltung des Verfahrens sowie die technischen und organisatorischen Voraussetzungen.

Vor der Beschaffung oder erheblichen Änderung eines Verfahrens ist das Produkt im Rahmen einer Testinstallation anhand des Anforderungskatalogs durch den Auftraggeber, die zuständigen Systemadministratoren und den DSB zu prüfen.

Die Installation von Verfahren erfolgt ausschließlich durch das Unternehmen oder autorisierte Personen.

5.3 Vorschlag für eine Richtlinie zum Schutz von Unternehmensdaten

5.3.1 Datenschutz

5.3.1.1 Regelung der Verantwortlichkeiten im Bereich Datenschutz

Die Aspekte des Datenschutzes sind von Beginn der Planungen an zur Einführung eines IT-Verfahrens im Rahmen des IT-Sicherheitsmanagements zu integrieren. Ein betrieblicher Datenschutzbeauftragter (bDSB) und seine Integration in das IT-Sicherheitsmanagement ist zu bestellen.

Dies entspricht der Maßnahme M 7.2 des BSI Grundschutzkataloges.

5.3.1.2 Aspekte eines Datenschutzkonzeptes

Für ein Unternehmen ist festzulegen und zu dokumentieren, welche Anforderungen des Datenschutzes bei der Verarbeitung personenbezogener Daten eingehalten werden müssen und wie diese Anforderungen umgesetzt worden sind.

Dies entspricht der Maßnahme M 7.3 des BSI Grundschutzkataloges.

5.3.1.3 Prüfung rechtlicher Rahmenbedingungen und Vorabkontrolle bei der Verarbeitung personenbezogener Daten

Für die Verarbeitung und Nutzung personenbezogener Daten gilt als allgemeiner Grundsatz ein sogenanntes Verbot mit Erlaubnisvorbehalt (zum Beispiel § 4 Abs. 1 BDSG).

Die Prüfung der Zulässigkeit der Datenverarbeitung hat im Regelfall in Zusammenarbeit mit den fachlich zuständigen Stellen zu erfolgen.

Vor der Erhebung, Verarbeitung oder Nutzung personenbezogener Daten ist zu prüfen, ob

- dies durch die Datenschutzgesetze oder eine andere Rechtsvorschrift ausdrücklich erlaubt oder angeordnet ist oder
- der Betroffene gemäß § 4 BDSG oder entsprechender landes- oder spezialgesetzlicher Regelungen eingewilligt hat.

Bei der Speicherung, Veränderung und Übermittlung personenbezogener Daten ist zu prüfen, ob dies

- im Rahmen der Zweckbestimmung eines Vertragsverhältnisses oder vertragsähnlichen Vertrauensverhältnisses mit dem Betroffenen erfolgt oder
- zur Wahrung berechtigter Interessen der verantwortlichen Stelle erforderlich ist und kein Grund zur Annahme besteht, dass das schutzwürdige Interesse an dem Ausschluss der Verarbeitung oder Nutzung überwiegt (im Sinne von §§ 28 ff. BDSG).

Werden personenbezogene Daten nicht automatisiert verarbeitet, sind Maßnahmen zu treffen, die den Zugriff Unbefugter bei der Verarbeitung, der Aufbewahrung, dem Transport und der Vernichtung verhindern.

Dies entspricht der Maßnahme M 7.4 des BSI Grundschutzkataloges.

5.3.1.4 Festlegung von technisch-organisatorischen Maßnahmen entsprechend dem Stand der Technik bei der Verarbeitung personenbezogener Daten

Nach § 9 BDSG müssen die technisch-organisatorischen Maßnahmen bei der Verarbeitung personenbezogener Daten geeignet sein,

- Unbefugten den Zutritt zu Datenverarbeitungsanlagen, mit denen personenbezogene Daten verarbeitet oder genutzt werden, zu verwehren (Zutrittskontrolle),
- zu verhindern, dass Datenverarbeitungssysteme von Unbefugten genutzt werden können (Zugangskontrolle),
- zu gewährleisten, dass die zur Benutzung eines Datenverarbeitungssystems Berechtigten ausschließlich auf die ihrer Zugriffsberechtigung unterliegenden Daten zugreifen können, und dass personenbezogene Daten bei der Verarbeitung, Nutzung und nach der Speicherung nicht unbefugt gelesen, kopiert, verändert oder entfernt werden können (Zugriffskontrolle),

- zu gewährleisten, dass personenbezogene Daten bei der elektronischen Übertragung oder während ihres Transports oder ihrer Speicherung auf Datenträger nicht unbefugt gelesen, kopiert, verändert oder entfernt werden können, und dass überprüft und festgestellt werden kann, an welche Stellen eine Übermittlung personenbezogener Daten durch Einrichtungen zur Datenübertragung vorgesehen ist (Weitergabekontrolle),
- zu gewährleisten, dass nachträglich überprüft und festgestellt werden kann, ob und von wem personenbezogene Daten in Datenverarbeitungssysteme eingegeben, verändert oder entfernt worden sind (Eingabekontrolle),
- zu gewährleisten, dass personenbezogene Daten, die im Auftrag verarbeitet werden, nur entsprechend den Weisungen des Auftraggebers verarbeitet werden können (Auftragskontrolle),
- zu gewährleisten, dass personenbezogene Daten gegen zufällige Zerstörung oder Verlust geschützt sind (Verfügbarkeitskontrolle),
- zu gewährleisten, dass zu unterschiedlichen Zwecken erhobene Daten getrennt verarbeitet werden können.

Der betriebliche Datenschutzbeauftragte ist stets bei der Behandlung von Dienst- bzw. Betriebsvereinbarungen zwischen Betrieb und Betriebsrat über den Umgang mit personenbezogenen Daten hinzuzuziehen.

Dies entspricht der Maßnahme M 7.5 des BSI Grundschutzkataloges.

5.3.1.5 Verpflichtung/Unterrichtung der Mitarbeiter bei der Verarbeitung personenbezogener Daten

Die bei der Datenverarbeitung beschäftigten Personen sind bei der Aufnahme ihrer Tätigkeit auf das Datengeheimnis zu verpflichten bzw. darüber zu unterrichten. Die Verpflichtung zur Wahrung des Datengeheimnisses besteht auch nach Beendigung ihrer Tätigkeit fort. Die Verpflichtung/Unterrichtung muss in geeigneter Weise durchgeführt werden, die Durchführung ist zu dokumentieren und bei Bedarf zu wiederholen.

Dies entspricht der Maßnahme M 7.6 des BSI Grundschutzkataloges.

5.3.1.6 Organisatorische Verfahren zur Sicherstellung der Rechte der Betroffenen bei der Verarbeitung personenbezogener Daten

Es sind technisch-organisatorische Verfahren zu entwickeln, um die Durchsetzung der Rechte der Betroffenen auf Auskunft, Berichtigung, Sperrung, Löschung sowie Einsicht in Dateien- bzw. Verfahrensverzeichnisse (soweit solche Verzeichnisse vorgeschrieben sind) sicherzustellen.

Diese Verfahren sind so zu gestalten, dass die Rechte der Betroffenen schnell und zweckmäßig umgesetzt werden können.

Dies entspricht der Maßnahme M 7.7 des BSI Grundschutzkataloges.

5.3.1.7 Führung von Verfahrensverzeichnissen und Erfüllung der Meldepflichten bei der Verarbeitung personenbezogener Daten

Neben den zentralen Datenverarbeitungsanlagen sind bei dezentraler Datenverarbeitung alle eingesetzten IT-Systeme zu erfassen.

Es muss jederzeit auf ein aktuelles Verzeichnis der eingesetzten Hardware, Software und Verfahren sowie der erfassten personenbezogenen Daten zugegriffen werden können.

Dies entspricht der Maßnahme M 7.8 des BSI Grundschutzkataloges.

5.3.1.8 Datenschutzrechtliche Freigabe

Es muss geregelt sein, wie IT-Verfahren abgenommen, freigegeben, eingespielt bzw. benutzt werden dürfen.

Die Freigabe von IT-Verfahren mit der Verarbeitung personenbezogener Daten setzt eine Prüfung auch aus datenschutzrechtlicher Sicht voraus.

Dies entspricht der Maßnahme M 7.9 des BSI Grundschutzkataloges.

5.3.1.9 Regelung der Auftragsdatenverarbeitung bei der Verarbeitung personenbezogener Daten

Der Abruf von personbezogener Daten durch Nicht-Abrufberechtigte ist durch geeignete Vorkehrungen zu verhindern.

Dies entspricht der Maßnahme M 7.11 des BSI Grundschutzkataloges.

5.3.1.10 Aufrechterhaltung des Datenschutzes im laufenden Betrieb

Die Einrichtung einer internen IT-Revision und Datenschutzkontrolle ist eine wichtige Maßnahme im Rahmen der durch die Datenschutzgesetze vorgeschriebenen Organisationskontrolle. Die IT-Revision hat die Ordnungsmäßigkeit der Datenverarbeitung durch Kontrolle der Umsetzung des IT-Sicherheitskonzeptes zu überprüfen.

Dies entspricht der Maßnahme M 7.14 des BSI Grundschutzkataloges.

5.3.1.11 Datenschutzgerechte Löschung/Vernichtung

Sowohl aus der Sicht des Datenschutzes als auch der IT-Sicherheit ist beim Löschen von sensiblen oder vertraulichen Daten auf magnetischen Datenträgern zu gewährleisten, dass die Daten sicher, das heißt vollständig und unumkehrbar gelöscht werden.

Dies entspricht der Maßnahme M 7.15 des BSI Grundschutzkataloges.

5.3.2 Authentikation

5.3.2.1 Geeignete Auswahl von Authentikationsmechanismen

Die Identifikations- und Authentikationsmechanismen von IT-Systemen bzw. IT-Anwendungen müssen so gestaltet sein, dass Benutzer eindeutig identifiziert und authentisiert werden. Die Identifikation und Authentisierung muss vor jeder anderen Interaktion zwischen IT-System und Benutzer erfolgen. Weitere Interaktionen dürfen nur nach der erfolgreichen Identifikation und Authentisierung möglich sein. Die Authentisierungsinformationen müssen so gespeichert sein, dass nur autorisierte Benutzer darauf Zugriff haben (sie prüfen oder ändern können). Bei jeder Interaktion muss das IT-System die Identität des Benutzers feststellen können.

Vor der Übertragung von Nutzerdaten muss der Kommunikationspartner (Rechner, Prozess oder Benutzer) eindeutig identifiziert und authentisiert sein. Erst nach der erfolgreichen Identifikation und Authentisierung darf eine Übertragung von Nutzdaten erfolgen. Beim Empfang von Daten muss deren Absender eindeutig identifiziert und authentisiert werden können. Alle Authentisierungsdaten müssen vor unbefugtem Zugriff und vor Fälschung geschützt sein.

5.3.2.2 Administration der Authentikationsdaten

Es müssen Sicherheitsfunktionen bereitstehen, um Authentikationsdaten für Benutzer anlegen und verändern zu können. Diese Funktionen sollten nur von dem autorisierten Administrator ausgeführt werden können. Bei der Verwendung von Passwörtern sollten autorisierte Benutzer ihre eigenen Authentikationsdaten innerhalb festgesetzter Grenzen verändern können. Das IT-System sollte einen geschützten Mechanismus zur Verfügung stellen, damit Benutzer ihre Passwörter selbstständig verändern können. Dabei sollte es möglich sein, eine Mindestlebensdauer für Passwörter vorzugeben.

5.3.2.3 Schutz der Authentikationsdaten gegen Veränderung

Das IT-System muss die Authentikationsdaten bei der Verarbeitung jederzeit gegen Ausspähung, Veränderung und Zerstörung schützen. Dies kann beispielsweise durch Verschlüsselung der Passwortdateien und durch Nicht-Anzeigen der eingegebenen Passwörter geschehen.

Die Authentikationsdaten sind getrennt von Applikationsdaten zu speichern.

5.3.2.4 Systemunterstützung

Beim Einsatz von organisationsweiten Authentikationsverfahren sollten diese nur auf Servern betrieben werden, deren Betriebssystem einen adäquaten Schutz gegen Manipulationen bietet.

Bei der Auswahl von Authentikationsverfahren sollte darauf geachtet werden, dass diese möglichst plattformübergreifend eingesetzt werden können.

5.3.2.5 Fehlerbehandlung bei der Authentikation

Das IT-System sollte Anmeldevorgänge nach einer vorgegebenen Anzahl erfolgloser Authentikationsversuche beenden können. Nach Ende eines erfolglosen Anmeldevorgangs muss das IT-System den Benutzer-Account bzw. das Terminal sperren können bzw. die Verbindung unterbrechen. Nach erfolglosen Authentikationsversuchen sollte das IT-System jeden weiteren Anmeldeversuch zunehmend verzögern (time delay). Die Gesamtdauer eines Anmeldeversuchs sollte begrenzt werden können.

5.3.2.6 Administration der Benutzerdaten

Das IT-System sollte die Möglichkeit bieten, den Benutzern verschiedene Voreinstellungen zuweisen zu können. Diese sollten angezeigt und verändert werden können. Die Möglichkeit, Benutzerdaten zu verändern, muss auf den autorisierten Administrator beschränkt sein. Wenn die Administration der Benutzerdaten über eine Kommunikationsverbindung erfolgen soll, muss diese ausreichend kryptographisch gesichert sein.

5.3.2.7 Definition der Benutzereinträge

Das IT-System muss die Umsetzung der Sicherheitspolitik ermöglichen, indem für jeden Benutzer die entsprechenden Sicherheitseinstellungen gewählt werden können.

5.3.2.8 Passwortgüte

Wenn Passwörter zur Authentikation eingesetzt werden, sollte das IT-System Mechanismen bieten, die folgende Bedingungen erfüllen:

- Es wird gewährleistet, dass jeder Benutzer individuelle Passwörter benutzt (und diese auch selbst auswählen kann).
- Es wird überprüft, dass alle Passwörter den definierten Vorgaben genügen (zum Beispiel Mindestlänge, keine Trivialpasswörter). Die Prüfung der Passwortgüte sollte individuell regelbar sein. Beispielsweise sollte vorgegeben werden können, dass die Passwörter mindestens ein Sonderzeichen enthalten müssen oder bestimmte Zeichenkombinationen verboten werden.
- Das IT-System generiert Passwörter, die den definierten Vorgaben genügen. Das IT-System muss die so erzeugten Passwörter dem Benutzer anbieten.
- Der Passwortwechsel sollte vom System regelmäßig initiiert werden. Die Lebensdauer eines Passwortes sollte einstellbar sein.
- Die Wiederholung alter Passwörter beim Passwortwechsel sollte vom IT-System verhindert werden (Passwort-Historie).
- Bei der Eingabe sollte das Passwort nicht auf dem Bildschirm angezeigt werden.
- Nach der Installation bzw. der Neueinrichtung von Benutzern sollte das Passwort-System einen Passwort-Wechsel nach der Erst-Anmeldung erzwingen.

5.3.2.9 Anforderungen an Authentikationsmechanismen für Benutzer

Das IT-System muss vor jeder anderen Benutzertransaktion die Benutzeridentität überprüfen. Das IT-System sollte darüber hinaus das Wiedereinspielen von Authentikationsdaten für Benutzer oder das Einspielen gefälschter oder kopierter Benutzerauthentikationsdaten erkennen und verhindern können. Das IT-System darf die Authentikationsdaten erst dann überprüfen, wenn sie vollständig eingegeben wurden.

Es sollte für jeden Benutzer individuell einstellbar sein, wann und von wo er auf das IT-System zugreifen darf.

5.3.2.10 Protokollierung der Authentisierungsmechanismen

Das IT-System muss die folgenden Ereignisse protokollieren können:

- Ein- und Ausschalten der Protokollierung.
- Jeden Versuch, auf Mechanismen zum Management von Authentikationsdaten zuzugreifen.
- Erfolgreiche Versuche, auf Authentikationsdaten zuzugreifen.
- Jeden Versuch, unautorisiert auf Benutzer-Authentikationsdaten zuzugreifen.
- Jeden Versuch, auf Funktionen zur Administration von Benutzer-Einträgen zuzugreifen.
- Änderungen an Benutzereinträgen.
- Jeden durchgeführten Test auf Passwort-Güte.
- Jede Benutzung von Authentisierungsmechanismen.
- Jede Konfiguration der Abbildung von Authentisierungsmechanismen zu spezifischen Authentikationsereignissen.
- Die Installation von Authentisierungsmechanismen.

Jeder Protokollierungseintrag sollte Datum, Uhrzeit, Art des Ereignisses, Bezeichnung des Subjektes sowie Erfolg bzw. Misserfolg der Aktion enthalten.

Dies entspricht der Maßnahme M 4.133 des BSI Grundschutzkataloges.

5.3.3 Verschlüsselung

5.3.3.1 Entwicklung eines Kryptokonzepts

Die Auswahl geeigneter kryptographischer Komponenten muss den Anforderungen des Sicherheitskonzepts entsprechen. Dabei ist das Schlüsselmanagement ein kritisches Element im gesamten Kryptokonzept. Konzepte und Lösungsansätze können nur dann erfolgreich erarbeitet und gezielt umgesetzt werden, wenn deutlich wird, welche speziellen Sicherheitsfunktionalitäten bzw. Sicherheitsdienste benötigt werden.

Im Kryptokonzept ist der technische bzw. organisatorische Einsatz der kryptographischen Produkte zu beschreiben, also zum Beispiel

- wer welche Zugriffsrechte erhält,
- welche Dienste remote angeboten werden,
- wie die Verwaltung von Passwörtern und Schlüsseln bezüglich Gültigkeitsdauer, Verwendung von Zeichen, Länge und Vergabe gehandhabt werden soll,
- ob, wann und wie die Daten verschlüsselt oder signiert werden müssen,
- wer mit wem kryptographisch gesichert bzw. ungesichert kommunizieren darf,
- wer bestimmte Rechte vergeben darf usw.

Dies entspricht der Maßnahme M 2.161 des BSI Grundschutzkataloges.

Einsatz von Verschlüsselung, Checksummen oder digitalen Signaturen

Werden vertrauliche Informationen oder Informationen mit hohem Integritätsanspruch übertragen und besteht eine gewisse Möglichkeit, dass diese Daten Unbefugten zur

Kenntnis gelangen, von diesen manipuliert werden oder durch technische Fehler verändert werden können, muss ein kryptographisches Verfahren zum Schutz der Daten für den Transport oder die Übermittlung in Betracht gezogen werden.
Dies entspricht der Maßnahme M 4.34 des BSI Grundschutzkataloges.

Geeignetes Schlüsselmanagement

Die Verwendung kryptographischer Sicherheitsmechanismen (zum Beispiel Verschlüsselung, digitale Signatur) setzt die vertrauliche, integere und authentische Erzeugung, Verteilung und Installation von geeigneten Schlüsseln voraus. Schlüssel, die Unbefugten zur Kenntnis gelangt sind, bei der Verteilung verfälscht worden sind oder gar aus unkontrollierter Quelle stammen (dies gilt auch für die Schlüsselvereinbarung zwischen Kommunikationspartnern), können den kryptographischen Sicherheitsmechanismus genauso kompromittieren wie qualitativ schlechte Schlüssel, die auf ungeeignete Weise erzeugt worden sind. Qualitativ gute Schlüssel werden in der Regel unter Verwendung geeigneter Schlüsselgeneratoren erzeugt (siehe unten). Für das Schlüsselmanagement sind folgende Punkte zu beachten:

Schlüsselerzeugung

Die Schlüsselerzeugung sollte in sicherer Umgebung und unter Einsatz geeigneter Schlüsselgeneratoren erfolgen. Kryptographische Schlüssel können zum einen direkt am Einsatzort (und dann meistens durch den Benutzer initiiert) oder zum anderen zentral erzeugt werden. Bei der Erzeugung vor Ort müssen meistens Abstriche an die Sicherheit der Umgebung gemacht werden, bei einer zentralen Schlüsselgenerierung muss sichergestellt sein, dass sie ihre Besitzer authentisch und kompromittierungsfrei erreichen.

Schlüsseltrennung

Kryptographische Schlüssel sollten möglichst nur für einen Einsatzzweck dienen. Insbesondere sollten für die Verschlüsselung immer andere Schlüssel als für die Signaturbildung benutzt werden. Dies ist sinnvoll,

- damit bei der Offenlegung eines Schlüssels nicht alle Verfahren betroffen sind,
- da es manchmal erforderlich sein kann, Verschlüsselungsschlüssel weiterzugeben (Vertretungsfall),
- da es unterschiedliche Zyklen für den Schlüsselwechsel geben kann.

Schlüsselverteilung/Schlüsselaustausch

Kryptographische Kommunikationsbeziehungen können nur dann funktionieren, wenn die Kommunikationspartner über aufeinander abgestimmte kryptographische Schlüssel verfügen. Dazu müssen alle Kommunikationspartner mit den dazu erforderlichen Schlüsseln versorgt werden.

Die Verteilung der Schlüssel sollte auf geeigneten Datenträgern (zum Beispiel Chipkarten) oder über Kommunikationsverbindungen (zum Beispiel LAN, WAN) vertraulich (zum Beispiel mit KEK – Key Encryption Key – verschlüsselt), integer (zum Beispiel MAC-gesichert) und authentisch (zum Beispiel digital signiert gemäß Signatur-Gesetz) erfolgen. Die unbefugte Kenntnisnahme bzw. Verfälschung der Schlüssel muss verhindert oder wenigstens erkannt werden können.

Mit Schlüsselaustausch wird die Schlüsseleinigungsprozedur zwischen zwei Kommunikationspartnern auf einen Sitzungsschlüssel (Session Key) bezeichnet. Der Session Key ist ein Schlüssel, der nur eine begrenzte Zeit, etwa für die Dauer einer Kommunikationsverbindung, verwendet wird. Diese Zeit muss festgelegt werden, da Sitzungen sehr lange dauern können. Die Festlegung erfolgt zum Beispiel durch einen relativen Zeitablauf oder durch einen Paketzähler. Für jede neue Verbindung wird ein neuer Session Key zwischen den Kommunikationspartnern ausgehandelt.

Schlüsselinstallation und -speicherung
Im Zuge der Schlüsselinstallation ist die authentische Herkunft sowie die Integrität der Schlüsseldaten zu überprüfen. Generell sollten Schlüssel nie in klarer Form, sondern grundsätzlich verschlüsselt im System gespeichert werden. Bei Software-Verschlüsselungsprodukten muss berücksichtigt werden, dass Schlüssel zumindest zeitweise während des Ver-/Entschlüsselungsprozesses in Klarform im PC-System vorliegen müssen. Bieten die IT-Systeme, auf denen das kryptographische Produkt eingesetzt ist, keinen ausreichenden Zugriffsschutz für die Schlüssel, sollten diese nicht auf diesem IT-System gespeichert werden. Es bietet sich dann eine bedarfsorientierte manuelle Eingabe an. Eine andere Möglichkeit wäre die Auslagerung der Schlüssel auf einen externen Datenträger, der dann aber sicher verwahrt werden muss, wie unter Schlüsselarchivierung beschrieben. Aus Sicherheitsaspekten ist deshalb der Einsatz von Hardware-Verschlüsselungskomponenten vorzuziehen, bei denen die Schlüssel vom Datenträger (zum Beispiel Chipkarte) verschlüsselt auf direktem Weg in die Verschlüsselungskomponente geladen werden und diese nie in Klarform verlassen.

Auf jeden Fall muss sichergestellt werden, dass bei der Installation des Verschlüsselungsverfahrens voreingestellte Schlüssel geändert werden.

Schlüsselarchivierung
Für Archivierungszwecke sollte das kryptographische Schlüsselmaterial auch außerhalb des Kryptomoduls in überschlüsselter Form speicherbar und gegebenenfalls wieder einlesbar sein. Dazu können mehrere Schlüssel zu einem Satz zusammengefasst werden, der dann ebenfalls mit Hilfe eines KEK (Key-Encryption-Key: Überschlüsselungsschlüssel) kryptiert wird. Der KEK muss entsprechend sicher (zum Beispiel auf Chipkarte im Safe) aufbewahrt werden. Teilt man einen man den KEK in zwei Teilschlüssel, so lässt sich das Vier-Augen-Prinzip umsetzen: zwei verschiedene Personen haben Zugriff auf je einen Datenträger (zum Beispiel Chipkarte, Diskette), auf der sich nur jeweils einer der beiden Teilschlüssel befindet. Um den KEK zu generieren, müssen sich beide Datenträger gleichzeitig oder nacheinander in der Leseeinheit des Kryptomoduls befinden.

Zugriffs- und Vertreterregelung
In der Sicherheitsrichtlinie sollten Fragen bezüglich der Zugriffs- und Vertretungsrechte geregelt sein. Entsprechende Mechanismen müssen vom Schlüsselmanagement und von den einzusetzenden Kryptomodulen/-geräten unterstützt werden (zum Beispiel Schlüsselhinterlegung für den Fall, dass ein Mitarbeiter das Unternehmen verlässt oder wegen Krankheit längere Zeit ausfällt, siehe auch Schlüsselarchivierung).

Je nach verwendetem Verfahren sind für jede einzelne Kommunikationsverbindung neue Schlüssel auszuhandeln, also Sitzungsschlüssel (Session Keys) zu verwenden. Dies sollte natürlich für die Benutzer unbemerkt durch die Verfahren gesteuert werden. Schlüsselwechsel bedeutet hierbei den Austausch der Masterkeys, die die Grundlage bilden, auf der die Sitzungsschlüssel gebildet werden, und sollte natürlich auch regelmäßig durchgeführt werden.

Besteht der Verdacht, dass ein verwendeter Schlüssel offen gelegt wurde, so ist dieser Schlüssel nicht mehr zu verwenden und alle Beteiligten sind zu informieren. Bereits mit diesem Schlüssel verschlüsselte Informationen sind zu entschlüsseln und mit einem anderen Schlüssel zu verschlüsseln.

Schlüsselvernichtung
Nicht mehr benötigte Schlüssel (zum Beispiel Schlüssel, deren Gültigkeitsdauer abgelaufen ist) sind auf sichere Art zu löschen bzw. zu vernichten (zum Beispiel durch mehrfaches Löschen/Überschreiben und/oder mechanische Zerstörung des Datenträgers). Auf Produkte mit unkontrollierbarer Schlüsselablage sollte generell verzichtet werden.

Dies entspricht der Maßnahme M 2.46 des BSI Grundschutzkataloges.

5.3.4 Datensicherung und Archivierung

5.3.4.1 Verpflichtung der Mitarbeiter zur Datensicherung
Da die Datensicherung eine wichtige IT-Sicherheitsmaßnahme ist, sollten die betroffenen Mitarbeiter auf die Einhaltung des Datensicherungskonzeptes bzw. des Minimaldatensicherungskonzeptes verpflichtet werden. Eine regelmäßige Erinnerung und Motivation zur Datensicherung sollte erfolgen.

Dies entspricht der Maßnahme M 2.41 des BSI Grundschutzkataloges.

5.3.4.2 Regelung des Datenträgeraustausches
Sollen zwischen zwei oder mehreren Kommunikationspartnern Datenträger ausgetauscht werden, so sind zum ordnungsgemäßen Austausch folgende Punkte zu beachten:

- Die Adressierung muss eindeutig erfolgen, um eine fehlerhafte Zustellung zu vermeiden. So sollte neben dem Namen des Empfängers auch Organisationseinheit und die genaue Bezeichnung der Behörde/des Unternehmens angegeben sein. Entsprechendes gilt für die Adresse des Absenders.

5.3 Vorschlag für eine Richtlinie zum Schutz von Unternehmensdaten

- Dem Datenträger sollte (optional) ein Datenträgerbegleitzettel beigelegt werden, der folgende Informationen umfasst:
  - Absender,
  - Empfänger,
  - Art des Datenträgers,
  - Seriennummer (soweit vorhanden),
  - Identifikationsmerkmal für den Inhalt des Datenträgers,
  - Datum des Versandes, gegebenenfalls Datum bis wann der Datenträger spätestens den Empfänger erreicht haben muss,
  - Hinweis, dass Datenträger auf Viren überprüft sind,
  - Parameter, die zum Lesen der Informationen benötigt werden, zum Beispiel Bandgeschwindigkeit.

  Jedoch sollte nicht vermerkt werden,
  - welches Passwort für die eventuell geschützten Informationen vergeben wurde,
  - welche Schlüssel gegebenenfalls für eine Verschlüsselung der Informationen verwendet wurden,
  - welchen Inhalt der Datenträger hat.
- Der Versand des Datenträgers kann (optional) dokumentiert werden. Für jede stattgefundene Übermittlung ist dann in einem Protokoll festzuhalten, wer wann welche Informationen erhalten hat. Je nach Schutzbedarf beziehungsweise Wichtigkeit der übermittelten Informationen ist der Empfang zu quittieren und ein Quittungsvermerk auf dem erwähnten Protokoll beizufügen.
- Es sind jeweils Verantwortliche für den Versand und für den Empfang zu benennen.
- Die Versandart ist festzulegen.

Dies entspricht der Maßnahme M 2.45 des BSI Grundschutzkataloges.

5.3.4.3 Beschaffung eines geeigneten Datensicherungssystems

Anforderungen an ein Datensicherungssystem:

- Die Datensicherungssoftware sollte ein falsches Medium ebenso wie ein beschädigtes Medium im Sicherungslaufwerk erkennen können.
- Sie sollte mit der vorhandenen Hardware problemlos zusammenarbeiten.
- Es sollte möglich sein, Sicherungen automatisch zu vorwählbaren Zeiten bzw. in einstellbaren Intervallen durchführen zu lassen, ohne dass hierzu manuelle Eingriffe (außer dem eventuell notwendigen Bereitstellen von Sicherungsdatenträgern) erforderlich wären.
- Es sollte möglich sein, einen oder mehrere ausgewählte Benutzer automatisch über das Sicherungsergebnis und eventuelle Fehlermeldungen per E-Mail oder ähnliche Mechanismen zu informieren. Die Durchführung von Datensicherungen inklusive des Sicherungsergebnisses und möglicher Fehlermeldungen sollten in einer Protokolldatei abgespeichert werden.

- Die Sicherungssoftware sollte die Sicherung des Back-up-Mediums durch ein Passwort, oder noch besser durch Verschlüsselung unterstützen. Weiterhin sollte sie in der Lage sein, die gesicherten Daten in komprimierter Form abzuspeichern.
- Durch Vorgabe geeigneter Include- und Exclude-Listen bei der Datei- und Verzeichnisauswahl sollte genau spezifiziert werden können, welche Daten zu sichern sind und welche nicht. Es sollte möglich sein, diese Listen zu Sicherungsprofilen zusammenzufassen, abzuspeichern und für spätere Sicherungsläufe wieder zu benutzen.
- Es sollte möglich sein, die zu sichernden Daten in Abhängigkeit vom Datum ihrer Erstellung bzw. ihrer letzten Modifikation auszuwählen.
- Die Sicherungssoftware sollte die Erzeugung logischer und physischer Vollkopien sowie inkrementeller Kopien (Änderungssicherungen) unterstützen.
- Die zu sichernden Daten sollten auch auf Festplatten und Netzlaufwerken abgespeichert werden können.
- Die Sicherungssoftware sollte in der Lage sein, nach der Sicherung einen automatischen Vergleich der gesicherten Daten mit dem Original durchzuführen und nach der Wiederherstellung von Daten einen entsprechenden Vergleich zwischen den rekonstruierten Daten und dem Inhalt des Sicherungsdatenträgers durchzuführen.
- Bei der Wiederherstellung von Dateien sollte es möglich sein auszuwählen, ob die Dateien am ursprünglichen Ort oder auf einer anderen Platte bzw. in einem anderen Verzeichnis wiederhergestellt werden. Ebenso sollte es möglich sein, das Verhalten der Software für den Fall zu steuern, dass am Zielort schon eine Datei gleichen Namens vorhanden ist. Dabei sollte man wählen können, ob diese Datei immer, nie oder nur in dem Fall, dass sie älter als die zu rekonstruierende Datei ist, überschrieben wird, oder dass in diesem Fall eine explizite Anfrage erfolgt.

Falls mit dem eingesetzten Programm die Datensicherung durch Passwort geschützt werden kann, sollte diese Option genutzt werden. Das Passwort ist dann gesichert zu hinterlegen.
Dies entspricht der Maßnahme M 2.137 des BSI Grundschutzkataloges.

5.3.4.4 Regelmäßige Funktions- und Recoverytests bei der Archivierung
Regelmäßige Funktions- und Recoverytests sind unumgänglich, um Verschleißerscheinungen der Archivierungsmedien frühzeitig erkennen zu können. Diese sollten daher mindestens einmal jährlich auf Lesbarkeit und Integrität geprüft werden.

Werden Fehler auf einem Archivmedium festgestellt, so ist unverzüglich sicherzustellen, dass die betroffenen Dateien aus dem Back-up-Bestand wiederhergestellt werden. Wenn fehlerhafte Archivdatenträger ausgetauscht werden müssen, so sind diese nach der Kopie der darauf enthaltenen Daten sicher zu löschen bzw. zu vernichten. Der gesamte Vorgang ist zu dokumentieren.

Alle Hardwarekomponenten, insbesondere die mechanischen Teile des Archivs, müssen regelmäßig auf einwandfreie Funktion geprüft werden. Nur so kann gewährleistet werden, dass archivierte Datenbestände den geforderten Verfügbarkeitsanforderungen entsprechen und beim Schreiben und Lesen der Daten die Datenintegrität gegeben ist.

Einmal pro Tag ist daher zu überprüfen, ob alle Archivierungsprozesse fehlerfrei abgelaufen sind.
Dies entspricht der Maßnahme M 4.173 des BSI Grundschutzkataloges.

5.3.4.5 Erstellung eines Datensicherungsplans

Ein Datensicherungsplan ist zu erstellen und zu pflegen. Mit Hilfe des Datensicherungsplans muss ein sachverständiger Dritter in der Lage sein, sämtliche für den Wiederanlauf einer IT-Anwendung erforderliche Software (Betriebssystemsoftware, Anwendungssoftware) und deren Daten in angemessener Zeit beschaffen und installieren zu können.

Ein Datensicherungsplan muss Auskunft geben können über:

- Speicherungsort der Daten im Normalbetrieb (Plattenspeicher-Belegungsplan),
- den Bestand der gesicherten Daten (Bestandsverzeichnis),
- die Zeitpunkte der Datensicherungen,
- Art und Umfang der Datensicherung (logische/physikalische, Teil-/Vollsicherung),
- das Verfahren zur Datensicherung und zur Rekonstruktion der gesicherten Daten und
- den Ort der Aufbewahrung (Hinweis auf gegebenenfalls erforderliche Zutrittsmittel).

Dies entspricht der Maßnahme M 6.13 des BSI Grundschutzkataloges.

5.3.4.6 Regelung der Vorgehensweise für die Löschung oder Vernichtung von Informationen

Die Informationen sind nach ihrem Schutzbedarf zu klassifizieren.

Für die unterschiedlichen Arten von Datenträgern müssen passende Methoden eingesetzt werden, um die darauf enthaltenen Informationen sicher zu löschen oder den gesamten Datenträger zu vernichten.

Um sensible Dateien selektiv zu löschen, muss darauf geachtet werden, dass nicht nur die aktuelle Version, sondern auch alle Vorgängerversionen, temporäre Dateien, Dateifragmente etc. gelöscht werden.

Bei einem hohen oder sehr hohen Schutzbedarf der Informationen ist die Löschung und die Vernichtung zu protokollieren, vor allem im Rahmen der Aussonderung von analogen und digitalen Datenträgern.
Dies entspricht der Maßnahme M 2.431 des BSI Grundschutzkataloges.

Richtlinie für die Löschung und Vernichtung von Informationen

- Zielsetzung: Diese Richtlinie dient dazu, die Mitarbeiter für das Thema Löschen oder Vernichten von Daten zu sensibilisieren und zu motivieren.
- Geltungsbereich: In der Richtlinie sind die zurzeit gebräuchlichen und im Unternehmen eingesetzten Datenträger zu berücksichtigen.
- Rechtsvorschriften und interne Regelungen: In diesem Überblick ist darzustellen, welche gesetzlichen Regelungen, wie zum Beispiel Datenschutzgesetze, für das Löschen von Daten und Vernichten von Datenträgern einzuhalten sind.

- Verantwortlichkeiten: In diesem Teil werden die Verantwortlichkeiten der Funktionsträger definiert. Dabei sind insbesondere die Rollen Mitarbeiter, Vorgesetzte, Administrator, Revisor, Datenschutzbeauftragter und IT-Sicherheitsbeauftragter zu unterscheiden.
- Ansprechpartner: Die Richtlinie hat Ansprechpartner und Kontaktinformationen (Telefon, E-Mail etc.) für die Mitarbeiter zu Fragen rund um das Löschen von Informationen zu enthalten oder aufzuzeigen, wo diese Informationen gefunden werden können.
- Vorgehensweise: In der Richtlinie muss festgehalten werden, welche Methoden zur sicheren Löschung existieren und im Unternehmen zum Einsatz kommen.
- Aktualisierung: Aufgrund der sich ändernden Technologien muss die Richtlinie regelmäßig überarbeitet werden, damit die beschriebenen Lösch- und Vernichtungsmethoden auch für neue Arten von Datenträgern geeignet sind.

Dies entspricht der Maßnahme M 2.432 des BSI Grundschutzkataloges.

Vernichtung von Datenträgern durch externe Dienstleister

Falls für die Vernichtung von Datenträgern auf externe Dienstleister zurückgegriffen wird, sind mit diesen detaillierte Regelungen zu vereinbaren. Trotz Outsourcing sind interne Regelungen notwendig, um beispielsweise festzulegen, wie Datenträger eingesammelt und bis zur Abholung durch den Dienstleister verwahrt werden.

Zu beachten sind:

- Absicherung beim Auftraggeber
- Absicherung beim Transport
- Absicherung beim Dienstleister

Dies entspricht der Maßnahme M 2.436 des BSI Grundschutzkataloges.

Erstellung von Datensicherungen für Verzeichnisdienste

Die Datensicherung eines Verzeichnisdienstes ist in das globale Datensicherungskonzept des Unternehmens zu integrieren.

Dies entspricht der Maßnahme M 6.107 des BSI Grundschutzkataloges.

Datensicherung für Domänen-Controller

Die Datensicherung der Domänen-Controller als zentrale IT-Komponenten ist entweder im Datensicherungskonzept des Unternehmens oder in einer eigenständigen Datensicherungsrichtlinie zu dokumentieren. Darüber hinaus sind zusätzlich Domänen-Controller-spezifische Besonderheiten bei der Entwicklung der Datensicherungsrichtlinie für Active Directory zu berücksichtigen.

Dies entspricht der Maßnahme M 6.108 des BSI Grundschutzkataloges.

5.4 Hinweise für ein Datensicherungskonzept

Die Verfahrensweise der Datensicherung wird von einer großen Zahl von Einflussfaktoren bestimmt. Das IT-System, das Datenvolumen, die Änderungsfrequenz der Daten und die Verfügbarkeitsanforderungen sind einige dieser Faktoren. Im Datensicherungskonzept gilt es, eine Lösung zu finden, die diese Faktoren berücksichtigt und gleichzeitig unter Kostengesichtspunkten wirtschaftlich vertretbar ist.

Das Datensicherungskonzept ist eine Zusammenfassung der Datensicherungsmaßnahmen gemäß der ermittelten Gefährdungslage der einzelnen IT-Systeme und ihrer Daten. Dieses bedarf der regelmäßigen Überprüfung und Aktualisierung.

Die Qualität der im Datensicherungskonzept beschriebenen Datensicherungsmaßnahmen ist nur durch regelmäßige, geplante Restaurierungsmaßnahmen der gesicherten Daten sicherzustellen.

Die folgenden Bestandteile sollte jedes Datensicherungskonzept enthalten.

5.4.1 Definitionen

Definition der Begriffe, die im Umfang des Datensicherungskonzeptes Anwendung finden, zum Beispiel Anwendungsdaten, Systemdaten, Software, Protokolldaten, Vollsicherung oder inkrementelle Sicherung.

5.4.2 Gefährdungslage

Beschreibung der Gefährdungslage zur Motivation der Datensicherungsmaßnahmen. Dies können zum Beispiel Abhängigkeit der Unternehmung vom Datenbestand, typische Gefährdungen wie ungeschulte Benutzer, gemeinsam genutzte Datenbestände, Computerviren, Hacker, Stromausfall oder Festplattenfehler sein.

5.4.3 Regelungsbedarfe je IT-System

5.4.3.1 Spezifikation der zu sichernden Daten

Ermittelt werden sollte der Datenbestand des IT-Systems (der IT-Anwendung), der für die Erledigung der Fachaufgaben erforderlich ist. Dazu gehören die Anwendungs- und Betriebssoftware, die Systemdaten (zum Beispiel Initialisierungsdateien, Makrodefinitionen, Konfigurationsdaten, Textbausteine, Passwortdateien, Zugriffsrechtedateien), die Anwendungsdaten selbst und Protokolldaten (Login-Protokollierung, Protokolle über Sicherheitsverletzungen, Datenübertragungsprotokolle etc.).

5.4.3.2 Verfügbarkeitsanforderungen

Für die spezifizierten Daten müssen die Verfügbarkeitsanforderungen der IT-Anwendung und die Daten festgelegt werden. Ein erprobtes Maß dazu ist die Angabe der maximal tolerierbaren Ausfallzeit (mtA). Sie gibt an, über welchen Zeitraum die Fachaufgabe ohne diese Daten weitergeführt werden kann, ohne dass auf Datensicherungsbestände zurückgegriffen werden muss. Betrachtet werden sollte dabei auch, ob aufgrund der Papierlage ohne IT-Unterstützung kurzfristig weitergearbeitet werden kann.

5.4.3.3 Rekonstruktionsaufwand

Um ein unter wirtschaftlichen Gesichtspunkten angemessenes Datensicherungskonzept zu entwickeln, ist es notwendig zu wissen, ob und mit welchem Aufwand zerstörte Datenbestände rekonstruiert werden können, wenn eine Datensicherung nicht zur Verfügung steht. Untersucht werden sollte, aus welchen Quellen die Daten rekonstruiert werden können. Beispiele hierfür sind die Aktenlage, Ausdrucke, Mikrofiche, Befragungen und Erhebungen.

Gemessen werden sollte der finanzielle Aufwand oder der Arbeitsaufwand von Datenerfassungskräften in Arbeitstagen (AT).

5.4.3.4 Datenvolumen

Für die Auswahl des Speichermediums ist ein entscheidender Faktor das gespeicherte und zu sichernde Datenvolumen. Die erforderliche Angabe richtet sich ausschließlich auf die zu sichernden Daten und sollte als Maßeinheit Megabyte (MB) benutzen.

5.4.3.5 Änderungsvolumen

Um die Häufigkeit der Datensicherung und das adäquate Sicherungsverfahren bestimmen zu können, muss bekannt sein, wie viele Daten/Dateien sich in einem bestimmten Zeitabschnitt ändern. Als Arbeitsgröße wäre hier eine Einheit MB/Woche denkbar. Notwendig sind Angaben, ob bestehende Dateien inhaltlich geändert oder ob neue Dateien erzeugt werden.

5.4.3.6 Änderungszeitpunkte der Daten

Es gibt IT-Anwendungen, bei denen sich Datenänderungen nur zu bestimmten Terminen ergeben, wie zum Beispiel der Abrechnungslauf zur Lohnbuchhaltung zum Monatsende. In solchen Fällen ist eine Datensicherung unverzüglich nach einem solchen Termin sinnvoll. Daher sollte für die zu sichernden Daten angegeben werden, ob sie sich täglich, wöchentlich oder zu bestimmten Terminen ändern.

5.4.3.7 Fristen

Für die Daten ist zu klären, ob bestimmte Fristen einzuhalten sind. Hierbei kann es sich um Aufbewahrungsfristen oder auch um Löschfristen im Zusammenhang mit personenbezogenen Daten handeln. Diese Fristen sind bei der Festlegung der Datensicherung zu berücksichtigen.

5.4 Hinweise für ein Datensicherungskonzept

5.4.3.8 Vertraulichkeitsbedarf
Der Vertraulichkeitsbedarf einer Datei überträgt sich bei einer Datensicherung auf die Sicherungskopie. Bei der Zusammenführung von Sicherungskopien mit gleichem Vertraulichkeitsbedarf auf einem Datenträger kann sich durch die Kumulation ein höherer Vertraulichkeitsbedarf der gespeicherten Daten ergeben. Anzugeben ist also, wie hoch der Vertraulichkeitsbedarf der einzelnen zu sichernden Daten ist und zusätzlich, welche Kombinationen von Daten einen höheren Vertraulichkeitsbedarf haben als die Daten selbst.

5.4.3.9 Integritätsbedarf der Daten
Für Datensicherungen muss sichergestellt sein, dass die Daten integer gespeichert wurden und während der Aufbewahrungszeit nicht verändert werden. Dies ist umso wichtiger, je höher der Integritätsbedarf der Nutzdaten ist. Daher ist für die Datensicherungen anzugeben, wie hoch der Integritätsbedarf ist.

5.4.3.10 Häufigkeit des Datenverlustes
Das Konzept sollte die erfahrungsgemäße Häufigkeit von Datenverlusten und der Notwendigkeit von Wiederherstellungsmaßnahmen berücksichtigen.

5.4.3.11 Fähigkeiten der IT-Benutzer
Um entscheiden zu können, wer die Datensicherung durchführt, der IT-Benutzer selbst oder speziell beauftragte Mitarbeiter bzw. die Systemadministratoren, ist ausschlaggebend, über welche Kenntnisse und datenverarbeitungsspezifischen Fähigkeiten der IT-Benutzer verfügt und welche Werkzeuge ihm zur Verfügung gestellt werden können. Falls die zeitliche Belastung bei der Durchführung einer Datensicherung für IT-Benutzer zu hoch ist, sollte dies angegeben werden.

5.4.4 Datensicherungsplan je IT-System

5.4.4.1 Festlegungen je Datenart
Je Datenart sind die folgenden Festlegungen zu treffen und zu dokumentieren:

- Art der Datensicherung
- Inhouse vs. externe Datensicherung
- Häufigkeit und Zeitpunkt der Datensicherung
- Anzahl der Generationen
- Datensicherungsmedium
- Verantwortlichkeit für die Datensicherung
- Aufbewahrungsort der Backup-Datenträger
- Vollsicherung vs. inkrementeller Sicherung sowie Mischkonzepte

- Anforderungen an das Datensicherungsarchiv
- Transportmodalitäten
- Rekonstruktionszeiten bei vorhandener Datensicherung

5.4.4.2 Festlegung je System

Die Konzepte können entweder eine Online- oder eine Offline-Sicherung bzw. Mischformen vorsehen. Während einer Online-Datenbanksicherung bleibt die Datenbank verfügbar und es können Updates auf ihr durchgeführt werden. Die Änderungen während der Datenbank-Onlinesicherung werden währenddessen ins Datenbank-Log geschrieben. Während einer Offline-Datenbanksicherung wird die Datenbank beendet. Es ist kein Zugriff auf die Datenbank möglich. Während des Back-ups wird kein Datenbank-Log benötigt.

5.4.4.3 Festlegung der Vorgehensweise bei der Datenrestaurierung

Prozeduren zur Restaurierung der Daten müssen beschrieben werden.

5.4.4.4 Randbedingungen für das Datensicherungsarchiv

- Vertragsgestaltung (bei externen Archiven)
- Refresh-Zyklen der Datensicherung, Bestandsverzeichnis
- Löschen von Datensicherungen
- Vernichtung von unbrauchbaren Datenträgern

5.4.4.5 Vorhalten von arbeitsfähigen Lesegeräten

Beschaffung und Lagerung von Lesegeräten müssen geplant werden.

5.4.4.6 Wiederherstellungsplan

Darüber hinaus bedarf es einer Beschreibung der Vorgehensweise für die Wiederherstellung eines Datensicherungsbestandes. Auch hier muss eine Beschreibung der erforderlichen Hard- und Software, der benötigten Parameter und der Vorgehensweise, nach der die Datenrekonstruktion zu erfolgen hat, erstellt werden

5.4.5 Minimaldatensicherungskonzept

Das Minimaldatensicherungskonzept beschreibt den minimalen Umfang der Daten, die gesichert werden müssen, um eine Wiederherstellung des ordnungsgemäßen Betriebes und der normalen Funktionen in kürzester Zeit zu garantieren. Hier wird eindeutig zwischen „Must-have" und „Nice-to-have"-Daten unterschieden.

5.4.6 Verpflichtung der Mitarbeiter zur Datensicherung

Da die Datensicherung eine wichtige IT-Sicherheitsmaßnahme ist, sollten die betroffenen Mitarbeiter auf die Einhaltung des Datensicherungskonzeptes bzw. des Minimaldatensicherungskonzeptes verpflichtet werden. Eine regelmäßige Erinnerung und Motivation zur Datensicherung sollte erfolgen.

5.4.7 Sporadische Restaurierungsübungen

Die Rekonstruktion von Daten mit Hilfe von Datensicherungsbeständen muss sporadisch, zumindest aber nach jeder Änderung des Datensicherungsverfahrens, getestet werden. Hierbei muss zumindest einmal nachgewiesen werden, dass eine vollständige Datenrekonstruktion (zum Beispiel der Gesamtdatenbestand eines Servers) möglich ist. Auf diese Weise kann zuverlässig ermittelt werden, ob

- die Datenrekonstruktion überhaupt möglich ist,
- die Verfahrensweise der Datensicherung praktikabel ist,
- eine ausreichende Dokumentation der Datensicherung vorliegt, damit gegebenenfalls auch ein Vertreter die Datenrekonstruktion vornehmen kann und
- die erforderliche Zeit zur Datenrekonstruktion den Anforderungen an die Verfügbarkeit entspricht.

Bei Übungen zur Datenrekonstruktion sollte auch berücksichtigt werden, dass

- die Daten gegebenenfalls auf einem Ausweich-IT-System installiert werden müssen und
- für die Datensicherung und Datenrekonstruktion unterschiedliche Schreib-/Lesegeräte benutzt werden.

Sicherheitsmanagement 6

Die Ausgestaltung des Sicherheitsmanagements in einem Unternehmen hängt naturgemäß sehr eng mit den Bedrohungsszenarien zusammen. Ein Unternehmen, das bereits über ein unternehmensweites Risikomanagement verfügt, wird die IT-Risiken in der Regel dort bereits mit betrachten. Wie die Beispiele in den Einleitungskapiteln zeigen, gibt es aber in der heutigen Zeit eine ganze Reihe eigenständiger IT-Risiken, die vollkommen unabhängig von sonstigen Geschäftsrisiken betrachtet werden können und müssen.

Wir empfehlen jedem Unternehmen dringend, eine strukturelle Analyse der Gefährdungspotenziale in der IT durchzuführen, sei es nun basierend auf breiter betrachteten Geschäftsrisiken oder nur im Hinblick auf die IT. Die Strukturen und Prozesse, in denen das geschieht, sind selbstverständlich nicht für jedes Unternehmen gleich. In einem Fall mag eine jährliche Überprüfung der grundlegenden Risikobewertung ausreichen, in anderen Fällen ist eine laufende unterjährige Kontrolle erforderlich. In einem Unternehmen mag die Feststellung des Schutzbedarfes ein monatelanges Projekt erfordern, wo in einem anderen Unternehmen eine Reihe von Workshops ausreichen.

Die strukturellen Bausteine sind jedoch immer ähnlich. Diese sind es, die wir in unserem Vorschlag für eine Richtlinie zum IT-Sicherheitsmanagement exemplarisch darstellen. Das Verständnis dieser Bausteine soll durch die Erinnerung und die Ziele gemäß den Standards von COBIT im folgenden Unterkapitel erleichtert werden.

6.1 Regelungsziele nach COBIT

Das COBIT-Framework gibt in den Domains

- Planung und Organisation,
- Akquisition und Implementierung,

- Delivery & Support und
- Monitoring

einige wichtige Ziele vor, die in einer Richtlinie zum Sicherheitsmanagement verankert werden sollten. Nicht jeder Aspekt der aufgeführten COBIT-Kontrollziele muss durch die Richtlinien zum IT-Sicherheitsmanagement abgedeckt werden. Die umfassende Berücksichtigung der Kontrollziele ergibt sich aus dem Zusammenwirken aller Richtliniendokumente.

6.1.1 Prozess und Organisation

Die Ziele der IT-Sicherheit und insbesondere des Sicherheitsmanagements sind an den Erfordernissen des Geschäftes auszurichten. Die Geschäftsleitung muss in die Lage versetzt werden, informierte Entscheidungen über die relevanten Sicherheitsmaßnahmen zu treffen. Es ist daher von großer Bedeutung, dass die Geschäftsführung über aktuelle technologische Möglichkeiten und künftige Richtungen, über die Möglichkeiten, welche die IT bietet sowie über die durch das Unternehmen zu ergreifenden Maßnahmen unterrichtet wird, um diese Möglichkeiten nutzen zu können.

Es ist sicherzustellen, dass das Geschäft, an dem die IT ausgerichtet ist, verstanden wird. Die Geschäfts- und IT-Strategie sollten integriert und allgemein kommuniziert werden; es sollte eine klare Verbindung zwischen Unternehmenszielen, IT-Zielen, erkannten Möglichkeiten und Grenzen des Potenzials geben. Dazu muss identifiziert werden, in welchen Bereichen die Geschäftsstrategie von der IT kritisch abhängt. Es gilt zu vermitteln zwischen den Erfordernissen des Kerngeschäfts und der Technologie, damit vereinbarte Prioritäten festgehalten werden können.

Ein im gesamten Unternehmen anwendbares Klassifikationsschema sollte eingerichtet werden, dem die Kritikalität und Sensitivität (zum Beispiel öffentlich, vertraulich, streng geheim) der Unternehmensdaten zugrunde liegt. Dieses Schema beinhaltet Details über Dateneigentümerschaft, die Festlegung von angemessenen Sicherheitsstufen und Schutzmechanismen und eine kurze Beschreibung der Vorgaben für die Datenaufbewahrung und -zerstörung, Kritikalität und Sensitivität. Das Schema ist Grundlage für die Anwendung von Controls wie zum Beispiel Zutrittskontrollen, Archivierung oder Verschlüsselung.

Im Rahmen eines breit angelegten Sicherheitsmanagements sollte ein Prozess entwickelt werden, um Trends von Branche/Sektor, Technologie, Infrastruktur sowie der rechtlichen und regulatorischen Rahmenbedingungen zu überwachen. Berücksichtigt werden sollten dabei die Auswirkungen dieser Trends bei der Erstellung des technologischen IT-Infrastrukturplans. Ein Framework der IT-Prozesse sollte dazu dienen, den strategischen IT-Plan umzusetzen. Dieses Framework umfasst die Struktur und Beziehung von IT-Prozessen (zum Beispiel um Lücken und Überlappungen bei den Prozessen zu managen), Eigentümerschaft, Reifegrad, Messung der Performance, Verbesserung, Compliance, Qualitätsziele und Pläne, um diese zu erreichen. Es bildet die Integration der IT-spezifischen Prozesse, der Prozesse im Unternehmensmanagement, Geschäftsprozesse und den Change-Prozessen des Unternehmens. Das Framework der IT-Prozesse sollte in ein Qualitätsmanagementsystem und ein Framework der Internal Controls integriert sein.

Gegebenenfalls sollte ein IT-Strategieausschuss auf Ebene der Unternehmensleitung etabliert werden. Dieser Ausschuss stellt sicher, dass IT-Governance, als Teil der Corporate Governance, angemessen adressiert wird. Er berät bei der strategischen Ausrichtung und beurteilt im Namen der Unternehmensleitung wesentliche Investitionen. Zudem sollte ein IT-Lenkungsausschuss oder ein äquivalentes Gremium etabliert werden, das sich aus Mitgliedern der Unternehmensleitung, Kerngeschäftsprozess- und IT-Management zusammensetzt, um

- die Prioritäten der durch IT unterstützten Programme in Abstimmung mit der Unternehmensstrategie und deren Prioritäten festzulegen,
- Status von Projekten zu verfolgen und Ressourcenkonflikte zu lösen und
- die Service-Levels und Verbesserung von Services zu monitoren.

Die Platzierung der IT-Organisationseinheit in die Gesamtorganisation sollte unter Beachtung der Bedeutung der IT für das Unternehmen, speziell deren Kritikalität für die Unternehmensstrategie und die Abhängigkeit des operativen Betriebs von der IT erfolgen. Die Stelle, an die der/die CIO berichtet, entspricht der Bedeutung der IT im Unternehmen.

Die Verantwortung für die Ausführung der Qualitätssicherungsfunktion muss angemessen platziert werden. Die Qualitätssicherungsgruppe muss mit geeignetem Qualitätssicherungssystemen, Controls und Kommunikationsexpertise ausgestattet sein. Die organisatorische Eingliederung, die Verantwortlichkeiten und Größe der Qualitätssicherungsgruppe stellt den Bedarf der Organisation sicher. Eigentümerschaft und Verantwortung für IT-bezogene Risiken im Kerngeschäft sind auf angemessen hoher Ebene zu verankern.

Rollen, die für das Management von IT-Risiken kritisch sind, inklusive spezifischer Verantwortung für Informationssicherheit, physische Sicherheit und Compliance, müssen adäquat qualifiziertem Personal zugewiesen werden. Die Verantwortlichkeit für Risiko- und Sicherheitsmanagement sollte auf unternehmensweiter Ebene verankert sein, um unternehmensweite Belange zu regeln. Weitere Verantwortlichkeiten für Sicherheitsmanagement können bei Bedarf systemspezifisch zugewiesen werden, um relevante Sicherheitsbelange zu behandeln.

Die Geschäftsführung ist dafür verantwortlich. die grundsätzliche Stoßrichtung hinsichtlich der IT-Risikobereitschaft und die Freigabe von IT-Restrisiken vorzugeben. Angemessene Verfahren zur Beaufsichtigung sind in die IT-Organisation einzubetten, um sicherzustellen, dass Rollen und Verantwortlichkeiten korrekt ausgeführt werden, um beurteilen zu können, ob das Personal ausreichende Autorität und Ressourcen zur Übernahme ihrer Rollen und Verantwortlichkeiten besitzen, und um allgemein die Key Performance Indicator überblicken zu können.

Policys und Verfahren für die Steuerung der Aktivitäten von Consultants und anderem Vertragspersonal der IT-Funktion sollen sicherstellen, dass der Schutz der Informationen und Informationssysteme der Organisation gewährleistet ist und die vertraglichen Vereinbarungen erreicht werden.

Es gilt, eine optimale Koordinations-, Kommunikations- und Verbindungsstruktur zwischen der IT-Organisation und den verschiedenen anderen Interessen innerhalb und außerhalb der IT, wie beispielsweise die Geschäftsführung, Bereichsleiter, Unternehmenseinheiten, einzelne User, Lieferanten, Security Officers, Risk Manager, die unternehmensweite Compliance Gruppe, Outsourcer und Management von ausgelagerten Einheiten zu erstellen und zu unterhalten.

Die Elemente des IT Control-Umfelds müssen so festgelegt werden, dass sie mit der Philosophie und dem Arbeitsstil des Unternehmensmanagements übereinstimmt. Diese Elemente umfassen Erwartungen/Anforderungen hinsichtlich Generierung von Wertbeiträgen aus Investitionen in IT, die Risikobereitschaft, Integrität, ethische Werte, Kompetenz des Personals, Verantwortlichkeit und Zuständigkeit. Das Control-Umfeld ründet auf einer Kultur, welche die Nutzenerbringung unterstützt und dabei das Management signifikanter Risiken unterstützt, die Zusammenarbeit über mehrere Abteilungen hinweg und Teamwork fördert, Compliance und laufende Prozessverbesserung fördert und Prozessabweichungen (inklusive Fehler) vernünftig handhabt.

Ein Framework sollte entwickelt und unterhalten werden, das den unternehmensweiten, übergeordneten Ansatz zum Risikomanagement und zu Internal Controls darstellt, um Nutzen zu generieren und gleichzeitig die Ressourcen und Systeme schützt. Das Framework sollte in das IT-Prozessmodell und das Qualitätsmanagementsystem integriert sein und den übergeordneten Unternehmenszielen entsprechen. Es sollte ausgerichtet sein auf die Maximierung der Erfolge der Nutzenerbringung unter gleichzeitiger Minimierung von Risiken für Informationswerte mittels vorbeugender Maßnahmen, rechtzeitiger Identifikation von Unregelmäßigkeiten, Begrenzung von Verlusten und der zeitnahen Wiederherstellung der Unternehmenswerte.

Richtlinien zur Unterstützung der IT-Strategie sind zu entwickeln. Diese Richtlinien sollten klare Aussagen bezüglich Absicht, Rollen und Verantwortlichen, Prozesse zur Ausnahmebehandlung, Ansatz zur Compliance und Referenzen zu Verfahren, Standards und Anleitungen umfassen. Die Richtlinien sollten die wichtigsten Themen, wie Qualität, Sicherheit, Vertraulichkeit, Internal Controls und Schutz von geistigem Eigentum behandeln. Die Relevanz der Richtlinien sollte regelmäßig bestätigt und bewilligt werden. Es muss sichergestellt werden, dass solche IT-Richtlinien an alle relevanten Mitarbeiter kommuniziert und in Kraft gesetzt werden, und dass sie zu einem integralen Bestandteil der Unternehmensabläufe werden.

Es gilt regelmäßig zu überprüfen, dass das Personal die nötige Kompetenz besitzt, um seine Aufgaben anhand seiner Bildung, Schulungen und/oder Erfahrungen durchzuführen. Anforderungen für IT-Kernkompetenzen sind daher zu definieren und es muss sichergestellt werden, dass diese, wo geeignet, durch Programme für Qualifikation und Zertifizierung unterhalten werden. Dem IT-Personal ist bei der Anstellung eine entsprechend Einweisung anzubieten. Laufende Schulungen sind nötig, um Wissen, Fähigkeiten, Begabungen und ein Bewusstsein für Internal Controls und Security auf dem Niveau zu erhalten, das notwendig ist, um die Unternehmensziele zu erreichen.

Die Gefahr kritischer Abhängigkeiten von Schlüsselpersonen ist durch Wissensaufzeichnung (knowledge capture), Teilen von Wissen, Nachfolgeplanung und Vertretung von Personal zu minimieren. Hintergrund-Checks sollten Teil des IT-Recruiting-Prozesses sein. Das Ausmaß und die Häufigkeit der Überprüfung dieser Checks sind von der Sensitivität und/oder der Kritikalität der Funktion abhängig; und sie sollten für Angestellte, Vertragspartner und Lieferanten durchgeführt werden.

Die eingesetzten Kommunikationstechniken sollten den Ressourcen- und Kenntnisbedarf und deren Auswirkungen berücksichtigen. Maßnahmen für das regelmäßige Monitoring der Compliance mit dem QMS sind zu definieren, zu planen und zu implementieren. Messung, Monitoring und Aufzeichnung der Information sollte von den Prozesseignern verwendet werden, um geeignete korrektive und präventive Maßnahmen zu treffen.

Idealerweise werden die Frameworks für IT-Governance, Risikomanagement und Controls in das unternehmensweite Modell für Risikomanagement integriert. Dies beinhaltet die Ausrichtung bezüglich des Risikoappetits des Unternehmens und des Grades der Risikotoleranz.

Der Kontext, in den das Risikobeurteilungs-Framework eingebettet wird, muss entwickelt werden, um die Angemessenheit der Ergebnisse sicherzustellen. Dies umfasst die Bestimmung der internen und externen Rahmenbedingungen für jede Risikobewertung, die Ziele der Bewertung und die Kriterien, nach denen Risiken evaluiert werden. Dazu zählt die Identifikation sämtlicher Ereignisse (Bedrohungen oder Verletzbarkeiten) mit einer potenziellen Auswirkung auf die Ziele oder den Betrieb des Unternehmens, einschließlich der folgenden Aspekte: Geschäftstätigkeit, Verordnungen, Recht, Technologie, Handelspartner, Personal und Betrieb. Die Art der Auswirkungen – positiv, negativ oder beides – müssen bestimmt und diese Informationen müssen unterhalten werden.

Die Wahrscheinlichkeit und Auswirkungen aller identifizierten Risiken sollten regelmäßig bewertet werden, unter Anwendung qualitativer und quantitativer Methoden. Die Wahrscheinlichkeit und Auswirkungen, die mit inhärenten und Restrisiken verbunden sind, sollten einzeln, pro Kategorie und auf Basis eines Portfolios bestimmt werden. Ein Risikoeigner und betroffene Prozesseigner sind zu bestimmen, Risikoantworten sind zu entwickeln und zu unterhalten, um sicherzustellen, dass kostengünstige Controls und Sicherheitsmaßnahmen die Ausgesetztheit bezüglich Risiken kontinuierlich reduzieren.

Die Risikoantwort sollte Risikostrategien wie Vermeidung, Reduktion, Teilung oder Akzeptanz identifizieren. Bei der Entwicklung der Maßnahmen sind die Kosten und der Nutzen zu berücksichtigen und Maßnahmen zu wählen, die das Restrisiko innerhalb des festgelegten Toleranzniveaus halten. Die Kontrollaktivitäten auf allen Ebenen sind zu priorisieren und zu planen, um die Risikoantworten wie festgelegt umzusetzen, einschließlich Kosten, Nutzen und Verantwortlichkeiten für die Ausführung. Die Genehmigung für die empfohlenen Aktivitäten und Freigaben für alle verbleibenden Risiken sind von den Verantwortlichen einzuholen und es gilt sicherzustellen, dass zugesagte Aktivitäten durch die betroffenen Prozesseigner verantwortet werden. Die Umsetzung der Pläne ist zu überwachen und der Geschäftsführung sind sämtliche Abweichungen zu berichten.

6.1.2 Akquisition und Implementierung

Im Rahmen der Anforderungsdefinition sind die Risiken, die mit den Geschäftsprozessen einhergehen, zu identifizieren, dokumentieren und analysieren. Risiken beinhalten Gefährdungen der Datenintegrität, Sicherheit, Verfügbarkeit, Datenschutz und die Einhaltung von Gesetzen und Verordnungen. Als Teil der Anforderungen sollten benötigte Maßnahmen für Internal Controls und Prüfspuren identifiziert werden.

Anforderungen an Sicherheit und Verfügbarkeit der Anwendung sind in Bezug auf identifizierte Risiken zu behandeln, unter Berücksichtigung der Datenklassifikation, der Informationssicherheitsarchitektur der Organisation und dem Risikoprofil. Dabei sind unter anderem Aspekte wie Zugriffsberechtigungen und Rechtemanagement, den Schutz sensitiver Informationen auf allen Ebenen, Authentisierung und Transaktionsintegrität sowie automatische Wiederherstellung zu berücksichtigen.

Das erforderliche Wissen ist an das Fachbereichsmanagement zu transferieren, um ihm zu ermöglichen, die Eigentümerschaft über die Anwendung und Daten zu übernehmen und die Verantwortung für die Leistungserbringung und -qualität, Internal Control und Administrationsprozesse der Anwendung zu übernehmen. Der Wissenstransfer soll Freigaben für den Zugriff, Rechteverwaltung, Funktionstrennung, automatisierte Geschäftskontrollen, Back-up und Recovery, physische Sicherheit und Archivierung von Urbelegen umfassen. An Endbenutzer sind das erforderliche Wissen und die Fertigkeiten zu transferieren, um ihnen die wirksame und wirtschaftliche Verwendung der Anwendung zur Unterstützung der Geschäftsprozesse zu ermöglichen. Der Wissenstransfer sollte die Entwicklung eines Trainingsplans für erstmalige und laufende Schulungen und die Entwicklung der Fertigkeiten, Schulungsmaterialien, Benutzerhandbücher, Verfahrenshandbücher, Online-Hilfe, Unterstützung durch den Service Desk, Identifikation von Key-Usern und Evaluation umfassen.

An den Betrieb und den technischen Supportmitarbeiter ist das Wissen zu transferieren, um ihnen die wirksame und wirtschaftliche Bereitstellung, Unterstützung und Wartung der Anwendung und der korrespondierenden Infrastruktur zu ermöglichen, die den erforderlichen Service-Levels entspricht. Der Wissenstransfer soll die Entwicklung eines Trainingsplans für erstmalige und laufende Schulungen und die Entwicklung der Fertigkeiten, Schulungsmaterialien, Betriebshandbücher, Verfahrenshandbücher sowie Szenarien für den Service Desk umfassen.

6.1.3 Delivery & Support

Alle Leistungen von Lieferanten sind, entsprechend Lieferantentyp, Bedeutung und Kritikalität, zu katalogisieren und zu kategorisieren. Eine formelle Dokumentation technischer und organisatorischer Beziehungen mit Rollen und Verantwortlichkeiten, Zielen, erwarteten Leistungen und Empfehlungsschreiben von Beauftragten dieser Lieferanten ist zu unterhalten.

Risiken bezüglich der Fähigkeit des Lieferanten, weiterhin wirksam Leistungen in einer sicheren und wirtschaftlichen Weise auf einer konstanten Basis zu erbringen, müssen identifiziert und angegangen werden. Verträge sich nach den allgemeingültigen Unternehmensstandards zu richten und sollten in Übereinstimmung stehen mit rechtlichen und regulativen Anforderungen. Das Risikomanagement sollte auch Geheimhaltungsvereinbarungen (Non-disclosure agreements (NDAs)), Hinterlegungsverträge, andauernde Überlebensfähigkeit des Anbieters, Konformität mit Sicherheitserfordernissen, alternative Lieferanten, Konventionalstrafen und Boni berücksichtigen.

Ein Prozess ist zu etablieren, um die Leistungserbringung zu überwachen, um sicherzustellen, dass der Lieferant die bestehenden Unternehmenserfordernisse erfüllt und weiterhin das Vertragswerk und die Service Level Agreements einhält und dass die Leistungen konkurrenzfähig mit alternativen Anbietern und den Marktverhältnissen sind.

Die Performance und Kapazität von IT-Ressourcen ist laufend zu monitoren. Die gesammelten Daten dienen folgenden Zwecken:

- Die derzeitige Performance innerhalb der IT aufrecht zu erhalten und zu tunen, wobei Ausfallsicherheit, Zwischenfälle, derzeitige und künftige Auslastung, Speicherpläne und Beschaffung von Ressourcen behandelt werden.
- Über Verfügbarkeit der erbrachten Services an die Geschäftsbereiche zu berichten, wie dies in SLAs festgehalten ist. Mit allen Ausnahmeberichten werden entsprechende Empfehlungen für korrektive Handlungen abgegeben.

IT-Sicherheit sollte auf der höchstmöglichen organisatorischen Ebene angesiedelt werden, so dass das Management von sicherheitsrelevanten Aktivitäten in Einklang steht mit den Unternehmensanforderungen.

Ein umfassender IT-Security-Plan führt den Informationsbedarf des Unternehmens, die IT-Konfiguration, Maßnahmenpläne für informationsbezogene Risiken und die Kultur der Informationssicherheit zusammen. Der Plan ist in Sicherheitsrichtlinien und -verfahren zu implementieren, zusammen mit angemessenen Investitionen in Services, Personal, Software und Hardware. Sicherheitsrichtlinien und -verfahren werden an Stakeholder und Benutzer kommuniziert.

Alle (internen, externen, temporären) Benutzer und ihre Aktivitäten auf IT-Systemen (Geschäftsanwendungen, Systembetrieb, Entwicklung und Wartung) sollten eindeutig identifizierbar sein. Benutzerberechtigungen für die Systeme und Daten sollten mit festgelegten und dokumentierten Geschäftsbedürfnissen und Arbeitsplatzanforderungen übereinstimmen. Benutzerberechtigungen werden durch das Management des Fachbereichs angefordert, durch die Systemeigner bewilligt und durch die sicherheitsverantwortliche Person implementiert.

Benutzerkennungen und Zugriffsberechtigungen werden in einer zentralen Datenbank geführt. Kostengünstige technische und organisatorische Maßnahmen werden eingesetzt und aktuell gehalten, um die Benutzeridentifikation zu ermitteln, die Authentisierung einzurichten und Zugriffsrechte durchzusetzen.

Es gilt sicherzustellen, dass Antrag, Einrichtung, Ausstellung, Aufhebung, Änderung und Schließung von Benutzerkonten und zugehörige Benutzerberechtigungen durch die Benutzerkontenverwaltung behandelt werden. Ein Freigabeverfahren sollte darin enthalten sein, das den Daten- oder Systemeigner behandelt, der die Zugriffsberechtigungen bewilligt. Diese Verfahren sollten für sämtliche Benutzer, einschließlich Administratoren (privilegierte Benutzer), interne und externe Benutzer, für normale und für Notfall-Changes Gültigkeit haben.

Rechte und Pflichten in Zusammenhang mit dem Zugriff auf Unternehmenssysteme und -informationen sollten vertraglich für alle Arten von Benutzer festgelegt werden. Regelmäßige Management-Reviews aller Benutzerkonten und entsprechenden Berechtigungen sind durchzuführen. Die Umsetzungen der IT-Sicherheit muss getestet und proaktiv überwacht werden. Die IT-Sicherheit sollte periodisch neu zertifiziert werden, um sicherzustellen, dass der genehmigte Sicherheitsgrad beibehalten wird.

Eine Protokollierungs- und Monitoringfunktion ermöglicht die frühzeitige Erkennung von ungewöhnlichen oder abnormalen Aktivitäten, die eventuell behandelt werden müssen. Der Zugriff zur Protokollierungnformation steht bezüglich Zugriffsrechten und Aufbewahrungsvorschriften in Einklang mit den Geschäftsanforderungen.

Die Charakteristika von möglichen Security Incidents sollten klar definiert und kommuniziert werden, so dass Sicherheitsvorfälle korrekt durch den Incident oder Problem-Management-Prozess behandelt werden können. Die Charakteristika umfassen eine Beschreibung dessen, was als Security Incident verstanden wird und dem Grad der Auswirkungen. Eine begrenzte Anzahl von Auswirkungsniveaus sind definiert und für alle sind die spezifisch erforderlichen Aktivitäten und die zu benachrichtigenden Personen identifiziert.

Wichtige Sicherheitstechnologie ist gegen Sabotage abgesichert. Sicherheitsdokumentation wird nicht unnötigerweise veröffentlicht. Die Sicherheit von Systemen wird jedoch auch nicht von der Geheimhaltung der Sicherheitsspezifikationen abhängig gemacht. Richtlinien und Verfahren sind zu etablieren für die Erzeugung, Änderung, Widerrufung, Zerstörung, Verteilung, Zertifizierung, Speicherung, Eingabe, Verwendung und Archivierung von kryptographischen Schlüsseln, um den Schutz der Schlüssel gegen Veränderung und unberechtigte Aufdeckung sicherzustellen.

Den Unternehmenserfordernissen entsprechende Maßnahmen zur physischen Sicherheit sind zu definieren und zu implementieren. Maßnahmen sollten unter anderem Layout und Perimeter des Sicherheitsbereichs, Sicherheitszonen, Standort kritischer Ausrüstung sowie Versand- und Anlieferungszonen umfassen. Insbesondere ein unauffälliges Profil bezüglich der Präsenz des kritischen IT-Betriebs zählt dazu. Verantwortlichkeiten für die Überwachung und Verfahren für Berichterstattung und Lösung von Incidents der physischen Sicherheit müssen aufgestellt werden.

Verfahren für die dem Unternehmensbedarf inklusive Notfällen entsprechende Erteilung, Einschränkung und Zurücknahme von Zutritt zu Gelände, Gebäuden und Arbeitsbereichen sind zu entwickeln. Der Zugang zu Gelände, Gebäuden und Arbeitsbereichen sollte begründet, genehmigt, protokolliert und überwacht werden. Dies gilt für alle Personen, die das Gelände betreten, inklusive Personal, temporäres Personal, Kunden, Lieferanten, Besucher oder andere Drittparteien.

Geeignete physische Absicherungen, Verrechnungs- und Inventurpraktiken für sensitive IT-Anlagen sind zu entwickeln, wie zum Beispiel Spezialformulare, verwertbare Einrichtungen, Spezialdrucker oder Security-Token.

6.1.4 Monitoring

Das IT Control-Umfeld und das Control Framework müssen ständig beobachtet werden. Eine Bewertung unter Anwendung von Best Practices der Industrie und Benchmarks sollte verwendet werden, um die IT-Control-Umgebung und das Control Framework zu verbessern. Die Wirksamkeit der Internal Controls über die IT sollten durch einen übergeordneten Review bestimmt und berichtet werden – unter Einbezug von zum Beispiel Einhaltung von Richtlinien und Normen, Informationssicherheit, Steuerung von Changes und in Service Level Agreements aufgeführte Controls.

Informationen für alle Ausnahmen von Controls sind zu dokumentieren. Es ist sicherzustellen, dass diese Dokumentationen für die Analyse der grundlegenden Ursachen und für Verbesserungsmaßnahmen verwendet werden. Das Management sollte entscheiden, welche Ausnahmen an die funktional verantwortliche Person kommuniziert werden und welche Ausnahmen eskaliert werden sollten. Das Management ist auch für die Information der betroffenen Parteien verantwortlich.

Durch ein ständiges Programm zur Selbsteinschätzung sollte die Vollständigkeit und Wirksamkeit der Internal Control des Managements über die IT-Prozesse, -Richtlinien und -Verträge evaluiert werden. Wo notwendig, sollten weitere Bestätigungen für die Vollständigkeit und Wirksamkeit der Internal Controls durch Reviews von Dritten eingeholt werden. Solche Reviews können durch die Compliance-Funktion des Unternehmens oder – auf Anfrage des Managements – durch Internal Audit oder durch extern beauftragte Prüfer, Berater oder Zertifizierungsstellen durchgeführt werden. Die Qualifikation der Personen, die diese Audits durchführen, muss sichergestellt sein, zum Beispiel durch Zertifizierung als Certified Information Systems Auditor™ (CISA®).

Der Status der Internal Controls von sämtlichen externen Dienstleistern ist ebenfalls zu bewerten. Externe Dienstleister müssen ebenfalls alle relevanten rechtlichen und regulatorischen Anforderungen sowie vertragliche Verpflichtungen einhalten. Diese Prüfung kann durch einen Audit durch Dritte erfolgen oder durch ein Review der internen Audit-Funktion des Managements und den Ergebnissen der Prüfungen. Auf Basis von Berichten und Beurteilungen von Controls sind Verbesserungsmaßnahmen zu identifizieren und zu initiieren. Dies umfasst eine Nachbearbeitung aller Beurteilungen und Berichte durch

- Review, Verhandlung und Umsetzung von Reaktionen des Managements,
- Zuweisung von Verantwortung für die Verbesserung (kann auch die Risikoakzeptanz umfassen) sowie
- Verfolgung der Ergebnisse der vereinbarten Aktivitäten.

Ein Prozess ist zu definieren und zu implementieren, um die zeitnahe Identifikation von lokalen und internationalen, durch Recht, Verträge, Richtlinien oder Regulative begründeten Anforderungen an Informationen, Informationserbringung (inklusive der Leistungen von Dritten) und die IT-Organisation, Prozesse und Infrastruktur sicherzustellen.

Gesetze und Vorschriften des elektronischen Handelns, Datenflusses, Datenschutzes, Internal Controls, der Finanzberichterstattung, industriespezifische Vorschriften, geistiges Eigentum und Urheberrecht sowie Gesundheit und Arbeitnehmersicherheit (engl.: safety) sind zu beachten.

IT-Richtlinien, -Standards und -Verfahren sind regelmäßig zu reviewen und zu optimieren, um sicherzustellen, dass rechtliche und regulatorische Anforderungen in wirtschaftlicher Weise abgedeckt sind. Die Evaluierung erfolgt in wirtschaftlicher Weise – basierend auf der Governance-Übersicht und des Betriebs der Internal Controls des Unternehmens- und IT-Managements – in Bezug auf die Einhaltung von IT-Richtlinien, Standards und Verfahren, inklusive rechtlicher und regulativer Anforderungen.

Um eine positive Bestätigung der Compliance zu erhalten und darüber zu berichten, sind geeignete Verfahren zu implementieren und, wo notwendig, Verbesserungsmaßnahmen durch die verantwortlichen Prozesseigner zur Behandlung von Compliance-Lücken einzuleiten. Die IT-Berichterstattung über den Fortschritt der Compliance und deren Status ist mit ähnlichen Ergebnissen anderer Unternehmensfunktionen abzugleichen. Die IT-Berichterstattung bezüglich regulativer Anforderungen sollte mit ähnlichen Ergebnissen anderer Unternehmensfunktionen integriert werden. Es ist die Aufgabe der Geschäftsführung, die Risikobereitschaft des Unternehmens für IT-Risiken festzulegen. Diese IT-Risikobereitschaft wird im Unternehmen kommuniziert und ein Plan zum IT-Risikomanagement vereinbart.

Die Verantwortlichkeiten für das Risikomanagement muss in die Organisation eingebettet sein, um sicherzustellen, dass das Unternehmen und die IT regelmäßig die IT-bezogenen Risiken und deren Auswirkungen auf das Geschäft beurteilt und darüber berichtet. Das IT-Management muss drohende Risiko-Gefährdungen behandeln und eine besondere Aufmerksamkeit auf das Versagen von IT-Controls und Schwachstellen in Internal Controls und die Beaufsichtigung legen, sowie auf deren tatsächliche und potenzielle Auswirkungen auf die Geschäftstätigkeit. Die Haltung des Unternehmens bezüglich IT-Risiken sollte für alle Stakeholder transparent sein. Es ist sicherzustellen, dass die Organisation eine kompetente und personell angemessen ausgestattete Funktion etabliert und betreibt und/oder sich externer Prüfungsleistungen bedient, um dem Aufsichtsrat – wahrscheinlich über ein Audit-Committee – eine zeitgerechte, unabhängige Bestätigung der Compliance der IT mit ihren Richtlinien, Standards und Verfahren sowie mit allgemein anerkannten Praktiken zu liefern.

6.2 Vorschlag für eine Richtlinie zum Sicherheitsmanagement

Im Folgenden haben wir einen Vorschlag zusammengestellt, welche Regelungen in einer Richtlinie zum Sicherheitsmanagement enthalten sein sollten. Dieser Vorschlag muss selbstverständlich auf Ihr Unternehmen zugeschnitten werden. Diese Richtlinie verweist für viele Regelungsinhalte auf andere Dokumente der im Kap. 3 ‚Aufbau des Buches' vorgestellten Dokumenthierarchie. Diese Verweise sind entsprechend anzupassen, wenn sie die Inhalte gemäß den Bedürfnissen Ihres Unternehmens neu zugeschnitten haben.

Der folgende Vorschlag versteht sich insofern nur als eine Anregung und soll inhaltliche Orientierung geben sowie ein Verständnis für die erforderliche Regelungstiefe schaffen.

Dieser exemplarische Vorschlag für eine Richtlinie zum Sicherheitsmanagement engt die breit angelegte Risikobetrachtung, wie sie das COBIT-Framework fordert, auf eine IT-fokussierte Schutzbedarfsbetrachtung ein. Sie stellt damit eine Art Minimalanforderung dar, die idealerweise in ein breiteres, unternehmensweites, von der Businessseite getriebenes Risikomanagement eingebunden sein sollte.

6.2.1 Vorbemerkung und Einführung

Dieses Dokument beschreibt das IT-Sicherheitsmanagement des Unternehmens. Das Unternehmen betreibt IT-Infrastruktur und damit die Verfahren für eigene Zwecke und externe Kunden. Das Unternehmen betreibt Datenverarbeitung im Auftrag ihrer Kunden und ist verantwortlich für die Aufrechterhaltung der Verfügbarkeit, Vertraulichkeit und Integrität der IT-Infrastruktur.

Das Management des Unternehmens trägt die Verantwortung für die IT-Sicherheit und formuliert in diesem Dokument die Sicherheitsziele, das Sicherheitskonzept und das Vorgehen für ein strukturiertes IT-Sicherheitsmanagement.

Das IT-Sicherheitsmanagement des Unternehmens orientiert sich an den Anforderungen des IT-Grundschutzes des Bundesamtes für Sicherheit in der Informationsverarbeitung (BSI). Des Weiteren werden Anforderungen aus dem Sarbanes Oxley Act (SOXA) erfüllt.

Das Dokument behandelt folgende Aspekte des IT-Sicherheitsmanagements:

- Rollen und Verantwortlichkeiten im Sicherheitsmanagementprozess, dabei vor allem die Gesamtverantwortung für IT-Sicherheit durch die Leitungsebene des Unternehmens,
- die Festlegung der IT-Sicherheitsziele des Unternehmens,
- den Aufbau einer geeigneten Organisationsstruktur für IT-Sicherheit,
- die Integration der IT-Sicherheit in organisationsweite Abläufe und Prozesse des Unternehmens,
- das IT-Sicherheitskonzept für das Unternehmen,
- die Integration der Mitarbeiter in den Sicherheitsprozess des Unternehmens,
- die Definitionen des Schutzbedarfs und das Vorgehen bei der Schutzbedarfsfeststellung für IT-Systeme, IT-Anwendungen, Räume und Kommunikationskomponenten,
- detaillierte Regelungen zum Ablauf bei Sicherheitsvorfällen bzw. zur Definition von Sicherheitsvorfällen,
- Verhaltensregeln und Meldewege sowie die Eskalationsstrategie für Sicherheitsvorfälle.

6.2.2 Rollen und Verantwortlichkeiten

Das angestrebte IT-Sicherheitsniveau kann nur erreicht werden, wenn der IT-Sicherheitsmanagement-Prozess unternehmensweit umgesetzt wird. Dieser übergreifende Charakter des IT-Sicherheitsmanagement-Prozesses macht es notwendig, Rollen innerhalb des Unternehmens festzulegen und den Rollen die entsprechenden Aufgaben zuzuordnen. Diese Rollen müssen dann qualifizierten Mitarbeitern übertragen und von diesen ausgeführt werden. Nur so kann gewährleistet werden, dass alle wichtigen Aspekte berücksichtigt und sämtliche anfallenden Aufgaben effizient und effektiv erledigt werden.

Die zentrale Verantwortung für die ordnungsgemäße und sichere Aufgabenerfüllung (und damit für die IT-Sicherheit) wird von einem Vertreter aus dem Vorstand übernommen.

Die Förderung und die Koordinierung des IT-Sicherheitsmanagement-Prozesses wird von einer Person übernommen, die als IT-Sicherheitsbeauftragter innerhalb des Unternehmens benannt wird.

Jeder Mitarbeiter ist gleichermaßen für seine originäre Aufgabe wie für die Aufrechterhaltung der IT-Sicherheit an seinem Arbeitsplatz und in seiner Umgebung verantwortlich.

6.2.2.1 Verantwortlichkeiten des Managements

Die Aufgaben und Pflichten der Leitungsebene bezüglich IT-Sicherheit lassen sich in folgenden Punkten zusammenfassen:

Übernahme der Gesamtverantwortung für IT-Sicherheit

Die oberste Managementebene des Unternehmens ist verantwortlich für das zielgerichtete und ordnungsgemäße Funktionieren der Institution und damit auch für die Gewährleistung der IT-Sicherheit nach innen und außen. Die Leitungsebene, aber auch jede einzelne Führungskraft, muss sich sichtbar zu ihrer Verantwortung bekennen und die Bedeutung der IT-Sicherheit allen Mitarbeitern deutlich machen.

IT-Sicherheit integrieren

IT-Sicherheit muss in alle Prozesse und Projekte des Unternehmens integriert werden, bei denen Informationen verarbeitet und IT genutzt werden. Das heißt beispielsweise, dass Sicherheitsanforderungen nicht nur bei der Beschaffung von IT, sondern auch beim Design von Geschäftsprozessen mit zu berücksichtigen sind, ebenso wie bei der Ausbildung von Mitarbeitern.

IT-Sicherheit steuern und aufrecht erhalten

Die Leitungsebene muss aktiv den IT-Sicherheitsprozess initiieren, steuern und überwachen. Dazu gehören zum Beispiel folgende Aufgaben:

6.2 Vorschlag für eine Richtlinie zum Sicherheitsmanagement

- IT-Sicherheitsziele müssen verabschiedet werden.
- Die Auswirkungen von IT-Sicherheitsrisiken auf die Geschäftstätigkeit bzw. Aufgabenerfüllung müssen untersucht werden.
- Es müssen die organisatorischen Rahmenbedingungen für IT-Sicherheit geschaffen werden.
- Für IT-Betrieb und IT-Sicherheit müssen ausreichende Ressourcen bereitgestellt werden.
- Die IT-Sicherheitsstrategie muss regelmäßig überprüft und die Zielerreichung überwacht werden. Erkannte Schwachpunkte und Fehler müssen korrigiert werden. Dazu muss ein „innovationsfreudiges" Arbeitsklima geschaffen und der Willen zur ständigen Verbesserung innerhalb der Institution demonstriert werden.
- Mitarbeiter müssen für Sicherheitsbelange motiviert werden und IT-Sicherheit als wichtigen Aspekt ihrer Aufgaben betrachten. Hierfür sind unter anderem ausreichende Schulungs- und Sensibilisierungsmaßnahmen anzubieten.

Erreichbare Sicherheitsziele setzen
Die IT-Sicherheitsziele müssen mit den zur Verfügung stehenden Ressourcen in Einklang stehen.

IT-Sicherheitskosten gegen Nutzen abwägen
Es ist in Maßnahmen zu investieren, die besonders effektiv sind oder gegen besonders hohe Risiken schützen. Es ist daher unerlässlich, die Abhängigkeit der Geschäftsprozesse und Aufgaben von der Informationsverarbeitung zu kennen, um angemessene IT-Sicherheitsmaßnahmen auswählen zu können.

Vorbildfunktion
Die Leitungsebene muss auch im Bereich IT-Sicherheit eine Vorbildfunktion übernehmen. Dazu gehört unter anderem, dass auch die Leitungsebene alle vorgegebenen Sicherheitsregeln beachtet und selbst an Schulungsveranstaltungen teilnimmt.

6.2.2.2 Verantwortlichkeiten des IT-Sicherheitsbeauftragten

Der IT-Sicherheitsbeauftragte ist zuständig für die Wahrnehmung aller Belange der IT-Sicherheit innerhalb des Unternehmens. Die Hauptaufgabe des IT-Sicherheitsbeauftragten besteht darin, die Unternehmensleitung bei der Wahrnehmung von deren Aufgaben bezüglich der IT-Sicherheit zu beraten und bei deren Umsetzung zu unterstützen. Seine Aufgaben umfassen unter anderem

- den IT-Sicherheitsmanagement-Prozess zu steuern und bei allen damit zusammenhängenden Aufgaben mitzuwirken,
- die Erstellung des IT-Sicherheitskonzepts, des Notfallvorsorgekonzepts und anderer Teilkonzepte und System-Sicherheitsrichtlinien zu koordinieren sowie weitere Richtlinien und Regelungen zur IT-Sicherheit zu erlassen,

- die Realisierung für IT-Sicherheitsmaßnahmen zu initiieren und zu überprüfen,
- der Leitungsebene über den Status Quo der IT-Sicherheit zu berichten,
- sicherheitsrelevante Projekte zu koordinieren,
- die Untersuchung von IT-Sicherheitsvorfällen und
- Initiierung und Koordination von Sensibilisierungs- und Schulungsmaßnahmen.

Der IT-Sicherheitsbeauftragte ist außerdem bei allen neuen Projekten mit IT-Bezug sowie der Einführung neuer IT-Anwendungen und IT-Systeme zu beteiligen, um die Beachtung von IT-Sicherheitsaspekten in den verschiedenen Projektphasen zu gewährleisten.

6.2.3 Änderungsmanagement

6.2.3.1 Abstimmung von Änderungsanforderungen

In den Abstimmungsprozess, um eine Hard- oder Softwareänderung durchzuführen, sind außer dem Change Advisory Board (CAB) weitere Zielgruppen einzubeziehen. Typischerweise sollten der Antragsteller einer Hard- oder Softwareänderung, der IT-Helpdesk und der von den Auswirkungen der Änderung betroffene Endbenutzer bzw. ein Vertreter des Fachbereiches einbezogen werden.

Den Geschäftsprozess-Verantwortlichen muss das Antragsverfahren für Hard- oder Softwareänderungen bekannt sein, sowie welchen Prozess der Antrag durchläuft und welche Informationen im Verlauf des Antragsverfahrens bereit gestellt werden.

Dies entspricht der Maßnahme M 2.427 des BSI Grundschutzkataloges.

6.2.3.2 Konzeption und Organisation des Anforderungsmanagements

Ein Anforderungsmanager (oder auch: Compliance Manager) ist zu benennen.

Die Aufgabe kann beispielsweise vom Sicherheitsmanagement, der Revision, dem Controlling oder dem Justiziariat mit übernommen werden.

Zu den Aufgaben eines Anforderungsmanagers (für die von ihm betreuten Bereiche) gehören:

- Alle für die wesentlichen Geschäftsprozesse und Informationen sowie für den Betrieb von IT-Systemen und der zugehörigen physischen Infrastruktur zu beachtenden gesetzlichen, vertraglichen und sonstigen Vorgaben müssen identifiziert und dokumentiert werden.
- Die Anforderungen sind strukturiert zu erfassen und aus den verschiedenen Bereichen zusammenzuführen und zu konsolidieren.
- Um die einzelnen identifizierten Anforderungen zu erfüllen und angemessene Maßnahmen umzusetzen, müssen Verantwortliche benannt werden. Der Anforderungsmanager hat regelmäßig zu überprüfen, ob die ergriffenen Maßnahmen geeignet sind, um die Anforderungen abzudecken.

- Häufig müssen Anforderungen auch zunächst interpretiert und auf die Gegebenheiten des Unternehmens übersetzt werden, da die meisten Gesetze und Vorgaben eher Ziele und Erwartungen formulieren, nicht aber wie deren Umsetzung konkret auszugestalten ist.

Dies entspricht der Maßnahme M 2.439 des BSI Grundschutzkataloges.

6.2.4 Notfallmanagement

6.2.4.1 Qualifizieren und Bewerten von Sicherheitsvorfällen

Die Klassifizierungsstruktur von Sicherheitsvorfällen ist regelmäßig auf ihre Wirksamkeit und Angemessenheit zu überprüfen. Ein einheitliches Klassifizierungsverfahren für alle Arten von Störungen und Sicherheitsvorfälle ist zu definieren und einzuhalten. Sicherheitsmanagement und Incident-Management (also Störungs- und Fehlerbehebung) haben dieses abzustimmen.

Die finale Klassifizierung kann sich von der gemeldeten Klassifizierung unterscheiden. Falls sich die Tragweite eines Sicherheitsvorfalls durch zusätzlich betroffene Systeme ausdehnt, kann dies zu einer Neuklassifizierung führen.

Dies entspricht der Maßnahme M 6.131 des BSI Grundschutzkataloges.

6.2.4.2 Dokumentation von Sicherheitsvorfällen

Während der Behebung eines Sicherheitsproblems sind alle durchgeführten Aktionen möglichst detailliert, idealerweise standardisiert zu dokumentieren.

Diese beinhaltet nicht nur eine Beschreibung der durchgeführten Aktionen inklusive der Zeitpunkte unter Nennung der handelnden Personen, sondern auch die Protokolldateien der betroffenen IT-Systeme.

Die Vertraulichkeit von Dokumenten zu Sicherheitsvorfällen muss angemessen geschützt werden.

Das Incident-Management pflegt die benötigten Informationen vor dem Abschluss der Störung in die jeweiligen Dokumentationssysteme ein. Dafür sind Qualitätssicherungsanforderungen im Vorfeld mit dem Sicherheitsmanagement zu definieren.

Dies entspricht der Maßnahme M 6.134 des BSI Grundschutzkataloges.

6.2.4.3 Treuhänderische Hinterlegung (Escrow)

Der Anwender eines Produktes sichert mit Escrow die kontinuierliche Fortführung eines oder mehrerer geschäftskritischer Prozesse. Hierzu erhält er das Recht, unter definierten Bedingungen auf das hinterlegte Material zuzugreifen und dieses zur Pflege des Produktes zu nutzen, zum Beispiel wenn der Lieferant die im Vertrag festgelegten Leistungen gegenüber dem Anwender nicht erbringt. Auf der anderen Seite schützt der Lieferant seine Wettbewerbsvorteile und seine Betriebsgeheimnisse, so lange wie er seinen Verpflichtungen nachkommt. Die Escrow-Agentur prüft und verwahrt das Material für beide Parteien.

Anwender und Lieferant schließen mit der Escrow-Agentur einen Vertrag.

Die technischen Aspekte der Hinterlegung müssen geregelt werden. Die Verwendbarkeit des Materials nach der Herausgabe ist bereits bei der Zulieferung geeignet zu prüfen. Geeignete Update-Zyklen für das Material sind festzulegen.

Dies entspricht der Maßnahme M 6.137 des BSI Grundschutzkataloges.

6.2.5 IT-Sicherheitsziele des Unternehmens

Diese Richtlinie definiert IT-Sicherheitsziele. Das Management ist verantwortlich für die regelmäßige Überprüfung und gegebenenfalls Anpassung seiner IT-Sicherheitsziele. Das IT-Sicherheitsmanagement leitet aus diesen Zielen das IT-Sicherheitskonzept ab.

Grundwerte des IT-Sicherheitsmanagements sind Vertraulichkeit, Integrität und Verfügbarkeit von schutzrelevanten Daten.

6.2.5.1 Schutz von IT-Anwendungen, Systemen, Räumen und Kommunikation entsprechend dem jeweiligen Schutzbedarf

Das Unternehmen betreibt IT-Infrastruktur und damit die Verfahren für eigene Zwecke und externe Kunden. Das Unternehmen betreibt Datenverarbeitung im Auftrag ihrer Kunden. Dabei soll maximale logische und physikalische Sicherheit gewährleistet sein, um die Geschäftstätigkeit des Unternehmens und seiner Kunden optimal zu unterstützen. Der Schutzbedarf für die einzelnen IT-Anwendungen, Systeme, Räume und Kommunikation ist festzustellen. Abgeleitet aus dieser Schutzbedarfsfeststellung müssen der tatsächliche Status der IT-Sicherheit und eventuelle Defizite analysiert werden. Geeignete Maßnahmen sind zur Wiederherstellung des Schutzes entsprechend dem jeweiligen Schutzbedarf zu ergreifen.

6.2.5.2 Schutzbedarfsfeststellung für Vertraulichkeit, Integrität und Verfügbarkeit von schutzrelevanten Daten

Zweck der Schutzbedarfsfeststellung ist es, zu ermitteln, welcher Schutz für die Geschäftsprozesse, die dabei verarbeiteten Informationen und die eingesetzte Informationstechnik ausreichend und angemessen ist. Hierzu werden für jede Anwendung und die verarbeiteten Informationen die zu erwartenden Schäden betrachtet, die bei einer Beeinträchtigung von Vertraulichkeit, Integrität oder Verfügbarkeit entstehen können. Wichtig ist dabei auch, die möglichen Folgeschäden realistisch einzuschätzen. Bewährt hat sich eine Einteilung in die drei Schutzbedarfskategorien „normal", „hoch" und „sehr hoch".

6.2.5.3 Aufrechterhaltung der IT-Sicherheit und kontinuierliche Verbesserung

Die Schaffung von IT-Sicherheit ist kein zeitlich begrenztes Projekt, sondern ein kontinuierlicher Prozess. Die Angemessenheit und Wirksamkeit aller Elemente des IT-Sicherheitsmanagements muss ständig überprüft werden. Das bedeutet, dass nicht nur einzelne

6.2 Vorschlag für eine Richtlinie zum Sicherheitsmanagement

IT-Sicherheitsmaßnahmen überprüft werden müssen, sondern auch die IT-Sicherheitsziele regelmäßig überdacht werden müssen.

Die Umsetzung der IT-Sicherheitsmaßnahmen muss in regelmäßigen Abständen mit Hilfe von internen Kontrollen ausgewertet werden. Diese dienen auch dazu, die Erfahrungen aus der täglichen Praxis zusammenzutragen und auszuwerten. Neben Kontrollen ist die Durchführung von Übungen und Sensibilisierungsmaßnahmen notwendig, da nur so festgestellt werden kann, ob alle vorgesehenen Abläufe und das Verhalten in Notfallsituationen tatsächlich funktionieren.

Schärfung des SicherheitsbewusstseinIn allen Phasen des Sicherheitsmanagement-Prozesses ist Kommunikation ein wesentlicher Eckpfeiler, um die gesteckten IT-Sicherheitsziele zu erreichen. Missverständnisse und Wissensmängel sind mit geeigneten Maßnahmen zu reduzieren. Folgendes ist zu berücksichtigen:

- Formale Anforderungen an Dokumentationen:
  Dokumentationen müssen nicht zwingend in Papierform vorliegen. Das Dokumentationsmedium sollte je nach Bedarf gewählt werden.
  Sicherheitsrelevante Dokumentationen können schutzbedürftige Informationen enthalten und müssen daher angemessen geschützt werden. Neben dem Schutzbedarf müssen die Aufbewahrungsart und -dauer sowie Vernichtungsoptionen festgelegt werden. In den Prozessbeschreibungen muss beschrieben sein, ob und wie Dokumentationen auszuwerten sind.
- Nutzung verfügbarer Informationsquellen und Erfahrungen:
  IT-Sicherheit ist ein komplexes Thema, so dass die hierfür Verantwortlichen sich sorgfältig einarbeiten müssen. Es gibt eine Vielzahl verfügbarer Informationsquellen, die dazu genutzt werden können. Hierzu gehören unter anderem bestehende Normen und Standards, Internet-Veröffentlichungen und sonstige Publikationen. Außerdem sollte die Kooperation mit Verbänden, Partnern, Gremien, anderen Unternehmen oder Behörden sowie CERTs zum Erfahrungsaustausch über erfolgreiche IT-Sicherheitsaktionen genutzt werden. Da das Thema IT-Sicherheit sehr umfangreich ist, ist es wichtig, die für die jeweilige Institution und Rahmenbedingungen passenden Informationsquellen und Kooperationspartner zu identifizieren und natürlich zu dokumentieren.

6.2.6 IT-Sicherheitskonzept des Unternehmens

Zur Erreichung der gesteckten IT-Sicherheitsziele und der Grundsicherheit hat das Management ein Richtlinienpaket erstellt, das im Organisationshandbuch des Unternehmens kommuniziert wird. Dieses Paket beinhaltet die in Tab. 6.1 dargestellten Dokumente.

Die Inhalte dieser Richtlinien werden im Organisationshandbuch kommuniziert und umgesetzt. Die Umsetzung wird durch das IT-Sicherheitsmanagement koordiniert und der Status der Umsetzung wird regelmäßig überprüft. Dabei findet der IT-Sicherheitsmanagement-Prozess Anwendung, um die Grundwerte der IT-Sicherheit

Tab. 6.1 Richtlinienpaket

Dokument	Inhalte
IT-Sicherheitspolicy	strukturiert nach BSI Grundschutzhandbuch. Beschreibt übergeordnete Richtlinien zu Infrastruktur, IT-Systeme, Netze und IT-Anwendungen
Richtlinie für sicheren IT-Betrieb	beschreibt Best Practices für den operativen, sicheren IT-Betrieb, wie zum Beispiel sicherheitsrelevante Maßnahmen zum Betrieb von Infrastruktur
Continuity-Handbuch	beschreibt Notfall-Definition, Maßnahmen in Notfallsituationen
Sicherheitsrichtlinie für IT-Systeme	beschreibt systemspezifische Sicherheitsrichtlinien und detaillierte Richtlinien für den Einsatz von Hard- und Software
Service-Management-Richtlinie	beschreibt SOX-relevante Prozesse und Kontrollen im IT-Infrastrukturmanagement und der Applikationsentwicklung, wie zum Beispiel Change und Release-Management

- Vertraulichkeit,
- Integrität und
- Verfügbarkeit

bestmöglich zu unterstützen.

Die implementierten Maßnahmen, die die Vertraulichkeit, Integrität und Verfügbarkeit von Informationen, Anwendungen und IT-Systemen gewährleisten, sind regelmäßig zu überprüfen und gegebenenfalls anzupassen.

Zur Sicherstellung der Vertraulichkeit sind unter anderem Zutrittsregelungen, Zugangsregelungen, Sicherheitsrichtlinien, Datenschutzberichte, Regelungen zur Passwortvergabe und Verschlüsselungvon Daten zu dokumentieren, zu kommunizieren und zu implementieren.

Zur Sicherstellung der Integrität sind unter anderem ebenfalls Sicherheitsrichtlinien zu erstellen, aber auch Maßnahmen zur Zugriffsregelung, zum Aufbau von Filtermaßnahmen für Datenpakete, zur Implementierung einer Anti-Virus-Software sowie Patch-Management- und geordnete Service-Management-Verfahren zu dokumentieren, zu kommunizieren und zu implementieren.

Zur Sicherstellung der Verfügbarkeit sind unter anderem Sicherheitsrichtlinien, Datensicherungs- und Archivierungskonzepte, K-Fall-Handbücher und ein Notfallmanagement zu dokumentieren, zu kommunizieren und zu implementieren.

Um den IT-Sicherheitsmanagement-Prozess aufrecht zu erhalten und kontinuierlich verbessern zu können, werden nicht nur angemessene IT-Sicherheitsmaßnahmen implementiert und Dokumente fortlaufend aktualisiert, sondern auch der IT-Sicherheitsmanagement-Prozess wird regelmäßig auf seine Effektivität und Effizienz hin überprüft. Eine Erfolgskontrolle und Bewertung des IT-Sicherheitsmanagement-Prozesses durch das Management wird regelmäßig stattfinden.

Dies dient auch dazu, die Erfahrungen aus der täglichen Praxis zusammenzutragen und auszuwerten. Neben Kontrollen ist die Durchführung von Übungen und Sensibilisierungsmaßnahmen notwendig, da nur so festgestellt werden kann, ob alle vorgesehenen Abläufe und das Verhalten in Notfallsituationen tatsächlich funktionieren. Erkenntnisse über Schwachstellen und Verbesserungsmöglichkeiten müssen auch zu Konsequenzen in der Sicherheitsorganisation führen. Wichtig ist es auch, zukünftige Entwicklungen sowohl bei der eingesetzten Technik als auch in Geschäftsprozessen und Organisationsstrukturen frühzeitig zu erkennen, um rechtzeitig potenzielle Gefährdungen identifizieren, Vorkehrungen treffen und Sicherheitsmaßnahmen umsetzen zu können. Wenn sich wesentliche Änderungen in Geschäftsprozessen oder Organisationsstrukturen abzeichnen, muss hier das IT-Sicherheitsmanagement eingebunden werden. Auch wenn dies genau so in den Organisationsverfügungen vorgesehen ist, darf es nicht darauf warten, dass es wie geplant involviert wird, sondern muss sich rechtzeitig eigenständig in die entsprechenden Prozesse einbinden.

Bei allen Kontrollen muss darauf geachtet werden, dass sie nicht von denjenigen durchgeführt werden, die an der Planung oder Konzeption von Sicherheitsvorgaben beteiligt waren, da es schwierig ist, eigene Fehler zu finden und der Grundsatz der Funktionstrennung gilt.

Auf allen Ebenen und in allen Bereichen des Unternehmens muss für einen reibungslosen Informationsfluss über Sicherheitsvorkommnisse und -maßnahmen gesorgt werden. Dazu gehören die folgenden Punkte:

- Berichte an die Leitungsebene
  Das obere Management muss sich regelmäßig über Probleme, Ergebnisse von Überprüfungen und Audits, aber auch über neue Entwicklungen, geänderte Rahmenbedingungen oder Verbesserungsmöglichkeiten informieren lassen, um seiner Steuerungsfunktion nachkommen zu können.
- Informationsfluss
  Durch mangelhafte Kommunikation und fehlende Informationen kann es zu IT-Sicherheitsproblemen, aber auch zu Fehlentscheidungen oder überflüssigen Arbeitsschritten kommen. Dies muss durch geeignete Maßnahmen und organisatorische Regelungen vermieden werden. Mitarbeiter müssen über Sinn und Zweck von IT-Sicherheitsmaßnahmen aufgeklärt werden, vor allem, wenn diese zusätzliche Arbeit verursachen oder Komforteinbußen zur Folge haben. IT-Anwender sollten außerdem in die Umsetzungsplanung von Maßnahmen einbezogen werden, um Ideen einzubringen und die Praxistauglichkeit zu beurteilen.
- Dokumentation
  Um die Kontinuität und Konsistenz des gesamten IT-Sicherheitsmanagement-Prozesses sicherzustellen, ist es unabdingbar, diesen zu dokumentieren. Nur so bleiben die verschiedenen Prozessschritte und Entscheidungen nachvollziehbar. Außerdem stellen aussagekräftige Dokumentationen sicher, dass gleichartige Arbeiten auf vergleichbare Weise durchgeführt werden, also Prozesse messbar und wiederholbar werden. Zusätzlich helfen Dokumentationen dabei, grundsätzliche Schwächen im Prozess zu erkennen und die Wiederholung von Fehlern zu vermeiden. Die erforderlichen Dokumentationen

bei den verschiedenen Sicherheitsaktivitäten erfüllen unterschiedliche Funktionen und sind an unterschiedliche Zielgruppen gerichtet. Folgende Dokumentationsarten lassen sich unterscheiden:

- Technische Dokumentation und Dokumentation von Arbeitsabläufen (Zielgruppe: Experten)
  Es muss bei Störungen oder IT-Sicherheitsvorfällen möglich sein, den gewünschten Sollzustand in Geschäftsprozessen sowie der zugehörigen IT wiederherstellen zu können. Technische Einzelheiten und Arbeitsabläufe sind daher so zu dokumentieren, dass dies in angemessener Zeit möglich ist.
- Anleitungen für IT-Anwender (Zielgruppe: IT-Anwender)
  Arbeitsabläufe, organisatorische Vorgaben und technische IT-Sicherheitsmaßnahmen müssen so dokumentiert werden, dass IT-Sicherheitsvorfälle durch Unkenntnis oder Fehlhandlungen vermieden werden. Beispiele hierfür sind Sicherheitsrichtlinien für die Nutzung von E-Mail und Internet, Hinweise zur Verhinderung von Virenvorfällen oder zum Erkennen von Social Engineering sowie Verhaltensregeln für Benutzer beim Verdacht eines IT-Sicherheitsvorfalls.
- Reporte für Managementaufgaben (Zielgruppe: Leitungsebene, IT-Sicherheitsmanagement)
  Alle Informationen, die das Management benötigt, um seinen Lenkungs- und Steuerungsaufgaben nachkommen zu können, sind im erforderlichen Detaillierungsgrad aufzuzeichnen (zum Beispiel Ergebnisse von Audits, Effektivitätsmessungen, Berichte über IT-Sicherheitsvorfälle).
- Aufzeichnung von Managemententscheidungen (Zielgruppe: Leitungsebene)
  Die Leitungsebene muss die gewählten IT-Sicherheitsziele aufzeichnen und begründen. Außerdem müssen auch auf allen anderen Ebenen Entscheidungen, die sicherheitsrelevante Aspekte betreffen, ebenso aufgezeichnet werden, damit diese jederzeit nachvollziehbar und wiederholbar sind.

6.2.7 Sicherheitsmanagement-Prozess des Unternehmens

Der Sicherheitsmanagement-Prozess setzt sich aus folgenden Schritten zusammen:

1. IT-Strukturanalyse
2. Schutzbedarfsfeststellung
3. Sicherheitsanalyse und Formulierung von zielführenden Sicherheitsmaßnahmen
4. IT-Sicherheitsreporting an das Management

6.2.8 IT-Strukturanalyse

Im Rahmen des Sicherheitsmanagements ist konzeptionell festzuhalten:

6.2 Vorschlag für eine Richtlinie zum Sicherheitsmanagement

- Festlegung der Sicherheitszonen: Zu schützende Bereiche können etwa Grundstücke, Gebäude, Serverräume, Räume mit Peripheriegeräten, Archive, Kommunikationseinrichtungen und die Haustechnik sein. Da diese Bereiche häufig sehr unterschiedliche Sicherheitsanforderungen aufweisen, kann es sinnvoll sein, diese in verschiedene Sicherheitszonen aufzuteilen.
- Vergabe von Zutrittsberechtigungen.
- Bestimmung eines Verantwortlichen für die Zutrittskontrolle: Dieser vergibt die Zutrittsberechtigungen an die einzelnen Personen entsprechend den in den Sicherheitszielen und der IT- Sicherheitsrichtlinie festgelegten Grundsätzen.
- Definition von Zeitabhängigkeiten: Es ist zu klären, ob zeitliche Beschränkungen der Zutrittsrechte erforderlich sind. Solche Zeitabhängigkeiten können etwa sein: Zutritt nur während der Arbeitszeit, Zutritt einmal täglich oder befristeter Zutritt bis zu einem fixierten Datum.
- Festlegung der Beweissicherung: Hier ist zu bestimmen, welche Daten bei Zutritt zu und Verlassen von einem geschützten Bereich protokolliert werden. Dabei bedarf es einer sorgfältigen Abwägung zwischen den Sicherheitsinteressen des Systembetreibers und den Schutzinteressen der Privatsphäre des Einzelnen.
- Behandlung von Ausnahmesituationen: Es ist unter anderem sicherzustellen, dass im Brandfall die Mitarbeiter schnellstmöglich die gefährdeten Zonen verlassen können.

Der IT-Sicherheitsbeauftragte des Unternehmens analysiert und dokumentiert die Struktur der vorliegenden Informationstechnik. Dabei wird er unterstützt von den einzelnen IT-Verfahrensverantwortlichen. Der Netztopologieplan des Unternehmens ist der Startpunkt für die IT-Strukturanalyse. Die folgenden Aspekte werden berücksichtigt:

- die vorhandene Infrastruktur,
- die organisatorischen und personellen Rahmenbedingungen des Unternehmens,
- bei dem Unternehmen und seiner Kunden eingesetzte vernetzte und nicht-vernetzte IT-Systeme,
- die Kommunikationsverbindungen zwischen den IT-Systemen und nach außen,
- die betriebenen IT-Anwendungen des Unternehmens und seiner Kunden.

Für die Dokumentation der IT-Infrastruktur wendet der IT-Sicherheitsbeauftragte ein formalisiertes Vorgehen an, das relevante Informationen strukturiert erfasst.

Bei dieser Erfassung werden folgende Informationen vermerkt, die für die nachfolgende Arbeit notwendig sind (Tab. 6.2):

- eine eindeutige Bezeichnung des IT-Systems (zum Beispiel S1, S2, ... für Server, C1, C2, ... für Clients oder Gruppen von Clients, N1, N2, ... für Netzwerkkomponenten, T1, T2, ... für Telekommunikationsanlagen),
- eine Beschreibung des Typs oder der Funktion des IT-Systems (zum Beispiel Mailserver, SAP-Server, Fileserver, Router, Switch etc.),

Tab. 6.2 Beispieltabelle für Erfassung der IT-Systeme

Nr.	Beschreibung	Plattform	Anzahl	Aufstellungsort	Status	Anwender/Admin
	zum Beispiel SAP Server	IBM pSeries		Serverraum	Im Betrieb	
	zum Beispiel Lotus Domino Server	IBM xSeries		Serverraum	Im Betrieb	
	zum Beispiel Firewall			Serverraum	Im Betrieb	
...	...		...	...	...	...

- die Plattform des IT-Systems (zum Beispiel Hardware-Architektur/Betriebssystem wie IBM pSeries unter AIX oder Cisco Pix Firewall),
- bei Gruppen: Anzahl der zusammengefassten IT-Systeme (zum Beispiel Anzahl der Citrix Client PCs auf Thin Client-Basis mit selber Grundkonfiguration),
- den Aufstellungsort des IT-Systems (zum Beispiel Raumbezeichnung, Position in Schutzschrank),
- der Status des IT-Systems (in Betrieb, im Test, in Planung) und
- den Namen des Anwenders/Administrators des IT-Systems.

6.2.8.1 Dokumentation der Systemkonfiguration

Planung, Steuerung, Kontrolle und Notfallvorsorge des IT-Einsatzes basieren auf einer aktuellen Dokumentation des vorhandenen IT-Systems.

Die physikalische Netzstruktur und die logische Netzkonfiguration sind zu dokumentieren. Dazu gehören auch die Zugriffsrechte der einzelnen Benutzer und der Stand der Datensicherung. Weiterhin sind die eingesetzten Applikationen und deren Konfiguration sowie die Dateistrukturen auf allen IT-Systemen zu dokumentieren.

Die System-Dokumentation ist so aufzubewahren, dass sie im Bedarfsfall jederzeit verfügbar ist.

Die Verantwortlichen für Production Support und Anwendungsentwicklung sind verantwortlich für die Erstellung der Dokumentation zu IT-Anwendungen. Dass diese erstellt wird, wird vom IT-Sicherheitsbeauftragten überprüft. Zur Reduzierung des Aufwands werden die jeweils wichtigsten auf den betrachteten IT-Systemen laufenden oder geplanten IT-Anwendungen erfasst. Zur effizienten Durchführung dieser Aufgabe kann auf eine vollständige Erfassung aller Anwendungen verzichtet werden, wenn sichergestellt ist, dass zumindest diejenigen IT-Anwendungen des jeweiligen IT-Systems benannt werden,

- deren Daten bzw. Informationen und Programme den höchsten Bedarf an Geheimhaltung (Vertraulichkeit) besitzen,
- deren Daten bzw. Informationen und Programme den höchsten Bedarf an Korrektheit und Unverfälschtheit (Integrität) besitzen,
- die die kürzeste tolerierbare Ausfallzeit (höchster Bedarf an Verfügbarkeit) haben.

6.2 Vorschlag für eine Richtlinie zum Sicherheitsmanagement

Tab. 6.3 Beispieltabelle für Erfassung der IT-Anwendungen

Beschreibung der IT-Anwendungen			IT-Systeme				
Anw.-Nr.	IT-Anwendung/Informationen	Pers.-bez. Daten	S1	S2	S3	S4	S5
A1	zum Beispiel SAP: Payroll	X		X			
A2	zum Beispiel Lotus Notes	X				X	X
…							

Anschließend werden die Anwendungen jeweils denjenigen IT-Systemen zugeordnet, die für deren Ausführung benötigt werden. Dies können die IT-Systeme sein, auf denen die IT-Anwendungen verarbeitet werden, oder auch diejenigen, die Daten dieser Anwendung transferieren.

Das Ergebnis ist eine Übersicht, welche wichtigen IT-Anwendungen auf welchen IT-Systemen bearbeitet oder von welchen IT-Systemen genutzt oder übertragen werden.

Zur Dokumentation der Ergebnisse bietet sich die Darstellung in tabellarischer Form an (Tab. 6.3).

Bei den IT-Anwendungen ist zu vermerken, welche Geschäftsprozesse sie unterstützen und welche Informationen verarbeitet werden. Jeder Geschäftsprozess hat einen Eigentümer bzw. Verantwortlichen. Die dazugehörigen IT-Anwendungen haben Benutzer. Diese Informationen sollten ebenfalls erfasst werden, um Ansprechpartner für IT-Sicherheitsfragen leichter identifizieren zu können bzw. um betroffene Benutzergruppen schnell erreichen zu können.

Diese IT-Strukturanalyse wird regelmäßig durch den IT-Sicherheitsbeauftragten in Zusammenarbeit mit den IT-Verfahrensverantwortlichen durchgeführt. Die Frequenz wird durch den IT-Sicherheitsbeauftragten festgelegt. Jedoch ist auch bei jeder Durchführung eines Changes sicherzustellen, dass die IT-Systemdokumentation angepasst wird.

6.2.8.2 Dokumentation der zugelassenen Benutzer und Rechteprofile

Die Dokumentation dient der Übersicht über die zugelassenen Benutzer, Benutzergruppen und Rechteprofile und ist Voraussetzung für Kontrollen.

Die Dokumentation der zugelassenen Benutzer und Rechteprofile muss regelmäßig daraufhin überprüft werden, ob sie den tatsächlichen Stand der Rechtevergabe widerspiegelt und ob die Rechtevergabe noch den Sicherheitsanforderungen und den aktuellen Aufgaben der Benutzer entspricht.

6.2.9 Schutzbedarfsfeststellung

6.2.9.1 Analyse der aktuellen Netzsituation

Eine Analyse der aktuellen Netzsituation besteht im Wesentlichen aus einer Strukturanalyse, einer Schutzbedarfsfeststellung und einer Schwachstellenanalyse.

Eine Strukturanalyse besteht aus einer Analyse der nach Ist-Aufnahme der aktuellen Netzsituation angelegten Dokumentationen. Die Strukturanalyse muss von einem Analyseteam durchgeführt werden, das in der Lage ist, alle möglichen Kommunikationsbeziehungen nachzuvollziehen oder auch herleiten zu können. Als Ergebnis muss das Analyseteam die Funktionsweise des Netzes verstanden haben und über die prinzipiellen Kommunikationsmöglichkeiten informiert sein. Häufig lassen sich bei der Strukturanalyse bereits konzeptionelle Schwächen des Netzes identifizieren.

6.2.9.2 Detaillierte Schutzbedarfsfeststellung

An die Strukturanalyse schließt sich eine Schutzbedarfsfeststellung an, die über die in der IT-Grundschutz-Vorgehensweise beschriebene hinausgeht. Hier werden zusätzlich die Anforderungen an Vertraulichkeit, Verfügbarkeit und Integrität in einzelnen Netzbereichen bzw. Segmenten berücksichtigt. Hierzu ist es notwendig festzustellen, welche Anforderungen aufgrund der verschiedenen IT-Verfahren bestehen und wie diese auf die gegebene Netzsegmentierung Einfluss nehmen. Als Ergebnis muss erkenntlich sein, in welchen Netzsegmenten besondere Sicherheitsanforderungen bestehen.

6.2.9.3 Analyse von Schwachstellen im Netz

Basierend auf den bisher vorliegenden Ergebnissen erfolgt eine Analyse der Schwachpunkte des Netzes. Hierzu gehört insbesondere bei entsprechenden Verfügbarkeitsanforderungen die Identifizierung von nicht redundant ausgelegten Netzkomponenten (Single-Point-of-Failures). Weiterhin müssen die Bereiche benannt werden, in denen die Anforderungen an Verfügbarkeit, Vertraulichkeit oder Integrität nicht eingehalten werden können bzw. besonderer Aufmerksamkeit bedürfen. Zudem ist festzustellen, ob die gewählte Segmentierung hinsichtlich Bandbreite und Performance geeignet ist.

Zweck der Schutzbedarfsfeststellung ist es zu ermitteln, welcher Schutz für die Geschäftsprozesse, die dabei verarbeiteten Informationen und die eingesetzte Informationstechnik ausreichend und angemessen ist. Hierzu werden für jede Anwendung und die verarbeiteten Informationen die zu erwartenden Schäden betrachtet, die bei einer Beeinträchtigung von Vertraulichkeit, Integrität oder Verfügbarkeit entstehen können. Wichtig ist es dabei auch, die möglichen Folgeschäden realistisch einzuschätzen. Es wird die Einteilung in die drei Schutzbedarfskategorien „Normal", „Hoch" und „Sehr hoch" verwendet. Dabei werden die in Tab. 6.4 gezeigten Kriterien an diese Schutzbedarfskategorien gestellt.

Tab. 6.4 Schutzbedarfskategorien

Schutzbedarfskategorien	
„Normal"	Die Schadensauswirkungen sind begrenzt und überschaubar.
„Hoch"	Die Schadensauswirkungen können beachtlich sein.
„Sehr hoch"	Die Schadensauswirkungen können ein existenziell bedrohliches, katastrophales Ausmaß erreichen.

6.2 Vorschlag für eine Richtlinie zum Sicherheitsmanagement

Tab. 6.5 Beispieltabelle für die Schutzbedarfsfeststellung von Räumen

Raum			IT/Informationen	Schutzbedarf		
Bezeichnung	Art	Lokation	IT-Systeme/ Datenträger	Vertraulichkeit	Integrität	Verfügbarkeit
zum Beispiel R1	Serverraum	XY Gebäude, EG	S1, S2, C1, C2, N1–N5	Sehr hoch	Hoch	Sehr hoch
zum Beispiel R2	Patchraum			Hoch	Hoch	Sehr hoch
…						

Im Anschluss an die IT-Strukturanalyse unterstützt der IT-Sicherheitsbeauftragte die Owner (Business/IT) dabei, für die Anwendung und die verarbeitenden Informationen den Schutzbedarf festzustellen.

Für die weitere Vorgehensweise der Modellierung nach IT-Grundschutz und für die Planung des Soll-Ist-Vergleichs wird eine Übersicht über die Räume erstellt, in denen IT-Systeme aufgestellt oder die für den IT-Betrieb genutzt werden. Dazu gehören die Räume, die ausschließlich dem IT-Betrieb dienen (wie Serverräume, Datenträgerarchive), solche, in denen unter anderem IT-Systeme betrieben werden (wie Büroräume), aber auch die Wegstrecken, über die Kommunikationsverbindungen laufen. Wenn IT-Systeme statt in einem speziellen Technikraum in einem Schutzschrank untergebracht sind, ist der Schutzschrank wie ein Raum zu erfassen (Tab. 6.5).

Ausgehend von der Möglichkeit, dass Vertraulichkeit, Integrität oder Verfügbarkeit einer IT-Anwendung oder der zugehörigen Informationen verloren gehen, werden die maximalen Schäden und Folgeschäden betrachtet, die aus einer solchen Situation entstehen können. Unter der Fragestellung „Was wäre, wenn … ?" werden aus Sicht der Anwender realistische Schadensszenarien entwickelt und die zu erwartenden materiellen oder ideellen Schäden beschrieben. Die Höhe dieser möglichen Schäden bestimmt letztendlich dann den Schutzbedarf der IT-Anwendung. Dabei ist es unbedingt erforderlich, die Verantwortlichen und die Benutzer der betrachteten IT-Anwendung nach ihrer persönlichen Einschätzung zu befragen. Sie haben im Allgemeinen eine gute Vorstellung darüber, welche Schäden entstehen können, und können für die Erfassung wertvolle Hinweise geben.

Um den Schutzbedarf eines IT-Systems festzustellen, werden die IT-Anwendungen betrachtet, die in direktem Zusammenhang mit dem IT-System stehen. Eine Übersicht, welche IT-Anwendungen relevant sind, wurde im vorherigen Schritt ermittelt (Tab. 6.6).

Zur Ermittlung des Schutzbedarfs des IT-Systems müssen die möglichen Schäden der relevanten IT-Anwendungen in ihrer Gesamtheit betrachtet werden. Im Wesentlichen bestimmt der Schaden bzw. die Summe der Schäden mit den schwerwiegendsten Auswirkungen den Schutzbedarf eines IT-Systems (Maximumprinzip).

Bei der Betrachtung der möglichen Schäden und ihrer Folgen muss auch beachtet werden, dass IT-Anwendungen eventuell Arbeitsergebnisse anderer IT-Anwendungen als Input nutzen. Eine – für sich betrachtet – weniger bedeutende IT-Anwendung A kann

Tab. 6.6 Beispieltabelle für Schutzbedarfsfeststellung von Applikationen

IT-Anwendung			Schutzbedarfsfeststellung		
Nr.	Bezeichnung	Pers. Daten	Grundwert	Schutzbedarf	Begründung
zum Beispiel A1	SAP: Payroll	X	Vertraulichkeit	Sehr hoch	Gehaltsdaten sind besonders schutzbedürftige Daten, deren Bekanntwerden die Betroffenen erheblich beeinträchtigen kann.
			Integrität	Normal	Der Schutzbedarf ist normal, da Fehler rasch erkannt und die Daten nachträglich korrigiert werden können.
			Verfügbarkeit	Normal	Ausfälle bis zu einer Woche können mittels manueller Verfahren überbrückt werden (Ausnahme: Monatswechsel).
…					

wesentlich an Wert gewinnen, wenn eine andere, wichtige IT-Anwendung B auf ihre Ergebnisse angewiesen ist. In diesem Fall muss der ermittelte Schutzbedarf der IT-Anwendung B auch auf die IT-Anwendung A übertragen werden. Handelt es sich dabei um IT-Anwendungen verschiedener IT-Systeme, dann müssen Schutzbedarfsanforderungen des einen IT-Systems auch auf das andere übertragen werden (Beachtung von Abhängigkeiten).

Werden mehrere IT-Anwendungen bzw. Informationen auf einem IT-System verarbeitet, so ist zu überlegen, ob durch Kumulation mehrerer (zum Beispiel kleinerer) Schäden auf einem IT-System ein insgesamt höherer Gesamtschaden entstehen kann. Dann erhöht sich der Schutzbedarf des IT-Systems entsprechend (Kumulationseffekt).

Auch der umgekehrte Effekt kann eintreten. So ist es möglich, dass eine IT-Anwendung einen hohen Schutzbedarf besitzt, ihn aber deshalb nicht auf ein betrachtetes IT-System überträgt, weil auf diesem IT-System nur unwesentliche Teilbereiche der IT-Anwendung laufen. Hier ist der Schutzbedarf zu relativieren (Verteilungseffekt).

Diese Informationen werden durch den Sicherheitsbeauftragten dokumentiert. In der Dokumentation ist verzeichnet, welchen Schutzbedarf jedes IT-Systems bezüglich Vertraulichkeit, Integrität und Verfügbarkeit hat. Der Gesamt-Schutzbedarf eines IT-Systems leitet sich wiederum aus dem Maximum des Schutzbedarfs bezüglich der drei Grundwerte Vertraulichkeit, Integrität und Verfügbarkeit ab. Ein IT-System ist also hochschutzbedürftig, wenn es bezüglich eines der Grundwerte den Schutzbedarf „hoch" hat. Es ist im

6.2 Vorschlag für eine Richtlinie zum Sicherheitsmanagement

Allgemeinen aber sinnvoll, den Schutzbedarf eines IT-Systems für alle drei Grundwerte zu dokumentieren, da sich hieraus typischerweise verschiedene Arten von Sicherheitsmaßnahmen ergeben (Tab. 6.7).

Auch der Schutzbedarf bezüglich der Vernetzungsstruktur wird erarbeitet. Der IT-Sicherheitsbeauftragte analysiert zusammen mit den Netzwerk- und Kommunikationsverantwortlichen den Netzplan des Unternehmens.

Um die Entscheidungen vorzubereiten, auf welchen Kommunikationsstrecken kryptographische Sicherheitsmaßnahmen eingesetzt werden sollten, welche Strecken redundant ausgelegt sein sollten und über welche Verbindungen Angriffe durch Innen- und Außentäter zu erwarten sind, müssen nach den IT-Systemen die Kommunikationsverbindungen betrachtet werden. Hierbei werden folgende Kommunikationsverbindungen als kritisch gewertet:

- Kommunikationsverbindungen, die Außenverbindungen darstellen, das heißt die in oder über unkontrollierte Bereiche führen (zum Beispiel ins Internet oder über öffentliches Gelände). Dazu können auch WLAN-Anbindungen gehören.
- Kommunikationsverbindungen, über die hochschutzbedürftige Informationen übertragen werden, wobei dies sowohl Informationen mit einem hohen Anspruch an Vertraulichkeit wie auch Integrität oder Verfügbarkeit sein können.
- Kommunikationsverbindungen, über die bestimmte hochschutzbedürftige Informationen nicht übertragen werden dürfen (Tab. 6.8). Hierbei kommen insbesondere vertrauliche Informationen in Betracht.

Tab. 6.7 Beispieltabelle für Schutzbedarfsfeststellung für IT-Systeme

IT-System		Schutzbedarfsfeststellung		
Nr.	Beschreibung	Grundwert	Schutzbedarf	Begründung
S1	Server für SAP: Payroll	Vertraulichkeit	Hoch	Maximumprinzip
		Integrität	Normal	Maximumprinzip
		Verfügbarkeit	Normal	Maximumprinzip
...				

Tab. 6.8 Beispieltabelle zur Schutzbedarfsfeststellung für Kommunikation

	Kritisch aufgrund				
Verbindung	K1 Außenverbindung	K2 Hohe Vertraulichkeit	K3 Hohe Integrität	K4 Hohe Verfügbarkeit	K5 Keine Übertragung
N1 – Internet	X				
S1 – N4		X			
...					

Zu erfassen sind dabei

- die Verbindungsstrecke (zum Beispiel System 1 mit Netzwerkkomponente N1, also S1 – N1),
- ob es sich um eine Außenverbindung handelt,
- ob hochschutzbedürftige Informationen übertragen werden und ob der Schutzbedarf aus der Vertraulichkeit, Integrität oder Verfügbarkeit resultiert und
- ob hochschutzbedürftige Informationen nicht übertragen werden dürfen.

Die dabei erfassten Daten sind zu dokumentieren.

Auch die Schutzbedarfsfeststellung für IT-Anwendungen, IT-Systeme, Räume und Kommunikation wird regelmäßig, mindestens einmal im Quartal, durchgeführt. Bei Changes an der Infrastruktur und den Anwendungen werden grundsätzlich Auswirkungen auf die Vertraulichkeit, Integrität und Verfügbarkeit der IT-Systeme und IT-Anforderungen analysiert und in der Schutzbedarfsfeststellung erfasst.

6.2.10 Sicherheitsanalyse und Formulierung zielführender Sicherheitsmaßnahmen

Ziel der Sicherheitsanalyse ist es zu ermitteln, ob alle diese Schutzbedarfe tatsächlich mit dem bestehenden Konzept an Maßnahmen bereits abgedeckt sind. Vom Unternehmen als relevant erachtete Maßnahmen nach IT-Grundschutz sind in den beiden Dokumenten

- Richtlinie für sicheren IT-Betrieb und
- Sicherheitsrichtlinie für IT-Systeme

zusammengefasst.

Die Aufgabe des IT-Sicherheitsbeauftragten ist es, aus den ermittelten Informationen bezüglich IT-Strukturanalyse und Schutzbedarfsfeststellung einen Soll-Ist-Vergleich gegen das Maßnahmenpaket durchzuführen.

Der IT-Sicherheitsbeauftragte sammelt die vorhandene Dokumentation zu den mit Schutzbedarf „Sehr hoch" und „Hoch" ermittelten IT-Systemen, IT-Anwendungen, Räumen und Kommunikationselementen. Dabei werden die Verfahrensverantwortlichen befragt, welche Maßnahmen zum Erhalt der Grundwerte Vertraulichkeit, Integrität und Verfügbarkeit bereits umgesetzt worden sind. Diese Dokumente und die Interviews zeigen den Umsetzungsgrad der bereits eingeführten Sicherheitsmaßnahmen.

Aus der Sicherheitsanalyse werden Lücken im IT-Sicherheitskonzept identifiziert. Dies sind bereits vorgeschlagene Maßnahmen, die

- entweder „teilweise" oder noch nicht umgesetzt worden sind
- oder auf Grund geänderter Rahmenbedingungen völlig neue Maßnahmen. Diese werden in Zusammenarbeit mit den Verfahrensverantwortlichen ausgearbeitet und dem Vorstand zur Entscheidung vorgelegt.

Der Vorstand hat über die Priorisierung der Umsetzung der IT-Sicherheitsmaßnahmen zu entscheiden. Neben dem im nächsten Kapitel erwähnten monatlichen Standard-Reporting an das Management müssen in Abhängigkeit von Sicherheitsvorfällen oder identifizierten Sicherheitsdefiziten flexible Informationsmeetings für IT-Sicherheit vorgesehen werden.

Das Management ist verantwortlich, die benötigten Ressourcen für die Einführung von Maßnahmen zur Erreichung der IT-Sicherheitsziele zur Verfügung zu stellen. Der IT-Sicherheitsbeauftragte koordiniert die Umsetzung der entwickelten Sicherheitsmaßnahmen und die Anpassung der Richtliniendokumente.

6.2.11 IT-Sicherheitsreporting an das Management

Der IT-Sicherheitsbeauftragte berichtet im Rahmen des monatlichen Management-Meetings über den Status der geplanten IT-Sicherheitsmaßnahmen.

Grundlage für dieses Reporting sind die Ergebnisse aus der IT-Strukturanalyse, der Schutzbedarfsfeststellung und der Sicherheitsanalyse.

6.2.12 Verhaltensweisen zu Sicherheitsvorfällen

Als Sicherheitsvorfall wird jede Einschränkung der Vertraulichkeit, Verfügbarkeit oder Integrität von Daten oder Systemen als Folge eines Angriffs verstanden.

Jeder IT-Benutzer ist über die IT-Sicherheitsrichtlinie des Hauses verpflichtet worden, sicherheitsrelevante Unregelmäßigkeiten zu melden. Darüber hinaus sind an alle Benutzer Handlungsanweisungen kommuniziert worden, wie sie sich zu verhalten haben und an wen welche Vorfälle zu melden sind.

Der IT-Administrator erhält in diesem Zusammenhang die Aufgabe, Meldungen über sicherheitsrelevante Unregelmäßigkeiten, die mit den von ihm betreuten IT-Systemen verbunden sind, entgegenzunehmen. Anschließend hat er zu entscheiden, ob er selbst diese Unregelmäßigkeit behebt oder ob er die nächsthöhere Eskalationsebene zu unterrichten hat.

Der IT-Sicherheitsbeauftragte nimmt Meldungen über Sicherheitsvorfälle entgegen. Er führt die Untersuchung und Bewertung des Vorfalls durch. Er wählt notwendige Maßnahmen aus und veranlasst deren Umsetzung, soweit dies nicht seinen Kompetenzbereich überschreitet. Bei Bedarf unterrichtet er zur Eskalation die Leitungsebene.

IT-Betrieb 7

Die beiden folgenden Kapitel befassen sich mit dem Tagesgeschäft der IT: dem Betrieb und den Systemen. Hier muss jedes Unternehmen für sich die angemessene Detailtiefe für die Regelung der IT-Sicherheit in Richtlinien und Arbeitsanweisungen finden. Wir haben in der Folge Vorschläge für Richtlinien zusammengestellt, die einen möglichen Detailgrad für ein ‚normales' Unternehmen mittlerer Komplexität darstellen. Aus unserer Sicht sollte man diesen Detailgrad in einer Richtlinie nicht überschreiten. Falls an bestimmten Stellen detailliertere Festlegungen erforderlich oder gewünscht sind, sollte man solche Regelungen in Arbeitsanweisungen festhalten. Solche Arbeitsanweisungen sind einem anderen Governanceprozess unterworfen und können häufiger angepasst werden, als wir es für Richtlinien für angemessen halten würden.

Um auch die Erstellung solcher Arbeitsanweisungen zu erleichtern oder um eben doch an der einen oder anderen Stelle detailliertere Regelungen in die Richtlinie für Ihr Unternehmen aufnehmen zu können, haben wir in diesem Kapitel in jedem Paragrafen auf die relevante Maßnahme des BSI Grundschutzkataloges verwiesen. Dort finden sich in den meisten Fällen noch detailliertere hilfreiche Hinweise auf ‚Best Practice'-Regelungen.

7.1 Regelungsziele nach COBIT

Das COBIT-Framework gibt in den Domains

- Planung und Organisation,
- Akquisition und Implementierung,
- Delivery & Support und
- Monitoring

einige wichtige Ziele vor, die in einer Richtlinie zum IT-Betrieb verankert werden sollten. Nicht jeder Aspekt der aufgeführten COBIT-Kontrollziele muss durch die Richtlinien zum IT-Betrieb abgedeckt werden. Die umfassende Berücksichtigung der Kontrollziele ergibt sich aus dem Zusammenwirken aller Richtliniendokumente.

7.1.1 Planung & Organisation

Die Haltung von Informationen sollte den Erfordernissen entsprechen. Die Identifikation, Erfassung und Kommunikation von Informationen versetzt die Mitarbeiter in die Lage, ihre Aufgaben effektiv und zeitgerecht auszuführen. Das Architektur-Modell der Unternehmensinformation sollte in Übereinstimmung mit den IT-Plänen stehen.

Der technische Infrastrukturplan sollte mit den strategischen und taktischen IT-Plänen abgestimmt sein. Ein solcher Plan basiert auf der technologischen Ausrichtung und umfasst Maßnahmen zur Notfallvorkehrung und Vorgaben für die Beschaffung von technischen Ressourcen. Er betrachtet Änderungen im Wettbewerb, Skaleneffekte bei Stellenbesetzung und Investitionen sowie die verbesserte Interoperabilität von Plattformen und Applikationen.

Ein Framework der IT-Prozesse ist zu definieren, um den strategischen IT-Plan umzusetzen. Dieses Framework umfasst

- die Struktur und Beziehung von IT-Prozessen (zum Beispiel um Lücken und Überlappungen bei den Prozessen zu managen),
- Eigentümerschaft,
- Reifegrad,
- Messung der Performance,
- Verbesserung,
- Compliance,
- Qualitätsziele und Pläne, um diese Ziele zu erreichen.

Es gewährleistet die Integration der IT-spezifischen Prozesse, der Prozesse im Unternehmensmanagement, der Geschäftsprozesse und der Change-Prozesse des Unternehmens. Das Framework der IT-Prozesse sollte in ein Qualitätsmanagementsystem und ein Framework der Internal Controls integriert sein.

Rollen und Verantwortlichkeiten für alle Mitarbeiter der Organisation, die mit Informationssystemen in Verbindung stehen, sind zu definieren, um ausreichend Autorität für die Umsetzung der festgelegten Rollen und Verantwortlichkeiten zu ermöglichen. Rollenbeschreibungen sind regelmäßig zu aktualisieren. Diese beschreiben sowohl Autorität als auch Verantwortung, umfassen eine Festlegung der Kenntnisse und Erfahrungen, die für die Position erforderlich sind, und sind auch geeignet für die Performancebeurteilungen. Rollenbeschreibungen sollten die Verantwortung für Internal Control umfassen. Eigentümerschaft und Verantwortung für IT-bezogene Risiken sind dabei im Kerngeschäft auf angemessen hoher Ebene zu verankern.

Insbesondere Rollen, die für das Management von IT-Risiken kritisch sind, inklusive spezifischer Verantwortung für Informationssicherheit, physische Sicherheit und Compliance, sind zuzuweisen. Die Verantwortlichkeit für Risiko- und Sicherheitsmanagement sollten auf unternehmensweiter Ebene gelten, um unternehmensweite Belange zu regeln. Weitere Verantwortlichkeiten für das Sicherheitsmanagement können bei Bedarf systemspezifisch zugewiesen werden, um relevante Sicherheitsbelange zu behandeln.

Die Geschäftsführung gibt die grundsätzliche Stoßrichtung hinsichtlich der IT-Risikobereitschaft und die Freigabe von IT-Restrisiken vor.

Das Kerngeschäft wird mit Verfahren und Werkzeugen unterstützt, um die Übernahme der Eigentümerschaft für Daten- und Informationssysteme zu ermöglichen. Eigner fällen Entscheidungen hinsichtlich der Klassifikation von Informationen und Systemen und dem der Klassifikation entsprechenden Schutz.

Angemessene Verfahren zur Beaufsichtigung sind in die IT-Organisation einzubetten, um sicherzustellen, dass Rollen und Verantwortlichkeiten korrekt ausgeführt werden, um beurteilen zu können, ob das Personal ausreichende Autorität und Ressourcen zur Übernahme ihrer Rollen und Verantwortlichkeiten besitzt, und um allgemein die Key Performance-Indikatoren überblicken zu können.

Eine Trennung von Rollen und Verantwortlichkeiten sollte die Wahrscheinlichkeit reduzieren, dass eine Einzelperson einen kritischen Prozess untergräbt. Das Management stellt sicher, dass das Personal ausschließlich genehmigte, ihrer Stelle und Position entsprechende Aktivitäten ausführt.

Anforderungen an die Stellenbesetzung sind regelmäßig oder nach wesentlichen Änderungen im Unternehmen, Betrieb oder der IT-Umgebung neu zu evaluieren, um sicherzustellen, dass die IT-Organisation eine ausreichende Zahl kompetenter Mitarbeiter hat. Die Stellenbesetzung beachtet auch die Zusammenarbeit zwischen Unternehmens- und IT-Personal, eine funktionsübergreifende Ausbildung, Job-Rotation und Möglichkeiten zum Outsourcing. Das Schlüsselpersonal der IT ist zu identifizieren und die übermäßige Abhängigkeit von diesen zu minimieren. Ein Plan sollte existieren, um im Notfall mit ihnen Kontakt aufnehmen zu können.

Policys und Verfahren für die Steuerung der Aktivitäten von Consultants und anderem Vertragspersonal der IT-Funktion stellen sicher, dass der Schutz der Informationen und Informationssysteme der Organisation gewährleistet ist und die vertraglichen Vereinbarungen erreicht werden.

Eine optimale Koordinations-, Kommunikations- und Verbindungsstruktur ist zwischen der IT-Organisation und den verschiedenen anderen Interessensgruppen innerhalb und außerhalb der IT aufzubauen, wie beispielsweise

- Geschäftsführung,
- Bereichsleiter,
- Unternehmenseinheiten,
- einzelne User,
- Lieferanten,

- Security Officer,
- Risk Manager,
- die unternehmensweite Compliance Gruppe,
- Outsourcer und
- Management von ausgelagerten Einheiten.

Ein Entscheidungsfindungsprozess priorisiert die Zuordnung der IT-Ressourcen für den laufenden Betrieb, Projekte und den Unterhalt; dies mit dem Ziel, den Beitrag von IT-gestützten Investitionsprogrammen und anderer IT-Services und IT-Werten zu maximieren. Der Prozess zur Erstellung und Steuerung des Budgets spiegelt die Prioritäten für IT-unterstützte Investitionsprogramme wider und umfasst die laufenden Kosten für Betrieb und Unterhalt der bestehenden Infrastruktur. Der Prozess sollte die Entwicklung eines gesamthaften IT-Budgets, sowie jenes von individuellen Programmen unterstützen, und sich auf die jeweiligen IT-Komponenten dieser Programme konzentrieren. Der Prozess sollte den laufenden Review, Anpassungen und Freigaben von Gesamtbudgets und Budgets für einzelne Programme ermöglichen.

Ein Satz von Richtlinien zur Unterstützung der IT-Strategie sollte die Rollen und Verantwortlichen, Prozesse zur Ausnahmebehandlung, Ansatz zur Compliance und Referenzen zu Verfahren, Standards und Anleitungen umfassen. Die Richtlinien sollten die wichtigsten Themen wie Qualität, Sicherheit, Vertraulichkeit, Internal Controls und Schutz von geistigem Eigentum behandeln. Die Relevanz der Richtlinien sollte regelmäßig bestätigt und bewilligt werden.

IT-Richtlinien sind an alle relevanten Mitarbeiter zu kommunizieren und formal in Kraft zu setzen. Sie sollten ein integraler Bestandteil der Unternehmensabläufe werden. Die eingesetzten Kommunikationstechniken sollten Ressourcen- und Kenntnisbedarf und deren Auswirkungen berücksichtigen. Das Bewusstsein und Verständnis für Ziele und Ausrichtung des Unternehmens und der IT sollten im gesamten Unternehmen kommuniziert werden. Die kommunizierte Information sollte eine klar festgelegte Mission, Ziele von Services, Security, Internal Controls, Qualität, Ethik- und Verfahrensgrundsätze, Richtlinien, Verfahren etc. umfassen und in ein kontinuierliches Kommunikationsprogramm eingebettet sein, das durch die Geschäftsführung mit Wort und Tat unterstützt wird. Das Management sollte speziell darauf achten, dass IT-Sicherheitsbewusstsein und die Botschaft vermittelt wird, dass alle für die IT-Sicherheit verantwortlich sind.

Der IT-Personalrekrutierungsprozess stimmt mit den unternehmensweiten Richtlinien und Verfahren für Personal (zum Beispiel Anstellung, positive Arbeitsumgebung und Orientierung) überein. Das Management implementiert Prozesse, die sicherstellen, dass die Organisation angemessenes IT-Personal einsetzt, welche die notwendigen Fähigkeiten besitzen, Unternehmensziele zu erreichen.

Es gilt regelmäßig zu überprüfen, dass das Personal die nötige Kompetenz besitzt, um seine Aufgaben anhand seiner Bildung, Schulungen und/oder Erfahrungen durchzuführen. Anforderungen für IT-Kernkompetenzen sind zu definieren und es ist sicherzustellen, dass diese, wo geeignet, durch Programme für Qualifikation und Zertifizierung unterhalten werden.

7.1 Regelungsziele nach COBIT

Rollen, Verantwortlichkeiten und der Vergütungsrahmen der Mitarbeiter sind zu definieren, monitoren und überwachen – einschließlich der Erfordernis, Richtlinien und Verfahren des Managements, ethische Grundsätze und professionelle Praktiken einzuhalten. Die Bedingungen des Angestelltenverhältnisses sollten die Verantwortlichkeiten der Mitarbeiter hinsichtlich Informationssicherheit, Internal Controls und Compliance mit Regulativen betonen. Der Grad der Überwachung sollte an die Sensitivität der Position und dem Ausmaß der zugewiesenen Verantwortlichkeiten angepasst sein.

Die Gefahr kritischer Abhängigkeiten von Schlüsselpersonen ist durch Wissensaufzeichnung (knowledge capture), Teilen von Wissen, Nachfolgeplanung und Vertretung von Personal zu minimieren. Hintergrund-Checks sollten im IT-Recruiting-Prozess eingeschlossen sein. Das Ausmaß und die Häufigkeit der Überprüfung dieser Checks sind von der Sensitivität und/oder der Kritikalität der Funktion abhängig; und sie sollten für Angestellte, Vertragspartner und Lieferanten durchgeführt werden.

Bei Jobwechsel, insbesondere bei der Auflösung des Arbeitsverhältnisses, sind entsprechende Maßnahmen zu treffen. Der Wissenstransfer muss vorbereitet sein, Verantwortlichkeiten neu zugewiesen und Zugriffsrechte entfernt werden, um Risiken zu minimieren und die Fortführung der Funktion zu gewährleisten.

Ein QMS bietet einen standardisierten, formalen und kontinuierlichen Ansatz hinsichtlich des Qualitätsmanagements, der an die Unternehmenserfordernisse ausgerichtet ist. Das QMS identifiziert Qualitätsanforderungen und -kriterien, wesentliche IT-Prozesse mit deren Abfolge und Interaktion und die Richtlinien, Kriterien und Methoden für die Definition, Erkennung, Korrektur und Verhinderung der Nichteinhaltung. Das QMS sollte die organisatorische Struktur für Qualitätsmanagement festlegen, und die Rollen, Aufgaben und Verantwortlichkeiten abdecken. Alle wesentlichen Bereiche entwickeln ihre Qualitätspläne entsprechend der Kriterien und Richtlinien und zeichnen Qualitätsinformationen auf. Die Wirksamkeit und Akzeptanz des QMS ist stetig zu messen und, wenn notwendig, zu verbessern.

Standards, Methoden und Praktiken für die wesentlichen IT-Prozesse unterstützen die Organisation in der Erreichung der Ziele des QMS. Best Practices der Branche helfen bei der Verbesserung oder Anpassung der Qualitätspraktiken der Organisation.

Standards für alle Entwicklungen und Beschaffungen von Infrastruktur berücksichtigen die Freigaben von wichtigen Milestones auf Basis von vereinbarten Abnahmekriterien. Zu berücksichtigende Punkte umfassen

- Standards zur Programmierung,
- Namenskonventionen,
- Dateiformate,
- Designstandards für Datenschema und Data Dictionaries,
- Standards für das User-Interface,
- Interoperabilität,
- Effizenz der Systemperformance,
- Skalierbarkeit,

- Standards für Entwicklung und Tests,
- Validierung der Anforderungen,
- Testpläne sowie Modul-, Regressions- und Integrationstests.

Das Qualitätsmanagement sollte auf (interne) Kunden fokussiert sein, indem ihre Anforderungen erhoben werden und diese mit den IT-Standards und -Praktiken in Einklang gebracht werden. Rollen und Verantwortlichkeiten für die Konfliktbewältigung zwischen Usern/Kunden und der IT-Organisation sind festgelegt. Ein allgemeiner Qualitätsplan, der eine kontinuierliche Verbesserung fördert, wird regelmäßig gewartet und kommuniziert.

Kontrollaktivitäten auf allen Ebenen sollen dazu beitragen, die Risikoantworten wie festgelegt umzusetzen; einschließlich Kosten, Nutzen und Verantwortlichkeiten für die Ausführung. Eine Genehmigung für die empfohlenen Aktivitäten und Freigaben für alle verbleibenden Risiken sind einzuholen. Es gilt sicherzustellen, dass zugesagte Aktivitäten durch die betroffenen Prozesseigner verantwortet werden. Die Umsetzung der Pläne wird nachverfolgt und sämtliche Abweichungen werden der Geschäftsführung berichtet.

Das Projekt-Programm wird in Verbindung mit dem Portfolio an IT-gestützten Investitionsprogrammen unterhalten – durch Identifikation, Festlegung, Evaluierung, Priorisierung, Auswahl, Initiierung, Management und Steuerung von Projekten. Die einzelnen Projekte müssen die Ziele des Programms unterstützen. Die Aktivitäten und gegenseitigen Abhängigkeiten von mehreren Projekten sind zu koordinieren und der Beitrag aller Projekte innerhalb des Programms zu den erwarteten Ergebnissen zu managen. Dazu müssen Ressourcenbedarf und -konflikte gelöst werden.

Ein allgemeines Projektmanagement-Framework definiert den Umfang und Grenzen des Projektmanagements sowie die für alle unternommenen Projekte anzuwendenden Methodologien. Diese Methodologien sollten mindestens die Initiierungs-, Planungs-, Ausführungs-, Controlling- und Projektabschlussphasen umfassen sowie die Kontrollpunkte und Freigaben. Das Framework und die unterstützenden Methodologien sollten in das unternehmensweite Projektportfoliomanagement und die Programmmanagement-Prozesse integriert werden.

Ein generischer Projektmanagement-Ansatz passend für Projekte unterschiedlicher Größe, Komplexität und rechtlicher Rahmenbedingungen sollte etabliert werden. Die Struktur zur Projektsteuerung kann Rollen, Verantwortlichkeiten und Zuständigkeiten von Programm- und Projektsponsoren, Lenkungsausschuss, Projektbüro und Projektmanager festlegen, ebenso wie die Mechanismen, durch die diese die Verantwortlichkeiten übernehmen können (wie Berichterstattung und Phasen-Reviews). Es gilt sicherzustellen, dass alle IT-Projekte Sponsoren mit ausreichender Autorität besitzen, um die Verantwortung für die Projektumsetzung im Rahmen des strategischen Gesamtprogramms umzusetzen.

Die Beteiligung der betroffenen Stakeholder bei der Festlegung und Ausführung des Projektes im Rahmen des übergeordneten IT-gestützten Investitionsprogramms ist von großer Bedeutung. Art und Umfang des Projekts sind genau zu definieren, um unter den Stakeholdern ein gemeinsames Verständnis für den Projektumfang zu entwickeln. Die

Definition sollte vor der Projektinitiierung durch die Programm- und Projektsponsoren formal freigegeben sein.

Spezifische, mit einzelnen Projekten in Verbindung stehende Risiken werden reduziert durch einen systematischen Prozess zur Planung, Identifikation, Analyse, Reaktion, Monitoring und Steuerung der Bereiche oder Ereignisse, die das Potenzial besitzen, unerwünschte Änderungen zu verursachen. Die Risiken, denen der Projektmanagement-Prozess ausgesetzt ist, und die Projektergebnisse sollten festgehalten und zentral aufgezeichnet werden.

Ein Qualitätsmanagementplan beschreibt das Projekt-Qualitätssystem und dessen Umsetzung. Der Plan sollte formell geprüft und durch alle betroffenen Parteien abgenommen und dann in den Projektplan integriert werden.

Ein System zur Steuerung von Änderungen für alle Projekte dient dazu, dass alle grundlegenden Änderungen am Projekt (zum Beispiel Kosten, Zeitplan, Umfang und Qualität) angemessen überprüft, freigegeben und, entsprechend der Vorgaben des Programms und des Projekt-Governance-Frameworks, in den integrierten Projektplan eingearbeitet werden.

Die Projektperformance sollte anhand der wesentlichen Projektkriterien (zum Beispiel Umfang, Zeitplan, Qualität, Kosten und Risiken) gemessen werden. Sämtliche Abweichungen vom Plan sind zu identifizieren, deren Auswirkungen auf das Projekt und das übergeordnete Programm zu beurteilen und die Ergebnisse an die wesentlichen Stakeholder zu berichten. Wo notwendig, sind Verbesserungsmaßnahmen entsprechend der Frameworks für Programm- und Projektsteuerung zu implementieren.

Am Ende jedes Projektes müssen die Projekt-Stakeholder bestätigen, ob das Projekt die geplanten Ergebnisse und den geplanten Nutzen erbracht hat. Alle offenen Aktivitäten, die notwendig sind, um die geplanten Projektergebnisse und den Nutzen des Programms zu erzielen, sind zu identifizieren und zu kommunizieren, ebenso die Lessons Learned für künftige Projekte und Programme.

7.1.2 Akquisition & Implementierung

Eine Strategie und ein Plan für Wartung und Release von Software sind zu entwickeln. Dabei sind unter anderem

- Releaseplanung und -steuerung,
- Ressourcenplanung,
- Fehlerbehandlung und -behebung (bugfixing und fault correction),
- geringfügige Verbesserungen,
- Pflege der Dokumentation,
- Notfall-Changes,
- Interdependenzen mit anderen Anwendungsprogrammen und Infrastruktur,
- Strategien für Upgrades,
- vertragliche Konditionen wie Support und Upgrades,

- periodische Reviews gegenüber den Unternehmensanforderungen,
- Risiken und
- Sicherheitsanforderungen

zu beachten.

Eine Strategie und ein Plan für die Wartung der Infrastruktur sind ebenfalls zu entwickeln. Es gilt sicherzustellen, dass Changes entsprechend des unternehmensweiten Changemanagement-Prozesss gesteuert ablaufen. Regelmäßige Reviews anhand des Unternehmensbedarfs, Strategien für Patch-Management und Upgrade, Risiken, Verletzbarkeitsanalysen und Sicherheitsanforderungen sind dabei zu berücksichtigen.

Eine Entwicklungs- und Testumgebung unterstützt in frühen Stadien des Beschaffungs- und Entwicklungsprozesses wirksame und wirtschaftliche Machbarkeits- und Integrationstests für Anwendungen und Infrastrukturen. Funktionalität, Hard- und Softwarekonfiguration, Integrations- und Performancetests, Migration zwischen den Umgebungen, Versionskontrolle, Werkzeuge und Daten für Tests sowie Sicherheit werden dabei abgedeckt.

Als Ergebnis einer Einführung oder eines Upgrades eines automatisierten Systems oder von Infrastruktur sind alle technischen Aspekte, betrieblichen Möglichkeiten und erforderlichen Service-Levels zu identifizieren und zu dokumentieren, damit alle Stakeholder frühzeitig die Verantwortung für die Erstellung von Verfahren für das Management, für User und für den Betrieb übernehmen können.

An das Fachbereichsmanagement ist das erforderliche Wissen zu transferieren, um ihm zu ermöglichen, die Eigentümerschaft über die Anwendung und Daten zu übernehmen und die Verantwortung für die Leistungserbringung und -qualität, Internal Control und Administrationsprozesse der Anwendung zu übernehmen. Der Wissenstransfer soll Freigaben für den Zugriff, Rechteverwaltung, Funktionstrennung, automatisierte Geschäftskontrollen, Back-up und Recovery, physische Sicherheit und Archivierung von Urbelegen umfassen.

An Endbenutzer sollte das Wissen und die Fertigkeiten transferiert werden, um ihnen die wirksame und wirtschaftliche Nutzung der Anwendung zur Unterstützung der Geschäftsprozesse zu ermöglichen. Der Wissenstransfer sollte die Entwicklung eines Trainingsplans für eine erstmalige und laufende Schulung und die Entwicklung der Fertigkeiten, Schulungsmaterialien, Benutzerhandbücher, Verfahrenshandbücher, Online-Hilfe, Unterstützung durch den Service Desk, Identifikation von Key-Usern und Evaluation umfassen.

An den Betrieb und den technischen Supportmitarbeiter ist das erforderliche Wissen zu transferieren, um ihnen die wirksame und wirtschaftliche Bereitstellung, Unterstützung und Wartung der Anwendung und der korrespondierenden Infrastruktur zu ermöglichen, die den erforderlichen Service-Levels entspricht. Der Wissenstransfer soll die Entwicklung eines Trainingsplans für eine erstmalige und laufende Schulung und die Entwicklung der Fertigkeiten, Schulungsmaterialien, Betriebshandbücher, Verfahrenshandbücher sowie Szenarien für den Service Desk umfassen.

Ein Verfahren für die Festlegung, Änderung und Beendigung von Verträgen für alle Lieferanten sollte im Minimum rechtliche, finanzielle, organisatorische, dokumentarische, Performance-, Sicherheits-, Urheberrechts- und Kündigungsverantwortlichkeiten und die Haftung (inklusive Konventionalstrafen) abdecken. Alle Verträge und Vertragsänderungen sollten durch Rechtsberater überprüft werden.

Sobald System-Changes umgesetzt sind, sollte die betreffende System- und Benutzerdokumentation sowie die Verfahren entsprechend aktualisiert werden. Ein Review-Prozess ist zu erstellen, um die vollständige Umsetzung der Changes sicherzustellen.

Als Teil jedes Entwicklungs-, Implementierungs- oder Änderungsprojektes sind Mitarbeiter der betroffenen Abteilungen und das Betriebspersonal der IT in Einklang mit den festgelegten Schulungs- und Implementierungsplänen und den entsprechenden Unterlagen zu schulen.

Eine separate Testumgebung für Tests ist vorzuhalten. Diese Umgebung sollte der künftigen Betriebsumgebung entsprechen (zum Beispiel ähnliche Sicherheit, Internal Controls und Workloads), um ein sinnvolles Testen zu ermöglichen. Verfahren sollten vorhanden sein, um sicherzustellen, dass die in der Testumgebung verwendeten Daten den später in der Produktivumgebung verwendeten Daten entsprechen und, wo nötig, anonymisiert sind. Angemessene Maßnahmen, um die Veröffentlichung sensitiver Testdaten zu verhindern, sind zu ergreifen. Das dokumentierte Testergebnis sollte aufbewahrt werden.

7.1.3 Delivery & Support

Service Level Agreements für alle entscheidenden IT-Services sollten, basierend auf Kundenanforderungen und Fähigkeiten der IT, vereinbart werden. Diese decken

- Kundenverpflichtungen,
- Unterstützungsanforderungen,
- quantitative und qualitative Messgrößen zur Messung des mit den Stakeholdern vereinbarten Services,
- finanzielle und wirtschaftliche Vereinbarungen (falls anwendbar) sowie
- Rollen und Verantwortlichkeiten, inklusive Beaufsichtigung des SLA, ab.

Zu berücksichtigende Einzelheiten sind Rahmenbedingungen für

- Verfügbarkeit,
- Verlässlichkeit,
- Performance,
- Wachstumsfähigkeiten,
- Support-Levels,
- Kontinuitätsplanung,
- Sicherheit und
- Nachfrage.

Operating Level Agreements beschreiben, wie die Services technisch bereitgestellt werden, um die SLA(s) optimal zu unterstützen. Die OLAs spezifizieren die technischen Prozesse in einer für den Anbieter verständlichen Weise und können mehrere SLAs unterstützen.

Kriterien der Service Levels Performance sind kontinuierlich zu monitoren. Berichte über die Erreichung der Service-Levels werden in einem für Stakeholder verständlichen Format erstellt. Die Überwachungsstatistiken werden analysiert und verfolgt, um negative und positive Trends für einzelne Services sowie die gesamten Services zu identifizieren.

Service Level Agreements und Underpinning Contracts mit internen und externen Leistungsanbietern sind regelmäßig neu zu überdenken, um sicherzustellen, dass diese wirksam und aktuell sind und dass Änderungen der Anforderungen berücksichtigt wurden.

Der Prozess des Beziehungsmanagements für alle Lieferanten sollte formalisiert sein. Der Beziehungsverantwortliche muss eine Verbindung zwischen Kunde und Lieferant herstellen und sicherstellen, dass die Beziehung auf Vertrauen und Transparenz basiert (zum Beispiel durch Service Level Agreements).

Risiken bezüglich der Fähigkeit des Lieferanten, weiterhin wirksam Leistungen in einer sicheren und wirtschaftlichen Weise auf einer konstanten Basis zu erbringen, sind frühzeitig zu adressieren. Verträge müssen sich nach den allgemeingültigen Unternehmensstandards richten und in Übereinstimmung stehen mit rechtlichen und regulativen Anforderungen. Das Risikomanagement sollte auch Geheimhaltungsvereinbarungen (Non-disclosure agreements (NDAs)), Hinterlegungsverträge, andauernde Überlebensfähigkeit des Anbieters, Konformität mit Sicherheitserfordernissen, alternative Lieferanten, Konventionalstrafen und Boni etc. berücksichtigen.

Ein Prozess ist zu etablieren, um die Leistungserbringung zu überwachen, um sicherzustellen, dass der Lieferant die bestehenden Unternehmenserfordernisse erfüllt und weiterhin das Vertragswerk und die Service Level Agreements einhält und dass die Leistungen konkurrenzfähig sind mit alternativen Anbietern und den Marktverhältnissen.

Ein Planungsprozess zur Überprüfung der Performance und Kapazität von IT-Ressourcen sollte sicherstellen, dass eine kostenmäßig begründbare Kapazität und Performance verfügbar ist, um den in den Service Level Agreements festgelegten Workload zu bewältigen. Kapazitäts- und Performance-Pläne sollten geeignete Modellierungstechniken anwenden, um ein Modell der derzeitigen und künftigen Performance, Kapazität und Durchsatz der IT-Ressourcen zu erhalten.

In regelmäßigen Abständen sind Vorhersagen der Performance und Kapazität von IT-Ressourcen zu erstellen, um das Risiko einer Serviceunterbrechung auf Grund ungenügender Kapazität oder einer Performanceverschlechterung zu minimieren. Auch überschüssige Kapazitäten können in diesem Zusammenhang für mögliche andere Einsätze identifiziert werden. Auslastungstrends und Prognosen dienen als Input für Performance- und Kapazitätspläne.

Stets sollte die benötigte Kapazität und Performance bereitgestellt werden, unter Berücksichtigung von Aspekten wie normale Auslastung, Notfälle, Speicheranforderungen und

7.1 Regelungsziele nach COBIT

Lebenszyklus von IT-Ressourcen. Vorkehrungen wie Priorisierung von Aufgaben, Fehlertoleranzmechanismen und Ressourcenverteilungspraktiken sollten getroffen werden, falls die Performance und Kapazität nicht dem erforderlichen Niveau entspricht. Das Management sollte sicherstellen, dass Kontinuitätspläne die Verfügbarkeit, Kapazität und Performance der einzelnen IT-Ressourcen angemessen berücksichtigen.

Die Performance und Kapazität von IT-Ressourcen ist kontinuierlich zu monitoren. Die gesammelten Daten dienen den folgenden Zwecken:

- Die derzeitige Performance innerhalb der IT aufrecht zu erhalten und zu tunen, wobei Ausfallsicherheit, Zwischenfälle, derzeitige und künftige Auslastung, Speicherpläne und Beschaffung von Ressourcen behandelt werden.
- Den Geschäftsbereichen über die Verfügbarkeit der erbrachten Services zu berichten, wie dies in SLAs festgehalten ist. Mit allen Ausnahmeberichten werden entsprechende Empfehlungen für korrektive Handlungen abgegeben.

Es gilt ein Framework für IT-Kontinuität zur Unterstützung eines unternehmensweiten Managements der Geschäftskontinuität durch einen konsistenten Prozess zu entwickeln. Das Ziel des Frameworks ist die Unterstützung bei der Bestimmung der notwendigen Ausfallsicherheit der Infrastruktur und das Vorantreiben der Entwicklung von Wiederanlauf- und IT-Kontinuitätsplänen (disaster recovery and IT contingency plans). Das Framework sollte die Organisationsstruktur für Kontinuitätsmanagement behandeln, mit den Rollen, Aufgaben und Verantwortlichkeiten von internen und externen Dienstleistern, ihrem Management und ihren Kunden, und die Rollen und Strukturen für Dokumentation, Test und Ausführung der Wiederanlauf- und IT-Kontinuitätsplänen.

Der Plan sollte Einzelheiten wie die Identifikation kritischer Ressourcen, das Monitoring und das Reporting der Verfügbarkeit kritischer Ressourcen, alternative Verarbeitung und die Grundprinzipien für Back-up und Wiederherstellung umfassen.

Basierend auf dem Framework sind IT-Kontinuitätspläne zu entwickeln, die auf die Reduktion der Auswirkungen einer wesentlichen Unterbrechung auf die Schlüssel-Geschäftsfunktionen und -prozesse ausgelegt sind. Die Pläne sollten die Anforderungen für Ausfallsicherheit, alternative Verarbeitung und Wiederherstellungstauglichkeit für alle kritischen IT-Services behandeln. Sie sollten auch Gebrauchsanleitungen, Rollen und Verantwortlichkeiten, Verfahren, Kommunikationsprozesse und das Testvorgehen abdecken.

Alle (internen, externen, temporären) Benutzer und ihre Aktivitäten auf IT-Systemen (Geschäftsanwendungen, Systembetrieb, Entwicklung und Wartung) sollten eindeutig identifizierbar sein. Benutzerberechtigungen für Systeme und Daten sollten mit festgelegten und dokumentierten Geschäftsbedürfnissen und Arbeitsplatzanforderungen übereinstimmen. Benutzerberechtigungen werden durch das Management des Fachbereichs angefordert, durch die Systemeigner bewilligt und durch die sicherheitsverantwortliche Person implementiert. Benutzerkennungen und Zugriffsberechtigungen werden in einer zentralen Datenbank geführt. Kostengünstige technische und organisatorische Maßnahmen werden eingesetzt und aktuell gehalten, um die Benutzeridentifikation zu ermitteln, die Authentisierung einzurichten und Zugriffsrechte durchzusetzen.

Antrag, Einrichtung, Ausstellung, Aufhebung, Änderung und Schließung von Benutzerkonten und zugehörige Benutzerberechtigungen werden durch die Benutzerkontenverwaltung behandelt. Ein Freigabeverfahren sollte darin enthalten sein, das den Daten- oder Systemeigner behandelt, der die Zugriffsberechtigungen bewilligt. Diese Verfahren sollten für sämtliche Benutzer, einschließlich Administratoren (privilegierte Benutzer), interne und externe Benutzer, für normale und für Notfall-Changes Gültigkeit haben. Rechte und Pflichten in Zusammenhang mit dem Zugriff auf Unternehmenssysteme und -informationen sollten vertraglich für alle Arten von Benutzer festgelegt werden. Regelmäßige Management-Reviews aller Benutzerkonten und entsprechenden Berechtigungen sind durchzuführen.

Die Umsetzungen der IT-Sicherheit sollte getestet und proaktiv überwacht werden. Die IT-Sicherheit sollte periodisch neu zertifiziert werden, um sicherzustellen, dass der genehmigte Sicherheitsgrad beibehalten wird. Eine Protokollierungs- und Monitoringfunktion ermöglicht die frühzeitige Erkennung von ungewöhnlichen oder abnormalen Aktivitäten, die eventuell behandelt werden müssen. Der Zugriff zur Protokollierungsinformation steht bezüglich Zugriffsrechten und Aufbewahrungsvorschriften in Einklang mit den Geschäftsanforderungen.

Wichtige Sicherheitstechnologie muss gegen Sabotage abgesichert werden und Sicherheitsdokumentation darf nicht unnötigerweise veröffentlicht werden. Die Sicherheit von Systemen sollte jedoch auch nicht von der Geheimhaltung der Sicherheitsspezifikationen abhängig sein.

Richtlinien und Verfahren sollten etabliert sein für die Erzeugung, Änderung, Widerrufung, Zerstörung, Verteilung, Zertifizierung, Speicherung, Eingabe, Verwendung und Archivierung von kryptographischen Schlüsseln, um den Schutz der Schlüssel gegen Veränderung und unberechtigte Aufdeckung sicherzustellen.

Präventive, detektive und korrektive Maßnahmen (speziell aktuelle Sicherheits-Patches und Virenschutz) sollten in der gesamten Organisation vorhanden sein, um Informationssysteme und die Technologie vor bösartigem Code (Viren, Würmer, Spionage-Software (Spyware), Spam, intern entwickelter betrügerischer Software etc.) zu schützen.

Technische Sicherheitsmaßnahmen und zugehörige Managementverfahren (zum Beispiel Firewall, Sicherheits- Appliances, Netzwerksegmentierung und Intrusionserkennung) sollten verwendet werden, um den Zugriff zu Netzwerken zu bewilligen und den Informationsfluss von und zu Netzwerken zu steuern.

Geeignete Vorkehrungen sollten sicherstellen, dass vom Kerngeschäft erwartete Quelldokumente erhalten und alle vom Kerngeschäft erhaltene Daten verarbeitet werden, der gesamte vom Kerngeschäft benötigte Output vorbereitet und abgeliefert wird und dass Anforderungen für Wiederanlauf und nochmalige Verarbeitung unterstützt werden. Verfahren für die Datenspeicherung und -archivierung müssen gewährleisten, dass Daten im

Zugriff und verwendbar bleiben. Die Verfahren sollten Anforderungen hinsichtlich Wiederauffindung, Kostengünstigkeit, kontinuierliche Integrität und Sicherheit berücksichtigen. Speicherungs- und Aufbewahrungsvorkehrungen sollten gesetzliche, regulatorische und Unternehmenserfordernisse für Dokumente, Daten, Archive, Programme, Berichte und (eingehende und ausgehende) Meldungen sowie die für deren Verschlüsselung und Authentifikation verwendeten Daten einhalten.

Geeignete Verfahren sollten den Zugriff auf sensitive Informationen und Software von Geräten oder Datenträgern verhindern, wenn diese entsorgt oder einem anderen Zweck zugeführt werden. Solche Verfahren sollten sicherstellen, dass als gelöscht markierte oder zur Entsorgung bestimmte Daten nicht wiedergewonnen werden können.

Verfahren für Sicherung und Wiederherstellung von Anwendungen, Daten und Dokumentationen sind in Übereinstimmung mit den Geschäftsanforderungen und dem Kontinuitätsplan einzusetzen. Die Einhaltung von Back-up-Verfahren, die Fähigkeit zu sowie die notwendige Zeit für eine erfolgreiche und komplette Wiederherstellung sind regelmäßig zu verifizieren. Back-up-Medien und der Wiederherstellungsprozess sind dabei zu testen.

Die physischen Standorte für IT-Ausrüstungen sind so auszuwählen, dass sie die mit der Unternehmensstrategie verbundene Technologiestrategie unterstützen. Auswahl und Entwurf des Layouts eines Standortes sollten die Risiken von natürlichen und durch Menschen hervorgerufenen Katastrophen einbeziehen und relevante Gesetze und Bestimmungen, wie zum Beispiel für die Betriebsgesundheit, und Safety-Bestimmungen berücksichtigen.

Den Unternehmenserfordernissen entsprechende Maßnahmen zur physischen Sicherheit sind umzusetzen. Maßnahmen sollten unter anderem Layout und Perimeter des Sicherheitsbereichs, Sicherheitszonen, Standort kritischer Ausrüstung sowie Versand- und Anlieferungszonen umfassen.

Verantwortlichkeiten für die Überwachung und Verfahren für die Berichterstattung und Lösung von Incidents der physischen Sicherheit müssen aufgestellt werden.

Verfahren sind zu entwickeln für die dem Unternehmensbedarf inklusive Notfällen entsprechende Erteilung, Einschränkung und Zurücknahme von Zutritt zu Gelände, Gebäuden und Arbeitsbereichen. Der Zugang zu Gelände, Gebäuden und Arbeitsbereichen sollte begründet, genehmigt, protokolliert und überwacht werden. Dies gilt für alle Personen, die das Gelände betreten, inklusive Personal, temporäres Personal, Kunden, Lieferanten, Besucher oder andere Drittparteien.

Einrichtungen, inklusive Strom- und Kommunikationsausrüstung, sind entsprechend Gesetzen und Bestimmungen, technischen und Unternehmenserfordernissen, Spezifikationen von Anbietern und Gesundheits- und Safety-Richtlinien zu managen.

Standardisierte Verfahren für den IT-Betrieb stellen sicher, dass das Betriebspersonal mit allen für sie relevanten Betriebsaufgaben vertraut ist. Operative Verfahren sollten Schichtübergaben (formale Übergaben von Aktivitäten, Status-Aktualisierungen, operative Probleme, Eskalationsverfahren und Berichte über derzeitige Verantwortungen) abdecken, um einen kontinuierlichen Betrieb sicherzustellen.

Jobs, Prozesse und Aufgaben sind in der wirtschaftlichsten Reihenfolge zu organisieren, um den Durchsatz zu maximieren und die Unternehmenserfordernisse zu erfüllen. Die erstmalige Planung sowie Änderungen dieser Pläne sollten autorisiert werden. Verfahren sollten vorhanden sein, um Abweichungen von normalen Job-Plänen zu erkennen, abzuklären und freizugeben.

Verfahren zur Überwachung der IT-Infrastruktur und der damit in Zusammenhang stehenden Vorkommnisse sind zu implementieren. Ausreichend chronologische Informationen sind in Betriebsprotokollen zu speichern, um Wiederherstellung, Review und die Untersuchung der zeitlichen Abfolge von Betriebs- und anderen Aktivitäten im Umfeld oder zur Unterstützung des Betriebs zu ermöglichen.

Verfahren zur Sicherstellung einer zeitgerechten Wartung der Infrastruktur sollten die Häufigkeit und Auswirkungen von Fehlern oder Leistungsabfall reduzieren.

7.1.4 Monitoring

Das Management sollte ein Framework und einen Ansatz für ein generelles Monitoring aufstellen, welches den Scope, die Methoden und anzuwendenden Prozesse festlegen, die befolgt werden müssen, um den Beitrag der IT zu den Portfoliomanagement- und Programmmanagement-Prozessen sowie jene Prozesse zu überwachen, die spezifisch sind für die Erbringung des Potenzials und der Services der IT. Das Framework sollte in das unternehmensweite System zum Performance-Monitoring integriert sein.

Die Wirksamkeit der Internal Controls über die IT sollte durch einen übergeordneten Review überwacht werden. Informationen für alle Ausnahmen von Controls sind aufzuzeichnen und für die Analyse der grundlegenden Ursachen und für Verbesserungsmaßnahmen zu verwenden. Das Management sollte entscheiden, welche Ausnahmen an die funktional verantwortliche Person kommuniziert werden und welche Ausnahmen eskaliert werden sollten. Das Management ist auch für die Information der betroffenen Parteien verantwortlich.

7.2 Vorschlag für eine Richtlinie zum sicheren IT-Betrieb

7.2.1 Vorbemerkung und Einführung

Dieses Dokument ist Bestandteil des Sicherheitskonzeptes des Unternehmens. Es beinhaltet Richtlinien, die einen sicheren IT-Betrieb von IT-Systemen, IT-Anwendungen, Räumen und Kommunikationselementen des Unternehmens und seiner Kunden gewährleisten sollen.

Das Unternehmen betreibt die IT-Infrastruktur. Das Unternehmen betreibt Datenverarbeitung im Auftrag ihrer Kunden und ist verantwortlich für die Aufrechterhaltung der Verfügbarkeit, Vertraulichkeit und Integrität der IT-Infrastruktur.

Die hier beschriebenen Maßnahmen orientieren sich an den Maßnahmenkatalogen des Bundesamtes für Sicherheit in der Informationsverarbeitung (BSI) nach IT-Grundschutz. Folgende Aspekte des IT-Betriebs werden in diesem Dokument behandelt:

- Die für den sicheren Betrieb aller IT-Komponenten notwendigen Maßnahmen.
- Die Sicherheitsanforderungen für die bereits vorhandenen IT-Systeme sowie die Anforderungen aus den geplanten Einsatzszenarien.
- Die Beschaffung und der Einsatz von Hardware und Software.
- Regelungen für den Einsatz von Fremdpersonal.
- Regelung des Passwortgebrauchs.
- Der Umgang mit sicherheitskritischen Informationen, zum Beispiel funktionsbasierter Zugang zu Informationen.
- Der physikalische Zugang zu IT-Systemen sowie eine Authentisierung der Benutzer gegenüber den Anwendungen und Systemen.
- Regelungen, wer ein System wann und wofür nutzen darf und auf welche Daten der Zugriff in welcher Weise gestattet wird.
- Sicherheitsrelevante Maßnahmen für die Installation und den Betrieb des Netzmanagementsystems.
- Computer-Virenschutzmaßnahmen und Regelungen zur Datenverschlüsselung.

Die für einen sicheren Geschäftsablauf erforderlichen Sicherheitsparameter der IT-Systeme werden in der Sicherheitsrichtlinie für IT-Systeme beschrieben.

Das Änderungsmanagement wird in der Service-Management-Richtlinie beschrieben.

Dieses Dokument ist ein zentrales Element des Sicherheitskonzeptes des Unternehmens. Im Rahmen des Sicherheitsmanagement-Prozesses sind die Inhalte dieses Dokumentes regelmäßig zu überprüfen und gemäß dem ermittelten Schutzbdarf anzupassen.

7.2.2 Gebäudesicherheit

7.2.2.1 Klimatisierung

In den Räumen mit sehr hohem Schutzbedarf ist eine Klimaanlage einzubauen. Die Aufgabe der Klimaanlage besteht darin, die Raumtemperatur innerhalb der von der IT vorgegebenen Toleranzgrenzen zu halten.

Werden darüber hinaus Forderungen an die Luftfeuchtigkeit gestellt, um beispielsweise elektrostatische Aufladungen zu vermeiden, kann ein Klimagerät durch Be- und Entfeuchtung auch diese erfüllen. Dazu muss das Klimagerät allerdings an eine Wasserleitung angeschlossen werden.

Um die Schutzwirkung aufrechtzuerhalten, muss die Klimatisierungseinrichtung regelmäßig gewartet werden. Eine zusätzliche Überwachungseinrichtung für die Klimatisierung ist zu empfehlen, insbesondere bei Vollklimatisierung.

Da bei einem Ausfall der Klimatisierung unter Umständen viele (insbesondere wichtige) IT-Systeme abgeschaltet werden müssen, sollte die Klimatisierung auf eine hohe Verfügbarkeit ausgelegt sein.

Die Klimatisierung sollte mit einer großzügigen Leistungsreserve dimensioniert sein, außerdem sollte sie einfach erweiterbar sein. Sie muss bei der Notfallplanung einbezogen werden.

Für den Serverraum ist zur Bestimmung der nötigen Kühlleistung eine exakte Wärmelastberechnung durchzuführen.

Ebenso ist durch mehrere Messungen zu verschiedenen Tageszeiten zu bestimmen, ob eine Luftbefeuchtung oder -entfeuchtung in solchen Räumen erforderlich ist. Hier sind auch Herstellervorgaben für die betriebenen IT-Komponenten zu beachten.

Wärmetauscher und Rückkühlwerke sollten möglichst nicht direkt in einem Serverraum oder Rechenzentrum aufgestellt sein, um zu verhindern, dass Schäden an der Klimaanlage weitere Beeinträchtigungen verursachen, zum Beispiel durch austretende Kühlflüssigkeit oder Kurzschlüsse.

Dies entspricht der Maßnahme M 1.27 des BSI Grundschutzkataloges.

7.2.2.2 Lokale und zentrale unterbrechungsfreie Stromversorgung

Das Unternehmen hat eine unterbrechungsfreie Stromversorgung (USV) installiert, die zur Überbrückung kurz- bis mittelfristiger Stromausfälle eingesetzt wird. Damit wird die Stromversorgung so lange aufrechterhalten, dass ein geordnetes Herunterfahren angeschlossener Rechner möglich ist.

Diese ist als Offline-USV auf Diesel-Basis realisiert. Hierbei werden die angeschlossenen Verbraucher im Normalfall direkt aus dem Stromversorgungsnetz gespeist. Erst wenn dieses ausfällt, schaltet sich die USV selbsttätig zu und übernimmt die Versorgung. Je nach Diesel-Vorrat lassen sich damit Stromausfälle bis zu sechs Tage überbrücken.

Um die Schutzwirkung aufrechtzuerhalten, ist eine regelmäßige Wartung der USV vorzusehen.

Bei der Dimensionierung einer USV sind zwei Aspekte von Bedeutung: die Stützzeit und die Ausgangsleistung. Typische Werte für die Stützzeit liegen bei 30 bis 60 Minuten. Der doppelte Ansatz der Shutdown-Zeit bewirkt ein Sicherheitspolster. Bei der Festlegung der Ausgangsleistung sind ausreichende Reserven einzuplanen.

Dies entspricht den Maßnahmen M 1.28 und M 1.70 des BSI Grundschutzkataloges.

7.2.2.3 Brandmeldeanlage

Neben der Aufstellung einer speziell auf den IT-Bereich zugeschnittenen Brandschutzordnung sowie von Alarm- und Einsatzplänen ist die Installation einer Brandmeldeanlage für alle Räume mit hohem und sehr hohem Schutzbedarf erforderlich.

Die Identifikation des auslösenden Melders muss möglich sein. Zur Lokalisierung des Brandherdes und der Brandausbreitung ist diese Identifikation der Brandmelder ein besonders wichtiges Hilfsmittel.

Eine empfehlenswerte Mindestkonfiguration einer Brandmeldeanlage in der Infrastruktur besteht aus

- Kanalmeldern in den Klimakanälen für Zuluft und Abluft und
- Meldern in der Frischluftansaugung, mit automatischer Sperrung der Frischluft, wenn Störgrößen erkannt werden.

Alle Meldungen der Brandmeldeanlage und auch Störmeldungen sollten, sofern möglich, auf einer ständig besetzten Stelle, zum Beispiel der Pförtnerloge, auflaufen. Nach Möglichkeit sollte eine direkte Aufschaltung zur Berufsfeuerwehr erfolgen.
Dies entspricht der Maßnahme M 1.48 des BSI Grundschutzkataloges.

7.2.2.4 Videoüberwachung

Bei der Planung einer Videoüberwachung ist auf eine konsistente Einbettung in das gesamte Schutzkonzept zu achten. Dies gilt umso mehr, wenn die Überwachungsterminals weit vom zu schützenden Bereich entfernt sind. Eine Videoüberwachung ohne Auswertungs- und Alarmierungsmechanismen ergibt, außer zur Abschreckung, keinen Sinn. Die benötigten zentralen Technikkomponenten sind in geeigneter Umgebung aufzustellen und zu schützen.

Bei der Planung bzw. Installation einer Videoüberwachung sollte der Datenschutzbeauftragte und der Personal- bzw. Betriebsrat hinzugezogen werden.
Dies entspricht der Maßnahme M 1.53 des BSI Grundschutzkataloges.

7.2.2.5 Geeignete Aufstellung von Archivsystemen

Da in Archivsystemen wichtige Unternehmensdaten konzentriert aufbewahrt werden, müssen deren IT-Komponenten so aufgestellt werden, dass nur Berechtigte Zutritt haben. Dies betrifft neben den eingesetzten Servern und Netzkomponenten insbesondere die Speichereinheiten (Plattenarrays, Bandlaufwerke, Disc-Jukeboxen).

Für die langfristige Aufbewahrung der verwendeten Archiv-Speichermedien sind geeignete Lagerbedingungen einzuhalten. Vor allem die zweckmäßige Klimatisierung von Speichermedien, aber auch der Archivsysteme selbst ist hier zu beachten.
Dies entspricht der Maßnahme M 1.59 des BSI Grundschutzkataloges.

7.2.2.6 Brandschutz von Patchfeldern

Sowohl die internen Leitungen des Hausnetzes als auch die externen des öffentlichen Netzes laufen in irgendeiner Form auf Leitungsverteilern oder Patchfeldern auf, von denen aus sie über Anschlussleitungen mit Servern, Routern etc. verbunden sind.

Um zu verhindern, dass diese Leitungsverteiler und Patchfelder durch einen Brand der aktiven IT (Server, Router etc.) beschädigt werden, sind sie mit einem geeigneten Brandschutz gegenüber dieser aktiven IT abzuschotten.

Es muss darauf geachtet werden, dass die Durchführung der Anschlussleitungen von den Leitungsverteilern und Patchfeldern zu den IT-Geräten durch die Brandschutzkonstruktion zu jeder Zeit mit geeigneten Brandschutzmitteln verschlossen ist.

Dies entspricht der Maßnahme M 1.62 des BSI Grundschutzkataloges.

7.2.2.7 Schlüsselverwaltung

Für alle Schlüssel der Räume des Unternehmens (von Etagen, Fluren und Räumen) ist ein Schließplan zu fertigen. Die Herstellung, Aufbewahrung, Verwaltung und Ausgabe von Schlüsseln ist zentral zu regeln. Reserveschlüssel sind vorzuhalten und gesichert aufzubewahren. Das gleiche gilt auch für alle Identifikationsmittel wie Magnetstreifen- oder Chipkarten. Zu beachten bleibt:

- Ist eine Schließanlage vorhanden, sind für schutzbedürftige Bereiche eigene Schließgruppen zu bilden. Je nach Anforderungen sind einzelne Räume aus der Schließgruppe herauszunehmen und mit Einzelschließung zu versehen.
- Nicht ausgegebene Schlüssel und die Reserveschlüssel sind gegen unbefugten Zugriff geschützt aufzubewahren.
- Die Ausgabe der Schlüssel erfolgt nur in begründeten und nachvollziehbaren Fällen an hierfür autorisierte Personen gegen Quittung und ist zu dokumentieren. Auch im Vertretungsfall darf ein Schlüssel nicht einfach weitergegeben werden, sondern hat über die Schlüsselausgabe zu erfolgen. Nur über diesen Umweg kann eine lückenlose Dokumentation als Nachweis über den Verbleib des Schlüssels erfolgen.
- Es sind Vorkehrungen zu treffen, wie bei Verlust einzelner Schlüssel zu reagieren ist (Meldung, Ersatz, Kostenerstattung, unter Umständen Regressfrage wegen mangelnder Sorgfaltspflicht prüfen, Austausch des Schlosses, Austausch von Schließgruppen etc.).
- Bei Zuständigkeitsänderungen von Mitarbeitern sind deren Schließberechtigungen zu prüfen und nicht mehr benötigte Schlüssel einzuziehen.
- Beim Ausscheiden von Mitarbeitern sind alle Schlüssel einzuziehen (Aufnahme der Schlüsselverwaltung in den Laufzettel der noch vor dem Ausscheiden zu erledigenden Stationen).
- Schlösser und Schlüssel zu besonders schutzbedürftigen Bereichen (zu denen nur sehr wenige Schlüssel ausgegeben werden sollten) können bei Bedarf auch ohne vorherige Ankündigung im Verdachtsfall getauscht werden, um so illegal nachgefertigten Schlüsseln die Funktion zu nehmen.

Dies entspricht der Maßnahme M 2.14 des BSI Grundschutzkataloges.

7.2.2.8 Brandschutzbegehungen

Bei der Errichtung und der Nutzung von Gebäuden sind alle geltenden Brandschutzvorschriften zu beachten.

Brandschutzbegehungen sollten ein- bis zweimal im Jahr angekündigt oder unangekündigt erfolgen.

Es ist nicht Sinn einer Brandschutzbegehung, Täter zu finden und zu bestrafen. Vielmehr sollten die vorgefundenen Mängel dazu Anlass geben, die Zustände sofort und gegebenenfalls auch deren Ursachen unverzüglich zu beheben.

Dies entspricht der Maßnahme M 2.15 des BSI Grundschutzkataloges.

7.2.2.9 Rauchverbot

In Räumen mit IT oder Datenträgern (Serverraum, Datenträgerarchiv, aber auch Belegarchiv), in denen Brände oder Verschmutzungen zu hohen Schäden führen können, ist Rauchen verboten. Dieses Rauchverbot dient gleicherweise dem vorbeugenden Brandschutz wie der Betriebssicherheit von IT mit mechanischen Funktionseinheiten.

Dies entspricht der Maßnahme M 2.21 des BSI Grundschutzkataloges.

7.2.2.10 Beschaffung geeigneter Schutzschränke

Für den IT-Grundschutz sollten bei Schutz gegen Feuer Schutzschränke der Güteklasse aS60 ausreichend sein. Zu beachten bleibt, dass Serverschränke damit einen Schutz gegen Feuer für einen gewissen Zeitraum bieten, so dass Datenträger nicht zerstört werden, jedoch ist im Brandfall davon auszugehen, dass der Betrieb des Servers nicht aufrechterhalten werden kann.

Bei Schutzschränken, die zum Schutz vor Feuer und Rauch dienen, sollte eine Vorrichtung zum automatischen Schließen der Türen im Brandfall vorgesehen werden. Die Schließung sollte lokal durch Rauchgasmelder und/oder extern durch ein Signal einer Brandmeldeanlage (soweit vorhanden) ausgelöst werden können.

Sind Zugriffsschutz und Brandschutz in Kombination erforderlich, so können Datensicherungsschränke nach RAL-RG 626/9 verwendet werden.

Bei der Auswahl von Schutzschränken ist auch die zulässige Deckenbelastung am Aufstellungsort zu berücksichtigen.

In Serverschränken sollte außer für den Server und eine Tastatur auch Platz für einen Bildschirm und weitere Peripheriegeräte wie zum Beispiel Bandlaufwerke vorgesehen werden, damit Administrationsarbeiten vor Ort durchgeführt werden können. Zumindest eine Lüftung sollte vorhanden sein.

Dies entspricht der Maßnahme M 2.95 des BSI Grundschutzkataloges.

7.2.2.11 Funktionstests der technischen Infrastruktur

Es ist unerlässlich, Reaktionsketten einem echten Funktionstest (Echttest) zu unterziehen. Da es Zweck eines solchen Echttests ist, nur im Gesamtsystem erkennbare Fehler festzustellen, muss damit gerechnet werden, dass eben solche Fehler auftreten, und die Reaktion nicht in der geplanten Weise erfolgt. Echttests der technischen Infrastruktur eines Rechenzentrums sind alle ein bis zwei Jahre sowie nach Systemumbauten und umfangreichen Reparaturen durchzuführen.

Dies entspricht der Maßnahme M 1.71 des BSI Grundschutzkataloges.

7.2.2.12 Einführung in die Bedrohung durch Schadprogramme

Im Folgenden wird der Begriff Viren-Schutzprogramm verwendet, gemeint ist jedoch ein Programm zum Auffinden jeglicher Schadsoftware. Die nachfolgende Verwendung des Begriffs Schadprogramm schließt die Computer-Viren mit ein.

Dies entspricht der Maßnahme M 3.69 des BSI Grundschutzkataloges.

7.2.3 Organisation und Governance

7.2.3.1 Festlegung von Verantwortlichkeiten und Regelungen für den IT-Einsatz

Für die Aufgabenbereiche IT-Einsatz und IT-Sicherheit müssen sowohl Verantwortlichkeiten als auch Befugnisse festgelegt sein.

Für den IT-Einsatz ist eine Festlegung der Fachverantwortung und der Betriebsverantwortung vorzunehmen. Der Fachverantwortliche ist zuständig für die Erarbeitung der fachlichen Vorgaben, die es in einem IT-Verfahren umzusetzen gilt. Hingegen umfasst die Betriebsverantwortung unter anderem folgende Aufgaben:

- Datenerfassung,
- Arbeitsplanung und -vorbereitung,
- Datenverarbeitung,
- Nachbereitung von Datenausgaben,
- Datenträgerverwaltung und
- Überwachung des Verfahrensbetriebes.

Übergreifende Regelungen zur IT-Sicherheit als ein Aspekt des IT-Einsatzes müssen verbindlich festgelegt werden. Das Richtlinienpaket bestehend aus

- der Sicherheitsrichtlinie,
- der Richtlinie zum IT-Sicherheitsmanagement,
- dem Datensicherungs- und Archivierungskonzept,
- der Service-Management-Richtlinie,
- der Richtlinie für IT-Systeme,
- der Datenschutzrichtlinie,
- dem Continuity-Handbuch,
- und diesem Dokument

enthält Regelungen zu

- Datensicherung,
- Datenarchivierung,
- Datenträgertransport,
- Datenübertragung,

- Datenträgervernichtung,
- Dokumentation von IT-Verfahren, Software, IT-Konfiguration,
- Gebrauch von Passwörtern,
- Zutrittsberechtigungen,
- Zugangsberechtigungen,
- Zugriffsberechtigungen,
- Betriebsmittelverwaltung,
- Wartungs- und Reparaturarbeiten,
- Software-Abnahme und -Freigabe,
- Software-Anwendungsentwicklung,
- Datenschutz,
- Schutz gegen Computer-Viren,
- Revision,
- Notfallvorsorge und
- Vorgehensweise bei der Verletzung der Sicherheitspolitik.

Diese Regelungen sind den betroffenen Mitarbeitern in geeigneter Weise bekannt zu geben. Die Bekanntgabe ist zu dokumentieren. Darüber hinaus sind sämtliche Regelungen in der aktuellen Form im Organisationshandbuch vorzuhalten und bei berechtigtem Interesse zugänglich zu machen.

Die getroffenen Regelungen sind regelmäßig zu aktualisieren, um Missverständnisse, ungeklärte Zuständigkeiten und Widersprüche zu verhindern.

Dies entspricht der Maßnahme M 2.1 des BSI Grundschutzkataloges.

7.2.3.2 Aufgabenverteilung und Funktionstrennung

Die vom Unternehmen im Zusammenhang mit dem IT-Einsatz wahrzunehmenden Funktionen sind festzulegen. Zu unterscheiden sind hier zwei Ebenen:

- Die erste Ebene besteht aus den Funktionen, die den IT-Einsatz ermöglichen oder unterstützen wie Arbeitsvorbereitung, Datennachbereitung, Operating, Programmierung, Netzadministration, Rechteverwaltung, Revision.
- Die zweite Ebene besteht aus den Funktionen, die die zur Aufgabenerfüllung bereitstehenden IT-Verfahren anwenden. Beispiele solcher Funktionen sind: Fachverantwortlicher, IT-Anwendungsbetreuer, Datenerfasser, Sachbearbeiter, Zahlungsanordnungsbefugter.

Funktionstrennung ist abzusichern. Das bedeutet, dass Aufgaben und deren Kontrolle nicht von einer Person gleichzeitig wahrgenommen werden.

Vertreterregelungen sind zu berücksichtigen und zu dokumentieren.

Die hier getroffenen Festlegungen sind zu dokumentieren und bei Veränderungen im IT-Einsatz zu aktualisieren. Sollte bei dieser Zuordnung eine Person miteinander unvereinbare Funktionen wahrnehmen müssen, so ist dies in einer entsprechenden Dokumentation über die Funktionsverteilung besonders hervorzuheben.

Dies entspricht der Maßnahme M 2.5 des BSI Grundschutzkataloges.

7.2.3.3 Ernennung eines Administrators und eines Vertreters

Für alle IT-Systeme und Netze sind Administratoren zu bestimmen. Ihnen obliegt neben allgemeinen Administrationsarbeiten insbesondere die Benutzerverwaltung einschließlich der Verwaltung der Zugriffsrechte. Zusätzlich sind sie für die Sicherheitsbelange aller von ihnen betreuten IT-Systeme zuständig.

Die Aufgaben zwischen den verschiedenen Administratoren müssen so verteilt sein, dass es zu keinen Zuständigkeitsproblemen kommt, also weder zu Überschneidungen noch zu Lücken in der Aufgabenverteilung. Darüber hinaus muss die Kommunikation zwischen den verschiedenen Administratoren möglichst reibungslos ablaufen.

Beim Einsatz von Protokollierung muss auf die Rollentrennung von Administration und Revision geachtet werden.

Um bei Verhinderung eines Administrators die Funktionen weiter aufrechtzuerhalten, ist ein Vertreter zu benennen. Hierbei ist darauf zu achten, dass dieser eine eigene Administratorkennung erhält. Auf keinen Fall darf aus Bequemlichkeit im Vertretungsfall einfach das Passwort weitergegeben werden.

Für die Übernahme von Administrationsaufgaben muss gewährleistet sein, dass jedem Administrator und ebenso den Vertretern für eine sorgfältige Aufgabenerfüllung auch die hierfür erforderliche Zeit zur Verfügung steht. Hierbei muss auch berücksichtigt werden, dass Aus- und Fortbildungsmaßnahmen erforderlich sind.

Dies entspricht der Maßnahme M 2.26 des BSI Grundschutzkataloges.

7.2.3.4 Aufteilung der Administrationstätigkeiten unter Unix

Das Super-User-Passwort in Unix-Systemen darf nur den Administratoren bekannt sein. Die Weitergabe des Passworts ist auf die in Regelungen festgelegten Fälle zu beschränken und zu dokumentieren. Der Super-User-Log-in root kann durch Anwendung des Vier-Augen-Prinzips zusätzlich geschützt werden, zum Beispiel durch organisatorische Maßnahmen wie ein geteiltes Passwort. Dabei muss das Passwort eine erhöhte Mindestlänge (zwölf oder mehr Zeichen) haben. Hierbei muss darauf geachtet werden, dass das Passwort in voller Mindestlänge vom System überprüft wird.

Eine Reihe von Administrationstätigkeiten können auch ohne Zugang zum Log-in root ausgeführt werden. Wenn es Administratoren mit solchen Spezialaufgaben gibt, muss davon Gebrauch gemacht werden. Insbesondere, wenn in großen Systemen mehrere Personen mit Administrationsaufgaben betraut werden müssen, kann das Risiko durch eine entsprechende Aufgabenteilung vermindert werden.

Um festzustellen, welche Log-ins Administratorrechte haben, sollten regelmäßig Hilfsprogramme (zum Beispiel cops, tiger) eingesetzt werden, die nach Log-ins mit der UID 0 in der Passwort-Datei suchen.

Dies entspricht der Maßnahme M 2.33 des BSI Grundschutzkataloges.

7.2.3.5 Aufteilung der Administrationstätigkeiten

Viele Netzbetriebssysteme bieten die Möglichkeit, die Administratorrolle aufzuteilen und Administrationstätigkeiten an verschiedene Benutzer zu verteilen.

Trotz des Aufteilens von Administrationstätigkeiten legt das System meist noch automatisch einen Account für einen Administratoren an, der keinen Beschränkungen unterliegt, den Supervisor. Das Supervisor-Passwort darf, wenn überhaupt, nur einem kleinen Personenkreis bekannt sein. Es darf keinem der Subadministratoren bekannt sein, damit diese nicht auf diese Weise ihre Rechte erweitern können. Das Passwort ist gesichert zu hinterlegen. Das Supervisor-Log-in kann durch Anwendung des Vier-Augen-Prinzips zusätzlich geschützt werden, zum Beispiel durch organisatorische Maßnahmen wie ein geteiltes Passwort. Dabei muss das Passwort eine erhöhte Mindestlänge (zwölf oder mehr Zeichen) haben. Hierbei muss darauf geachtet werden, dass das Passwort in voller Mindestlänge vom System überprüft wird.

Dies entspricht der Maßnahme M 2.38 des BSI Grundschutzkataloges.

7.2.3.6 Einrichtung einer Poststelle

Zum reibungslosen Ablauf des E-Mail-Dienstes muss ein Postmaster benannt werden, der folgende Aufgaben wahrnimmt:

- Bereitstellen der Maildienste auf lokaler Ebene,
- Pflege der Adresstabellen,
- Überprüfung, ob die externen Kommunikationsverbindungen funktionieren,
- Anlaufstelle bei Mailproblemen für Endbenutzer sowie für die Betreiber von Gateway- und Relaydiensten.

Alle unzustellbaren E-Mails und alle Fehlermeldungen müssen an den Postmaster weitergeleitet werden, der versuchen sollte, die Fehlerquellen zu beheben. Eine E-Mail, die unzustellbar bleibt, muss nach Ablauf einer vordefinierten Frist an den Absender mit einer entsprechenden Fehlermeldung zurückgeschickt werden.

Alle Betreuer bzw. deren Vertreter sollten jederzeit von den Benutzern telefonisch erreicht werden könnten.

Dies entspricht der Maßnahme M 2.120 des BSI Grundschutzkataloges.

7.2.3.7 Aufteilung von Administrationstätigkeiten bei Datenbanksystemen

Um einen geordneten Betrieb von Datenbanksystemen zu ermöglichen, sind Administratoren zu bestimmen. Diesen obliegt neben allgemeinen Administrationsarbeiten insbesondere die Benutzerverwaltung einschließlich der Verwaltung der Zugriffsrechte. Zusätzlich sind sie für die Sicherheitsbelange der betreuten Datenbanksysteme zuständig.

Neben der Ernennung eines Administrators und eines Vertreters sind speziell für Datenbanksysteme folgende Dinge zu beachten.

Es sollte grundsätzlich zwischen zwei Administrator-Rollen unterschieden werden:

- die fachlich übergreifende Administration der Datenbank-Software und
- die Administration der anwendungsspezifischen Belange.

Diese beiden Aufgaben sollten von verschiedenen Personen durchgeführt werden, um eine Trennung der anwendungsspezifischen und fachlich übergreifenden Administration einer Datenbank zu erreichen.

Der grundsätzliche Betrieb des DBMS, die Durchführung der Datensicherungen oder die Archivierung von Datenbeständen sind beispielsweise Bestandteil der fachlich übergreifenden Datenbankadministration.

Bei der anwendungsspezifischen Administration werden dagegen die Erfordernisse der einzelnen Anwendungen an die Datenbank bearbeitet. Dies kann zum Beispiel die Verwaltung der zugehörigen Datenbankobjekte, die Unterstützung der Benutzer bei Problemen bzw. Fragen oder die Verwaltung der entsprechenden Datenbankkennungen beinhalten. Letzteres ist allerdings nur dann möglich, wenn die Verwaltung der Datenbankkennungen je Anwendung über ein entsprechendes Berechtigungskonzept durch die Datenbank-Software unterstützt wird, also von den fachlich übergreifenden Berechtigungen getrennt werden kann.

Der fachlich übergreifende Administrator richtet die für die anwendungsspezifischen Belange zuständigen Administratorkennungen mit den zugehörigen Berechtigungen ein. Dazu gehört insbesondere das Recht, Datenbanken anzulegen. Die Rechtevergabe für die einzelnen Benutzer sollte dagegen für jede anwendungsspezifische Datenbank getrennt durchgeführt werden, und zwar vom jeweils zuständigen anwendungsspezifischen Administrator.

Dies entspricht der Maßnahme M 2.131 des BSI Grundschutzkataloges.

7.2.3.8 Konzeption des IT-Betriebs

Um auch im laufenden Betrieb die Sicherheit aller IT-Systeme aufrechterhalten zu können, müssen eine Vielzahl von Faktoren berücksichtigt werden. Daher sollten alle zur Aufrechterhaltung eines ordnungsgemäßen und sicheren Betriebs notwendigen Aufgaben beschrieben und klar zugeordnet werden. Dies betrifft unter anderem die folgenden Aspekte:

- Die Informationsverarbeitung muss kontinuierlich in allen ihren Phasen, allen Anwendungen und allen Systemen dokumentiert werden.
- Der Zugang zu allen IT-Systemen sollte geschützt sein, zum Beispiel durch Passwörter.
- Die Funktionen derjenigen IT-Komponenten, die nicht zum Einsatz kommen sollen oder dürfen, sind – wenn möglich – zu sperren.
- Die Protokollierungsdateien sind in regelmäßigen Abständen auf Anomalien (zum Beispiel Ausführung von Funktionen, die nicht zum Einsatz kommen sollen) zu untersuchen.
- Nach Möglichkeit sollten die IT-Systeme in Abständen einem Integritätstest unterzogen werden, so dass unberechtigte Änderungen so früh wie möglich entdeckt werden können. Dies gilt insbesondere für Konfigurationsdaten.
- Für alle IT-Systeme sollten geeignete Verfahren zur Datensicherung eingesetzt werden.
- Die Einhaltung der IT-Sicherheitsmaßnahmen muss regelmäßig kontrolliert werden.

Hausstandards für Hardware- und Software-Komponenten, die bei der Beschaffung zu berücksichtigen sind, müssen festgelegt und dokumentiert werden. Dies erlaubt es, auf bewährte Lösungen zurückzugreifen und Interoperabilitäts- und Kompatibilitätsprobleme möglichst zu vermeiden. Aufgrund der schnellen technischen Fortentwicklung im Bereich der Informationsverarbeitung müssen Hausstandards für IT-Komponenten regelmäßig aktualisiert werden.

Konventionen für Namens-, Adress- und Nummernräume
Für einen reibungslosen Ablauf der Informationsverarbeitung und für die Administrierbarkeit der eingesetzten IT ist es erforderlich, dass ein übergreifendes Konzept für die verwendeten Namens- und Nummernräume erstellt wird. Bei der Konzeption sollten folgende Aspekte berücksichtigt werden:

- Möglichst wenig unterschiedliche Namens- und Nummernräume sollten parallel verwendet und gepflegt werden.
- Das Konzept muss Vergabe, Entzug, gegebenenfalls Sperrung von Namen und Nummern sowie das Zusammenspiel der einzelnen Namens- und Nummernräume regeln.
- Namen und Nummern, die nur für Teilbereiche (Organisationseinheiten, Teilnetze, Liegenschaften usw.) benötigt werden, sollten möglichst aus allgemeinen, behörden- bzw. unternehmensweiten Namens- bzw. Nummernräumen abgeleitet werden.
- Die Struktur der verwendeten Namens- und Nummernräume sollte möglichst einfach, allgemein und ohne unnötige Ausnahmen sein, auch wenn dies bedeutet, dass die Bezeichnungen länger werden (zum Beispiel mehr Ziffern enthalten). Anderenfalls besteht die Gefahr, dass die Bezeichnungen fehlinterpretiert oder von gängigen Produkten nicht verarbeitet werden können.
- Bei der Konzeption ist das absehbare mittelfristige Wachstum zu berücksichtigen, das durch den Namens- bzw. Nummernraum versorgt werden muss. In jedem Fall sind großzügige Reserven einzuplanen. Nachträgliche Erweiterungen oder Migrationen auf größere Namens- oder Nummernräume sind oft zeit- und kostenintensiv.
- Wenn Kollisionen, das heißt mehrfache Vergabe des gleichen Bezeichners oder der gleichen Nummer, durch das generelle Vergabesystem möglich sind, so ist im Konzept festzulegen, wie diese aufgelöst werden.

Um einen reibungslosen IT-Betrieb gewährleisten zu können, ist es erforderlich, die Schnittstellen für das Zusammenspiel der einzelnen Komponenten klar zu definieren. Alle Schnittstellendefinitionen sollten dokumentiert werden, sofern sie nicht von den verwendeten Komponenten her selbstverständlich sind.

Alle Änderungen an Schnittstellendefinitionen zwischen den verwendeten IT-Komponenten müssen dokumentiert und in Bezug auf Auswirkungen auf die Sicherheit des IT-Verbunds geprüft werden. Falls erforderlich, ist das IT-Sicherheitskonzept entsprechend zu ergänzen bzw. anzupassen.
Dies entspricht der Maßnahme M 2.214 des BSI Grundschutzkataloges.

7.2.3.9 Vertretungsregelungen

Vertretungsregelungen haben den Sinn, für vorhersehbare (Urlaub, Dienstreise) und auch unvorhersehbare Fälle (Krankheit, Unfall, Kündigung) des Personenausfalls die Fortführung der Aufgabenwahrnehmung zu ermöglichen. Daher muss vor Eintritt eines solchen Falles geregelt sein, wer wen in welchen Angelegenheiten mit welchen Kompetenzen vertritt.

- Die Übernahme von Aufgaben im Vertretungsfall setzt voraus, dass der Verfahrens- oder Projektstand hinreichend dokumentiert ist.
- Das Benennen eines Vertreters reicht in der Regel nicht aus, es muss überprüft werden, wie der Vertreter zu schulen ist, damit er die Aufgaben inhaltlich übernehmen kann. Stellt sich heraus, dass es Personen gibt, die aufgrund ihres Spezialwissens nicht kurzfristig ersetzbar sind, so bedeutet deren Ausfall eine gravierende Gefährdung des Normalbetriebes. Hier ist es von besonders großer Bedeutung, einen Vertreter zu schulen.
- Es muss festgelegt sein, welcher Aufgabenumfang im Vertretungsfall von wem wahrgenommen werden soll.
- Der Vertreter darf die erforderlichen Zugangs- und Zutrittsberechtigungen nur im Vertretungsfall erhalten.
- Ist es in Ausnahmefällen nicht möglich, für Personen einen kompetenten Vertreter zu benennen oder zu schulen, sollte frühzeitig überlegt werden, welche externen Kräfte für den Vertretungsfall eingesetzt werden können.

Dies entspricht der Maßnahme M 3.3 des BSI Grundschutzkataloges.

7.2.3.10 Vertraulichkeitsvereinbarungen

Externe Mitarbeiter erhalten häufig für die Erfüllung ihrer Aufgaben Zugang zu vertraulichen Informationen oder erzielen Ergebnisse, die vertraulich behandelt werden müssen. In diesen Fällen müssen sie verpflichtet werden, diese entsprechend zu behandeln. Hierüber sollten Vertraulichkeitsvereinbarungen (Non-disclosure agreements) abgeschlossen werden, die vom externen Mitarbeiter unterzeichnet werden. In einer Vertraulichkeitsvereinbarung sollte beschrieben sein,

- welche Informationen vertraulich behandelt werden müssen,
- für welchen Zeitraum diese Vertraulichkeitsvereinbarung gilt,
- welche Aktionen bei Beendigung dieser Vereinbarung vorgenommen werden müssen, zum Beispiel Vernichtung oder Rückgabe von Datenträgern,
- wie die Eigentumsrechte an Informationen geregelt sind,
- welche Regelungen für den Gebrauch und die Weitergabe von vertraulichen Informationen an weitere Partner gelten, falls dies notwendig ist,
- welche Konsequenzen bei Verletzung der Vereinbarung eintreten. Eine Vertraulichkeitsvereinbarung muss alle relevanten Gesetze und Bestimmungen für die Organisation in dem speziellen Einsatzbereich berücksichtigen, klar formuliert sein und aktuell gehalten werden.

Dies entspricht der Maßnahme M 3.55 des BSI Grundschutzkataloges.

7.2.3.11 Auswahl eines vertrauenswürdigen Administrators und Vertreters

Administratoren und ihre Vertreter sind in der Lage, auf alle gespeicherten Daten zuzugreifen, diese gegebenenfalls zu verändern und Berechtigungen so zu vergeben, dass ein erheblicher Missbrauch möglich wäre.

Das hierfür eingesetzte Personal muss sorgfältig ausgewählt werden. Es soll regelmäßig darüber belehrt werden, dass die Befugnisse nur für die erforderlichen Administrationsaufgaben verwendet werden dürfen.

Da der Administrator hinsichtlich der Funktionsfähigkeit der eingesetzten Hard- und Software eine Schlüsselrolle innehat, muss auch bei seinem Ausfall die Weiterführung seiner Tätigkeiten gewährleistet sein. Hierzu müssen die benannten Vertreter über den aktuellen Stand der Systemkonfiguration verfügen sowie Zugriff auf die für die Administration benötigten Passwörter, Schlüssel und Sicherheitstoken haben.

Um die Funktionsfähigkeit des IT-Betriebs zu gewährleisten, muss insbesondere bei bevorstehenden Personalveränderungen oder Veränderungen der Organisationsstruktur geprüft werden, ob die erforderlichen Administrationstätigkeiten auch durch die benannten Administratoren und deren Vertretern bewältigt werden können.

Dies entspricht der Maßnahme M 3.10 des BSI Grundschutzkataloges.

7.2.3.12 Netzverwaltung

Eine zentrale Koordinierung aller Netzaktivitäten des Unternehmens ist notwendig, damit Redundanzen vermieden werden. Zentral gesteuert werden sollten

- die Auswahl und Verlegung der Kabel,
- die Auswahl der eingesetzten IT-Systeme und Anwendungen, um Unverträglichkeiten zu vermeiden,
- die zentrale Vergabe von Netzadressen und Benutzer-IDs,
- die organisatorische Zuteilung von Netzkomponenten zum Beispiel zu Abteilungen.

Die einzelnen Netzknoten und die dort angeschlossenen IT-Systeme können auch lokal verwaltet werden.

Die Aufgaben- und Verantwortungsbereiche der Systemverwalter müssen dabei klar spezifiziert und eindeutig geregelt sein.

Dies entspricht der Maßnahme M 5.7 des BSI Grundschutzkataloges.

7.2.3.13 Einrichtung eines zusätzlichen Netzadministrators

Für den Fall, dass der Netzadministrator wie auch sein Stellvertreter die Administrationsaufgaben nicht wahrnehmen können, ist Vorsorge zu treffen. Dazu ist ein zusätzlicher Benutzer einzurichten, der über die Rechte des Netzadministrators verfügt. Die Benutzer-Kennung und das dazugehörige Passwort sind in einem versiegelten Umschlag sicher zu hinterlegen. Der Gebrauch dieses Passwortes ist zu dokumentieren und mit dem Vier-Augen-Prinzip zu kontrollieren.

Dies entspricht der Maßnahme M 5.12 des BSI Grundschutzkataloges.

7.2.3.14 Umgang mit Änderungsanforderungen

Die Anträge für Patches und Änderungen sind nach einem festgelegten Vorgehen einzureichen und zu bearbeiten:

- Einreichen und Erfassen von Änderungsanforderungen
- Änderungsanforderungen filtern und akzeptieren
- Planung

Dies entspricht der Maßnahme M 2.422 des BSI Grundschutzkataloges.

7.2.3.15 Konfiguration von Autoupdate-Mechanismen beim Patch- und Änderungsmanagement

Falls öffentliche Update-Server genutzt werden sollen, ist zunächst die Authentizität des Update-Servers zu prüfen. Außerdem ist zu untersuchen, ob Zeitintervalle oder Ereignisse zur Steuerung der Update-Abfrageaktion eingestellt werden können. Die Einstellungen müssen dann entsprechend der festgelegten Änderungsstrategie vorgenommen werden.

Es ist zu prüfen, wie die Kommunikation mit Update-Servern auf das geringst mögliche Maß beschränkt werden kann. Außerdem muss entschieden werden, ob die direkte Kommunikation mit dem Hersteller als einzige Alternative oder parallel zur internen Kommunikation (Parallelkonfiguration) betrieben werden soll.

Dies entspricht der Maßnahme M 4.324 des BSI Grundschutzkataloges.

7.2.4 Regelungen zu Zutritt, Zugang, Zugriff

7.2.4.1 Vergabe von Zutrittsberechtigungen

Es ist festzulegen, welche Person zur Ausübung der wahrgenommenen Funktion welches Zutrittsrecht benötigt. Unnötige Zutrittsrechte sind zu vermeiden.

Um die Zahl zutrittsberechtigter Personen zu einem Raum möglichst gering zu halten, sollte auch beim IT-Einsatz der Grundsatz der Funktionstrennung berücksichtigt werden.

Die Vergabe und Rücknahme von Zutrittsberechtigungen ist zu dokumentieren. Bei der Rücknahme einer Zutrittsberechtigung muss die Rücknahme des Zutrittsmittels gewährleistet sein. Zusätzlich ist zu dokumentieren, welche Konflikte bei der Vergabe der Zutrittsberechtigungen an Personen aufgetreten sind. Gründe für Konflikte können vorliegen, weil Personen Funktionen wahrnehmen, die bezüglich der Zutrittsberechtigungen der Funktionstrennung entgegenstehen, oder aufgrund räumlicher Notwendigkeiten.

Zur Überwachung der Zutrittsberechtigung werden Kartenleser eingesetzt. Der Zutritt zu schutzbedürftigen Räumen von nicht autorisiertem Personal (zum Beispiel Besuchern, Reinigungs- und Wartungspersonal) darf nur bei Anwesenheit oder in Begleitung Zutrittsberechtigter erfolgen.

7.2 Vorschlag für eine Richtlinie zum sicheren IT-Betrieb

Regelungen über die Vergabe und Rücknahme von Zutrittsberechtigungen für Fremdpersonal und Besucher sind definiert.
Dies entspricht der Maßnahme M 2.6 des BSI Grundschutzkataloges.

7.2.4.2 Schutz eines Rechenzentrums gegen unbefugten Zutritt

Alle Besucher müssen eindeutig Personen zugeordnet werden, die für sie während ihres Aufenthaltes verantwortlich sind und sie durchgehend beaufsichtigen. Hier ist es erforderlich, jeden Zutritt einer Person eindeutig zu erfassen. In einem Rechenzentrum ist jeder Zutritt zu protokollieren, sowohl von autorisierten Personen als auch von solchen mit temporärer Zutrittsberechtigung.
Dies entspricht der Maßnahme M 1.73 des BSI Grundschutzkataloges.

7.2.4.3 Vergabe von Zugangsberechtigungen

Zugangsberechtigungen erlauben der betroffenen Person oder einem autorisierten Vertreter, bestimmte IT-Systeme bzw. System-Komponenten und Netze zu nutzen. Dies ist für jede nutzungsberechtigte Person aufgrund ihrer Funktion, unter Beachtung der Funktionstrennung im Einzelnen festzulegen. Entsprechend der Funktion ist der Zugang zum Rechner zu definieren, zum Beispiel Zugang zum Betriebssystem (Systemverwalter) oder Zugang zu einer IT-Anwendung (Anwender). Ergänzend hierzu muss sichergestellt sein, dass personelle und aufgabenbezogene Änderungen unverzüglich berücksichtigt werden.

Der Zugang soll – sofern technisch möglich – erst nach einer Identifikation (zum Beispiel durch Name, User-ID oder Chipkarte) und Authentisierung (zum Beispiel durch ein Passwort) des Nutzungsberechtigten möglich sein und protokolliert werden.

Die Ausgabe bzw. der Einzug von Zugangsmitteln wie Benutzer-Kennungen oder Chipkarten ist zu dokumentieren. Regelungen über die Handhabung von Zugangs- und Authentisierungsmitteln (zum Beispiel Umgang mit Chipkarten, Passworthandhabung) müssen ebenfalls getroffen werden.

Zugangsberechtigungen sollten bei länger währender Abwesenheit einer berechtigten Person vorübergehend gesperrt werden, um Missbrauch zu verhindern, zum Beispiel bei Krankheit oder Urlaub. Dies sollte zumindest bei Personen mit weitreichenden Berechtigungen, wie Administratoren, erfolgen.

Es ist notwendig, die vorgenannten Festlegungen auf ihre korrekte Einhaltung regelmäßig zu kontrollieren.
Dies entspricht der Maßnahme M 2.7 des BSI Grundschutzkataloges.

7.2.4.4 Vergabe von Zugriffsrechten

Über Zugriffsrechte wird geregelt, welche Person im Rahmen ihrer Funktion bevollmächtigt wird, IT-Anwendungen oder Daten zu nutzen. Die Zugriffsrechte (zum Beispiel Lesen, Schreiben, Ausführen) auf IT-Anwendungen, Teilanwendungen oder Daten sind von der Funktion abhängig, die die Person wahrnimmt, zum Beispiel Anwenderbetreuung, Arbeitsvorbereitung, Systemprogrammierung, Anwendungsentwicklung, Systemadministration, Revision, Datenerfassung, Sachbearbeitung. Dabei sollten immer nur so viele

Zugriffsrechte vergeben werden, wie es für die Aufgabenwahrnehmung notwendig ist (Need-to-know-Prinzip). Umgesetzt werden müssen die Zugriffsrechte durch die Rechteverwaltung des IT-Systems.

Eine Vielzahl von IT-Systemen lässt es zu, dass verschiedene Rechte als Gruppenrechte bzw. als Rechteprofil definiert werden (zum Beispiel Gruppe Datenerfassung). Diese Definition entspricht der technischen Umsetzung der Rechte, die einer Funktion zugeordnet werden.

Die Festlegung und Veränderung von Zugriffsrechten ist vom jeweils Verantwortlichen zu veranlassen und zu dokumentieren. Aus der Dokumentation muss hervorgehen,

- welche Funktion unter Beachtung der Funktionstrennung mit welchen Zugriffsrechten ausgestattet wird,
- welche Gruppen bzw. Profile eingerichtet werden,
- welche Person welche Funktion wahrnimmt,
- welche Zugriffsrechte eine Person im Rahmen welcher Rolle erhält (hierbei sollten auch die Zugriffsrechte von Vertretern erfasst werden) und
- welche Konflikte bei der Vergabe von Zugriffsrechten aufgetreten sind (diese Konflikte können zum Beispiel daraus resultieren, dass eine Person unvereinbare Funktionen wahrnimmt oder daraus, dass abhängig vom IT-System die Trennung bestimmter Zugriffsrechte nicht vorgenommen werden kann),
- welche Personen in einem Notfall welche Zugriffsrechte erhalten, zum Beispiel da sie zum Krisenstab gehören.

Dies entspricht der Maßnahme M 2.8 des BSI Grundschutzkataloges.

7.2.4.5 Regelung des Passwortgebrauchs

Vorgaben für die Passwortgestaltung müssen immer einen praktikablen Kompromiss zwischen folgenden Sicherheitszielen darstellen:

1. Die Zeichenzusammensetzung des Passwortes muss so komplex sein, dass es nicht leicht zu erraten ist.
2. Die Anzahl der möglichen Passwörter im vorgegebenen Schema muss so groß sein, dass es nicht in kurzer Zeit durch einfaches Ausprobieren ermittelt werden kann.
3. Das Passwort darf nicht zu kompliziert sein, damit der Besitzer mit vertretbarem Aufwand in der Lage ist, es auswendig zu lernen.

Folgende Regeln zum Passwortgebrauch müssen deshalb beachtet werden:

- Das Passwort darf nicht leicht zu erraten sein. Namen, Kfz-Kennzeichen, Geburtsdatum usw. dürfen deshalb nicht als Passwörter gewählt werden.
- Innerhalb des Passwortes sollte mindestens ein Zeichen verwendet werden, das kein Buchstabe ist (Sonderzeichen oder Zahl).
- Wenn für das Passwort alphanumerische Zeichen gewählt werden können, sollte es mindestens acht Zeichen lang sein.

7.2 Vorschlag für eine Richtlinie zum sicheren IT-Betrieb

- Wenn für das Passwort nur Ziffern zur Verfügung stehen, sollte es mindestens sechs Zeichen lang sein und das Authentisierungssystem sollte den Zugang nach wenigen Fehlversuchen sperren (für eine bestimmte Zeitspanne oder dauerhaft).
- Es muss getestet werden, wie viele Stellen des Passwortes vom Rechner wirklich überprüft werden.
- Voreingestellte Passwörter (zum Beispiel des Herstellers bei Auslieferung von Systemen) müssen durch individuelle Passwörter ersetzt werden.
- Passwörter dürfen nicht auf programmierbaren Funktionstasten gespeichert werden.
- Das Passwort muss geheim gehalten werden und sollte nur dem Benutzer persönlich bekannt sein.
- Das Passwort sollte allenfalls für die Hinterlegung schriftlich fixiert werden, wobei es in diesem Fall in einem verschlossenen Umschlag sicher aufbewahrt werden muss. Wird es darüber hinaus aufgeschrieben, ist das Passwort zumindest so sicher wie eine Scheckkarte oder ein Geldschein aufzubewahren.
- Das Passwort muss regelmäßig gewechselt werden, zum Beispiel alle 90 Tage.
- Ein Passwortwechsel ist durchzuführen, wenn das Passwort unautorisierten Personen bekannt geworden ist.
- Alte Passwörter sollten nach einem Passwortwechsel nicht mehr gebraucht werden.
- Die Eingabe des Passwortes sollte unbeobachtet stattfinden.

Falls IT-technisch möglich, sollten folgende Randbedingungen eingehalten werden:

- Die Wahl von Trivialpasswörtern (zum Beispiel BBBBBBBB, 123456) sollte verhindert werden.
- Jeder Benutzer muss sein eigenes Passwort jederzeit ändern können.
- Für die Erstanmeldung neuer Benutzer sollten Einmalpasswörter vergeben werden, also Passwörter, die nach einmaligem Gebrauch gewechselt werden müssen. In Netzen, in denen Passwörter unverschlüsselt übertragen werden, empfiehlt sich die dauerhafte Verwendung von Einmalpasswörtern.
- Nach dreifacher fehlerhafter Passworteingabe sollte eine Sperrung erfolgen, die nur vom Systemadministrator aufgehoben werden kann.
- Bei der Authentisierung in vernetzten Systemen sollten Passwörter selbst im Intranet nicht unverschlüsselt übertragen werden. Erfolgt die Authentisierung über ein ungesichertes Netz hinweg, so dürfen Passwörter keinesfalls unverschlüsselt übertragen werden.
- Bei der Eingabe sollte das Passwort nicht auf dem Bildschirm angezeigt werden.
- Die Passwörter müssen im System zugriffssicher gespeichert werden, zum Beispiel mittels Einweg-Verschlüsselung (Hashfunktionen).
- Der Passwortwechsel sollte vom System regelmäßig initiiert werden.
- Die Wiederholung alter Passwörter beim Passwortwechsel sollte vom IT-System verhindert werden (Passworthistorie).

Dies entspricht der Maßnahme M 2.11 des BSI Grundschutzkataloges.

7.2.4.6 Zutrittsregelung und -kontrolle

Der Zutritt zu schutzbedürftigen Gebäudeteilen und Räumen ist zu regeln und zu kontrollieren. Die Maßnahmen reichen dabei von einer einfachen Schlüsselvergabe bis hin zu aufwendigen Identifizierungssystemen mit Personenvereinzelung, wobei auch die Nutzung eines mechanischen Schlüssels nebst Schloss eine Zutrittsregelung darstellt. Für eine Zutrittsregelung und -kontrolle ist es erforderlich, dass

- der von der Regelung betroffene Bereich eindeutig bestimmt wird,
- die Zahl der zutrittsberechtigten Personen auf ein Mindestmaß reduziert wird; diese Personen sollen gegenseitig ihre Berechtigung kennen, um Unberechtigte als solche erkennen zu können,
- der Zutritt anderer Personen (Besucher) erst nach vorheriger Prüfung der Notwendigkeit erfolgt,
- erteilte Zutrittsberechtigungen dokumentiert werden.

Die Vergabe von Rechten muss regelmäßig kontrolliert werden.

Im Betrieb eines Rechenzentrums ist die Absicherung der Kerneinheiten durch starke Zutrittskontrollmechanismen zwingend erforderlich. Als Identifikations- bzw. Authentikationskennzeichen kommen dabei Besitz, Wissen und biometrische Merkmale in Frage. Ein starker Zutrittskontrollmechanismus muss mindestens zwei dieser drei Kennzeichen berücksichtigen.

Die Terminals zur Zutrittskontrolle müssen gegen Manipulationen geschützt werden. Dafür müssen diese so angebracht werden, dass Vertraulichkeit bei der Eingabe von Daten gewährleistet ist. Außerdem sollten alle zur Dateneingabe erforderlichen Einheiten in einem Gerät kombiniert sein, also beispielsweise eine Tastatur zur PIN-Eingabe.

Befinden sich nicht alle Einheiten in einem Gerät, muss die Datenübertragung zwischen diesen verschlüsselt erfolgen.

Dies entspricht der Maßnahme M 2.17 des BSI Grundschutzkataloges.

7.2.4.7 Hinterlegen des Passwortes

Ist der Zugriff auf ein IT-System durch ein Passwort geschützt, so sind Vorkehrungen zu treffen, die bei Abwesenheit eines Mitarbeiters, zum Beispiel im Urlaubs- oder Krankheitsfall, seinem Vertreter den Zugriff auf das IT-System ermöglichen.

Das Passwort zur Authentifizierung wird an einer geeigneten Stelle (zum Beispiel im Safe in einem geschlossenen Umschlag) hinterlegt. Bei jeder Änderung eines der Passwörter ist dieses zu aktualisieren. Es darf kein Passwort dabei vergessen werden. Es darf nicht möglich sein, dass Unbefugte auf die hinterlegten Passwörter Zugriff nehmen. Wird es notwendig, eines der hinterlegten Passwörter zu nutzen, so sollte dies nach dem Vier-Augen-Prinzip, das heißt von zwei Personen gleichzeitig, geschehen. Jeder Zugriff darauf muss dokumentiert werden.

Bei allen von Administratoren betreuten Systemen, insbesondere bei vernetzten Systemen, ist durch regelmäßige Überprüfung sicherzustellen, dass das aktuelle Systemadministrator-Passwort hinterlegt ist.

Dies entspricht der Maßnahme M 2.22 des BSI Grundschutzkataloges.

7.2.4.8 Regelung für die Einrichtung von Benutzern/Benutzergruppen

Regelungen für die Einrichtung von Benutzern/Benutzergruppen bilden die Voraussetzung für eine angemessene Vergabe von Zugriffsrechten und für die Sicherstellung eines geordneten und überwachbaren Betriebsablaufs.

Es muss ein Formblatt verwendet werden, um von jedem Benutzer bzw. für jede Benutzergruppe zunächst die erforderlichen Daten abzufragen:

- Name, Vorname,
- Vorschlag für die Benutzer- bzw. Gruppenkennung, wenn diese nicht durch Konventionen vorgegeben sind,
- Organisationseinheit,
- Erreichbarkeit (zum Beispiel Telefon, Raum),
- gegebenenfalls Projekt,
- gegebenenfalls Angaben über die geplante Tätigkeit im System und die dazu erforderlichen Rechte sowie die Dauer der Tätigkeit,
- gegebenenfalls Restriktionen auf Zeiten, Endgeräte, Plattenvolumen, Zugriffsberechtigungen (für bestimmte Verzeichnisse, Remote-Zugriffe etc.), eingeschränkte Benutzerumgebung,
- gegebenenfalls Zustimmung von Vorgesetzten.

Falls Zugriffsberechtigungen vergeben werden, die über den Standard hinausgehen, muss dies begründet werden.

Es muss eine begrenzte Anzahl von Rechteprofilen festgelegt werden. Ein neuer Benutzer wird dann einem solchen Profil zugeordnet und erhält damit genau die für seine Tätigkeit erforderlichen Rechte. Dabei sind die systemspezifischen Möglichkeiten bei der Einrichtung von Benutzern und Gruppen zu beachten.

Die Zugriffsberechtigung für Dateien ist auf Benutzer bzw. Gruppen mit berechtigtem Interesse zu beschränken. Wenn mehrere Personen auf eine Datei zugreifen müssen, soll für diese eine Gruppe eingerichtet werden. In der Regel muss jedem Benutzer eine eigene Benutzerkennung zugeordnet sein, es dürfen nicht mehrere Benutzer unter derselben Kennung arbeiten. Für jeden Benutzer muss ein eindeutiges Heimatverzeichnis angelegt werden.

Für die Einrichtungsarbeiten im System muss eine administrative Rolle geschaffen werden: Die Einrichtung muss mit Hilfe eines speziellen Log-ins, unter dem ein entsprechendes Programm oder Shellskript gestartet wird, erfolgen. Die zuständigen Administratoren können Benutzer bzw. Benutzergruppen somit nur auf definierte Weise einrichten, und es ist nicht erforderlich, ihnen Rechte für andere Administrationsaufgaben zu geben.

Dies entspricht der Maßnahme M 2.30 des BSI Grundschutzkataloges.

7.2.4.9 Einrichtung einer eingeschränkten Benutzerumgebung

Falls Benutzer nur bestimmte Aufgaben wahrzunehmen brauchen, ist es nicht erforderlich, ihnen alle mit einem eigenen Log-in verbundenen Rechte (gegebenenfalls sogar Systemadministrator-Rechte) zu geben.

Für diese Benutzer muss eine eingeschränkte Benutzerumgebung geschaffen werden.

Dies entspricht der Maßnahme M 2.32 des BSI Grundschutzkataloges.

7.2.4.10 Einrichten der Zugriffsrechte

Arbeiten mit einem IT-System mehrere Benutzer, so muss durch eine ordnungsgemäße Administration der Zugriffsrechte sichergestellt werden, dass die Benutzer das IT-System nur gemäß ihren Aufgaben nutzen können.

Es ist vorauszusetzen, dass von den Fachverantwortlichen die Zugangs- und Zugriffsberechtigungen für die einzelnen Funktionen festgelegt wurden. Anschließend werden die Benutzer des IT-Systems den einzelnen Funktionen zugeordnet. Die Ergebnisse sind schriftlich zu dokumentieren.

Der Administrator muss dann das IT-System so konfigurieren, dass diese Benutzer Zugang zum IT-System erhalten und mit den ihnen zugewiesenen Zugriffsrechten nur ihre Aufgaben wahrnehmen können. Bietet das IT-System keine Möglichkeit, Zugriffsrechte zuzuweisen, so ist ein Zusatzprodukt zu diesem Zweck einzusetzen.

Lässt das IT-System es zu, so sind die sinnvoll einsetzbaren Protokollfunktionen zur Beweissicherung durch den Administrator zu aktivieren. Dazu gehören erfolgreiche und erfolglose An- und Abmeldevorgänge, Fehlermeldungen des Systems, unerlaubte Zugriffsversuche.

Für den Vertretungsfall muss der Administrator vorab kontrollieren, ob der Vertreter vom Fachverantwortlichen autorisiert ist. Erst dann darf er die erforderlichen Zugriffsrechte im akuten Vertretungsfall einrichten.

Dies entspricht der Maßnahme M 2.63 des BSI Grundschutzkataloges.

7.2.4.11 Kontrolle der Wirksamkeit der Benutzer-Trennung am IT-System

Mittels Protokollauswertung oder durch Stichproben ist in angemessenen Zeitabständen zu überprüfen, ob sich die Benutzer des IT-Systems regelmäßig nach Aufgabenerfüllung abmelden oder ob mehrere Benutzer unter einer Kennung arbeiten.

Sollte festgestellt werden, dass tatsächlich mehrere Benutzer unter einer Kennung arbeiten, sind sie auf die Verpflichtung zum Abmelden nach Aufgabenerfüllung hinzuweisen. Gleichzeitig sollte der Sinn dieser Maßnahme erläutert werden, die im Interesse des einzelnen Benutzers liegt.

Dies entspricht der Maßnahme M 2.65 des BSI Grundschutzkataloges.

7.2.4.12 Regelung für die Einrichtung von Datenbankbenutzern/-benutzergruppen

Die Einrichtung von Benutzern/Benutzergruppen in einer Datenbank bildet die Voraussetzung für eine angemessene Vergabe von Zugriffsrechten und für die Sicherstellung eines geordneten und überwachbaren Betriebsablaufs. Im Allgemeinen erhält dazu jeder Datenbankbenutzer eine interne Datenbankkennung, über die ihn das Datenbanksystem identifiziert. Damit können nur autorisierte Personen auf die Datenbank zugreifen.

Das Unternehmen fragt mit einem Formblatt von jedem Benutzer bzw. für jede Benutzergruppe folgende Informationen ab:

- Name, Vorname,
- Vorschlag für die Benutzer-Kennung (wenn nicht durch Konventionen vorgegeben),
- Organisationseinheit,
- Erreichbarkeit (zum Beispiel Telefon, Raum),
- gegebenenfalls Projekt,
- gegebenenfalls Anwendungen, die benutzt werden sollen und auf das Datenbanksystem zugreifen,
- gegebenenfalls Angaben über die geplante Tätigkeit im Datenbanksystem und die dazu erforderlichen Rechte sowie die Dauer der Tätigkeit,
- gegebenenfalls Restriktionen auf Zeiten, Zugriffsberechtigungen (für bestimmte Tabellen, Views etc.), eingeschränkte Benutzerumgebung,
- gegebenenfalls Zustimmung von Vorgesetzten.

Es sollte eine begrenzte Anzahl von Rechteprofilen festgelegt werden. Ein neuer Benutzer wird dann einem oder mehreren Profilen zugeordnet und erhält damit genau die für seine Tätigkeit erforderlichen Rechte. Dabei sind die datenbankspezifischen Möglichkeiten bei der Einrichtung von Benutzern und Gruppen zu beachten.

Es können dabei Benutzer-, Rollen- und Gruppenprofile benutzt werden. Soweit möglich, sollten jedoch keine benutzerspezifischen Profile verwendet werden, da dies bei einer großen Anzahl von Benutzern zu einem hohen administrativen Aufwand führt. Bei der Definition von Gruppenprofilen muss man zwischen restriktiven und großzügigen Berechtigungsprofilen abwägen. Werden die Gruppenprofile zu restriktiv gehandhabt, muss eine große Anzahl von Gruppen verwaltet werden, was zu einem hohen administrativen Aufwand führt. Werden die Gruppenprofile dagegen zu großzügig definiert, kann es zu Redundanzen zwischen verschiedenen Gruppen kommen oder zur Einräumung von unnötig umfangreichen Rechten, was wiederum zur Verletzung der Vertraulichkeit von Daten führen kann.

In der Regel muss jedem Benutzer eine eigene Datenbankkennung zugeordnet sein, es dürfen nicht mehrere Benutzer unter derselben Kennung arbeiten.

Normalerweise besteht zwischen der Datenbankkennung und der Benutzerkennung des zugrunde liegenden Betriebssystems keine Verbindung.

Dies entspricht der Maßnahme M 2.132 des BSI Grundschutzkataloges.

7.2.4.13 Richtlinien für die Zugriffs- bzw. Zugangskontrolle

Die Regelungen zur Zugriffs- bzw. Zugangskontrolle müssen den Schutzbedarf des Unternehmens widerspiegeln. Insbesondere ist hier auf die Einhaltung einschlägiger Gesetze, Vorschriften und Regelungen, also zum Beispiel Datenschutz- und Urheberrechtsgesetze bzw. Lizenzregelungen, zu verweisen.

Es sind Standard-Rechteprofile für nutzungsberechtigte Personen aufgrund ihrer Funktionen und Aufgaben festzulegen. Die Benutzerrechte für Zugriffe auf Dateien und Programme müssen abhängig von der jeweiligen Rolle, dem Need-to-know und der Sensitivität der Daten definiert sein. Falls Rechte vergeben werden, die über den Standard hinausgehen, sollte dies begründet werden.

Die Richtlinien für die Zugriffs- bzw. Zugangskontrolle sollten allen Verantwortlichen für IT-Anwendungen vorliegen. Darauf aufbauend können dann Zugriffsregelungen für die einzelnen IT-Systeme abgeleitet und eingerichtet werden.

Für jedes einzelne IT-Systeme und jede IT-Anwendung sollten schriftliche Zugriffsregelungen und die Dokumentation der Einrichtung von Benutzern und der Rechtevergabe vorhanden sein. Hierbei müssen die system- bzw. anwendungsspezifischen Besonderheiten und Sicherheitsanforderungen berücksichtigt werden. Verantwortlich für die Erstellung und Aktualisierung der system- bzw. anwendungsspezifischen Vorgaben sind die IT-Verantwortlichen.

Werden an Mitarbeiter besonders weitgehende Rechte vergeben (zum Beispiel an Administratoren), so sollte dies möglichst restriktiv erfolgen. Hierbei sollte zum einem der Kreis der privilegierten Benutzer möglichst eingeschränkt werden und zum anderen nur die für die Durchführung der Arbeit benötigten Rechte vergeben werden. Für alle Aufgaben, die ohne erweiterte Rechte durchgeführt werden können, sollten auch privilegierte Benutzer unter Accounts mit Standard-Rechten arbeiten.

Der Zugriff auf alle IT-Systeme oder Dienste muss durch Identifikation und Authentikation des zugreifenden Benutzers oder IT-Systems abgesichert werden. Beim Zugriff aus externen Netzen sollten starke Authentisierungsverfahren eingesetzt werden.

Beim Anmeldevorgang sollten keine Informationen über das IT-System oder den Fortschritt der Anmeldeprozedur angezeigt werden, bis dieser erfolgreich abgeschlossen ist. Es sollte dabei darauf hingewiesen werden, dass der Zugriff nur autorisierten Benutzern gestattet ist. Die Authentikationsdaten dürfen erst dann überprüft werden, wenn sie vollständig eingegeben wurden.

Dies entspricht der Maßnahme M 2.220 des BSI Grundschutzkataloges.

7.2.4.14 Passwortschutz für IT-Systeme

Der Passwortschutz eines IT-Systems soll gewährleisten, dass nur solche Benutzer einen Zugriff auf die Daten und IT-Anwendungen erhalten, die eine entsprechende Berechtigung nachweisen. Unmittelbar nach dem Einschalten des IT-Systems muss der Berechtigungsnachweis erfolgen. Kann der Benutzer die erforderliche Berechtigung nicht nachweisen, so verhindert der Passwortschutz den Zugriff auf das IT-System.

Dies entspricht der Maßnahme M 4.1 des BSI Grundschutzkataloges.

7.2.4.15 Planung von SAP-Berechtigungen

Zunächst müssen die benötigten Rollen definiert werden. Wichtig ist dabei, dass die Rollen letztendlich Arbeitsplätze oder Positionen im Unternehmen oder der Behörde beschreiben. Danach müssen die zugehörigen Berechtigungsprofile durch den Profilgenerator erzeugt werden. Die erzeugten Profile und enthaltenen Berechtigungen sind zu prüfen und gegebenenfalls anzupassen. Abschließend werden die Berechtigungen Benutzern dadurch zugewiesen, dass einem Benutzer eine Rolle zugeordnet und der sogenannte Benutzerabgleich angestoßen wird. Dadurch werden im Benutzerstammsatz die im Berechtigungsprofil der Rolle enthaltenen Berechtigungen gespeichert Das Berechtigungskonzept für ein SAP-System muss in zwei Ausprägungen erstellt werden: für den ABAP-Stack und für den Java-Stack.

Die Verwaltung der Berechtigung muss geplant und das gewünschte Verwaltungskonzept muss definiert werden.

Dies entspricht der Maßnahme M 2.342 des BSI Grundschutzkataloges.

7.2.4.16 Absicherung eines SAP-Systems im Portal-Szenario

In einem Portal-Szenario des Einsatzes von SAP sind folgende Besonderheiten zu berücksichtigen: Alle SAP-Systeme, die durch Browser-Umleitungen angesprochen werden, müssen für Benutzer zugreifbar sein. Der Zugriff auf die betroffenen SAP-Systeme muss durch eine Firewall auf die Ports beschränkt werden, über die HTTP bzw. HTTPS abgewickelt wird. Je nach Szenario sollte der Zugriff auf das SAP-System über einen Reverse Proxy geleitet werden, so dass auf das SAP-System nicht direkt zugegriffen wird. In der Regel darf der SAPGui-Zugang für die über das Portal angesprochenen SAP-Systeme nur eingeschränkt zugelassen werden.

Es ist generell zu bedenken, dass der SAPGui-Zugang für Administratoren möglich sein muss, so dass die Firewall entsprechend zu konfigurieren ist. Alternativ kann auch ein separates Administrationsnetz genutzt werden. Authentisierung/Single Sign-On: In der Regel ist Single Sign-On zwischen dem Portal und dem SAP-System konfiguriert. Daher ist sicherzustellen, dass Konten mit gleichen Namen in beiden Systemen der gleichen Person zugeordnet sind. Generell ist darauf zu achten, dass die Berechtigungen der im SAP-System gehaltenen Benutzer minimal gestaltet werden.

Die Berechtigungen im SAP-System sollten immer so eingerichtet sein, dass nur die Funktionen aufgerufen werden können, die durch die Portal-Applikation möglich sind. Alle Applikationen des ABAP- und des Java-Stacks, die über das Portal genutzt werden, sollten ein sicheres Sitzungsmanagement implementieren.

Dies entspricht der Maßnahme M 2.343 des BSI Grundschutzkataloges.

7.2.4.17 Zugangsbeschränkungen für Accounts und/oder Terminals

Der Account und/oder das Terminal eines Benutzers sollen außerhalb der offiziellen Arbeitszeit gesperrt werden. Soweit das nicht mit vertretbarem Aufwand möglich ist (zum Beispiel bei sehr unregelmäßigen oder häufig wechselnden Arbeitszeiten), sollte die Sperrung zumindest zu den Zeiten erfolgen, die grundsätzlich außerhalb der Arbeitszeit liegen.

Falls Mitarbeiter nur an einem bestimmten Terminal oder IT-System innerhalb des Netzes arbeiten, ist die Nutzung der Benutzerkennung und des dazugehörigen Passwortes auf diesen Rechner zu beschränken, so dass ein Einloggen von einem anderen Rechner aus ausgeschlossen ist. Insbesondere sollte sich der Administrator nach Möglichkeit nur von der Konsole aus anmelden.

Unter Unix ist für Terminals der jeweilige Benutzer als Eigentümer des entsprechenden Gerätetreibers einzutragen. Sobald dieser sich ausgeloggt hat, sollte automatisch wieder root Eigentümer werden. Nur der jeweilige Benutzer sollte hierfür eine Leseberechtigung haben. Falls ein Benutzer Nachrichten (zum Beispiel mit talk) von anderen Systembenutzern empfangen möchte, muss er ihnen Schreibberechtigung für den Gerätetreiber einräumen. Es ist zu überprüfen, ob dies unbedingt notwendig ist.

In PC-Netzen kann die Anzahl von gleichzeitigen Anmeldungen unter einem Account von mehreren PCs aus beschränkt werden. Zum Schutz vor dem unbemerkten Eindringen von Angreifern sollte verhindert werden, dass sich ein Benutzer an mehreren PCs gleichzeitig anmelden kann.

Dies entspricht der Maßnahme M 4.16 des BSI Grundschutzkataloges.

7.2.4.18 Sicherstellung einer konsistenten Systemverwaltung

Um Fehler zu vermeiden, soll unter dem Super-User-Log-in (unter Unix ist das der Super-User root, in einem Novell-Netz der SUPERVISOR bzw. admin) nur gearbeitet werden, wenn es notwendig ist; andere Arbeiten soll auch der Administrator nicht unter der Administrator-Kennung erledigen. Insbesondere dürfen keine Programme anderer Benutzer unter der Administrator-Kennung aufgerufen werden. Ferner sollte die routinemäßige Systemverwaltung (zum Beispiel Back-up, Einrichten eines neuen Benutzers) nur menügesteuert durchgeführt werden können.

Durch Aufgabenteilung, Regelungen und Absprache ist sicherzustellen, dass Administratoren keine inkonsistenten oder unvollständigen Eingriffe vornehmen. Zum Beispiel darf eine Datei nicht gleichzeitig von mehreren Administratoren editiert und verändert werden, da dann nur die zuletzt gespeicherte Version erhalten bleibt.

Wenn die Gefahr des Abhörens von Leitungen zu Terminals besteht, sollte der Administrator nur an der Konsole arbeiten, damit keine Passwörter abgehört werden können. Bei der Administration von Unix-Systemen kann eine verschlüsselte Kommunikation mit dem Protokoll Secure Shell erfolgen. Hiermit ist eine gesicherte Administration von entfernten Arbeitsstationen aus möglich.

Für alle Administratoren sind zusätzliche Benutzer-Kennungen einzurichten, die nur über die eingeschränkten Rechte verfügen, die die Administratoren zur Aufgabenerfüllung außerhalb der Administration benötigen. Für Arbeiten, die nicht der Administration dienen, sollen die Administratoren ausschließlich diese zusätzlichen Benutzer-Kennungen verwenden.

Alle durchgeführten Änderungen sollten dokumentiert werden, um diese nachvollziehbar zu machen und die Aufgabenteilung zu erleichtern.

Dies entspricht der Maßnahme M 4.24 des BSI Grundschutzkataloges.

7.2.4.19 Restriktive Vergabe von Zugriffsrechten auf Systemdateien

Auf Systemdateien sollten möglichst nur die Systemadministratoren Zugriff haben. Der Kreis der zugriffsberechtigten Administratoren sollte möglichst klein gehalten werden. Auch Verzeichnisse dürfen nur die notwendigen Privilegien für die Benutzer zur Verfügung stellen. Die Vergabe von Zugriffsrechten auf Systemdateien sollte grundsätzlich restriktiv und nur in Übereinstimmung mit den hausinternen Sicherheitsrichtlinien erfolgen.

Systemdateien sollten getrennt von Applikationsdaten und Benutzerdateien gespeichert werden. Dies sorgt für eine bessere Übersicht und erleichtert auch die Durchführung von Datensicherungen und die Sicherstellung des korrekten Zugriffsschutzes.

Der Zugriff auf Systemdateien sollte immer protokolliert werden. Überflüssige, also nicht benötigte Systemdateien sollten vom System entfernt werden, damit sie nicht für Angriffe missbraucht werden können und auch nicht ständig hinsichtlich ihrer Integrität kontrolliert werden müssen.

Bei der restriktiven Vergabe von Zugriffsrechten reicht es nicht aus, nur die Rechte eines Programms zu überprüfen. Zusätzlich muss auch die Rechtevergabe aller Programme überprüft werden, die von diesem Programm aus aufgerufen werden.

Die Integrität aller Systemdateien und -verzeichnisse, sowie die Korrektheit der Zugriffsrechte sollte nach Möglichkeit regelmäßig verifiziert werden.

Dies entspricht der Maßnahme M 4.135 des BSI Grundschutzkataloges.

7.2.4.20 Restriktive Rechtevergabe

Zugriffsrechte auf Dateien, die auf der Festplatte des Netzservers gespeichert sind, müssen restriktiv vergeben werden. Jeder Benutzer erhält nur auf die Dateien ein Zugriffsrecht, die er für seine Aufgabenerfüllung benötigt. Das Zugriffsrecht selbst wiederum wird auf die notwendige Zugriffsart beschränkt.

Dies entspricht der Maßnahme M 5.10 des BSI Grundschutzkataloges.

7.2.4.21 Authentisierung bei Druckern, Kopierern und Multifunktionsgeräten

Generell sollten nur berechtigte Personen Zugriff auf die ausgedruckten oder kopierten Dokumente erhalten. Der Kreis der berechtigten Personen ist so klein wie möglich zu halten. Kann der Zugang zu einem Netzdrucker nicht beschränkt werden, sollte überlegt werden, Geräte einzusetzen, die eine Authentisierungsfunktion für Benutzer bieten. Wenn an Netzdruckern oder Kopierern häufig hoch vertrauliche Dokumente gedruckt beziehungsweise vervielfältigt werden müssen, sollte überlegt werden, hierfür Geräte mit Authentisierungsmöglichkeit einzusetzen.

Dies entspricht der Maßnahme M 4.299 des BSI Grundschutzkataloges.

7.2.4.22 Informationsschutz bei Druckern, Kopierern und Multifunktionsgeräten

Wenn möglich, sollten Maßnahmen ergriffen werden, die einem Angreifer den physischen Zugriff auf den Speicher bzw. das Ausbauen der Festplatten erschweren. Um erkennen zu können, ob versucht wurde, den internen Speicher auszubauen oder zu manipulieren, sollten die Geräte versiegelt werden. Generell sollten Drucker und Kopierer so aufgestellt werden, dass sich niemand unbeobachtet an ihnen zu schaffen machen kann.

Dies entspricht der Maßnahme M 4.300 des BSI Grundschutzkataloges.

7.2.5 Hardware- und Softwareeinsatz

7.2.5.1 Nutzungsverbot nicht freigegebener Hard- und Software

Die IT-Sicherheit darf nicht durch externe USB-Speichermedien (zum Beispiel Festplatten, Memory-Sticks) oder private PDAs beeinträchtigt werden.

Es muss geregelt sein, wie Hard- und Software abgenommen, freigegeben, installiert bzw. benutzt werden darf. Maßnahmen, die zu diesem Zweck umgesetzt werden sollten, sind zum Beispiel: Genehmigungsverfahren für IT-Komponenten, Software-Abnahme- und Freigabe-Verfahren und auch Maßnahmen zum geeigneten Umgang mit Laufwerken für Wechselmedien und externen Datenspeichern.

Das Einspielen bzw. Benutzen nicht freigegebener Hard- und Software ist verboten und außerdem durch technische Möglichkeiten, soweit möglich, zu verhindern.

Bei Software ist zu dokumentieren, welche Versionen ausführbarer Dateien freigegeben wurden (inklusive Erstellungsdatum und Dateigröße). Die freigegebenen Programme sind regelmäßig auf Veränderungen zu überprüfen.

Nutzungsverbote nicht freigegebener Hard- und Software müssen schriftlich fixiert werden, alle Mitarbeiter sind darüber zu unterrichten. Ausnahmeregelungen müssen einen Erlaubnisvorbehalt vorsehen.

Dies entspricht der Maßnahme M 2.9 des BSI Grundschutzkataloges.

7.2.5.2 Überprüfung des Hard- und Software-Bestandes

Um Verstöße gegen das Verbot der Nutzung nicht freigegebener Hard- und Software feststellen zu können, ist eine regelmäßige Überprüfung des Hard- und Software-Bestandes notwendig.

Ist die Zahl der IT-Systeme sehr groß, kann eine stichprobenartige Überprüfung durchgeführt werden. Die Ergebnisse der Überprüfung sind zu dokumentieren, um auch Wiederholungsfälle feststellen zu können.

Wird bei der Überprüfung nicht genehmigte Hardware gefunden, muss dafür gesorgt werden, dass die IT-Komponenten nicht weiter vorschriftswidrig betrieben werden. Es muss zudem ermittelt werden, wer für den Betrieb verantwortlich ist, um geeignete Konsequenzen ergreifen zu können. Bei konkreten Verdachtsfällen ist bei der Kontrolle der Hardware auf Manipulationen und Zusatzgeräte, die zum Beispiel zur Aufzeichnung von Tastaturanschlägen verwendet werden, zu achten.

Sollte bei der Überprüfung nicht freigegebene Software gefunden werden, so ist die Entfernung zu veranlassen. Zusätzlich muss der prüfenden Instanz bekannt sein, welche Software auf welchem IT-System freigegeben ist (Software-Bestandsverzeichnis).

Vor der Festlegung einer Regelung zur Überprüfung des Hard- und Software-Bestandes ist der Betriebsrat hinzuziehen.

Für solche IT-Systeme, die für den Produktivbetrieb des Unternehmens und seiner Kunden nicht erforderlich sind, wie zum Beispiel Testsysteme, kann anstelle einer regelmäßigen Überprüfung eine anlassbezogene Überprüfung durchgeführt werden.

Dies entspricht der Maßnahme M 2.10 des BSI Grundschutzkataloges.

7.2.5.3 Ordnungsgemäße Entsorgung von schützenswerten Betriebsmitteln

Betriebsmittel oder Sachmittel, die schützenswerte Daten enthalten (Druckerpapier, Disketten, Streamertapes, Magnetbänder, Festplatten, CD-ROM, USB-Sticks, aber auch spezielle Tonerkassetten, Kohlepapier oder Carbonbänder) und nicht mehr gebraucht werden oder aufgrund eines Defektes ausgesondert werden sollen, sind so zu entsorgen, dass keine Rückschlüsse auf vorher gespeicherte Daten möglich sind. Bei funktionstüchtigen Datenträgern sollten die Daten physikalisch gelöscht werden. Nicht funktionierende oder nur einmal beschreibbare Datenträger wie CD-ROMs müssen mechanisch zerstört werden.

Wird schutzbedürftiges Material vor der Entsorgung gesammelt, so ist die Sammlung unter Verschluss zu halten und vor unberechtigtem Zugriff zu schützen.

Soweit im Unternehmen keine umweltgerechte und sichere Entsorgung durchgeführt werden kann, sind damit beauftragte Unternehmen auf die Einhaltung erforderlicher IT-Sicherheitsmaßnahmen zu verpflichten.

Dies entspricht der Maßnahme M 2.13 des BSI Grundschutzkataloges.

7.2.5.4 Planung des Einsatzes eines WLANs

Bevor in einer Organisation WLANs eingesetzt werden, muss festgelegt sein, welche generelle Strategie die Organisation im Hinblick auf die WLAN-Nutzung einnimmt. Um drahtlose Netze und die damit verbundenen IT-Systeme sicher betreiben zu können, sind die folgenden Punkte wesentlich:

- Die Sicherheit der eingesetzten Technik sollte regelmäßig evaluiert werden. Ebenso sollten regelmäßig die Sicherheitseinstellungen der benutzten IT-Systeme (zum Beispiel Access Points, Laptops, PDAs) untersucht werden.
- Die WLAN-Nutzung muss in der Sicherheitsrichtlinie der Institution verankert sein, jede Änderung der WLAN-Nutzung muss mit dem IT-Sicherheitsmanagement abgestimmt werden.
- Um die übertragenen Daten auch zuverlässig zu sichern, müssen Vorgaben ausgearbeitet werden, die sich unter anderem mit der Auswahl adäquater Verschlüsselungs- und Authentikationsverfahren, deren Konfiguration und Schlüsselmanagement beschäftigen.
- Es ist zu definieren, welche WLAN-Standards, zum Beispiel IEEE 802.11g, von den WLAN-Komponenten mindestens unterstützt werden sollten, um ein sicheres Zusammenspiel der einzelnen Komponenten zu gewährleisten und die erforderlichen Sicherheitsmechanismen flächendeckend nutzen zu können.

WLAN-spezifische Sicherheitsrichtlinien müssen konform zum generellen Sicherheitskonzept und den allgemeinen Sicherheitsrichtlinien der Institution sein. Sie müssen regelmäßig auf ihre Aktualität hin überprüft und gegebenenfalls angepasst werden.

Dies entspricht den Maßnahmen M 2.381 und M 2.382 des BSI Grundschutzkataloges.

7.2.5.5 Sicherstellen der Integrität von Standardsoftware

Es ist sicherzustellen, dass die freigegebene Standardsoftware nur unverändert installiert werden kann. Damit soll verhindert werden, dass zwischenzeitlich gewollte oder ungewollte Veränderungen vorgenommen werden können, zum Beispiel durch Computer-Viren, Bitfehler aufgrund technischer Fehler oder Manipulationen in Konfigurationsdateien.

Die Installation darf daher ausschließlich von Originaldatenträgern bzw. von nummerierten Kopien der Originaldatenträger erfolgen. Eine Alternative zur lokalen Installation von Datenträgern ist die Installation über ein lokales Netz von einer dafür freigegebenen Version. Dabei sollte sichergestellt sein, dass nur berechtigte Personen darauf Zugriff haben.

Von den Originaldatenträgern sollten, falls der Datenumfang (zum Beispiel CD-ROM) es zulässt, Sicherungskopien angefertigt werden. Originaldatenträger und alle Kopien müssen vor unberechtigtem Zugriff geschützt aufbewahrt werden. Die angefertigten Kopien sollten nummeriert und in Bestandsverzeichnisse aufgenommen werden. Kopien, die nicht mehr benötigt werden, sind zu löschen. Vor der Installation muss eine Computer-Viren-Prüfung durchgeführt werden.

Optional kann über die Originaldatenträger oder über eine während des Tests installierte Referenzversion eine Checksumme gebildet werden, anhand derer vor der Installation die Integrität der dafür eingesetzten Datenträger bzw. der in lokalen Netzen hinterlegten Versionen oder anhand derer die korrekte Installation überprüft werden kann. Darüber hinaus können installierte Programme zusätzlich zum Schutz vor unberechtigten Veränderungen der freigegebenen Konfiguration mit Checksummen versehen werden. Auf diese Weise können auch Infektionen mit bisher unbekannten Computer-Viren erkannt werden. Damit kann auch festgestellt werden, ob eine Vireninfektion vor oder nach der Installation stattgefunden hat.

Dies entspricht der Maßnahme M 2.86 des BSI Grundschutzkataloges.

7.2.5.6 Installation und Konfiguration von Standardsoftware

Die freigegebene Software wird entsprechend der Installationsanweisung auf den dafür vorgesehenen IT-Systemen installiert. Die Installationsanweisung beinhaltet neben den zu installierenden Programmen auch Konfigurationsparameter und die Einrichtung der Hardware- und Softwareumgebung.

Abweichungen von der Installationsanweisung bedürfen der Zustimmung der Freigabeinstanz.

Damit es zu weniger Problemen und Fehlern bei der Arbeit mit der Software kommt, sollten nur die tatsächlich benötigten Funktionalitäten installiert werden. Funktionalitäten, die zu Sicherheitsproblemen führen können, dürfen nicht freigegeben werden.

Sowohl vor als auch nach der Installation von Software sollte eine vollständige Datensicherung durchgeführt werden. Die erste Datensicherung kann bei nachfolgenden Problemen während der Installation zur Wiederherstellung eines konsolidierten Aufsetzpunktes verwendet werden. Nach der erfolgreichen Installation sollte erneut eine vollständige Datensicherung durchgeführt werden, damit bei späteren Problemen wieder auf den Zustand nach der erfolgreichen Installation des Produktes aufgesetzt werden kann.

Die erfolgreiche Installation wird schriftlich an die für die Aufnahme des Wirkbetriebes zuständige Stelle gemeldet.

Beim Einsatz eines neuen Produktes müssen eventuell Datenbestände übernommen werden, die mit einem Vorgängerprodukt erzeugt wurden. Hat sich bei den Tests gezeigt, dass es dabei zu Schwierigkeiten kommen kann, sind Hilfestellungen für die Benutzer zu erarbeiten oder die Übernahme von alten Datenbeständen ist zentral durch geschultes Personal durchzuführen.

Dies entspricht der Maßnahme M 2.87 des BSI Grundschutzkataloges.

7.2.5.7 Lizenzverwaltung und Versionskontrolle von Standardsoftware

Auf allen IT-Systemen des Unternehmens darf ausschließlich lizenzierte Software eingesetzt werden. Diese Regelung muss allen Mitarbeitern bekannt gemacht werden. Die Administratoren der verschiedenen IT-Systeme müssen sicherstellen, dass nur lizenzierte Software eingesetzt wird. Dafür müssen sie mit geeigneten Werkzeugen zur Lizenzkontrolle ausgestattet werden.

Im Rahmen der Lizenzkontrolle muss es auch möglich sein, einen Überblick über alle eingesetzten Versionen zu erhalten. Damit kann gewährleistet werden, dass alte Versionen durch neuere ersetzt werden, sobald dies notwendig ist, und dass bei der Rückgabe von Lizenzen alle Versionen gelöscht werden.

Dies entspricht der Maßnahme M 2.88 des BSI Grundschutzkataloges.

7.2.5.8 Sicheres Löschen von Datenträgern

Eine geregelte Vorgehensweise für die Löschung oder Vernichtung von Datenträgern verhindert einen Missbrauch der gespeicherten Daten. Bevor Datenträger wiederverwendet werden, müssen die gespeicherten Daten vollständig gelöscht werden, zum Beispiel durch vollständiges Überschreiben oder Formatieren. Dies ist insbesondere wichtig, wenn Datenträger an Dritte weitergegeben werden sollen. Auch der Empfänger des Datenträgers muss nach dem Empfang prüfen, ob der Schutzwert der Daten ein sofortiges Löschen des Datenträgers erfordert, nachdem die Daten auf ein anderes IT-System übertragen wurden.

Dies entspricht der Maßnahme M 2.167 des BSI Grundschutzkataloges.

7.2.5.9 Überblick über Methoden zur Löschung und Vernichtung von Daten

Bei analogen Datenträgern sind Informationen zu schwärzen (überschreiben), auszuschneiden oder auszuradieren. Bei digitalen Datenträgern sind Daten mit Löschprogrammen zu löschen oder zu überschreiben.

Dies entspricht der Maßnahme M 2.433 des BSI Grundschutzkataloges.

7.2.5.10 Beschaffung geeigneter Geräte zur Löschung oder Vernichtung von Daten

Die Anforderungen an Aktenvernichter sind in „M 2.435 Auswahl geeigneter Aktenvernichter" beschrieben. Die Anforderungen an Werkzeuge zur Löschung oder Vernichtung

elektronischer Datenträger sind stark von deren Bauart und Einsatzzweck bestimmt. Im Vordergrund steht die Erfüllung der Sicherheitsanforderungen des Unternehmens.
Dies entspricht der Maßnahme M 2.434 des BSI Grundschutzkataloges.

7.2.5.11 Einweisung aller Mitarbeiter über Methoden zur Löschung oder Vernichtung von Daten

Mitarbeiter müssen darüber informiert werden, mit welchen Verfahren und Geräten die unterschiedlichen im Unternehmen vorkommenden Datenträger gelöscht oder vernichtet werden dürfen und was dabei zu beachten ist. Sensibilisierende Maßnahmen sind unternehmensweit durchzuführen und regelmäßig zu wiederholen.
Dies entspricht der Maßnahme M 3.67 des BSI Grundschutzkataloges.

7.2.5.12 Schutz vor unerwünschten Informationsabflüssen

Tools sollen erkennen oder sogar einschreiten, wenn vertrauliche Informationen über unsichere Wege übertragen werden oder in falsche Hände geraten. Als Bezeichnungen für solche Tools werden die Begriffe Data Loss Prevention (DLP), Information Leakage Prevention (ILP) oder auch Extrusion Prevention verwendet, die Ziele und Mechanismen sind jedoch vergleichbar.

Die technischen Maßnahmen sind mit organisatorischen und personellen Maßnahmen zu kombinieren und in den Sicherheitsmanagement-Prozess einzubetten. Eine wichtige Grundlage für DLP-Prozesse ist die Klassifizierung aller geschäftsrelevanten Informationen gemäß ihres Schutzbedarfs. Hierauf aufbauend ist zu klären, wer diese Informationen unter welchen Rahmenbedingungen bearbeiten, speichern und weitersenden darf und wie diese dabei zu schützen sind.

Die Mitarbeiter müssen darüber informiert werden, dass DLP-Tools eingesetzt werden, was diese Tools prüfen und welche Reaktionen auf Verstöße gegen das Regelwerk vorgesehen sind.

Die Konfiguration des DLP-Tools ist regelmäßig zu überprüfen und zu optimieren und sollte an Änderungen im Unternehmen, den Geschäftsprozessen und der IT angepasst werden.
Dies entspricht der Maßnahme M 4.345 des BSI Grundschutzkataloges.

7.2.5.13 Planung des Servereinsatzes

Die folgenden Teilkonzepte sollten bei der Planung des Servereinsatzes berücksichtigt werden:

- Authentisierung und Benutzerverwaltung: Welche Arten der Benutzerverwaltung und Benutzerauthentisierung sollen auf dem System genutzt werden? Werden Benutzer nur lokal verwaltet oder soll ein zentrales Verwaltungssystem genutzt werden? Soll das System auf einen zentralen, netzbasierten Authentisierungsdienst zugreifen, oder wird nur eine lokale Authentisierung benötigt?
- Benutzer- und Gruppenkonzept: Ausgehend vom organisationsweiten Benutzer-, Rechte- und Rollenkonzept müssen entsprechende Regelungen für das System erstellt werden.

- Administration: Wie soll das System administriert werden? Werden alle Einstellungen lokal vorgenommen oder der Server in ein zentrales Administrations- und Konfigurationsmanagement integriert?
- Partitions- und Dateisystem-Layout: In der Planungsphase sollte eine erste Abschätzung des benötigten Plattenplatzes durchgeführt werden. Falls auf dem Server Daten mit hohem Schutzbedarf bezüglich der Vertraulichkeit gespeichert werden, wird der Einsatz verschlüsselter Dateisysteme dringend empfohlen. Dabei brauchen nicht notwendigerweise alle Dateisysteme verschlüsselt zu werden, sondern es wird oft ausreichend sein, für den Teil des Dateisystems eine Verschlüsselung vorzusehen, auf dem die Daten selbst gespeichert werden.
- Netzdienste und Netzanbindung: In Abhängigkeit von den Anforderungen an die Vertraulichkeit, Integrität und Verfügbarkeit der Daten, die auf dem Server gespeichert oder verarbeitet werden sollen, muss die Netzanbindung des Servers geplant werden. Ein Server, der Daten mit einem hohen Schutzbedarf bezüglich Vertraulichkeit oder Integrität speichert oder verarbeitet, sollte in einem eigenen IP-Subnetz angesiedelt werden und zumindest durch einen Paketfilter vom Rest des Netzes getrennt werden. Bei einem sehr hohen Schutzbedarf sollte ein Application Level Gateway eingesetzt werden. Bei normalem Schutzbedarf kann ein Server, der ausschließlich von Clients aus dem internen Netz genutzt wird, ausnahmsweise auch im selben Teilnetz angesiedelt werden. Abhängig vom festgelegten Einsatzzweck des Rechners wird außerdem eventuell der Zugriff auf bestimmte Dienste im Netz (etwa Web-, File-, Datenbank-, Druck-, DNS oder Mailserver) benötigt. Dies muss bereits im Rahmen der Planung berücksichtigt werden, damit nicht zu einem späteren Zeitpunkt Schwierigkeiten beispielsweise durch zu geringe Übertragungskapazitäten oder Probleme mit zwischengeschalteten Sicherheitsgateways entstehen.
- Tunnel oder VPN: Falls bereits in der Planungsphase absehbar ist, dass auf das System über unsichere Netze zugegriffen werden muss, sollten frühzeitig geeignete Lösungen untersucht werden.
- Monitoring: Um die Verfügbarkeit und Auslastung des Systems und der angebotenen Dienste zu beobachten, muss ein Monitoring-System eingesetzt werden.
- Protokollierung: Die Protokollierung von Meldungen des Systems und der eingesetzten Dienste ist zu aktivieren. Der Umfang der Protokollierung ist vorab festzulegen.
- Hochverfügbarkeit: Falls an die Verfügbarkeit des Systems und seiner Dienste besondere Anforderungen gestellt werden, sollte bereits in der Planungsphase überlegt werden, wie diese Anforderungen erfüllt werden können.

Dies entspricht der Maßnahme M 2.315 des BSI Grundschutzkataloges.

7.2.5.14 Planung des Einsatzes von Druckern, Kopierern und Multifunktionsgeräten

Zunächst muss geregelt werden, wo Drucker und Kopierer aufgestellt werden sollen und wer in diese Räume bzw. auf die Geräte zugreifen darf. Als nächstes muss der

Zugriff auf die Netzdrucker geregelt werden, also wer welche Zugriffsberechtigungen auf welche Drucker für welche Aufgaben erhält. Die Drucker und Kopierer müssen vor Angriffen geschützt werden. Durch entsprechende Maßnahmen sollte physischen Manipulationen entgegengewirkt werden. Außerdem müssen die elektronischen Informationen geschützt werden, sowohl bei der Übertragung zum Drucker als auch bei der weiteren Verarbeitung. Werden an Netzdruckern häufig sicherheitskritische Informationen ausgedruckt, muss sichergestellt werden, dass nur befugte Personen auf die Ausdrucke zugreifen können. Alternativ könnte auch der Zutritt zum Drucker auf wenige vertrauenswürdige Personen beschränkt werden, die die Ausdrucke an die jeweiligen Empfänger verteilen.

In der Administrationsrichtlinie sollten alle umzusetzenden Sicherheitsmechanismen für Drucker, Kopierer und Multifunktionsgeräte beschrieben sein. Die Richtlinien für die Benutzer zur sicheren Nutzung von Druckern, Kopierern und Multifunktionsgeräten sollten in einem übersichtlichen Merkblatt zusammengefasst werden. Dieses Merkblatt sollte an allen Aufstellungsorten dieser Geräte aufgehängt werden.

Dies entspricht den Maßnahmen M 2.397 und M 2.398 des BSI Grundschutzkataloges.

7.2.5.15 Test neuer Hard- und Software

Vor dem Einsatz neuer Hardware-Komponenten oder neuer Software müssen diese auf speziellen Testsystemen kontrolliert werden. Neben der Lauffähigkeit des Produktes ist dabei insbesondere zu überprüfen, dass der Einsatz neuer Komponenten keine negativen Auswirkungen auf die laufenden IT-Systeme hat. Da vor erfolgreichen Tests Schadfunktionen nicht ausgeschlossen werden können und da bei Tests Fehler provoziert werden, sind immer vom Produktionsbetrieb isolierte Testsysteme zu verwenden.

Der Einsatz isolierter Testsysteme ist auch erforderlich, um selbstextrahierende Dateien, die zum Beispiel per E-Mail empfangen wurden, auf Schadfunktionen zu prüfen.

Dies entspricht der Maßnahme M 4.65 des BSI Grundschutzkataloges.

7.2.5.16 Planung der Administration für Windows Server 2003

Die Planung der Administration muss anhand der Vorgaben der Sicherheitsrichtlinie erfolgen. Bei der Planung der Aufgaben und Berechtigungen der Administratoren sind Regelungen der Zutrittsberechtigung zu treffen. Für definierte Einsatzzwecke von Windows Server 2003, zum Beispiel Dateiserver, sind Sicherheitsgruppen mit nicht vollen administrativen Rechten einzuplanen. Es ist immer das Prinzip der minimal nötigen Berechtigungskombination einzuhalten.

Um Fehler zu vermeiden, ist genau festzulegen, für welche administrativen Aufgaben die Berechtigungen der Gruppe Administratoren wirklich erforderlich sind. Bei der Betrachtung der Arbeitsaufgaben, die eine Person mit einem autorisierten Benutzerkonto in einer IT-Umgebung durchführt, muss für Administratoren eine grundlegende Abgrenzung gefunden werden. Einrichten einer Verwaltungsstation: Für den Betrieb einer Verwaltungsstation ist Active Directory zu empfehlen (siehe auch „M 2.229 Planung des Active Directory").

Die speziellen Anforderungen an das Outsourcing sowie vertragliche Vereinbarungen mit externen Dienstleistern müssen in das Berechtigungskonzept (siehe oben) einfließen. Für externe Dienstleister sollten separate Sicherheitsgruppen entworfen werden, die nur in den notwendigen Bereichen von Windows Server 2003 über Berechtigungen verfügen. Für Server mit hohem Schutzbedarf sollte diese Funktion deaktiviert werden. Bei Servern mit normalem Schutzbedarf ist die Entscheidung für ein automatisches Update im Einzelfall zu treffen. Es ist ein geeignetes Konzept zur Dokumentation der Kennwörter von Dienstkonten zu entwickeln. Diese Kennwörter sind hochkritisch und müssen einer strikten Zugriffskontrolle unterliegen (zum Beispiel Tresor, Mehrfachverschlüsselung und Vier-Augen-Prinzip).

Dies entspricht der Maßnahme M 2.364 des BSI Grundschutzkataloges.

7.2.5.17 Planung des SAP-Einsatzes

Schon in der Konzeptionsphase des SAP-Einsatzes sollten der Datenschutzbeauftragte und der Personal- oder Betriebsrat beteiligt werden. Planungen sind für jedes SAP-System individuell durchzuführen, da sich jedes SAP-System im Einsatzszenario unterscheidet. Auch für das Test- und Abnahme-System und das Entwicklungs-System, die einem Produktiv-System zugeordnet sind, sollte aufgrund der unterschiedlichen Verwendungszwecke eine individuelle Planung erfolgen.

Im Folgenden ist eine nicht vollständige Liste von SAP-Sicherheitsteilkonzepten angegeben, die im Hinblick auf die Sicherheit eines SAP-Systems in der Planungsphase zu erstellen sind und die auch kontinuierlich gepflegt werden müssen:

- Planung der technischen Konfiguration,
- Administrationskonzept,
- Konzept zur Benutzerverwaltung,
- Berechtigungskonzept,
- Ressourcen-Planung,
- Planung der SAP-Systemlandschaft,
- Audit- und Logging-Konzept,
- Änderungsmanagement-Konzept,
- Back-up-Konzept sowie
- Notfallvorsorge-Konzept.

Dies entspricht der Maßnahme M 2.341 des BSI Grundschutzkataloges.

7.2.5.18 Aussonderung von IT-Systemen

Unabhängig davon, ob ausrangierte IT-Systeme an andere Abteilungen weitergegeben werden oder an Mitarbeiter verschenkt, verkauft oder verschrottet werden, muss sichergestellt sein, dass alle Daten und Anwendungen vorher sorgfältig gelöscht wurden.

Vorher ist zu überprüfen, ob die Daten gesichert wurden, soweit sie noch benötigt werden.

Dies entspricht der Maßnahme M 4.234 des BSI Grundschutzkataloges.

7.2.6 Sichere technische Infrastruktur

7.2.6.1 Entwicklung eines Konzepts für Sicherheitsgateways

Ein zu schützendes Teilnetz des Unternehmens sollte nur dann an ein nicht-vertrauenswürdiges Netz angeschlossen werden, wenn dies unbedingt erforderlich ist. Dies gilt insbesondere für Anschlüsse an das Internet. Dabei ist auch zu prüfen, inwieweit das zu schützende Netz in Teilnetze segmentiert werden muss, weil bestimmte Rechner oder Bereiche des zu schützenden Netzes überhaupt nicht oder nur bedingt ans Internet angeschlossen werden sollten.

Um die Sicherheit des zu schützenden Netzes zu gewährleisten, muss ein geeignetes Sicherheitsgateway eingesetzt werden. Damit ein Sicherheitsgateway effektiven Schutz bieten kann, müssen folgende grundlegende Bedingungen erfüllt sein:

Das Sicherheitsgateway muss

- auf einer umfassenden Sicherheitsrichtlinie aufsetzen,
- im IT-Sicherheitskonzept der Organisation eingebettet sein,
- korrekt installiert und
- korrekt administriert werden.

Der Anschluss an ein nicht-vertrauenswürdiges Netz darf erst dann erfolgen, wenn überprüft worden ist, dass mit dem gewählten Sicherheitsgateway-Konzept sowie den personellen und organisatorischen Randbedingungen alle Risiken beherrscht werden können.

Die Umsetzung der Sicherheitsrichtlinie für das Sicherheitsgateway erfolgt dann durch die Realisierung des Sicherheitsgateways, durch geeignete Auswahl von Hardware-Komponenten, Paketfilter und Application Level Gateways und die sorgfältige Festlegung und Einrichtung von Filterregeln.

Damit ein Sicherheitsgateway einen wirkungsvollen Schutz eines Netzes gegen Angriffe von außen darstellt, müssen einige grundlegende Voraussetzungen erfüllt sein:

- Die gesamte Kommunikation zwischen den beteiligten Netzen muss über das Sicherheitsgateway geführt werden. Dafür muss sichergestellt sein, dass das Sicherheitsgateway die einzige Schnittstelle zwischen den beiden Netzen darstellt. Es müssen Regelungen getroffen werden, dass keine weiteren externen Verbindungen unter Umgehung des Sicherheitsgateways geschaffen werden dürfen.
- Ein Sicherheitsgateway darf ausschließlich als schützender Übergang zum internen Netz eingesetzt werden. Daher dürfen auf einem Sicherheitsgateway selbst nur die dafür erforderlichen Dienste verfügbar sein und keine weiteren Dienste, wie zum Beispiel ein Webserver, angeboten werden.
- Die Administration der Komponenten des Sicherheitsgateways darf nur über einen gesicherten Zugang möglich sein.

Dies entspricht der Maßnahme M 2.70 des BSI Grundschutzkataloges.

7.2.6.2 Festlegung einer Policy für ein Sicherheitsgateway

Die Policy für das Sicherheitsgateway muss regelmäßig überprüft werden. Sie definiert, welche Informationen, Dienste und Protokolle das Sicherheitsgateway wie behandelt werden und wer sie nutzen darf.

Es ist festzulegen,

- welche Arten der Kommunikation mit dem äußeren Netz zugelassen werden.
- welche Dienste im zu sichernden Netz erlaubt werden. Es muss unterschieden werden zwischen denjenigen Diensten, die für die Benutzer im zu schützenden Netz und denjenigen, die für externe Benutzer zugelassen werden. Es sollten nur die Dienste zugelassen werden, die unbedingt notwendig sind. Alle anderen Dienste müssen verboten werden. Dies muss auch die Voreinstellung sein: Alle Dienste, für die noch keine expliziten Regeln festgelegt wurden, dürfen nicht zugelassen werden. Es muss festgelegt werden, zu welchen Wochentagen und Tageszeiten die bereitgestellten Dienste genutzt werden können. Für kurzzeitige Änderungen (zum Beispiel für Tests) oder neue Dienste sollten Ausnahmeregelungen vorgesehen werden.
- Es müssen Verantwortliche sowohl für den Entwurf als auch für die Umsetzung und das Testen der Filterregeln benannt werden. Es muss geklärt werden, wer befugt ist, die Filterregeln, zum Beispiel für Tests neuer Dienste, zu verändern.
- Es muss festgelegt werden, welche Informationen protokolliert werden und wer die Protokolle auswertet. Es müssen sowohl alle korrekt aufgebauten als auch die abgewiesenen Verbindungen protokolliert werden. Die Protokollierung muss den datenschutzrechtlichen Bestimmungen entsprechen.
- Die Benutzer müssen über ihre Rechte, insbesondere auch über den Umfang der Nutzdaten-Filterung umfassend informiert werden.
- Es ist empfehlenswert, den Benutzern eine Dokumentation zur Verfügung zu stellen, aus der hervorgeht, welche Dienste in welchem Umfang genutzt werden können und ob dabei besondere Dinge zu beachten sind.
- Angriffe auf das Sicherheitsgateway sollten nicht nur erfolgreich verhindert, sondern auch schnell erkannt werden können. Angriffe können über die Auswertung der Protokolldateien erkannt werden. Das Sicherheitsgateway sollte aber auch in der Lage sein, aufgrund von vordefinierten Ereignissen, wie zum Beispiel häufigen fehlerhaften Passworteingaben auf einem Application Level Gateway oder Versuchen, verbotene Verbindungen aufzubauen, Warnungen auszugeben oder eventuell sogar Aktionen auszulösen.
- Es ist zu klären, welche Aktionen bei einem Angriff gestartet werden, ob zum Beispiel der Angreifer verfolgt werden soll oder ob die Netzverbindungen nach außen getrennt werden sollen. Da hiermit starke Eingriffe in den Netzbetrieb verbunden sein können, müssen Verantwortliche bestimmt sein, die entscheiden können, ob ein Angriff vorliegt und die entsprechenden Maßnahmen einleiten. Die Aufgaben und Kompetenzen für die betroffenen Personen und Funktionen müssen eindeutig festgelegt sein.

Dies entspricht der Maßnahme M 2.71 des BSI Grundschutzkataloges.

7.2.6.3 Integration von Servern in das Sicherheitsgateway

Für die Anordnung von Servern ist zu unterscheiden, ob diese im zu schützenden Netz, im Netz zwischen den beiden Paketfiltern (im Folgenden nur noch Zwischennetz genannt) oder auf der externen Seite des Sicherheitsgateways angesiedelt werden sollen.

Es müssen klare Regelungen darüber getroffen werden, dass keine externen Zugänge unter Umgehung des Sicherheitsgateways geschaffen werden dürfen. Diese Regelungen müssen allen Mitarbeitern bekannt gemacht werden. Es muss sichergestellt werden, dass sowohl das IT-Sicherheitsmanagement als auch der Administrator des Sicherheitsgateways rechtzeitig über entsprechende Pläne unterrichtet wird, um eine Einbettung in das IT-Sicherheitskonzept zu gewährleisten.

Server, die der Bereitstellung von Informationen für externe Benutzer dienen, sollten generell möglichst nahe am nicht-vertrauenswürdigen Netz platziert (zum Beispiel hinter dem externen Paketfilter) und wie andere im nicht-vertrauenswürdigen Netz vorhandene Server betrachtet werden. Die Platzierung möglichst weit außen erschwert bei einer Kompromittierung des Informationsservers den Zugriff auf das vertrauenswürdige Netz, da der Angreifer noch mehrere Komponenten des Sicherheitsgateways überwinden muss. Ihre Verwaltung sollte entweder nur lokal oder über speziell abgesicherte und gegebenenfalls sogar zeitlich begrenzte Zugänge vom vertrauenswürdigen Netz aus erfolgen.

Da Informationsserver, die Informationen für externe Benutzer anbieten, wie Rechner des nicht vertrauenswürdigen Netzes behandelt werden sollten, sollte durch Filterregeln und gegebenenfalls durch eine entsprechende Konfiguration des Servers sichergestellt werden, dass von einem solchen Server aus keine Verbindungen ins vertrauenswürdige Netz hinein möglich sind, sondern nur vom vertrauenswürdigen Netz aus zum Server.

Gibt es Daten, die nur für die Benutzer des vertrauenswürdigen Netzes erreichbar sein sollen (etwa einen Intranet-Webserver), sollten diese möglichst nicht auf einem Server gespeichert werden, der auch Dienste für externe Benutzer anbietet. In diesem Fall wird empfohlen, weitere Informationsserver im Zwischennetz einzusetzen, die von außen nicht erreichbar sind und gegen Angriffe von innen durch den Paketfilter geschützt werden.

Falls die Daten, die nur für interne Benutzer erreichbar sein sollen, einen hohen Schutzbedarf bezüglich der Vertraulichkeit haben, darf der entsprechende Informationsserver nicht im gleichen Zwischennetz angesiedelt werden wie Informationsserver für externe Benutzer. In diesem Fall muss eine eigene DMZ für die betreffenden Server eingerichtet werden.

Dies entspricht der Maßnahme M 2.77 des BSI Grundschutzkataloges.

7.2.6.4 Sicherer Betrieb eines Sicherheitsgateways

Für einen sicheren Betrieb eines Sicherheitsgateways sind die umgesetzten Sicherheitsmaßnahmen regelmäßig auf ihre korrekte Einhaltung hin zu überprüfen. Insbesondere müssen die für den Betrieb des Sicherheitsgateways getroffenen organisatorischen Regelungen regelmäßig/sporadisch auf ihre Einhaltung hin überprüft werden. Es sollte regelmäßig kontrolliert werden, ob neue Zugänge unter Umgehung des Sicherheitsgateways geschaffen wurden.

Durch regelmäßige Tests muss außerdem überprüft werden, ob alle Filterregeln korrekt umgesetzt worden sind. Dabei ist zu testen, dass nur die Dienste zugelassen werden, die in der Policy des Sicherheitsgateways erlaubt sind.

Falls nachträgliche Änderungen der Policy erforderlich sind, müssen diese streng kontrolliert werden und insbesondere auf Seiteneffekte hin überprüft werden.

Die Default-Einstellung der Filterregeln und die Anordnung der Komponenten müssen sicherstellen, dass alle Verbindungen, die nicht explizit erlaubt sind, blockiert werden. Dies muss auch bei einem völligen Ausfall der Komponenten des Sicherheitsgateways gelten.

Es muss die Regel „Alles was nicht ausdrücklich erlaubt ist, ist verboten." realisiert sein. So darf zum Beispiel ein Benutzer, der keinen Eintrag in einer Access-Liste hat, keine Möglichkeit haben, Dienste des Internets zu benutzen.

Darüber hinaus sind die folgenden Punkte zu beachten:

- Alle Geräte (Rechner, Router oder Appliances), die Bestandteil eines Sicherheitsgateways sind, müssen besonders sorgfältig und sicher konfiguriert werden.
- Auf den eingesetzten Komponenten dürfen nur Programme vorhanden sein, die für die Funktionsfähigkeit des Sicherheitsgateways nötig sind. Der Einsatz dieser Programme muss ausführlich dokumentiert und begründet werden. Beispielsweise sollten Dienste deaktiviert und Treiber entfernt werden, die nicht benötigt werden. Treiber sollten nach Möglichkeit auch aus dem Betriebssystem-Kern entfernt werden. Das Verbleiben von Software muss dokumentiert und begründet werden.
- Um ein Mitlesen oder Verändern der Authentisierungsinformationen zu verhindern, dürfen Administratoren und Revisoren nur über einen vertrauenswürdigen Pfad auf das Sicherheitsgateway zugreifen, beispielsweise direkt über die Konsole, über eine verschlüsselte Verbindung oder über ein separates Administrationsnetz (Out-of-Band-Management)
- Es muss dafür gesorgt werden, dass die Betriebssysteme und Programme auf den Komponenten des Sicherheitsgateways jederzeit auf einem sicheren Patch-Stand sind. Die Systemadministratoren müssen sich daher regelmäßig über bekannt gewordene Software-Schwachstellen informieren und sicherheitskritische Patches besonders sorgfältig zeitnah installieren.
- Es müssen in regelmäßigen Abständen Integritätstests der eingesetzten Software durchgeführt werden. Im Fehlerfall muss das Sicherheitsgateway abgeschaltet werden.
- Das Sicherheitsgateway muss auf sein Verhalten bei einem Systemabsturz getestet werden. Insbesondere sollte kein automatischer Neustart möglich sein und es muss möglich sein, die Access-Listen auf einem schreibgeschützten Medium zu speichern.
- Die Access-Listen sind die wesentlichen Daten für den Betrieb des Sicherheitsgateways. Daher muss durch einen entsprechenden Schutz sichergestellt werden, dass auch dann keine alten oder fehlerhaften Access-Listen benutzt werden, falls es einem Angreifer gelingt, einen Neustart des Sicherheitsgateways oder einzelner Komponenten zu verursachen.

- Bei einem Ausfall des Sicherheitsgateways muss sichergestellt sein, dass in dieser Zeit keine Netzverbindungen aus dem zu schützenden Netz heraus oder zu diesem aufgebaut werden können.
- Beim Wiedereinspielen von gesicherten Datenbeständen muss darauf geachtet werden, dass für den sicheren Betrieb des Sicherheitsgateways relevante Dateien wie Access-Listen, Passwortdateien oder Filterregeln auf dem aktuellen Stand sind.

Dies entspricht der Maßnahme M 2.78 des BSI Grundschutzkataloges.

7.2.6.5 Entwicklung eines Netzmanagementkonzeptes

Die in einem lokalen Netz zusammengefassten IT-Systeme, wie zum Beispiel Serversysteme, Endgeräte, Drucker, aktive Netzkomponenten usw., sollten auf Netzebene an einer geeigneten Stelle zentral administriert und überwacht werden können. Eine zentrale Administration der Netzkomponenten ist dabei einer dezentralen vorzuziehen, da in diesem Fall Administrationsaufwände verringert und Anforderungen an die Sicherheit zentral definiert und kontrolliert werden können. In erster Linie wird ein zentrales Netzmanagement verwendet, um die Verfügbarkeit und Integrität des Netzes sowie die Integrität und Vertraulichkeit der übermittelten Daten zu gewährleisten.

Dies entspricht der Maßnahme M 2.143 des BSI Grundschutzkataloges.

7.2.6.6 Sicherer Betrieb eines Netzmanagementsystems

Für den sicheren Betrieb eines Netzmanagement-Tools oder eines komplexen Netzmanagementsystems, welches beispielsweise aus mehreren verschiedenen Netzmanagement-Tools zusammengesetzt sein kann, ist die sichere Konfiguration aller beteiligten Komponenten zu überprüfen und sicherzustellen.

Insbesondere sind folgende Punkte zu beachten:

- Um ein Mitlesen oder Verändern der Netzmanagement-Informationen zu verhindern, muss der Rechner, auf dem die Netzmanagement-Konsole betrieben wird, geeignet geschützt werden. Dazu zählen beispielsweise die Aufstellung in einem besonders geschützten Raum, der Einsatz von Bildschirmsperren, Passwortschutz für die Netzmanagement-Konsole und weitere Sicherheitsmechanismen des zugrunde liegenden Betriebssystems.
- Werden Netzmanagement-Funktionen dezentral nach dem Client/Server-Modell oder durch Benutzung der X-Windows-Technologie durchgeführt, muss für diese ebenfalls der sichere Betrieb gewährleistet werden.
- Es müssen in regelmäßigen Abständen Integritätstests der eingesetzten Software durchgeführt werden, um unautorisierte Änderungen frühzeitig zu erkennen.
- Das Netzmanagementsystem muss auf sein Verhalten bei einem Systemabsturz getestet werden. Insbesondere sollte ein automatischer Neustart möglich sein, um die Zeitspanne, in der das lokale Netz nicht überwacht wird, so gering wie möglich zu halten. Die Netzmanagement-Datenbank darf durch einen Systemabsturz nicht beschädigt

werden und muss nach einem Neustart wieder verfügbar sein, da die darin enthaltenen Konfigurationsdaten wesentlich für den Betrieb des Netzmanagementsystems sind. Diese Daten müssen daher besonders gesichert werden, damit sie einerseits noch verfügbar sind und andererseits keine alten oder fehlerhaften Konfigurationsdaten bei einem Neustart benutzt werden, der gegebenenfalls durch einen Angreifer aus diesem Grunde provoziert wurde.
- Beim Wiedereinspielen von gesicherten Datenbeständen muss darauf geachtet werden, dass für den sicheren Betrieb des Netzmanagementsystems relevante Dateien wie Konfigurationsdaten, Passwortdateien und auch die Metakonfigurationsdateien für die eigentlichen Netzkomponenten auf dem aktuellen Stand sind.

Für den sicheren Betrieb eines Netzmanagementsystems sind folgende Daten relevant:

- Konfigurationsdaten des Netzmanagementsystems, die sich in entsprechend geschützten Verzeichnissen befinden müssen.
- Konfigurationsdaten der Netzkomponenten (Metakonfigurationsdateien), die sich ebenfalls in entsprechend geschützten Verzeichnissen befinden müssen.
- Passwortdateien für das Netzmanagementsystem. Hierbei ist beispielsweise auf die Güte des Passworts und die Möglichkeit einer verschlüsselten Speicherung des Passworts zu achten.
- Eine Administration der aktiven Netzkomponenten über das Netz sollte dann eingeschränkt werden und eine Administration über die lokalen Schnittstellen erfolgen, wenn die Erfüllung der Anforderungen an Vertraulichkeit und Integrität der Netzmanagement-Informationen nicht gewährleistet werden kann. In diesem Fall ist auf ein zentrales Netzmanagement zu verzichten.

Dies entspricht der Maßnahme M 2.146 des BSI Grundschutzkataloges.

7.2.6.7 Planung der Administration von Verzeichnisdiensten

Die Verwaltung des Verzeichnisdienstes selbst ist von der Verwaltung der Daten im Verzeichnis zu trennen, indem beispielsweise die administrativen Rollen Diensteverwaltung und Datenverwaltung mit unterschiedlichen Verantwortungsbereichen geschaffen werden.

Im Rahmen der Planung der Administration von Verzeichnisdiensten müssen für das Unternehmen folgende Fragen beantwortet werden:

- Welche Administratorgruppen werden benötigt?
- Welches administrative Modell wird umgesetzt? Zentrale oder dezentrale Verwaltung?
- Welche administrativen Rollen sollen innerhalb der Baumstruktur existieren?
- Sollen administrative Aufgaben delegiert werden? An wen?
- Auf welche Objekte darf über die verschiedenen Verzeichnisdienst-Schnittstellen von welchen Administratoren zugegriffen werden?

Sicherheitsrelevante Aspekte sind bei der Planung der Verzeichnisdienst-Administration zu berücksichtigen.
Dies entspricht der Maßnahme M 2.407 des BSI Grundschutzkataloges.

7.2.6.8 Planung der Migration von Verzeichnisdiensten

Aufgrund der Komplexität der Migration eines Verzeichnisdienstes muss vorab ein entsprechendes Migrationskonzept erstellt werden.

Die Migration muss in ihren einzelnen Schritten möglichst detailliert geplant, der angestrebte Migrationsprozess dokumentiert und allen Beteiligten zugänglich gemacht werden.

Dies entspricht der Maßnahme M 2.408 des BSI Grundschutzkataloges.

7.2.6.9 Geregelte Außerbetriebnahme eines Verzeichnisdienstes

Die Außerbetriebnahme eines Verzeichnisdienstes ist sorgfältig zu planen und gewissenhaft durchzuführen, so dass sich beispielsweise berechtige Benutzer weiterhin anmelden können und der benötigte Zugriff auf Ressourcen im Netz sichergestellt ist und andererseits Daten und Rechte, die nicht mehr aufrecht erhalten werden sollen, sicher gelöscht bzw. dauerhaft entzogen werden.

Vor der Außerbetriebnahme ist zu überprüfen, ob eine Datensicherung des Verzeichnisdienstes verfügbar ist, mit deren Hilfe der Verzeichnisdienst wiederhergestellt werden kann, falls Probleme im Netz entstehen.

Dies entspricht der Maßnahme M 2.410 des BSI Grundschutzkataloges.

7.2.6.10 Trennung der Verwaltung von Diensten und Daten eines Active Directory

Die Verwaltung der Daten im Active Directory bzw. auf den Mitgliedsrechnern der Active-Directory-Gesamtstruktur ist von den Datenadministratoren durchzuführen. Dabei dürfen die Datenadministratoren keine Veränderungen am Active-Directory-Dienst selbst, zum Beispiel Änderungen an der Verzeichnisdienst-Replikation, durchführen.

Dienste-Administratoren dürfen grundsätzlich auch administrative Tätigkeiten in Bezug auf die Datenverwaltung durchführen. Umgekehrt dürfen die Datenadministratoren jedoch nicht in der Lage sein, die Konfiguration des Active Directory zu ändern.

Dies entspricht der Maßnahme M 2.411 des BSI Grundschutzkataloges.

7.2.6.11 Schulung zur Administration von Verzeichnisdiensten

Administratoren von Verzeichnisdiensten sind Kenntnisse über die Technologie, über grundlegende Konzepte sowie über das eingesetzte Produkt in Schulungen zu vermitteln.

Dies entspricht der Maßnahme M 3.62 des BSI Grundschutzkataloges.

7.2.6.12 Sichere Installation von Verzeichnisdiensten

Die Verzeichnisdienst-Komponenten sind auf den relevanten Servern und Clients sicher zu installieren. Die erstmalige Konfiguration ist entweder in einer geschützten Umgebung durchzuführen oder alternativ eine vorbereitete Standardkonfiguration aufzuspielen.

Bei der Installation eines Verzeichnisdienst-Servers in einen bereits bestehenden Verzeichnisbaum muss dessen genauer Kontext spezifiziert werden.
Dies entspricht der Maßnahme M 4.308 des BSI Grundschutzkataloges.

7.2.6.13 Sicherer Betrieb von Verzeichnisdiensten

Die Überwachung muss von Verzeichnisdiensten automatisch durch entsprechende Systemkomponenten oder Produkte von Drittherstellern erfolgen. Dabei ist auch die Konfiguration der Systemüberwachung regelmäßig an das sich verändernde System anzupassen. Die Überprüfung von Protokolldateien und Sicherheitseinstellungen ist regelmäßig durchzuführen.
Dies entspricht der Maßnahme M 4.311 des BSI Grundschutzkataloges.

7.2.6.14 Überwachung von Verzeichnisdiensten

Der Zugriff auf alle Administrationswerkzeuge für Verzeichnisdienste ist für normale Benutzer zu unterbinden. Grundsätzlich sind diese Zugriffe nur mit einer ausreichenden Verschlüsselung der Kommunikationsverbindung zu betreiben.

Verzeichnisdienst-Ereignisse sind in einer eigenen Protokolldatei zu speichern.

Im Rahmen der Überwachung der Systemfunktionen empfiehlt sich außerdem eine regelmäßige Kontrolle der Verzeichnisdienst-Replikation, durch die Konfigurationsänderungen weitergeleitet werden.
Dies entspricht der Maßnahme M 4.312 des BSI Grundschutzkataloges.

7.2.6.15 Bereitstellung von sicheren Domänen-Controllern

Domänen-Controller sind in einer sicheren Umgebung, zum Beispiel in einem Rechenzentrum oder in Räumlichkeiten, deren Zugang nur vertrauenswürdigem Personal möglich ist, aufzustellen. Darüber hinaus sind sie durch eine gesicherte Infrastruktur, beispielsweise mit Routern, Switches etc. zusätzlich abzusichern.

Die Betriebssystem-Installation ist unter Berücksichtigung der in den IT-Grundschutz-Katalogen enthaltenen Bausteine zu den einzelnen Windows-Server-Betriebssystemen in der Schicht 3 durchzuführen.

Ausgehend von einer Referenzinstallation ist eine abbildbasierte Einrichtung der Domänen-Controller vorzunehmen. Ferner sind auch die Sicherheitseinstellungen in der Basiseinrichtung der Domänen-Controller einheitlich vorzunehmen.

In regelmäßigen Abständen sind aktuelle Hotfixes und Service Packs einzuspielen.

Für die Benutzerkonten im Active Directory sind ausreichend starke Passwörter zu vergeben.

Um die sich bietende Angriffsfläche der Domänen-Controller möglichst gering zu halten, sind die zur Verfügung gestellten Dienste auf das betrieblich notwendige Maß zu begrenzen.
Dies entspricht der Maßnahme M 4.313 des BSI Grundschutzkataloges.

7.2.6.16 Überwachung der Active Directory-Infrastruktur

Der Sicherheitsstatus der Active Directory-Infrastruktur ist über die Protokollierung der systemeigenen Ereignisse zu überwachen und zu bewerten. Die Protokolltiefe ist den jeweiligen Anforderungen anzupassen und ist kontinuierlich zu überwachen.

Die Protokolldaten sind regelmäßig auszuwerten.

Die Ergebnisse der Sicherheitsüberwachung sind in regelmäßig erstellten Berichten zusammenzufassen und auszuwerten, damit grundlegende Sicherheitsprobleme frühzeitig erkannt und behoben werden können.

Sowohl auf den Domänen-Controllern selbst, als auch an den Administrationsarbeitsplätzen ist eine Überwachung einzurichten, mit der eine Veränderung an kritischen Dateien erkannt werden kann.

Dies entspricht der Maßnahme M 4.316 des BSI Grundschutzkataloges.

7.2.6.17 Umsetzung sicherer Verwaltungsmethoden für Active Directory

Die Zugriffsrechte auf Benutzerkonten in den Verwaltungsgruppen „Dienste-Administratoren" und „Datenadministratoren" sind durch entsprechende Vorkehrungen zu schützen.

Dies entspricht der Maßnahme M 4.318 des BSI Grundschutzkataloges.

7.2.6.18 Planung des VPN-Einsatzes

Folgende Aspekte sind in der Planung von VPNs zu berücksichtigen:

- Festlegung der Verantwortlichen für das jeweilige VPN
- Berechtigungskonzept für die Verwaltung und Administration der Benutzerkonten und die Zugriffsberechtigungen
- Formulierung von Sicherheitsanforderungen an entfernte Standorte
- Änderungen an der VPN-Konfiguration
- Entscheidung für Eigenbetrieb oder Fremdbetrieb des VPN
- Ermittlung des Schutzbedarfes für das VPN
- Definition von Sicherheitszonen für externe Zulieferer oder Kunden
- Festlegung von Rechten und Pflichten von VPN-Benutzern in der VPN-Sicherheitsrichtlinie
- Sensibilisierung von VPN-Nutzern

Dies entspricht der Maßnahme M 2.416 des BSI Grundschutzkataloges.

7.2.6.19 Planung der technischen VPN-Realisierung

Folgende Fragestellungen müsen im Rahmen des technischen Konzepts für die VPN-Realisierung beantwortet werden:

- Beschreibung der technischen Realisierung des VPN durch Hardware- und Softwarekomponenten
- Beschreibung aller potenziellen VPN-Endpunkte, die die Einwahl in das LAN ermöglichen
- Erfassung aller VPN-Zugangspunkte zum lokalen Netz und Beschreibung, wie diese Zugangspunkte an das LAN angeschlossen sind

- Dokumentation aller Dienste und Protokolle, die über den VPN-Zugang zugelassen werden
- Festlegung geeigneter Verschlüsselungsverfahren zum Schutz der Daten
- Entscheidung für den VPN-Typ
- Einsatz geeigneter Monitoring-Systeme

Die VPN-Planung muss der Leitungsebene zur Entscheidung vorgelegt werden.
Dies entspricht der Maßnahme M 2.417 des BSI Grundschutzkataloges.

7.2.6.20 Sicherer Betrieb eines VPNs

Voraussetzungen für den sicheren Betrieb von VPNs sind die sichere Installation und Konfiguration der beteiligten Hard- und Softwarekomponenten. Zusätzlich müssen alle organisatorischen Abläufe definiert und umgesetzt worden sein (zum Beispiel Meldewege und Zuständigkeiten).

Für den reibungslosen Ablauf des VPN-Betriebs rund um die Uhr muss ein Betriebskonzept erstellt und auch ein entsprechendes Notfallkonzept ausgearbeitet werden. Bei der Erstellung eines Betriebskonzepts müssen insbesondere die folgenden VPN-spezifischen Aspekte beachtet werden:

- Autorisierung bei Remote Access-VPNs
- Einwahl über Wählverbindungen bei Remote Access-VPNs
- Clients für Remote-Access-VPNs
- Trusted VPNs.

Dies entspricht der Maßnahme M 4.321 des BSI Grundschutzkataloges.

7.2.6.21 Sperrung nicht mehr benötigter VPN-Zugänge

VPN-Zugänge müssen so abgesichert werden, dass nur berechtigte Benutzer oder IT-Systeme hierüber zugreifen können. Dafür müssen an den VPN-Endpunkten Zugriffskontrollverfahren eingesetzt werden, die überprüfen, ob ein Sender zur Kommunikation mit dem Empfänger berechtigt ist. Die ordnungsgemäße Funktion und Konfiguration dieser Verfahren ist in regelmäßigen Zeitabständen zu überprüfen. In Vergessenheit geratene Zugänge oder Benutzerkennungen bereits ausgeschiedener Mitarbeiter oder ausgesonderter IT-Systeme stellen gefährliche Sicherheitslücken dar und sind schnellstmöglich zu sperren. Auch nicht mehr benötigte VPN-Zugänge von Zulieferern, Partnern und Kunden müssen zeitnah deaktiviert werden. Nachdem ein Zugang gelöscht wurde, ist zu prüfen, ob hierüber auch tatsächlich nicht mehr auf das Netz zugegriffen werden kann.
Dies entspricht der Maßnahme M 4.322 des BSI Grundschutzkataloges.

7.2.6.22 Sichere Anbindung eines externen Netzes mit OpenVPN

Für den sicheren Einsatz von OpenVPN ist das zugrunde liegende Betriebssystem entsprechend abzusichern und zu härten (zum Beispiel nur unbedingt erforderliche Programmpakete installieren). Die für den Betrieb von OpenVPN benötigten kryptographischen

Schlüssel müssen sicher erzeugt, zwischen den Kommunikationspartnern ausgetauscht und verwaltet werden. Weiterhin müssen sichere Authentisierungs- und Verschlüsselungsverfahren mit ausreichender Schlüssellänge verwendet werden.

Für die VPN-Server ist es insbesondere wichtig, dass ausschließlich die erforderlichen Dienste auf der äußeren Netzschnittstelle aus dem nicht-vertrauenswürdigen Netz erreichbar sind. Verbindungen dürfen lediglich zu den notwendigen Systemen und Diensten erlaubt werden und außer den erforderlichen Diensten dürfen auf einem VPN-Server keine weiteren aktiv sein.

Dies entspricht der Maßnahme M 5.148 des BSI Grundschutzkataloges.

7.2.6.23 Sichere Anbindung eines externen Netzes mit IPSec

Neben den Netzdiensten für die IPSec-Kommunikation sollte der VPN-Server keine weiteren Netzdienste anbieten. Es sollten möglichst nur die notwendigsten Verbindungen vom VPN-Server ins LAN aufgebaut werden.

Alle nicht benötigte Dienste sind abzuschalten.

Dies entspricht der Maßnahme M 5.149 des BSI Grundschutzkataloges.

7.2.6.24 Installation, Konfiguration und Betreuung eines WLANs durch Dritte

Wenn ein WLAN durch einen externen Auftragnehmer installiert, konfiguriert oder betreut werden soll, so sind bei einem WLAN die im Folgenden beschriebenen Punkte zu beachten.

Es ist stets zu prüfen, ob eine WLAN-Installation nicht selbst durchgeführt werden kann oder ob dies auch durch die eigenen Mitarbeiter geleistet werden kann. Eine Machbarkeits- und eine Kostenprüfung sollte hierfür durchgeführt werden. Die Sicherheitsstrategie und auch die Sicherheitsrichtlinie sollten stets selbst und nicht durch Dritte erstellt werden. Beratungen und Hilfestellungen durch Dritte in Anspruch zu nehmen ist aber dann sinnvoll, wenn keine internen Ressourcen dafür vorhanden sind. Bei der Vergabe einer WLAN-Installation ist ein detailliertes Pflichtenheft zu erstellen. Darin sind alle Mindestanforderungen an die WLAN-Komponenten und alle mit dem WLAN verbundenen Netzteile usw. genau zu definieren.

Das Pflichtenheft sollte vertragliche Grundlage bei der Vergabe an einen externen Auftragnehmer sein und später als Prüfgrundlage bei der Abnahme dienen. Dem Auftragnehmer ist die Sicherheitsstrategie und die Sicherheitsrichtlinie für den Einsatz eines WLANs vorzulegen. Er muss vertraglich dazu verpflichtet werden, diese einzuhalten und umzusetzen. Der Auftragnehmer muss vertraglich dazu verpflichtet werden, die Konfiguration des WLANs und der WLAN-Komponenten, sowie Passwörter, Verbindungsschlüssel und Zugangskennungen und -mechanismen nicht an unbefugte Personen weiterzugeben. Nach Abschluss der Installation sollte anhand des Leistungsverzeichnisses eine Abnahme durchgeführt werden. Die Abnahme der WLAN-Installation sollte mit Hilfe eines unabhängigen Experten erfolgen, um auch die technischen Details genau überprüfen zu lassen.

Dies entspricht der Maßnahme M 2.387 des BSI Grundschutzkataloges.

7.2.6.25 Sicherer Betrieb der WLAN-Komponenten

Alle WLAN-Komponenten müssen so konfiguriert sein, dass sie so gut wie möglich gegen Angriffe geschützt sind. Solange WLAN-Komponenten nicht entsprechend konfiguriert sind, dürfen sie nicht aktiviert bzw. mit der Produktivumgebung gekoppelt werden. Abzusichernde WLAN-Komponenten sind unter anderem die Access Points, das Distribution System, die WLAN-Clients, die Betriebssysteme, auf denen die WLAN-Komponenten betrieben werden, und die verwendeten Protokolle.

Insbesondere sind folgende Punkte zu beachten:

- Für die Administration der verschiedenen WLAN-Komponenten müssen Verantwortliche benannt werden.
- Nach der Installation und Inbetriebnahme von WLAN-Komponenten müssen alle erforderlichen Sicherheitsmechanismen aktiviert werden.
- Die Administration der WLAN-Komponenten darf nur über eine sichere Verbindung erfolgen, das heißt die Administration sollte an der Konsole direkt, nach starker Authentisierung (bei Zugriff aus dem LAN) oder über eine verschlüsselte Verbindung (bei Zugriff aus dem Internet) erfolgen.
- Es muss die Regel „alles was nicht ausdrücklich erlaubt ist, ist verboten" realisiert sein. So darf zum Beispiel kein Benutzer, der nicht in einer Access-Liste eingetragen ist, auf das WLAN zugreifen.
- Die Vergabe von Zugriffsrechten auf Verzeichnisse und Dateien sollte so restriktiv wie möglich erfolgen.
- Es ist darauf zu achten, dass die eingesetzte Software immer auf einem aktuellen Stand ist und etwaige sicherheitsrelevante Patches unverzüglich aufgespielt werden.
- Konfigurationsänderungen sollten durch das System so protokolliert werden, dass Manipulationen zeitnah nachvollzogen werden können.
- Die Protokolldaten selber müssen so abgesichert werden, dass Manipulationen an ihnen ausgeschlossen sind. Es sollten alle sicherheitsrelevanten Ereignisse protokolliert werden. Dazu gehören zum Beispiel Versuche von unberechtigten Zugriffen und Daten zur Netzauslastung und -überlastung. Die aufgezeichneten Protokolldaten müssen regelmäßig ausgewertet werden. Der Umfang der Protokollierung ist mit der Personalvertretung und dem Datenschutzbeauftragten abzustimmen.
- Die WLAN-Komponenten müssen in das Datensicherungskonzept einbezogen werden. Beim Wiedereinspielen von gesicherten Datenbeständen muss darauf geachtet werden, dass für den sicheren WLAN-Betrieb relevante Dateien wie Access-Listen, Passwortdateien oder Filterregeln auf dem aktuellen Stand sind.
- Es sollte möglichst eine Standard-Konfiguration für die eingesetzten WLAN-Komponenten ausgearbeitet werden, die die Vorgaben aus der WLAN-Sicherheitsrichtlinie widerspiegelt.
- Ebenso sollte die Konfiguration der Access Points und des Distribution Systems regelmäßig geprüft werden.

Für den sicheren Betrieb der WLAN-Komponenten sind sowohl die Grund-Konfiguration, die aufbauend auf der WLAN-Sicherheitsrichtlinie festgelegt wurde, als auch alle durchgeführten Änderungen sorgfältig zu dokumentieren, um diese jederzeit nachvollziehbar zu machen. Neben der Dokumentation der Sicherheitskonfigurationen gehört auch die Dokumentation der Firmware-Stände der Access Points und die Dokumentation von ortsspezifischen Konfigurationen dazu.

Dies entspricht der Maßnahme M 4.297 des BSI Grundschutzkataloges.

7.2.6.26 Entwurf eines NDS-Konzeptes

Der Entwurf eines Novell Directory Services (NDS)-Verzeichnisbaumes unterliegt prinzipiell keinerlei Beschränkungen, so dass es zur Erzeugung unterschiedlicher Formen mit beliebiger Komplexität kommen kann. Dabei sollte jedoch eine gründliche und sorgfältige Planung durchgeführt werden, wobei folgende Grundsätze zu beachten sind:

- Eine übersichtliche NDS sollte maximal zwischen vier und acht Ebenen tief sein.
- Die maximale Anzahl aller Objekte in einer Organisation oder in einer organisatorischen Einheit sollte nicht mehr als 1500 betragen.
- Mehrere kleinere Abteilungen sollten zu einer organisatorischen Einheit zusammengefasst werden, um deren Anzahl zu reduzieren und die Übersichtlichkeit zu erhöhen.
- Es sollten aussagekräftige, aber nicht zu lange Namen verwendet werden (zum Beispiel F&E statt Forschung und Entwicklung), da die gesamte Pfadangabe innerhalb des NDS-Baumes maximal 255 Zeichen lang sein darf. Diese Begrenzung kommt allerdings nur indirekt zustande, da DOS-Zeilenkommandos keine längeren Eingaben zulassen. Diese Pfadangabe wird Kontext genannt.
- Von jeder Partition sollten zusätzlich zur Hauptpartition zwei weitere Schreib/Lese-Partitionen erstellt werden. Durch die somit vorhandene Redundanz ist der Verlust von NDS-Informationen gering. Eine Sicherung der NDS bleibt trotzdem obligatorisch.
- Der Netware Loadable Module (NLM) Directory Service (DS.NLM) ist auf allen Netware-Servern innerhalb eines NDS-Baumes, auf dem dieselben Netware-Versionen installiert sind, in derselben Version zu benutzen, da sich verschiedene Versionen unter Umständen nicht miteinander synchronisieren.

Dies entspricht der Maßnahme M 2.151 des BSI Grundschutzkataloges.

7.2.6.27 Anforderungen an ein Systemmanagementsystem

Ein Systemmanagementsystem dient zur Unterstützung eines Administrators eines lokalen Netzes (oder Virtuellen Lokalen Netzes). Das Systemmanagementsystem sollte folgende Funktionen bereitstellen:

- Benutzermanagement
  Hierzu gehören das Hinzufügen, Verändern und Löschen von Benutzer- und Gruppenkonten.

- Policymanagement
  Zugriffsrechte sollten sowohl für Zugriffe aus dem und in das lokale Netz als auch für Zugriffe auf das bzw. vom Internet verwaltet werden können.
- Software-Management
  Das Hinzufügen, Löschen und Aktualisieren von Softwarekomponenten sollte mit dem Systemmanagementsystem möglich sein.
- Feststellen, Verändern und Verwalten von Systemkonfigurationsdaten.
- Verwalten von Applikationsdaten
  Es muss möglich sein, Dateien eines Datenbanksystems oder Konfigurationsdateien einer Applikation zu verwalten, so dass zum Beispiel das Verteilen einer neuen Version einer Datenbank oder die Verteilung neuer Konfigurationsdateien möglich ist.
- Überwachen von Systemkomponenten
  Dies kann auch für externe Komponenten sinnvoll sein, die nicht der eigenen Administration unterliegen, zum Beispiel für den Router des Internet Service Providers (ISP), über den der Internetanschluss realisiert ist.
- Applikationsmanagement
  Das Verwalten von Software auf Anwendungsebene sollte möglich sein, zum Beispiel die Verwaltung von HTTP-Zugriffsrechten auf die Daten eines WWW-Servers (Realms). Diese Art von Management wird in der Regel kaum unterstützt, da hierzu die Kooperation der Applikation selbst erforderlich ist.

Dies entspricht der Maßnahme M 2.170 des BSI Grundschutzkataloges.

7.2.6.28 Sicherer Betrieb eines WWW-Servers

Ein WWW-Server, der Informationen im Internet anbietet, muss entsprechend den folgenden Vorgaben installiert werden:

- Auf einem WWW-Server sollte nur ein Minimum an Programmen vorhanden sein, das heißt das Betriebssystem sollte auf die unbedingt erforderlichen Funktionalitäten reduziert werden und auch sonst sollten sich nur unbedingt benötigte Programme auf dem WWW-Server befinden.
- Ein WWW-Server sollte insbesondere keine unnötigen Netzdienste enthalten, verschiedene Dienste gehören auf verschiedene Rechner.
- Der Zugriff auf Dateien oder Verzeichnisse muss geschützt werden.
- Die Kommunikation mit dem WWW-Server sollte durch einen Paketfilter auf ein Minimum beschränkt werden.
- Die Administration des WWW-Servers darf nur über eine sichere Verbindung erfolgen, das heißt die Administration sollte an der Konsole direkt, nach starker Authentisierung (bei Zugriff aus dem LAN) oder über eine verschlüsselte Verbindung (bei Zugriff aus dem Internet) erfolgen.
- Weiterhin sollte der WWW-Server vor dem Internet durch einen Firewall-Proxy oder aber zumindest durch einen Paketfilter abgesichert werden. Er darf sich nicht zwischen Firewall und internem Netz befinden, da ein Fehler auf dem WWW-Server sonst Zugriffe auf interne Daten ermöglichen könnte.

Der Webserver-Prozess sollte, wenn möglich, nur auf einen Teil des Dateibaumes zugreifen können.

Das Verzeichnis, in dem die abrufbaren Dateien gespeichert sind, sollte auf einer eigenen Partition einer Festplatte liegen, um eine leichtere Wiederherstellung nach einem Festplattenschaden zu ermöglichen. Außerdem sollten die Unterverzeichnisse und Dateien einem speziellen Benutzer gehören (zum Beispiel wwwadmin) und durch minimale Zugriffsrechte vor unbefugtem Zugriff geschützt werden.

In dem http-Daemon sollten die nicht benötigten Funktionalitäten abgeschaltet werden, wie zum Beispiel die Möglichkeit zum Ausführen von cgi-Skripten. Auf jeden Fall sollten mitgelieferte cgi-Programme entfernt werden.

Dies entspricht der Maßnahme M 2.174 des BSI Grundschutzkataloges.

7.2.6.29 Schulung der Administratoren eines Samba-Servers

Für den Samba-Dienst verantwortliche Administratoren sind zu schulen. Aufgrund der starken Interaktion zwischen den Sicherheitsmechanismen von Samba und des zugrunde liegenden Betriebssystems, müssen den Administratoren des Samba-Servers die Sicherheitsmechanismen des Betriebssystems bekannt sein. Dies gilt auch dann, wenn die Administratoren des Samba-Servers nicht gleichzeitig für die Administration des Betriebssystems zuständig sind.

Dies entspricht der Maßnahme M 3.68 des BSI Grundschutzkataloges.

7.2.6.30 Sichere Grundkonfiguration eines Samba-Servers

Nachdem der Samba-Server installiert wurde, ist eine sichere Grundkonfiguration des Dienstes herzustellen. Dies betrifft unter anderem die Einstellungen für die Zugriffskontrollen, aber auch Einstellungen, die auf die Performance des Servers Einfluss haben.

Dies entspricht der Maßnahme M 4.328 des BSI Grundschutzkataloges.

7.2.6.31 MB Message Signing und Samba

Samba in der Version 3 ist mit Server Message Block (SMB) Message Signing zu konfigurieren.

Dies entspricht der Maßnahme M 4.334 des BSI Grundschutzkataloges.

7.2.6.32 Sicherer Betrieb eines Samba-Servers

Es sind regelmäßig eine Reihe von Maßnahmen durchzuführen, um eventuelle Probleme in der Sicherheit von Samba-Servern rechtzeitig zu entdecken.

Zum sicheren Betrieb gehören auch regelmäßig durchzuführende Maßnahmen zur Datensicherung und zur Notfallvorsorge.

Dies entspricht der Maßnahme M 4.335 des BSI Grundschutzkataloges.

7.2.6.33 Verhinderung ungesicherter Netzzugänge

Jede Kommunikation in das interne Netz muss ausnahmslos über einen gesicherten Zugang geführt werden. Dies kann beispielsweise eine Firewall sein.

Es dürfen keine weiteren externen Verbindungen unter Umgehung der Firewall geschaffen werden. Alle Benutzer müssen darauf hingewiesen werden, welche Gefahren mit der Schaffung wilder Zugänge verbunden sind.

Sämtliche externen Netzzugänge sollten zentral erfasst werden. Weiterhin sollte durch Stichproben überprüft werden, ob über Modems oder anderweitig zusätzliche Netzzugänge geschaffen wurden.

Dies entspricht der Maßnahme M 2.204 des BSI Grundschutzkataloges.

7.2.6.34 Zeitnahes Einspielen sicherheitsrelevanter Patches und Updates

Die Systemadministratoren sollten sich regelmäßig über bekannt gewordene Software-Schwachstellen informieren.

Wichtig ist, dass Patches und Updates, wie jede andere Software, nur aus vertrauenswürdigen Quellen bezogen werden dürfen. Für jedes eingesetzte System oder Softwareprodukt muss bekannt sein, wo Sicherheitsupdates und Patches erhältlich sind. Außerdem ist es wichtig, dass Integrität und Authentizität der bereits installierten Produkte oder der einzuspielenden Sicherheitsupdates und Patches überprüft werden, bevor ein Update oder Patch installiert wird. Vor der Installation sollten sie außerdem mit Hilfe eines Computer-Virenschutzprogramms geprüft werden. Dies sollte auch bei solchen Paketen gemacht werden, deren Integrität und Authentizität verifiziert wurde.

Sicherheitsupdates oder Patches dürfen jedoch nicht voreilig eingespielt werden, sondern müssen vor dem Einspielen getestet werden. Falls sich ein Konflikt mit anderen kritischen Komponenten oder Programmen herausstellt, kann ein solches Update sonst zu einem Ausfall des Systems führen. Nötigenfalls muss ein betroffenes System so lange durch andere Maßnahmen geschützt werden, bis die Tests abgeschlossen sind.

Vor der Installation eines Updates oder Patches sollte stets eine Datensicherung des Systems erstellt werden, das es ermöglicht, den Originalzustand wiederherzustellen, falls Probleme auftreten. Dies gilt insbesondere dann, wenn ausführliche Tests aus Zeitgründen oder mangels eines geeigneten Testsystems nicht durchgeführt werden können.

In jedem Fall muss dokumentiert werden, wann, von wem und aus welchem Anlass Patches und Updates eingespielt wurden. Aus der Dokumentation muss sich der aktuelle Patchlevel des Systems jederzeit schnell ermitteln lassen, um beim Bekanntwerden von Schwachstellen schnell Klarheit darüber zu erhalten, ob das System dadurch gefährdet ist.

Falls festgestellt wird, dass ein Sicherheitsupdate oder Patch mit einer anderen wichtigen Komponente oder einem Programm inkompatibel ist oder Probleme verursacht, so muss sorgfältig überlegt werden, wie weiter vorgegangen wird. Wird entschieden, dass auf Grund der aufgetretenen Probleme ein Patch nicht installiert wird, so ist diese Entscheidung auf jeden Fall zu dokumentieren. Außerdem muss in diesem Fall klar beschrieben sein, welche Maßnahmen ersatzweise ergriffen wurden, um ein Ausnutzen der

Schwachstelle zu verhindern. Eine solche Entscheidung darf nicht von den Administratoren alleine getroffen werden, sondern sie muss mit den Vorgesetzten und dem IT-Sicherheitsbeauftragten abgestimmt sein.

Dies entspricht der Maßnahme M 2.273 des BSI Grundschutzkataloges.

7.2.6.35   Software-Pflege auf Routern und Switches

Betriebssoftware für Router und Switches ist regelmäßig aktuell zu halten, um den Grad der Sicherheit dauerhaft aufrecht zu erhalten. Dabei ist zu beachten, dass in der Praxis zur Pflege des Betriebssystems bei Router und Switches oftmals ein kompletter Austausch der Betriebssystemsoftware erforderlich ist. Das Einspielen von Updates oder Patches ist in vielen Fällen nicht möglich. Wie bei allen Konfigurationsänderungen ist mit angemessener Sorgfalt vorzugehen, da eine unsachgemäße Durchführung Beeinträchtigungen der Funktion und der Sicherheit der Geräte zur Folge haben können. Insofern gehört zur sorgfältigen Planung einer Änderung immer auch eine Fallback-Strategie.

Bei der Durchführung von Updates sollten folgende Schritte durchgeführt werden:

- Beschaffung des Updates aus vertrauenswürdiger Quelle. Normalerweise sollten Updates nur vom Hersteller bezogen werden. Falls der Hersteller für die Updates Prüfsummen zur Verfügung stellt oder die Update-Pakete digital signiert, sollten die Prüfsummen oder Signaturen überprüft werden.
- Überprüfung der Integrität und Funktion des Updates
- Trennung des Gerätes vom produktiven Netz oder Deaktivierung aller Schnittstellen
- nach Möglichkeit Sicherung der bestehenden Konfiguration und des Betriebssystems
- Einspielen des Updates
- Test
- Re-Aktivierung des Gerätes im Netz

Dies entspricht der Maßnahme M 2.283 des BSI Grundschutzkataloges.

7.2.6.36   Sichere Außerbetriebnahme von Routern und Switches

Auf aktiven Netzkomponenten gespeicherte Konfigurations- oder Log-Dateien enthalten eine Vielzahl von Informationen über das Netz, die Infrastruktur, die Organisation und eventuell auch über Personen im Unternehmen. Wegen der Sensibilität dieser Informationen ist darauf zu achten, dass die Dateien vor der Außerbetriebnahme oder dem Austausch defekter oder veralteter Geräte gelöscht beziehungsweise unlesbar gemacht werden (zum Beispiel Factory-Reset). Eine anschließende Kontrolle der Konfigurationsdaten ist zwingend erforderlich.

Oft sind Router und Switches von außen mit IP-Adressen, Hostnamen oder sonstigen technischen Informationen beschriftet. Auch diese Beschriftung sollte vor der Entsorgung entfernt werden.

Dies entspricht der Maßnahme M 2.284 des BSI Grundschutzkataloges.

7.2.6.37 Sicherheitsgateways und Hochverfügbarkeit

Ein Sicherheitsgateway sollte immer die einzige Schnittstelle zwischen dem externen und dem zu schützenden Netz darstellen.

Die wichtigsten Komponenten eines Sicherheitsgateways sollten redundant ausgelegt werden. Dies sind vor allem diejenigen Komponenten, die zum Abruf oder zum Versand von Informationen unbedingt überquert werden müssen. In diese Kategorie fallen in der Regel Paketfilter, Application Level Gateway und eventuell VPN-Komponenten. Bei anderen Komponenten (zum Beispiel Virenscanner oder Intrusion Detection System) muss die Bedeutung für die Sicherheit des zu schützenden Netzes im Einzelfall betrachtet werden.

Bei einer HA-Lösung wird die Verfügbarkeit von Komponenten des Sicherheitsgateways überwacht und es werden beim Ausfall gegebenenfalls Ersatzsysteme genutzt, die den Ausfall kompensieren sollen. Eine ständige Überwachung der HA-Komponenten ist dabei ebenso wichtig wie ein automatisches Fail-Over im Bedarfsfall.

Dies entspricht der Maßnahme M 2.302 des BSI Grundschutzkataloges.

7.2.6.38 Physikalisches Löschen der Datenträger vor und nach Verwendung

Magnetische Datenträger, die für den Austausch bestimmt sind, sollten vor dem Beschreiben mit den zu übermittelnden Informationen physikalisch gelöscht werden. Es soll damit sichergestellt werden, dass keine Restdaten weitergegeben werden, für deren Erhalt der Empfänger keine Berechtigung besitzt.

Auf den Einsatz von optischen Datenträger (hier: WORM) ist zum Zwecke des Datenaustausches dann zu verzichten, wenn sich darauf weitere, nicht für den Empfänger bestimmte Informationen befinden, die nicht gelöscht werden können.

Dies entspricht der Maßnahme M 4.32 des BSI Grundschutzkataloges.

7.2.6.39 Schutz der Integrität der Index-Datenbank von Archivsystemen

Die Index-Datenbank ist besonders wichtig für das korrekte Funktionieren eines Archivsystems. In ihr sind die Verweise auf sämtliche archivierten Dokumente abgelegt. Fehlende oder beschädigte Einträge in der Index-Datenbank können dazu führen, dass archivierte Dokumente nicht oder nur mit sehr hohem Aufwand wiedergefunden und Geschäftsvorgängen zugeordnet werden können.

Daher muss für einen ordnungsgemäßen Archivbetrieb die Integrität der Index-Datenbank sichergestellt werden und überprüfbar sein.

Regelmäßige Integritätsprüfung

Die Index-Datenbank sollte regelmäßig (mindestens wöchentlich, bei großen Archiven täglich) geprüft werden, ob sie konsistent und integer ist. Alle in der Index-Datenbank referenzierten Dokumente müssen auf den Archivmedien auffindbar sein. Integritätsverletzungen müssen dokumentiert und zeitnah behoben werden.

In regelmäßigen Abständen (zum Beispiel monatlich) sollte zudem geprüft werden, ob die Datensicherungen der Index-Datenbank lesbar und wiederverwendbar sind. Bei redundant ausgelegten Datenbanken sollte getestet werden, ob die Funktionsübergabe bei Ausfall eines Teils ordnungsgemäß funktioniert.

Dies entspricht der Maßnahme M 4.171 des BSI Grundschutzkataloges.

7.2.6.40 Schadensmindernde Kabelführung

Bei gemeinsam mit Dritten genutzten Gebäuden ist darauf zu achten, dass Kabel nicht in Fußbodenkanälen durch deren Bereiche führen. Fußboden- und Fensterbank-Kanalsysteme sind gegenüber den fremdgenutzten Bereichen mechanisch fest zu verschließen. Besser ist es, sie an den Bereichsgrenzen enden zu lassen.

Bereiche mit hoher Brandgefahr sind zu meiden. Ist dies nicht möglich und ist der Betriebserhalt aller auf der Trasse liegenden Kabel erforderlich, ist der entsprechende Trassenbereich mit Brandabschottung zu versehen. Ist der Betriebserhalt nur für einzelne Kabel erforderlich, ist dafür ein entsprechendes Kabel zu wählen.

Dies entspricht der Maßnahme M 5.5 des BSI Grundschutzkataloges.

7.2.6.41 Verkabelung in Serverräumen

Die Struktur der IT-Verkabelung in Serverräumen und Rechenzentren hat festzulegen, wie die Server vernetzt und wie sie an das LAN, an externe Netze und an Provider angebunden werden sollen. Zwischen Netzschränken und den zugeordneten Serverschränken ist eine feste Verkabelung oder eine spezielle Systemverkabelung für Serverräume zu verlegen. Die Netzschränke wiederum sind untereinander nach Anforderung der Institution verbunden. Server sollten möglichst nicht mit Patchkabeln ohne zusätzliche Trassensysteme an zentral im Raum stationierte Server-Switches angeschlossen werden.

Dies entspricht der Maßnahme M 1.69 des BSI Grundschutzkataloges.

7.2.6.42 Deaktivieren nicht benötigter Netzdienste

Alle nicht benötigten Netzdienste sind auf einem Unix-System zu deaktivieren.

Dies entspricht der Maßnahme M 5.72 des BSI Grundschutzkataloges.

7.2.6.43 Sensibilisierung der Mitarbeiter zum sicheren Umgang mit mobilen Datenträgern und Geräten

Alle Mitarbeiter sollten über die Arten und Einsatzmöglichkeiten von mobilen Datenträgern und Geräten aufgeklärt werden. Außerdem sollten die Mitarbeiter über potenzielle Risiken und Probleme bei der Nutzung sowie über den Nutzen, aber auch die Grenzen der eingesetzten Sicherheitsmaßnahmen informiert werden. Die Mitarbeiter sollten regelmäßig über neue Gefahren und Aspekte von mobilen Datenträgern und Geräten aufgeklärt werden, zum Beispiel über entsprechende Artikel im Intranet oder in der Mitarbeiterzeitschrift. Die Benutzer sollten darauf hingewiesen werden, wie sie sorgfältig mit den mobilen Datenträgern und Geräten umgehen sollten, um einem Verlust oder Diebstahl vorzubeugen bzw. um eine lange Lebensdauer zu gewährleisten.

Dies entspricht der Maßnahme M 3.60 des BSI Grundschutzkataloges.

7.2.7 Regelmäßige Kontrollmaßnahmen

7.2.7.1 Kontrolle bestehender Verbindungen

Alle Verteiler und Zugdosen sind einer (zumindest stichprobenartigen) Sichtprüfung zu unterziehen. Dabei ist auf folgende Punkte zu achten:

- Spuren von gewaltsamen Öffnungsversuchen an verschlossenen Verteilern,
- Aktualität der im Verteiler befindlichen Dokumentation,
- Übereinstimmung der tatsächlichen Beschaltungen und Rangierungen mit der Dokumentation,
- Unversehrtheit der Kurzschlüsse und Erdungen nicht benötigter Leitungen und
- unzulässige Einbauten/Veränderungen.

Neben der reinen Sichtkontrolle kann zusätzlich eine funktionale Kontrolle durchgeführt werden. Dabei werden bestehende Verbindungen auf ihre Notwendigkeit und die Einhaltung technischer Werte hin geprüft. In zwei Fällen ist diese Prüfung anzuraten:

- bei Verbindungen, die sehr selten genutzt und bei denen Manipulationen nicht sofort erkannt werden und
- bei Verbindungen, auf denen häufig und regelmäßig schützenswerte Informationen übertragen werden.

Dies entspricht der Maßnahme M 2.20 des BSI Grundschutzkataloges.

7.2.7.2 Kontrolle der Protokolldateien

Die Protokollierung sicherheitsrelevanter Ereignisse ist als Sicherheitsmaßnahme nur wirksam, wenn die protokollierten Daten in regelmäßigen Abständen durch einen Revisor ausgewertet werden. Ist es personell oder technisch nicht möglich, die Rolle eines unabhängigen Revisors für Protokolldateien zu implementieren, kann ihre Auswertung auch durch den Administrator erfolgen. Für diesen Fall bleibt zu beachten, dass damit eine Kontrolle der Tätigkeiten des Administrators nur schwer möglich ist. Das Ergebnis der Auswertung sollte daher dem IT-Sicherheitsbeauftragten, dem IT-Verantwortlichen oder einem anderen besonders zu bestimmenden Mitarbeiter vorgelegt werden.

Die regelmäßige Kontrolle dient darüber hinaus auch dem Zweck, durch die anschließende Löschung der Protokolldaten ein übermäßiges Anwachsen der Protokolldateien zu verhindern. Je nach Art der Protokolldaten kann es sinnvoll sein, diese auf externen Datenträgern zu archivieren.

Da Protokolldateien in den meisten Fällen personenbezogene Daten beinhalten, ist sicherzustellen, dass diese Daten nur zum Zweck der Datenschutzkontrolle, der Datensicherung oder zur Sicherstellung eines ordnungsgemäßen Betriebes verwendet werden (siehe § 14 Abs. 4 BDSG). Der Umfang der Protokollierung und die Kriterien für deren

Auswertung sollte dokumentiert und innerhalb der Organisation abgestimmt werden. Der Umfang der Protokollierung ist mit dem Datenschutzbeauftragten abzustimmen.

Bei der Auswertung der Protokolldateien muss ein besonderes Augenmerk auf alle Zugriffe gelegt werden, die unter Administratorkennungen durchgeführt wurden.

Dies entspricht der Maßnahme M 2.64 des BSI Grundschutzkataloges.

7.2.7.3 Kontrolle der Protokolldateien eines Datenbanksystems

Die in einem Datenbanksystem mögliche Protokollierung bzw. Auditierung ist in einem sinnvollen Umfang zu aktivieren. Dabei sind insbesondere folgende Vorkommnisse von Interesse:

- Anmeldezeiten und -dauer der Benutzer,
- Anzahl der Verbindungen zur Datenbank,
- fehlgeschlagene bzw. abgewiesene Verbindungsversuche,
- Auftreten von Deadlocks innerhalb des Datenbanksystems,
- I/O-Statistik für jeden Benutzer,
- Zugriffe auf die Systemtabellen,
- Erzeugung neuer Datenbankobjekte und
- Datenmodifikationen (eventuell mit Datum, Uhrzeit und Benutzer).

Die Protokolldateien sind in regelmäßigen Abständen durch einen Revisor auszuwerten. Ist es organisatorisch oder technisch nicht möglich, einen unabhängigen Revisor mit der Auswertung der Protokolldateien zu betrauen, ist eine Kontrolle der Tätigkeiten des Administrators nur schwer möglich.

Die Protokolldaten müssen regelmäßig gelöscht werden, um ein übermäßiges Anwachsen der Protokolldateien zu verhindern. Sie dürfen allerdings nur dann gelöscht werden, wenn die Protokolldateien vorher ausgewertet und kontrolliert wurden.

Weiterhin ist der Zugriff auf die Protokolldateien strikt zu beschränken. Einerseits muss verhindert werden, dass Angreifer ihre Aktionen durch nachträgliche Änderung der Protokolldateien verbergen können, andererseits könnten über die gezielte Auswertung von Protokolldateien Leistungsprofile der Benutzer erstellt werden. Deshalb dürfen beispielsweise Änderungen überhaupt nicht vorgenommen werden können und ein lesender Zugriff darf nur den Revisoren gestattet werden.

Dies entspricht der Maßnahme M 2.133 des BSI Grundschutzkataloges.

7.2.7.4 Regelmäßige Kontrolle von Routern und Switches

Zur Sicherstellung des ordnungsgemäßen Betriebs der aktiven Netzkomponenten und der Korrektheit aller Konfigurationsparameter ist ein regelmäßiger, möglichst automatisierter Kontrollprozess zu etablieren. Hierzu gehören beispielsweise regelmäßige Funktionstests, Veranlassen von Änderungen und Prüfung der Umsetzung sowie die Überprüfung der Logfiles und Alarme.

Folgendes ist zu testen:

- Die generelle Funktionsfähigkeit von Geräten wird im Normalfall regelmäßig durch den Administrator im laufenden Betrieb geprüft.
- Die Integrität von Konfigurationsdateien sollte in regelmäßigen Abständen geprüft werden. Die Sicherheitsrichtlinie für Router und Switches sollte eine regelmäßige Überprüfung mit Festlegung von Verantwortlichkeiten vorschreiben.
- Der Stand der Datensicherung (zentral gespeicherte Konfigurationsdateien) sollte regelmäßig vom Administrator geprüft werden.
- Die Systemdokumentation sollte laufend vom Administrator aktualisiert werden. Die Aktualität kann im Rahmen von Audits geprüft werden.

Überprüfung der Konfiguration
Bei der Einrichtung der Router und Switches sind alle Default-Einstellungen zu prüfen und, falls notwendig, zu modifizieren. Hierbei werden beispielsweise nicht benötigte Dienste deaktiviert und Voreinstellungen den betrieblichen und sicherheitstechnischen Anforderungen angepasst.

Die Umsetzung der Vorgaben zum Umgang mit Default-Einstellungen ist im Rahmen von regelmäßigen Audits zu überprüfen. Hierdurch können versehentliche oder vorsätzliche Veränderungen festgestellt und die Umsetzung von aktuellen Empfehlungen der Hersteller verifiziert werden.

Dies entspricht der Maßnahme M 2.282 des BSI Grundschutzkataloges.

7.2.7.5 Sicherer Betrieb eines Systemmanagementsystems

Für den sicheren Betrieb eines Systemmanagementsystems ist die sichere Konfiguration aller beteiligten Komponenten zu prüfen und sicherzustellen. Hierzu ist es nötig, die jeweiligen Betriebssysteme der Komponenten, die durch das Systemmanagementsystem verwaltet werden und damit Teile des Systems in Form von Software und/oder Daten installiert haben, entsprechend zu sichern. Zur Absicherung gehört dabei auch die sichere Aufstellung der Rechner, die zentrale Aufgaben für das Managementsystem erfüllen (Managementserver, Rechner mit Managementdatenbanken). Daneben muss für die sichere Datenübertragung Sorge getragen werden.

Auf die folgenden Punkte ist insbesondere während des laufenden Betriebs eines Managementsystems zu achten:

- Im Rahmen der Fortschreibung der Systemdokumentation müssen die durch das Managementsystem neu hinzugekommenen Hard- und Softwarekomponenten dokumentiert werden.
- Auch Änderungen am Managementsystem selbst müssen dokumentiert und/oder protokolliert werden.
- Die Fortschreibung gilt in gleicher Weise für das Notfallhandbuch. Insbesondere sind einerseits die Anlauf- und Recovery-Pläne zu modifizieren, da viele Standardfunktionen

der verwalteten Betriebssysteme nach Einführung eines Managementsystems nun nur noch mit Hilfe der Funktionen des Managementsystems erfolgen können. Andererseits muss das Notfallhandbuch aber auch Anweisungen dafür enthalten, wie das System ohne Managementsystem (etwa bei Totalausfall zentraler Komponenten) innerhalb kurzer Zeit in hinreichendem Maße (Notbetriebsregelung) verfügbar gemacht werden kann (siehe auch Baustein „B 1.3 Notfallvorsorge-Konzept").

- Ein Zugriff auf die Komponenten oder Daten des Managementsystems erfolgt in der Regel ausschließlich durch das Managementsystem selbst oder berechtigte andere Systemmechanismen (zum Beispiel Datensicherungssystem). Daher ist der Zugriff für normale Benutzer zu unterbinden. Dies gilt im Normalfall auch für die Rolle des lokalen Administrators eines einzelnen Rechners. Muss in Ausnahmefällen tatsächlich direkt auf einem Rechner auf die lokalen Komponenten des Managementsystems zugegriffen werden (zum Beispiel bei Crashrecovery oder Neuinstallation von Komponenten, sofern das Managementsystem dies nicht im Rahmen des Managements unterstützt), so sollte diese Berechtigung explizit und nur für die Durchführung dieser Aufgabe erteilt werden.
- Auch für den Bereich Management ergibt sich eine Rollentrennung Administrator und Revisor – je nach Produkt auch zwischen Administratoren mit unterschiedlichen Rechten (zum Beispiel Arbeitsgruppenadministrator, Bereichsadministrator). Es empfiehlt sich, bestimmte Rollen zu definieren und gemäß diesen verschiedenen Rollen Benutzer mit entsprechenden Berechtigungen einzurichten. Dadurch werden dem Zugreifenden lediglich die Rechte auf Komponenten oder Daten des Managementsystems erlaubt, die für seine momentane Aufgabe nötig sind. Je nach Managementsystem geschieht die Einrichtung der Benutzer im Managementsystem oder in der Benutzerverwaltung der Rechner. Da die existierenden Systeme nicht direkt die Definition unterschiedlicher Rollen (etwa Administrator und Revisor) vorsehen, müssen die Rollen bestmöglich durch das Einrichten unterschiedlicher Benutzerkonten (zum Beispiel Administrator, Revisor, Rechner-Admin, Datenschutzbeauftragter) mit entsprechenden Berechtigungen nachgebildet werden. Je nach System ist diese Nachbildung der Rollen nur unvollständig und nur mit einigem Aufwand möglich, da unter Umständen für jede Systemkomponente (Dateien, Programme) die Berechtigungen für die einzelnen Rollen explizit vergeben und gewartet werden müssen.
- Der Zugang zur Managementsoftware ist durch sichere Passwörter zu schützen. Die Passwörter sollten gemäß Sicherheitspolitik regelmäßig geändert werden.
- Funktionen der Managementsoftware, die gemäß Managementstrategie nicht zum Einsatz kommen sollen, sind – wenn möglich – zu sperren.
- Die Protokollierungsdateien sind in regelmäßigen Abständen auf Anomalien (zum Beispiel Ausführung von Funktionen, die nicht zum Einsatz kommen sollen) zu untersuchen. Hier empfiehlt sich der Einsatz von Protokoll-Analysatoren, die entweder in das Managementprodukt integriert oder auch als Zusatzsoftware erhältlich sein können und die (meist) regelgesteuert im Bedarfsfall Alarmmeldungen (zum Beispiel Mail, Pager) erzeugen können.

- Das Managementsystem sollte sich in Abständen Integritätstests unterziehen, so dass unberechtigte Änderungen so früh wie möglich entdeckt werden können. Dies gilt insbesondere für sämtliche Konfigurationsdaten des Managementsystems.
- Wird über das Systemmanagementsystem auch Software verteilt, so sind auch die zu verteilenden Programmdaten regelmäßig auf Veränderungen zu überprüfen, um das Verteilen modifizierter Software über das gesamte Netz zu verhindern.
- Das Managementsystem sollte auf sein Verhalten bei einem Systemabsturz hin getestet werden. Je nach Management- und Sicherheitspolitik muss ein automatischer Neustart des Managementsystems oder lokaler Teilkomponenten des Systems sichergestellt werden. Damit wird verhindert, dass Rechner, die dem Managementsystem angeschlossen sind, längere Zeit nicht für das Management zugreifbar sind.
- Beim Systemabsturz dürfen die Managementdatenbanken nicht zerstört werden oder in einen inkonsistenten Zustand gelangen, damit vermieden wird, dass ein möglicher Angreifer provozierte Inkonsistenzen zum Angriff nutzen kann. Dazu muss das Managementsystem entweder auf ein Datenbanksystem zurückgreifen, das entsprechende Recovery-Mechanismen unterstützt, oder diese Mechanismen selbst implementieren. Werden diese Mechanismen von dem gewählten System nicht zur Verfügung gestellt (zum Beispiel beim Einsatz von mehreren Management-Tools), sollten die Rechner, die Managementinformationen speichern, maximal möglich (auch physikalisch) gesichert werden.
- Das Managementsystem sollte einen geeigneten Back-up-Mechanismus zur Sicherung der Managementdaten enthalten oder mit einem Back-up-System zusammenarbeiten. Beim Einspielen alter Datenbestände aus einer Datensicherung ist darauf zu achten, dass diese in der Regel manuell nachbearbeitet werden müssen, um der aktuellen Systemkonfiguration zu entsprechen.
- Auch mittels Back-up-Verfahren gesicherte Managementdatenbestände sind so zu lagern, dass kein unberechtigter Dritter Zugriff darauf erlangen kann. In der Regel sind die Daten nicht in sicherer Form auf dem Back-up-Datenträger gespeichert, so dass sie von jedem, der über das Back-up-Programm und ein entsprechendes Laufwerk verfügt, eingesehen werden können.
- Die Aufteilung in Managementdomänen und deren Zuständigkeiten sollte in regelmäßigen Abständen auf ihre Gültigkeit hin untersucht werden. Dies gilt insbesondere für den Fall innerbetrieblicher Umstrukturierungen.

Dies entspricht der Maßnahme M 4.92 des BSI Grundschutzkataloges.

7.2.7.6 Regelmäßige Integritätsprüfung
Eine regelmäßige Kontrolle des Dateisystems auf unerwartete Veränderungen hilft dabei, Inkonsistenzen zu erkennen. Dadurch können auch Angriffe zeitnah entdeckt werden. Sollte tatsächlich ein Angriff vorliegen, ist es wichtig, das Vorgehen des Angreifers zu rekonstruieren. Dies dient einerseits dazu, sicherzustellen, dass die Benutzer

nicht auf verfälschte Daten zurückgreifen, andererseits dazu, verborgene Hintertüren zu erkennen, die ein Angreifer für einen späteren Zugriff auf den Rechner installiert haben könnte.

Dazu sollten Programme genutzt werden, die kryptographische Prüfsummen über einen Großteil der Dateien des Dateisystems berechnen. Solche Programme können jede Veränderung am Dateisystem feststellen, da die Prüfsummen bei einer Veränderung nicht mehr übereinstimmen. Dabei testen sie meist nicht nur, ob die Datei selbst modifiziert wurde, sondern auch eine Veränderung der Zugriffsrechte oder ein Löschen mit anschließendem Zurückspielen wird festgestellt. Mit einer speziellen Einstellung kann in vielen Fällen auch ein nur lesender Zugriff auf die Datei bemerkt werden.

Neben dem Dateisystem sollte es auch möglich sein, weitere wichtige Elemente der Systemkonfiguration (beispielsweise unter Windows die Registry) einer Integritätsprüfung zu unterziehen.

Um zu verhindern, dass das Programm oder die Prüfsummendatei von einem Angreifer verfälscht werden können, sollten sich diese auf einem Datenträger befinden, der wahlweise nur einen lesenden Zugriff gestattet.

Eine Integritätsprüfung sollte regelmäßig, beispielsweise jede Nacht, durchgeführt werden. Eine Benachrichtigung über das Ergebnis sollte, auch wenn keine Veränderungen festgestellt wurden, automatisch per E-Mail an den Administrator erfolgen.

Dies entspricht der Maßnahme M 4.93 des BSI Grundschutzkataloges.

7.2.7.7 Einsatz eines Protokollierungsservers in einem Sicherheitsgateway

Um die Auswertung der Protokolle von Sicherheitsgateways zu erleichtern, ist an zentraler Stelle ein Protokollierungsserver (Loghost) zu betreiben, der die Protokolldaten der an das Sicherheitsgateway angeschlossenen Komponenten aufnimmt. Die Daten lassen sich so einfach zueinander in Beziehung setzen und erleichtern damit die regelmäßige, anlassunabhängige Auswertung und ermöglichen im Falle eines Ausfalls das Auffinden des Verursachers.

Im Zusammenhang mit Logdaten sollte Folgendes beachtet werden:

- Der zentrale Loghost sollte die Daten redundant ablegen.
- Die Protokollierung sollte, wenn möglich, zusätzlich lokal auf den einzelnen Komponenten des Sicherheitsgateways erfolgen. Da hierdurch die Leistung der Komponente nicht merklich sinkt, sollte diese Sicherung als zusätzlicher Ausfallschutz eingeschaltet werden.

Ein weiteres wichtiges Element der Protokollierung stellt die Alarmierung bei definierten, kritischen Ereignissen dar. Auch hier ist darauf zu achten, dass die Weiterleitung der Alarmmeldungen zu einer zentralen Instanz möglich ist.

Wichtigstes Kriterium bei der Platzierung eines Loghosts ist, dass keine zusätzlichen Schwachstellen entstehen, wie zum Beispiel die Möglichkeit zur Umgehung von Sicherheitskomponenten. Zudem ist zu berücksichtigen, dass die Protokolldaten zur Speicherung auf einem zentralen Loghost möglichst wenige Komponenten des Sicherheitsgateways überqueren müssen.

Dies entspricht der Maßnahme M 4.225 des BSI Grundschutzkataloges.

7.2.7.8 Überwachung und Verwaltung von Speichersystemen

Daten über den Zustand der Hardware des Speichersystems, Daten zur Auslastung des Speichersystems und Daten über die Transportwege sind zu überwachen. NAS-Management: Nach Möglichkeit sollte das NAS-System in ein einfaches Netzmanagementsystem eingebunden werden, um mindestens zu kontrollieren, ob das NAS-System verfügbar ist und hinreichend Speicherkapazität aufweist. SAN-Management: Wenn sowohl In-Band- als auch Out-Band-Management und Überwachung im Einsatz sind, erleichtert und beschleunigt die zusätzliche Netzanbindung die Überwachung und Diagnose von Problemen. Zentrale Kontrolle: In größeren Installationen, vor allem bei SANs mit verschiedenen Standorten der Komponenten, sollte eine zentrale Stelle existieren, an die alle für den Betrieb wichtigen Informationen gemeldet werden.

Dies entspricht der Maßnahme M 2.359 des BSI Grundschutzkataloges.

7.2.7.9 Regelmäßiger Sicherheitscheck des Netzes

Der Netzadministrator sollte regelmäßig, mindestens monatlich, einen Sicherheitscheck des Netzes durchführen.

Bei einem solchen Sicherheitscheck sollten folgende Punkte überprüft werden:

- Gibt es Benutzer ohne Passwort?
- Gibt es Benutzer, die längere Zeit das Netz nicht mehr benutzt haben?
- Gibt es Benutzer, deren Passwort nicht die erforderlichen Bedingungen einhält?
- Welche Benutzer besitzen die gleichen Rechte wie der Administrator?
- Sind Systemprogramme und Systemkonfiguration unverändert und konsistent?
- Entsprechen die Berechtigungen von Systemprogrammen und Systemkonfiguration, Anwendungsprogrammen und -daten, Benutzerverzeichnissen und -daten den Vorgaben der Sicherheitsrichtlinie?
- Welche Netzdienste laufen auf den einzelnen Systemen? Sind sie den Vorgaben der Sicherheitsrichtlinie entsprechend konfiguriert?

Bei der Durchführung des Sicherheitschecks sollte der Netzadministrator seine Schritte so dokumentieren, dass sie (beispielsweise bei einem Verdacht auf ein kompromittiertes System) nachvollzogen werden können. Die Ergebnisse des Sicherheitschecks müssen dokumentiert werden, Abweichungen vom Sollzustand muss nachgegangen werden.

Dies entspricht der Maßnahme M 5.8 des BSI Grundschutzkataloges.

7.2.7.10 Protokollierung am Server

Die am Netzserver mögliche Protokollierung ist in einem sinnvollen Umfang zu aktivieren. In regelmäßigen Abständen muss der Netzadministrator die Protokolldateien des Netzservers überprüfen.

Es sollten alle sicherheitsrelevanten Ereignisse protokolliert werden. Dabei sind insbesondere folgende Vorkommnisse von Interesse:

- falsche Passworteingabe für eine Benutzerkennung bis hin zur Sperrung der Benutzerkennung bei Erreichen der Fehlversuchsgrenze,
- Versuche von unberechtigten Zugriffen,
- Stromausfall,
- Daten zur Netzauslastung und -überlastung.

Wie viele Ereignisse darüber hinaus protokolliert werden, hängt unter anderem vom Schutzbedarf der jeweiligen IT-Systeme ab. Je höher deren Schutzbedarf ist, desto mehr sollte protokolliert werden.

Dies entspricht der Maßnahme M 5.9 des BSI Grundschutzkataloges.

7.2.7.11 Planung der Systemüberwachung unter Windows Server 2003

Protokolle sind nur im notwendigen Umfang zu erzeugen. Höhere Sicherheitsanforderungen erfordern allgemein eine umfangreichere Überwachung. Protokolle werden für begründete, festgeschriebene Zwecke erzeugt und unterliegen dieser Zweckbindung.

Die Überwachung und Protokollierung unterliegt den Interessen der Organisation und muss mit der Personalvertretung und dem Datenschutzbeauftragten abgestimmt sein.

Protokolle sind vor unberechtigtem Zugriff, vor Manipulation und nachträglicher Änderung zu schützen. Protokolle sind regelmäßig und ausreichend zeitnah auszuwerten. Protokolle sind nach Überschreiten ihrer maximalen Aufbewahrungsfrist zu löschen.

Als Dokumentation dient die Überwachungsrichtlinie.

Dies entspricht der Maßnahme M 2.365 des BSI Grundschutzkataloges.

7.2.7.12 Durchführung von Notfallübungen

Notfallübungen dienen der Prüfung der Wirksamkeit von Maßnahmen im Bereich der Notfallvorsorge. Einerseits wird durch eine Notfallübung der effektive und reibungslose Ablauf eines Notfall-Plans erprobt und andererseits werden bisher unerkannte Mängel aufgedeckt.

Notfallübungen sind regelmäßig zu wiederholen. Da diese Übungen den normalen Betriebsablauf stören können, sollte die Häufigkeit an der Gefährdungslage orientiert sein, jedoch sollten die entsprechenden Notfallübungen zumindest einmal jährlich stattfinden. Soweit erforderlich, sind Schulungsmaßnahmen der Mitarbeiter durchzuführen (Erste Hilfe, Brandbekämpfung etc.).

Vor Durchführung einer Notfallübung ist das Einverständnis der Unternehmensleitung einzuholen.

Typische Übungen sind

- die Durchführung einer Alarmierung,
- Durchführung von Brandschutzübungen,
- Funktionstests von Stromaggregaten,
- Wiederanlauf nach Ausfall einer ausgewählten IT-Komponente und
- Wiedereinspielen von Datensicherungen.

Die Ergebnisse einer Notfallübung sind zu dokumentieren.
Dies entspricht der Maßnahme M 6.12 des BSI Grundschutzkataloges.

7.2.8 Datensicherung und Archivierung

7.2.8.1 Geeignete Lagerung von Archivmedien

Für den Langzeiteinsatz von Archivmedien sind besonders der Zugriffsschutz sowie klimatische Lagerbedingungen zu beachten und deren Einhaltung zu überwachen.

Wenn Archivmedien außerhalb des Archivsystems offline gelagert werden, sind angemessene Klimatisierungsmaßnahmen anzuwenden.

Die Lagerbedingungen müssen im Datensicherungs- und Archivierungskonzept dokumentiert werden. Zusätzlich muss sichergestellt werden, dass die Lagerbedingungen kontinuierlich eingehalten und überwacht werden.

Über die klimatischen Bedingungen hinaus müssen die verwendeten Archivmedien vor unautorisiertem Zugriff und mechanischer Beschädigung oder Veränderung geschützt werden.

Neben einer Kontrolle des Zutritts zum Datenträgerraum, Brandschutz und Schutz vor Wassereinwirkung sind je nach Art der verwendeten Archivmedien weitere Maßnahmen zu realisieren, zum Beispiel zum Schutz vor Einwirkung von Magnetfeldern auf Magnetbänder.

Bei Nichteinhaltung der Lagerbedingungen muss eine Alarmierung und Reaktion erfolgen. Hierzu sind organisationsspezifisch Eskalationsprozeduren und -wege zu definieren.
Dies entspricht der Maßnahme M 1.60 des BSI Grundschutzkataloges.

7.2.8.2 Verwendung geeigneter Archivmedien

Die dauerhafte elektronische Archivierung von Dokumenten erfordert den Einsatz geeigneter Datenträger (Archivmedien).

Sämtliche Archivmedien sind vor physikalischen Beschädigungen zu beschützen, etwa durch

- Wasser,
- Feuer bzw. Hitzeentwicklung,
- Verkratzen des Mediums durch das Laufwerk infolge Verschmutzung oder Herunterfallen,
- Zerknittern und Aufreißen des Mediums im Bandlaufwerk sowie
- Sabotage und Diebstahl.

Archivmedien müssen daher sorgsam aufbewahrt und vor den genannten Einflüssen geschützt werden. Außerdem muss der unbefugte Zugriff auf die Datenträger verhindert werden.
Dies entspricht der Maßnahme M 4.169 des BSI Grundschutzkataloges.

7.2.8.3 Protokollierung der Archivzugriffe

Die Zugriffe auf elektronische Archive sind zu protokollieren. Hierdurch sollen die Nachvollziehbarkeit der Aktivitäten gewährleistet und eventuelle Fehlerkorrekturen ermöglicht werden. Die folgende Aufzählung gibt einen Überblick darüber, welche Arten von Ereignissen mit Hilfe der Protokollierung erkannt werden können:

- Vertraulichkeits- bzw. Integritätsverlust von Daten durch Fehlverhalten der IT-Benutzer,
- fehlerhafte Administration von Zugangs- und Zugriffsrechten,
- Ausschalten des Servers im laufenden Betrieb,
- Verstoß gegen rechtliche Rahmenbedingungen beim Einsatz von Archivsystemen,
- defekte Datenträger,
- Verlust gespeicherter Daten,
- Datenverlust bei erschöpftem Speichermedium,
- Manipulation an Daten oder Software,
- unberechtigtes Kopieren der Datenträger,
- Manipulation eines Kryptomoduls,
- Kompromittierung kryptographischer Schlüssel und
- unberechtigtes Überschreiben oder Löschen von Archivmedien.

Sofern möglich, sollten mindestens folgende Daten protokolliert werden:

- Datum und Uhrzeit des Zugriffs,
- Clientsystem, von dem aus zugegriffen wurde,
- Archivbenutzer und ausgeübte Benutzerrolle,
- ausgeführte Aktionen sowie
- eventuelle Fehlermeldungen und -codes.

Die Protokolldaten müssen unter Beachtung organisationsinterner Vorgaben regelmäßig ausgewertet werden, um Missbrauch und Systemfehler zu erkennen.
Dies entspricht der Maßnahme M 4.172 des BSI Grundschutzkataloges.

7.2.9 Schutz gegen Angriffe

7.2.9.1 Meldung von Computer-Virus-Infektionen

Bei Auftreten eines Computer-Virus muss vorrangig verhindert werden, dass weitere IT-Systeme infiziert werden. Die zentrale Anlaufstelle für die Meldung von Virus-Infektionen ist der IT-Sicherheitsbeauftragte. Dieser muss sofort entscheiden, welche Benutzer gegebenenfalls über das Auftreten eines Computer-Virus zu informieren sind.

Neben den eigenen Mitarbeitern müssen auch alle Externen benachrichtigt werden, die eventuell durch die Virusinfektion mitbetroffen sind. Hierzu gehören insbesondere diejenigen, die mutmaßlich den Virus weitergegeben oder erhalten haben.

Über die benannten Ansprechpartner sind dann schließlich auch die Maßnahmen einzuleiten, die zu der Beseitigung des festgestellten Computer-Virenbefalls führen. Diese sollten alle Infektionen mit Computer-Viren, deren Auswirkungen und deren Beseitigung dokumentieren. Diese Informationen bilden eine Grundlage für die Aktualisierung des Virenschutzkonzeptes und dokumentieren aufgetretene Schadensfälle und die Aufwände zu deren Behebung.

Für die Einrichtung des Meldewesens ist es erforderlich, dass allen Mitarbeitern in geeigneter Form der Ansprechpartner bekannt gegeben wird. Dies kann beispielsweise in Form eines Merkblattes erfolgen

In gleicher Weise muss dieser Ansprechpartner sich regelmäßig über neu aufgetretene Computer-Viren informieren, damit er im Bedarfsfall eine Aktualisierung der Computer-Viren-Suchprogramme oder eine Alarmierung der Betroffenen veranlassen kann.

Dies entspricht der Maßnahme M 2.158 des BSI Grundschutzkataloges.

7.2.9.2 Aktualisierung der eingesetzten Computer-Viren-Suchprogramme

Für die mit Computer-Viren-Suchprogrammen ausgestatteten IT-Systeme muss eine regelmäßige Aktualisierung des Programms erfolgen, damit neu aufgetretene Computer-Viren zuverlässig erkannt werden können.

Bei der Verteilung der Updates des Viren-Suchprogramms muss auch sichergestellt werden, dass das Update auch tatsächlich – zeitnah mit der Beschaffung des Updates – auf den IT-Systemen eingespielt wird.

Durch die häufige Aktualisierung und die dadurch geringen Testzeiten der Virensuchprogramme sind diese fehleranfällig und müssen vor der Freigabe bzw. Installation im Wirkbetrieb getestet werden. Bei der Installation von Updates ist insbesondere darauf zu achten, dass durch voreingestellte Parameter die bestehende Konfiguration des Computer-Viren-Suchprogramms nicht verändert wird. So könnte beispielsweise durch ein Update ein zuvor residentes Computer-Viren-Suchprogramm in einen Offline-Modus geschaltet werden.

Außerdem ist sicherzustellen, dass Rechner, die keiner einzelnen Person zugeordnet sind und nicht vernetzt sind, zum Beispiel Laptops, ebenfalls mit Updates versorgt werden.

Dies entspricht der Maßnahme M 2.159 des BSI Grundschutzkataloges.

7.2.9.3 Regelungen zum Computer-Virenschutz

Um einen effektiven Computer-Virenschutz zu erreichen, müssen über den Einsatz von Computer-Viren-Suchprogrammen hinaus einige zusätzliche Maßnahmen realisiert werden. In diesem Sinne sind unter anderem folgende Punkte zu regeln:

- Einsatz von Computer-Viren-Suchprogrammen
- Schulung der IT-Benutzer
- Verbot der Nutzung nicht freigegebener Software

- Schutzmaßnahmen am IT-System: die Boot-Reihenfolge beim Betriebssystemstart ist so umzustellen, dass generell zuerst von der Festplatte (oder vom Netz) und dann erst von einem externen Medium (Diskette, CD-ROM) gestartet wird. Zusätzlich ist für jeden vorhandenen Rechnertyp eine Notfalldiskette anzulegen, um im Falle einer Computer-Vireninfektion eine erfolgreiche Säuberung zu ermöglichen. Für den Fall, dass ein neuer Computer-Virus dennoch Schäden verursacht, muss auf eine Datensicherung zurückgegriffen werden.
- Meldung von Computer-Viren

Diese Regelungen sind den Betroffenen zur Kenntnis zu geben.
Dies entspricht der Maßnahme M 2.160 des BSI Grundschutzkataloges.

7.2.9.4 Vorbeugung gegen Trojanische Pferde
Es ist wichtig, alle Benutzer immer wieder über die Problematik Trojanischer Pferde aufzuklären. Wichtige Verhaltensregeln sind aus diesem Grunde:

- Daten und Programme, die aus dem Internet abgerufen werden, stellen einen Hauptverbreitungsweg für Computer-Viren und Trojanische Pferde dar, um Benutzerdaten auszuspähen, weiterzuleiten, zu verändern oder zu löschen. Aber nicht nur Programme im eigentlichen Sinn, sondern auch Office-Dokumente (Text-, Tabellen- und Präsentations-Dateien) können über Makros Viren und Trojanische Pferde enthalten.
  Es sollten keine Programme aus unbekannter Quelle installiert werden.
  Viele Daten und Programme sind über verschiedene Quellen verfügbar, zum Beispiel über Mirror-Server im Internet oder über CD-ROMs von Zeitschriften. Daten und Programme sollten nur von vertrauenswürdigen Seiten geladen werden, also insbesondere von den Originalseiten des Erstellers.
- Es sollten keine E-Mail-Anhänge oder andere Dateien von Kommunikationspartnern geöffnet werden, wenn diese nicht erwartet wurden oder merkwürdige Namen tragen. Im Zweifelsfall sollte bei diesen nachgefragt werden, ob sie die Nachrichten wirklich geschickt haben.
- Alle von Dritten erhaltenen Dateien und Programme sollten vor der Aktivierung mit aktuellem Virenscanner überprüft werden. Diese überprüfen auch, ob (bekannte) Trojanische Pferde vorhanden sind.
- Grundsätzlich sollten alle Programme vor Installation und Freigabe auf Testsystemen überprüft werden.
- Bei CERTs bzw. anderen sicherheitsbezogenen Informationsdiensten sollte regelmäßig recherchiert werden, ob eingesetzte Programme dahingehend aufgefallen sind, dass sie Daten vom IT-System des Benutzers ohne dessen Wissen übertragen.
- Bei der Installation von Programmen sollten die Programmhinweise und Nutzungsbedingungen sorgfältig durchgelesen werden. Oftmals wird in diesen sogar (mehr oder weniger deutlich) darauf hingewiesen, dass bei deren Nutzung Benutzer- oder Systemdaten erhoben und weitergegeben werden.
- Trojanische Pferde können auch in aktive Inhalte von WWW-Seiten (Java, JavaScript und besonders ActiveX) eingebettet sein, da sie zusammen mit WWW-Seiten geladen

werden, häufig ohne dass es der Benutzer bemerkt. Ein gewisser Schutz kann aber schon dadurch erreicht werden, dass sichergestellt wird, dass – besonders zu den Zeiten, zu denen man online arbeitet – nur Prozesse und Programme laufen, die wirklich notwendig sind und so die zusätzlichen Aktivitäten des Rechners oder der Festplatte bemerkt werden. Weiterhin können die Einstellmöglichkeiten des verwendeten Internet-Browsers konsequent ausgenutzt werden, so dass beispielsweise aktive Inhalte gar nicht erst auf den eigenen Rechner geladen werden können.
- Trojanische Pferde verfolgen häufig den Zweck, Passwörter oder andere Zugangsdaten auszuspähen. Daher sollten Passwörter nie auf den IT-Systemen abgespeichert werden.

Dies entspricht der Maßnahme M 2.224 des BSI Grundschutzkataloges.

7.2.9.5 Vermeidung gefährlicher Dateiformate

Der E-Mail-Client sollte so eingestellt sein, dass Anhänge nicht versehentlich gestartet werden können, sondern das Programm vor der Ausführung warnt bzw. zumindest nachfragt, ob die Datei geöffnet werden soll. Das Betriebssystem bzw. der E-Mail-Client sollte außerdem so eingerichtet sein, dass Dateien zunächst nur in Viewern oder anderen Darstellungsprogrammen angezeigt werden, die eventuell in den Dateien enthaltenen Programmcode, wie Makros oder Skripte, nicht ausführen.

Dies entspricht der Maßnahme M 4.199 des BSI Grundschutzkataloges.

7.2.9.6 Intrusion Detection- und Intrusion Response-Systeme

Der Firewall-Administrator muss regelmäßig die anfallenden Protokolldaten analysieren, um dadurch Angriffe zeitnah erkennen zu können. Das Unternehmen verwendet hierzu Intrusion Detection (ID)- und Intrusion Response (IR)-Systeme.

Dies entspricht der Maßnahme M 5.71 des BSI Grundschutzkataloges.

7.2.10 Dokumentation

7.2.10.1 Aktuelle Infrastruktur- und Baupläne

Baupläne, Fluchtwegpläne und Feuerwehrlaufkarten müssen umgehend nach jeder Umbaumaßnahme, Erweiterung der Infrastruktur und Sicherheitstechnik auf den aktuellen Stand gebracht werden.

Dies ist erforderlich, um

- das definierte Sicherheitsniveau halten,
- Notfallsituationen optimal begegnen,
- Revisionen erleichtern und
- Maßnahmen vollständig und angemessen planen und durchführen zu können.

Es ist nicht ausreichend, die Pläne beispielsweise nur bei der zuständigen Bauverwaltung zu lagern. Im Schadens- oder Notfall, zum Beispiel bei Kabelschäden oder Wasserrohrbrüchen kann wichtige Zeit für die Fehlerlokalisierung und -beseitigung verloren gehen.

Derjenige, der die Pläne verwaltet, zum Beispiel im Hausdienst, sollte auch in der Lage sein, sie zu lesen. Gegebenenfalls ist Personal entsprechend zu schulen und einzuweisen.

Dies entspricht der Maßnahme M 1.57 des BSI Grundschutzkataloges.

7.2.10.2 Neutrale Dokumentation in den Verteilern

In jedem Verteiler sollte sich eine Dokumentation befinden, die den derzeitigen Stand von Rangierungen und Leitungsbelegungen wiedergibt. Diese Dokumentation ist möglichst neutral zu halten. Nur bestehende und genutzte Verbindungen sind darin aufzuführen. Es sollen, soweit nicht ausdrücklich vorgeschrieben (zum Beispiel für Brandmeldeleitungen), keine Hinweise auf die Nutzungsart der Leitungen gegeben werden. Leitungs-, Verteiler-, und Raumnummern reichen in vielen Fällen aus. Alle weitergehenden Informationen sind in einer Revisions-Dokumentation aufzuführen.

Dies entspricht der Maßnahme M 2.19 des BSI Grundschutzkataloges.

7.2.10.3 Dokumentation der Systemkonfiguration

Planung, Steuerung, Kontrolle und Notfallvorsorge des IT-Einsatzes basieren auf einer aktuellen Dokumentation des vorhandenen IT-Systems. Nur eine aktuelle Dokumentation der Systemkonfiguration ermöglicht im Notfall einen geordneten Wiederanlauf des IT-Systems.

Die physikalische Netzstruktur und die logische Netzkonfiguration sind zu dokumentieren. Dazu gehören auch die Zugriffsrechte der einzelnen Benutzer und der Stand der Datensicherung. Weiterhin sind die eingesetzten Applikationen und deren Konfiguration sowie die Dateistrukturen auf allen IT-Systemen zu dokumentieren.

Dabei ist auf Aktualität und Verständlichkeit der Dokumentation zu achten, damit auch ein Vertreter die Administration jederzeit weiterführen kann. Die System-Dokumentation ist so aufzubewahren, dass sie im Bedarfsfall jederzeit verfügbar ist. Wenn sie in elektronischer Form geführt wird, muss sie entweder regelmäßig ausgedruckt oder auf einem transportablen Datenträger gespeichert werden. Der Zugriff auf die Dokumentation ist auf die zuständigen Administratoren zu beschränken.

In der System-Dokumentation sollten alle Schritte dokumentiert sein, die beim Herauf- bzw. Herunterfahren von IT-Systemen zu beachten sind. Dies ist insbesondere bei vernetzten IT-Systemen wichtig. Hier muss zum Beispiel häufig eine bestimmte Reihenfolge beim Mounten von Laufwerken oder Starten von Netzdiensten eingehalten werden.

Dies entspricht der Maßnahme M 2.25 des BSI Grundschutzkataloges.

7.2.10.4 Dokumentation der zugelassenen Benutzer und Rechteprofile

Dokumentiert werden sollen insbesondere

- die zugelassenen Benutzer mit folgenden Angaben: zugeordnetes Rechteprofil (gegebenenfalls Abweichungen vom verwendeten Standard-Rechteprofil), Begründung für die Wahl des Rechteprofils (und gegebenenfalls der Abweichungen), Erreichbarkeit des Benutzers, Zeitpunkt und Grund der Einrichtung, Befristungen,
- die zugelassenen Gruppen mit den zugehörigen Benutzern, Zeitpunkt und Grund der Einrichtung, Befristung.

Die Dokumentation dient der Übersicht über die zugelassenen Benutzer, Benutzergruppen und Rechteprofile und ist Voraussetzung für Kontrollen.

Die Dokumentation der zugelassenen Benutzer und Rechteprofile muss regelmäßig daraufhin überprüft werden, ob sie den tatsächlichen Stand der Rechtevergabe widerspiegelt und ob die Rechtevergabe noch den Sicherheitsanforderungen und den aktuellen Aufgaben der Benutzer entspricht.

Dies entspricht der Maßnahme M 2.31 des BSI Grundschutzkataloges.

7.2.10.5 Dokumentation der Veränderungen an einem bestehenden System

Alle Veränderungen, die Administratoren am System vornehmen, müssen dokumentiert werden, nach Möglichkeit automatisiert. Dieses gilt insbesondere für Änderungen an Systemverzeichnissen und -dateien.

Bei Installation neuer Betriebssysteme oder bei Updates sind die vorgenommenen Änderungen besonders sorgfältig zu dokumentieren. Möglicherweise kann durch die Aktivierung neuer oder durch die Änderung bestehender Systemparameter das Verhalten des IT-Systems (insbesondere auch Sicherheitsfunktionen) maßgeblich verändert werden.

Unter Unix müssen ausführbare Dateien, auf die auch andere Benutzer als der Eigentümer Zugriff haben oder deren Eigentümer root ist, vom Systemadministrator freigegeben und dokumentiert werden. Insbesondere müssen Listen mit den freigegebenen Versionen dieser Dateien geführt werden, die außerdem mindestens das Erstellungsdatum, die Größe jeder Datei und Angaben über eventuell gesetzte s-Bits enthalten. Sie sind Voraussetzung für den regelmäßigen Sicherheitscheck und für Überprüfungen nach einem Verlust der Integrität.

Dies entspricht der Maßnahme M 2.34 des BSI Grundschutzkataloges.

7.2.10.6 Bereithalten von Handbüchern

Bei der Beschaffung von Informationstechnik, egal ob es sich um Hardware oder Software handelt, müssen die zugehörigen Handbücher und technischen Referenzen in ausreichender Anzahl mitbeschafft werden.

Alle Handbücher zu einem IT-Produkt müssen jederzeit in der Anwendungsumgebung verfügbar sein.

Dies entspricht der Maßnahme M 2.111 des BSI Grundschutzkataloges.

7.2.10.7 Ist-Aufnahme der aktuellen Netzsituation

Das Netzwerk ist zu dokumentieren. Dazu ist eine Ist-Aufnahme mit einhergehender Dokumentation der folgenden Aspekte, die zum Teil aufeinander aufbauen, notwendig:

- Netztopografie,
- Netztopologie,
- verwendete Netzprotokolle,
- Kommunikationsübergänge im LAN und zum WAN sowie
- Netzperformance und Verkehrsfluss.

In den einzelnen Schritten ist im Wesentlichen folgendes festzuhalten:

Ist-Aufnahme der Netztopographie
Für die Ist-Aufnahme der Netztopografie ist die physikalische Struktur des Netzes zu erfassen. Es ist ein Plan zu erstellen bzw. fortzuschreiben, der

- die aktuelle Kabelführung,
- die Standorte aller Netzteilnehmer, insbesondere der verwendeten aktiven Netzkomponenten,
- die verwendeten Kabeltypen sowie
- die festgelegten Anforderungen an den Schutz von Kabeln

enthält. Eine konsequente Aktualisierung dieser Pläne bei Umbauten oder Erweiterungen ist ebenso zu gewährleisten wie eine eindeutige und nachvollziehbare Dokumentation.

Ist-Aufnahme der Netztopologie
Für die Ist-Aufnahme der Netztopologie ist die logische Struktur des Netzes zu betrachten. Dazu ist es notwendig, die Segmentierung der einzelnen OSI-Schichten und gegebenenfalls die VLAN-Struktur zu erfassen.

Anhand der Darstellung der Netztopologie muss feststellbar sein, über welche aktiven Netzkomponenten eine Verbindung zwischen zwei beliebigen Endgeräten aufgebaut werden kann. Zusätzlich sind die Konfigurationen der aktiven Netzkomponenten zu dokumentieren, die zur Bildung der Segmente verwendet werden. Dies können bei logischer Segmentierung die Konfigurationsdateien sein, bei physikalischer Segmentierung die konkrete Konfiguration der Netzkomponenten.

Ist-Aufnahme der verwendeten Netzprotokolle
Bezogen auf die gewählte Segmentierung des Netzes sind die in den einzelnen Segmenten verwendeten Netzprotokolle und die hierfür notwendigen Konfigurationen (zum Beispiel die MAC-Adressen, die IP-Adressen und die Subnetzmasken für das IP-Protokoll) festzustellen und zu dokumentieren. Hier sollte auch dokumentiert werden, welche Dienste zugelassen sind (zum Beispiel HTTP, SMTP, Telnet) und welche Dienste nach welchen Kriterien gefiltert werden.

Ist-Aufnahme von Kommunikationsübergängen im LAN und WAN
Die Kommunikationsübergänge im LAN und WAN sind, soweit sie nicht in der bereits erstellten Dokumentation enthalten sind, zu beschreiben. Für jeden Kommunikationsübergang zwischen zwei Netzen ist zu beschreiben,

- welche Übertragungsstrecken (zum Beispiel Funkstrecke für eine LAN/LAN-Kopplung) hierfür eingesetzt werden,
- welche Kommunikationspartner und -dienste in welche Richtung hierüber zugelassen sind, und
- wer für die technische Umsetzung zuständig ist.

Hierzu gehört auch die Dokumentation der verwendeten WAN-Protokolle (zum Beispiel ISDN, X.25). Bei einem Einsatz einer Firewall ist zusätzlich deren Konfiguration (zum Beispiel Filterregeln) zu dokumentieren.

Ist-Aufnahme der Netzperformance und des Verkehrsflusses
Es ist eine Messung der Netzperformance und eine Analyse des Verkehrsflusses in und zwischen den Segmenten oder Teilnetzen durchzuführen. Für jedes eingesetzte Netzprotokoll müssen die entsprechenden Messungen erfolgen.

Bei jeder Änderung der Netzsituation sind die zuletzt durchgeführten Ist-Aufnahmen zu wiederholen. Die im Rahmen der Ist-Aufnahmen erstellte Dokumentation ist so aufzubewahren, dass sie einerseits vor unbefugtem Zugriff geschützt ist, aber andererseits für das Sicherheitsmanagement oder die Administratoren jederzeit verfügbar ist.

Dies entspricht der Maßnahme M 2.139 des BSI Grundschutzkataloges.

7.2.10.8 Sorgfältige Einstufung und Umgang mit Informationen, Anwendungen und Systemen

Es sind die Daten zu identifizieren, die einen höheren Schutzbedarf haben oder besonderen Restriktionen unterliegen, zum Beispiel personenbezogene, finanzrelevante, vertrauliche oder copyrightgeschützte Daten. Für diese gelten je nach ihrer Kategorisierung unterschiedliche Beschränkungen im Umgang mit ihnen. Daher ist es wichtig, alle Mitarbeiter auf die für diese Daten geltenden Restriktionen hinzuweisen.

Der Schutzbedarf von Daten wirkt sich natürlich unmittelbar auf alle Medien aus, auf denen diese gespeichert oder verarbeitet werden. Es ist festzulegen, wer welche Daten lesen, bearbeiten bzw. weitergeben darf. Dazu gehört auch die regelmäßige Überprüfung auf Korrektheit und Vollständigkeit der Daten.

Ein besonderes Augenmerk muss auf alle die Informationen gelegt werden, die die Grundlage für die Aufgabenerfüllung bilden. Dazu gehören alle geschäftsrelevanten Daten, also zum Beispiel diejenigen Daten, bei deren Verlust die Institution handlungsunfähig wird, die die wirtschaftlichen Beziehungen zusammenarbeitender Unternehmen beeinträchtigen können oder aus deren Kenntnis ein Dritter (zum Beispiel Konkurrenzunternehmen) finanzielle Vorteile ziehen kann. Es ist eine Übersicht darüber zu erstellen, welche Daten als geschäftskritisch einzustufen sind. Neben den allgemeinen Sorgfaltspflichten können auch hier für diese Daten bei der Speicherung, Verarbeitung, Weitergabe und Vernichtung besondere Vorschriften und Regelungen gelten. Geschäftskritische Informationen müssen vor Verlust, Manipulation und Verfälschung geschützt werden. Längerfristig gespeicherte oder archivierte Daten müssen regelmäßig auf ihre Lesbarkeit hin getestet werden. Nicht mehr benötigte Informationen müssen zuverlässig gelöscht werden.

Dies entspricht der Maßnahme M 2.217 des BSI Grundschutzkataloges.

7.2.10.9 Dokumentation der Systemkonfiguration von Routern und Switches

Die Konfiguration, die bei der Inbetriebnahme von Routern und Switches vorgenommen wird, muss so dokumentiert werden, dass sie jederzeit vom Administrator oder seinem

Vertreter nachvollzogen werden kann. Insbesondere dann, wenn eine Konfiguration von einem Default-Wert abweicht, sollte in einem Kommentar in der Konfigurationsdatei festgehalten werden, warum die Einstellung so gewählt wurde.

Jede Änderung der Konfiguration sollte vom Administrator nachvollzogen werden können. Folgende Punkte sind zu dokumentieren:

- Welche Änderung wurde durchgeführt?
- Warum wurde die Änderung durchgeführt (Anlass)?
- Wann wurde diese Änderung durchgeführt (Uhrzeit, Datum)?
- Wer hat die Änderung durchgeführt?

Zusätzlich dazu sollten zumindest alle sicherheitsrelevanten Konfigurationsänderungen in einem Protokoll gespeichert werden, anhand dessen sich jederzeit nachvollziehen lässt, wie das Gerät zu einem bestimmten Zeitpunkt konfiguriert war. Dieses Protokoll sollte nicht auf dem Gerät selbst gespeichert werden.

Die Dokumentation ist so zu gestalten, dass sie auch von einem Fachmann, der mit den konkreten Gegebenheiten der Systemlandschaft nicht vertraut ist, nachvollzogen werden kann.

Die Konfigurationsdateien sollten zur Notfallvorsorge zusätzlich zentral auf einem dafür vorgesehenen Server gespeichert werden.

Dies entspricht der Maßnahme M 2.281 des BSI Grundschutzkataloges.

7.2.10.10 Dokumentation und Kennzeichnung der Verkabelung

Für Wartung, Fehlersuche, Instandsetzung und für erfolgreiche Überprüfung der Verkabelung ist eine gute Dokumentation und eindeutige Kennzeichnung aller Kabel erforderlich. Die Güte dieser Revisions-Dokumentation ist abhängig von der Vollständigkeit, der Aktualität und der Lesbarkeit.

In dieser Dokumentation (auch Bestandsplan genannt) sind alle das Netz betreffenden Sachverhalte aufzunehmen:

- genauer Kabeltyp,
- nutzungsorientierte Kabelkennzeichnung,
- Standorte von Zentralen und Verteilern mit genauen Bezeichnungen,
- genaue Führung von Kabeln und Trassen in der Liegenschaft (Einzeichnung in bemaßte Grundriss- und Lagepläne),
- Trassendimensionierung und -belegung,
- Belegungspläne aller Rangierungen und Verteiler,
- Nutzung aller Leitungen, Nennung der daran angeschlossenen Netzteilnehmer,
- technische Daten von Anschlusspunkten,
- Gefahrenpunkte,
- vorhandene und zu prüfende Schutzmaßnahmen.

Es muss möglich sein, sich anhand dieser Dokumentation einfach und schnell ein genaues Bild über die Verkabelung zu machen.

Um die Aktualität der Dokumentation zu gewährleisten, ist sicherzustellen, dass alle Arbeiten am Netz rechtzeitig und vollständig demjenigen bekannt werden, der die Dokumentation führt. Da diese Dokumentation schutzwürdige Informationen beinhaltet, ist sie sicher aufzubewahren und der Zugriff zu regeln.

Dies entspricht der Maßnahme M 5.4 des BSI Grundschutzkataloges.

7.2.10.11 Laufende Fortschreibung und Revision der Netzdokumentation

Die Dokumentation der IT-Verkabelung muss als ein elementarer Bestandteil einer jeden Veränderung im Netz betrachtet und behandelt werden. Erst nach Abschluss der Dokumentation gilt die Änderungsmaßnahme auch als vollständig erledigt. Eine Dokumentationsrichtlinie vereinfacht den Umgang mit der Dokumentation. Sie sollte die Abläufe, die Dokumentationsbereiche und die Vorgaben beschreiben, beispielsweise auch Namens- und Nummerierungsschemata.

Dies entspricht der Maßnahme M 5.143 des BSI Grundschutzkataloges.

7.2.10.12 Übersicht über Netzdienste

Eine Übersicht ist darüber zu erstellen, welche Netzdienste überhaupt zur Verfügung gestellt werden müssen und welche Dienste unter Umständen schon installiert sind.

Dies entspricht der Maßnahme M 5.16 des BSI Grundschutzkataloges.

7.2.11 Schulung und Training

7.2.11.1 Betreuung und Beratung von IT-Benutzern

Der Einsatz von IT-Systemen erfordert eine umfassende Schulung der IT-Benutzer. Neben der Schulung, die die IT-Benutzer in die Lage versetzt, die eingesetzte Informationstechnik sachgerecht einzusetzen, bedarf es einer Betreuung und Beratung der IT-Benutzer für die im laufenden Betrieb auftretenden Probleme. Diese Probleme können aus Hardware-Defekten oder fehlerhafter Software-Installation resultieren, aber auch aus Bedienungsfehlern.

Dies entspricht der Maßnahme M 2.12 des BSI Grundschutzkataloges.

7.2.11.2 Schulung des Wartungs- und Administrationspersonals

Das Wartungs- und Administrationspersonal benötigt detaillierte Kenntnisse über die eingesetzten IT-Komponenten. Daher sollte es mindestens so weit geschult werden, dass

- alltägliche Administrationsarbeiten selbst durchgeführt,
- einfache Fehler selbst erkannt und behoben,

- Datensicherungen regelmäßig selbsttätig durchgeführt,
- die Eingriffe von externem Wartungspersonal nachvollzogen und
- Manipulationsversuche oder unbefugte Zugriffe auf die Systeme erkannt und rasch behoben

werden können.
Dies entspricht der Maßnahme M 3.11 des BSI Grundschutzkataloges.

7.2.11.3 Einweisung der Benutzer in die Bedienung des Archivsystems

Die für die Administration des Archivierungssystems vorgesehenen Mitarbeiter sind zur Bedienung des Archivsystems zu schulen.

Eine derartige Schulung sollte unter anderem folgende Themen umfassen:

- Vorgehensweise bei der Umwandlung analoger Daten:
  Die korrekte Vorgehensweise bei der Erfassung der Dokumente, der Umwandlung in die elektronische Form sowie der elektronischen Archivierung sind zu erläutern und anhand von praktischen Beispielen zu üben.
- Rechtliche Rahmenbedingungen der Archivierung:
  Bei der Archivierung sind rechtliche Anforderungen einzuhalten. Diese Anforderungen und die Folgen bei Nichteinhaltung müssen den Benutzern deutlich gemacht werden.
- Schutz der Vertraulichkeit und Integrität der Dokumente:
  Die korrekte Vorgehensweise bei der Behandlung vertraulicher Dokumente sowie bei der Integritätssicherung und -prüfung archivierter Dokumente ist zu demonstrieren. Auf mögliche Folgen bei fehlerhafter Bedienung ist hinzuweisen.
- Besonderheiten bei der Verwendung von WORM-Medien:
  Auf die Besonderheiten bei der Speicherung auf einmal beschreibbare Medien ist besonders hinzuweisen, das heißt, es ist zu beachten, dass einmal gespeicherte Daten nicht mehr gelöscht werden können (allenfalls eine neue Version könnte erneut archiviert werden). Dies kann nicht nur zu Kapazitätsengpässen, sondern auch zu Datenschutz- oder Vertraulichkeitsproblemen führen, da Daten nur als zu löschen markiert, aber nicht tatsächlich gelöscht werden.
- Organisationsspezifische Sicherheitsrichtlinien und ihre Anwendung bei der elektronischen Archivierung:
  Bei der Konzeption des Archivsystems sind üblicherweise diverse Sicherheitsmaßnahmen vorgesehen worden, die von den einzelnen Benutzern des Archivsystems umgesetzt werden müssen. Dies kann zum Beispiel die Art der Kennzeichnung der Archivmedien oder auch den Umgang mit als vertraulich oder anderweitig klassifizierten Informationen betreffen. Alle Benutzer müssen auf diese organisationsspezifischen Sicherheitsrichtlinien hingewiesen werden.

Die Schulung der Mitarbeiter ist zu dokumentieren.
Dies entspricht der Maßnahme M 3.35 des BSI Grundschutzkataloges.

7.2.11.4 Schulung der Administratoren des Sicherheitsgateways

Das Sicherheitsgateway stellt ein zentrales Element bei der Absicherung eines Netzes gegen Gefährdungen von außen dar. Deswegen ist es unerlässlich, dass die Administratoren des Sicherheitsgateways ausreichend geschult sind, damit sie in der Lage sind, alle gebotenen Funktionen und Sicherheitsmerkmale optimal zu nutzen.

In den Schulungen sollten ausreichende Kenntnisse zu den für die Einrichtung und den Betrieb der Komponenten des Sicherheitsgateways notwendigen Vorgehensweisen, Werkzeugen und Techniken vermittelt werden. Dies gilt auch für herstellerspezifische Aspekte zu einzelnen Produkten, die als Komponenten des Sicherheitsgateways eingesetzt werden.

Auch wenn in einer Gruppe von Administratoren die Aufgaben so verteilt sind, dass jeder Administrator nur einen bestimmten Verantwortungsbereich hat, ist es unverzichtbar, dass alle Administratoren ein allgemeines Grundwissen besitzen.

Dies entspricht der Maßnahme M 3.43 des BSI Grundschutzkataloges.

7.2.12 Ergänzende allgemeine Sicherheitsrichtlinien

7.2.12.1 Der aufgeräumte Arbeitsplatz

Jeder Mitarbeiter ist dazu angehalten, seinen Arbeitsplatz aufgeräumt zu hinterlassen. Ein IT-Benutzer hat nicht nur dafür Sorge zu tragen, dass bei Verlassen seines Arbeitsplatzes entsprechende Vorkehrungen getroffen sind, dass Unbefugte keinen Zugang zu IT-Anwendungen oder Zugriff auf Daten erhalten. Der IT-Benutzer muss mit der gleichen Sorgfalt auch seinen Arbeitsplatz überprüfen und sicherstellen, dass durch den Zugriff Unbefugter auf Datenträger (Diskette, Festplatte) oder Unterlagen (Ausdrucke) kein Verlust an Verfügbarkeit, Vertraulichkeit oder Integrität entstehen kann.

Für eine kurze Abwesenheit während der Arbeitszeit ist das Verschließen des Raumes, sofern möglich, ausreichend; bei geplanter Abwesenheit (zum Beispiel längere Besprechungen, Dienstreisen, Urlaub, Fortbildungsveranstaltungen) ist der Arbeitsplatz so aufzuräumen, dass keine schutzbedürftigen Datenträger oder Unterlagen unverschlossen am Arbeitsplatz zurückgelassen werden. Auch das Passwort darf auf keinen Fall sichtbar aufbewahrt werden.

Dies entspricht der Maßnahme M 2.37 des BSI Grundschutzkataloges.

7.2.12.2 Konzeption der sicheren E-Mail-Nutzung

Durch organisatorische Regelungen oder durch die technische Umsetzung sind die folgenden Punkte zum ordnungsgemäßen Dateitransfer zu gewährleisten:

- Die E-Mail-Programme der Benutzer müssen durch den Administrator so vorkonfiguriert sein, dass ohne weiteres Zutun der Benutzer maximale Sicherheit erreicht werden kann
- Die Übermittlung von Daten darf erst nach erfolgreicher Identifizierung und Authentisierung des Senders beim Übertragungssystem möglich sein.

- Die Benutzer müssen vor erstmaliger Nutzung von E-Mail-Programmen in die Handhabung der relevanten Applikationen eingewiesen werden. Die organisationsinternen Benutzerregelungen zur Dateiübermittlung müssen ihnen bekannt sein.
- Zur Beschreibung des Absenders werden bei E-Mails oft sogenannte Signatures (Absenderangaben) an das Ende der E-Mail angefügt. Der Inhalt einer Signature sollte dem eines Briefkopfs ähneln, also Name, Organisationsbezeichnung und Telefonnummer und Ähnliches enthalten. Dieses Signature darf jedoch weder mit einer Signatur im Sinne einer (eingescannten) Unterschrift noch mit einer elektronischen Signatur, die die Korrektheit und Authentizität des Textinhaltes belegt, verwechselt werden. Eine Signature sollte nicht zu umfangreich sein. Das Unternehmen sollte einen Standard für die einheitliche Gestaltung von Signatures festlegen.
- Keine vertraulichen Firmeninformationen dürfen über E-Mail versandt werden. Es sei denn, damit ist eine geschäftliche Notwendigkeit verbunden. Dann ist zu gewährleisten, dass diese Daten nur verschlüsselt versandt werden. Ein direkter Bezug dieser E-Mail zum Schlüssel darf nicht möglich sein.

E-Mails, die intern versandt werden, dürfen das interne Netz nicht verlassen. Dies ist durch entsprechende administrative Maßnahmen sicherzustellen.

Grundsätzlich sollten Nachrichten, die an interne Adressen verschickt wurden, nicht an externe Adressen weitergeleitet werden. Sollen hiervon Ausnahmen gemacht werden, sind alle Mitarbeiter darüber zu informieren.

Bei der Nutzung von Webmail aus dem Unternehmensnetz heraus muss unbedingt der Virenschutz beachtet werden.

Dies entspricht der Maßnahme M 2.118 des BSI Grundschutzkataloges.

7.2.12.3 Regelung für den Einsatz von E-Mail

Sollen zwischen zwei oder mehreren Kommunikationspartnern Daten elektronisch ausgetauscht werden, so müssen diese zum ordnungsgemäßen Austausch folgende Punkte beachten:

- Die Adressierung der E-Mail muss eindeutig erfolgen, um eine fehlerhafte Zustellung zu vermeiden. Innerhalb einer Organisation sollten Adressbücher und Verteilerlisten gepflegt werden, um die Korrektheit der gebräuchlichsten Adressen sicherzustellen.
- Für alle nach außen gehenden E-Mails ist eine Signatur zu verwenden.
- Die Betreffangabe (Subject) des Kommunikationssystems sollte immer ausgefüllt werden, zum Beispiel entsprechend der Betreffangabe in einem Anschreiben.
- Verwendung residenter Virenscanner für ein- bzw. ausgehende Dateien. Vor dem Absenden bzw. vor der Dateiübermittlung sind die ausgehenden Dateien explizit auf Computer-Viren zu überprüfen.
- Erfolgt über die E-Mail noch eine Dateiübertragung, so sollten die folgenden Informationen an den Empfänger zusätzlich übermittelt werden:
  - Art der Datei (zum Beispiel Excel-Datei, OpenOffice Text oder Ähnliches),
  - Kurzbeschreibung des Inhalts der Datei,

7.2 Vorschlag für eine Richtlinie zum sicheren IT-Betrieb

- eventuell ein Hinweis, dass Dateien auf Computer-Viren überprüft sind,
- gegebenenfalls Art des verwendeten Packprogramms (zum Beispiel Winzip, gzip)
- gegebenenfalls Art der eingesetzten Software für Verschlüsselung bzw. digitale Signatur.

Jedoch sollte nicht vermerkt werden,
- welches Passwort für die eventuell geschützten Informationen vergeben wurde,
- welche Schlüssel gegebenenfalls für eine Verschlüsselung der Informationen verwendet wurden.

Die Benutzer müssen vor dem Einsatz von Kommunikationsdiensten wie E-Mail geschult werden, um Fehlbedienungen zu vermeiden und die Einhaltung der organisationsinternen Richtlinien zu gewährleisten. Insbesondere müssen sie hinsichtlich möglicher Gefährdungen und einzuhaltender Sicherheitsmaßnahmen beim Versenden bzw. Empfangen von E-Mails sensibilisiert werden.

Benutzer müssen darüber informiert werden, dass Dateien, deren Inhalt Anstoß erregen könnte, weder verschickt noch auf Informationsservern eingestellt werden noch nachgefragt werden sollten.

Dies entspricht der Maßnahme M 2.119 des BSI Grundschutzkataloges.

7.2.12.4 Bildschirmsperre

Unter einer Bildschirmsperre versteht man die Möglichkeit, die auf dem Bildschirm aktuell vorhandenen Informationen zu verbergen. Eine Bildschirmsperre sollte nur durch eine erfolgreiche Benutzerauthentikation, also zum Beispiel eine Passwortabfrage, deaktiviert werden können, damit bei einer kürzeren Abwesenheit des IT-Benutzers ein Zugriffsschutz für das IT-System gewährleistet wird.

Alle Benutzer sollten dafür sensibilisiert sein, dass sie die Bildschirmsperre aktivieren, wenn sie den Arbeitsplatz für eine kurze Zeit verlassen. Bei längeren Abwesenheiten sollten Benutzer sich abmelden.

Der Zeitraum, nach dem sich eine Bildschirmsperre wegen fehlender Benutzereingaben aktiviert, sollte auf 15 Minuten eingestellt sein.

Dies entspricht der Maßnahme M 4.2 des BSI Grundschutzkataloges.

IT-Systeme 8

Auch in Bezug auf die IT-Systeme muss jedes Unternehmen für sich die angemessene Detailtiefe für die Regelung der IT-Sicherheit in Richtlinien und Arbeitsanweisungen finden. Wir haben in diesem Kapitel einen Vorschlag für ein Richtlinie zusammengestellt, die einen möglichen Detailgrad für ein ‚normales' Unternehmen mittlerer Komplexität darstellt. Aus unserer Sicht sollte man diesen Detailgrad in einer Richtlinie nicht überschreiten. Falls an bestimmten Stellen detailliertere Festlegungen erforderlich oder gewünscht sind, sollte man solche Regelungen in Arbeitsanweisungen festhalten. Solche Arbeitsanweisungen sind einem anderen Governanceprozess unterworfen und können häufiger angepasst werden, als wir es für Richtlinien für angemessen halten würden.

Um auch die Erstellung solcher Arbeitsanweisungen zu erleichtern oder um eben doch an der einen oder anderen Stelle detailliertere Regelungen in die Richtlinie für Ihr Unternehmen aufnehmen zu können, haben wir in einem weiteren Unterkapitel thematisch sortiert wichtige Maßnahmen des BSI Grundschutzkataloges aufgelistet. Dort finden sich in den meisten Fällen noch etliche hilfreiche Hinweise auf ‚Best Practice'-Regelungen.

Wir empfehlen den Systemverantwortlichen zumindest die Lektüre der von uns genannten Maßnahmen gemäß BSI Grundschutz. Ob die Regelung in Arbeitsanweisungen erforderlich ist, sollte in Abhängigkeit von der Risiko/Gefährdungsprüfung entschieden werden.

8.1 Regelungsziele nach COBIT

Das COBIT-Framework gibt in den Domains

- Planung und Organisation,
- Akquisition und Implementierung,

- Delivery & Support und
- Monitoring

einige wichtige Ziele vor, die in einer Richtlinie zu IT-Systemen verankert werden sollten. Nicht jeder Aspekt der aufgeführten COBIT-Kontrollziele muss durch die Richtlinien zu IT-Systemen abgedeckt werden. Die umfassende Berücksichtigung der Kontrollziele ergibt sich aus dem Zusammenwirken aller Richtliniendokumente.

8.1.1 Planung & Organisation

Das Portfolio an IT-unterstützten Investitionsvorhaben, die für die Erreichung der strategischen Unternehmensziele erforderlich sind, sollte aktiv und in Abstimmung mit dem Kerngeschäft gemanagt werden, in dem die Programme identifiziert, definiert, evaluiert, priorisiert, ausgewählt, initiiert, gemanagt und gesteuert werden. Dies umfasst auch die Abklärung der erwünschten Geschäftsergebnisse, die Sicherstellung, dass Programmziele die Erzielung der Ergebnisse unterstützten, das Verstehen des Gesamtaufwands, um die Ergebnisse zu erreichen, die Zuweisung klarer Verantwortlichkeiten mit unterstützenden Maßnahmen, die Definition von Projekten innerhalb des Programms, die Bereitstellung von Ressourcen und Finanzmitteln, die Übertragung von Autorität und die Beauftragung von erforderlichen Projekten zu Beginn des Programms.

Ein Modell der Unternehmensinformation muss eingerichtet werden, um die Entwicklung von Anwendungen und Entscheidungsprozesse zu unterstützen, in Übereinstimmung mit den IT-Plänen. Dieses Modell erleichtert die optimale Errichtung, Verwendung und gemeinsame Benutzung von Informationen durch das Kerngeschäft, und auf eine Art, die die Datenintegrität erhält und dabei flexibel, funktionell, kostengünstig, fristgerecht, sicher und fehlertolerant ist.

Ziel ist ein unternehmensweites Data Dictionary, welches die Datensyntaxregeln der Organisation enthält. Dieses Data Dictionary ermöglicht den gemeinsamen Zugriff auf Datenelemente über Anwendungen und Systeme, fördert unter den IT- und Businessanwendern ein gemeinsames Datenverständnis und verhindert das Entstehen von inkompatiblen Datenelementen.

Ein Verfahren zur Sicherstellung der Integrität und Konsistenz aller in elektronischer Form gespeicherten Daten, wie Datenbanken, Data Warehouses und Datenarchive, sollte definiert und implementiert werden. Bestehende und künftige Technologien sollten kontinuierlich analysiert werden. Es gilt zu planen, welche technologische Richtung für die Umsetzung der IT-Strategie und der Architektur der Geschäftsanwendungen angemessen ist. In diesem Plan sollte aufgezeigt werden, welche Technologien ein Potenzial zur Generierung von Geschäftschancen in sich bergen. Der Plan sollte für die Komponenten der Infrastruktur die Systemarchitektur, technologische Richtung, Migrationsstrategien sowie Aspekte im Rahmen der Notfallplanung (contingency) behandeln.

8.1 Regelungsziele nach COBIT

Ein technischer Infrastrukturplan, der mit den strategischen und taktischen IT-Plänen abgestimmt ist, ist zu unterhalten. Der Plan basiert auf der technologischen Ausrichtung und umfasst Maßnahmen zur Notfallvorkehrung und Vorgaben für die Beschaffung von technischen Ressourcen. Er betrachtet Änderungen im Wettbewerb, Skaleneffekte bei Stellenbesetzung und Investitionen, sowie die verbesserte Interoperabilität von Plattformen und Applikationen.

Trends von Branche/Sektor, Technologie, Infrastruktur sowie der rechtlichen und regulatorischen Rahmenbedingungen sind zu überwachen und die Auswirkungen dieser Trends bei der Erstellung des technologischen IT-Infrastrukturplans zu berücksichtigen. Idealerweise sollte ein technologisches Forum etabliert werden, das Technologierichtlinien, Beratung zu Infrastrukturprodukten und Anleitung zur Auswahl von Technologien bereitstellt und die Compliance mit diesen Standards und Richtlinien misst, um konsistente, effektive und sichere technische Lösungen unternehmensweit bereitzustellen. Dieses Forum legt technologische Standards und Methoden, basierend auf deren Geschäftsrelevanz, Risiken und Einhaltung externer Anforderungen fest.

Ein IT-Architekturgremium sollte Vorgaben im Bereich der Architektur erstellen und Ratschläge für ihre Anwendung und Einhaltung bereitstellen. Diese Einheit lenkt das Design der IT-Architektur und stellt sicher, dass diese die Unternehmensstrategie unterstützt und die Anforderungen der regulatorischen Compliance und der Notfallplanung berücksichtigt werden. Dies geschieht im Kontext der Unternehmensarchitektur.

Ein finanzielles Framework IT sollte entwickelt werden, das den Budgetierungsprozess und Kosten-/Nutzenanalysen vorantreibt und das auf Portfolios für Investitionen, Services und Anlagen aufgebaut ist. Ein auf Portfolio IT gestütztes Investitionsprogramm, IT-Services und IT-Werte sind die Basis für das aktuelle IT-Budget. Dem Kerngeschäft wird Input für Neuinvestitionen unter Berücksichtigung der aktuellen IT-Werte und IT-Service-Portfolios geliefert. Neuinvestitionen und Unterhalt von Service- und Asset-Portfolios haben einen Einfluss auf künftige IT-Budgets. Die Kosten- und Nutzenaspekte dieser Portfolios sind in den Budgetpriorisierungs-, Kostenmanagement- und Nutzenmanagement-Prozessen zu kommunizieren.

Der Prozess zur Erstellung und Steuerung des Budgets sollte die Prioritäten für IT-unterstützte Investitionsprogramme widerspiegeln und die laufenden Kosten für Betrieb und Unterhalt der bestehenden Infrastruktur umfassen. Der Prozess sollte die Entwicklung eines gesamthaften IT-Budgets sowie jenes von individuellen Programmen unterstützen und sich auf die jeweiligen IT-Komponenten dieser Programme konzentrieren. Der Prozess sollte den laufenden Review, Anpassungen und Freigaben von Gesamtbudgets und Budgets für einzelne Programme ermöglichen.

Ein Satz von Richtlinien zur Unterstützung der IT-Strategie sollten die Rollen und Verantwortlichen, Prozesse zur Ausnahmebehandlung, Ansatz zur Compliance und Referenzen zu Verfahren, Standards und Anleitungen umfassen. Die Richtlinien sollten die wichtigsten Themen wie Qualität, Sicherheit, Vertraulichkeit, Internal Controls und Schutz von geistigem Eigentum behandeln. Die Relevanz der Richtlinien sollte regelmäßig bestätigt und bewilligt werden.

Standards für alle Entwicklungen und Beschaffungen von Infrastruktur sollten die Freigaben von wichtigen Milestones auf Basis von vereinbarten Abnahme-Kriterien steuern. Zu berücksichtigende Punkte umfassen Standards zu

- Programmierung,
- Namenskonventionen,
- Dateiformate,
- Designstandards für Datenschema und Data Dictionaries,
- Standards für das User-Interface,
- Interoperabilität,
- Effizienz der Systemperformance,
- Skalierbarkeit,
- Entwicklung und Tests,
- Validierung der Anforderungen,
- Testpläne sowie Modul-, Regressions- und Integrationstests.

8.1.2 Akquisition & Implementierung

Die funktionalen Geschäfts- und technischen Erfordernisse, die den vollen Umfang aller nötigen Initiativen abdecken, sind zu identifizieren, priorisieren, spezifizieren und zu vereinbaren, um die vom IT-gestützten Investitionsprogramm erwarteten Ergebnisse zu erreichen.

Kriterien für die Abnahme der Anforderungen sind zu definieren. Diese Initiativen sollten sämtliche auf Grund der Art des Unternehmensgeschäfts, den Geschäftsprozessen, der Fertigkeiten und Fähigkeiten von Mitarbeitern, Organisationsstrukturen oder der Basistechnologie erforderlichen Änderungen beinhalten. Die Anforderungen berücksichtigen

- funktionale Erfordernisse des Kerngeschäfts,
- die technologische Ausrichtung des Unternehmens,
- Leistungsfähigkeit,
- Kosten,
- Verlässlichkeit,
- Kompatibilität,
- Auditierbarkeit,
- Sicherheit (security),
- Verfügbarkeit und Kontinuität,
- Ergonomie,
- Verwendbarkeit (usability),
- Betriebssicherheit (safety) und
- gesetzliche Bestimmungen.

Prozesse sind zu entwickeln, um die Integrität, Richtigkeit und Aktualität von Unternehmensanforderungen als Basis für die Steuerung der laufenden Systembeschaffung und -entwicklung sicherzustellen und zu steuern. Der Eigentümer (owner) dieser Anforderungen sollte der Business-Sponsor sein.

Im Rahmen der Anforderungsdefinition sind Risiken zu identifizieren, dokumentieren und analysieren, die mit den Geschäftsprozessen einhergehen. Risiken beinhalten Gefährdungen der Datenintegrität, Sicherheit, Verfügbarkeit, Datenschutz und die Einhaltung von Gesetzen und Verordnungen. Als Teil der Anforderungen sollten benötigte Maßnahmen für Internal Controls und Prüfspuren identifiziert werden.

Eine Machbarkeitsstudie muss die Möglichkeit der Implementierung der Anforderungen prüfen. Darin sollten alternative Vorgehensweisen für Software, Hardware, Services und Fähigkeiten identifiziert werden, welche die festgelegten funktionalen Geschäfts- und technischen Erfordernisse erfüllen. Ebenso sollte die technologische und wirtschaftliche Machbarkeit (Analyse von potenziellen Kosten und Nutzen) jeder identifizierten Alternative im Zusammenhang mit dem IT-gestützten Investitionsprogramm evaluiert werden. Als Folge der Beurteilung von Faktoren wie Änderungen an Geschäftsprozessen, Technologie und Fähigkeiten können bei der Entwicklung der Machbarkeitsstudie mehrere Iterationen notwendig sein. Mit Unterstützung der IT-Organisation soll das Management der Kernprozesse die Machbarkeitsstudie sowie die alternativen Vorgehensweisen bewerten und eine Empfehlung an den Auftraggeber (engl.: business sponsor) abgeben.

Der Auftraggeber (business sponsor) genehmigt und unterzeichnet entsprechend der vorab definierten Phasen die funktionalen Geschäfts- und technischen Anforderungen sowie die Ergebnisse der Machbarkeitsstudie. Jede Freigabe folgt auf Basis der erfolgreichen Beendigung von Qualitätsreviews. Der Auftraggeber trifft die endgültige Entscheidung hinsichtlich der Lösungsauswahl und des Beschaffungsansatzes.

Die Unternehmenserfordernisse sind in eine grobe Designspezifikation für die Softwareentwicklung zu überführen, unter Berücksichtigung der technologischen Ausrichtung der Organisation sowie der Informationsarchitektur. Die Designspezifikation ist zu genehmigen, um sicherzustellen, dass das Grobdesign den Anforderungen entspricht.

Ein detailliertes Design und technische Software-Anforderungen an die Anwendung sind zusammenzustellen und Abnahmekriterien für die Anforderungen sind zu definieren. Die Anforderungen werden abgenommen, um sicherzugehen, dass sie dem Grobdesign entsprechen. Hierbei zu berücksichtigende Aspekte sind unter anderem

- Festlegung und Dokumentation von Eingabeerfordernissen,
- Schnittstellendefinition,
- Benutzerschnittstelle,
- Design der Sammlung von Quelldaten,
- Anwendungsspezifikation,
- Festlegung und Dokumentation von Dateianforderungen,
- Verarbeitungserfordernisse,
- Definition der Anforderungen für Ausgaben, Steuerung und Auditierbarkeit,
- Sicherheit und Verfügbarkeit sowie
- Test.

Eine neuerliche Bewertung muss durchgeführt werden, wenn während der Entwicklung oder Wartung wesentliche technische oder logische Änderungen auftreten.

Zugekaufte, automatisierte Funktionen werden nur unter Anwendung der Verfahren für Konfiguration, Abnahme und Test geändert oder implementiert. Zu berücksichtigende Gesichtspunkte sind

- Validierung gegenüber Vertragsbedingungen,
- die Informationsarchitektur der Organisation,
- bestehende Anwendungen,
- Interoperabilität mit bestehenden Anwendungen und Datenbanksystemen,
- Systemperformance,
- Dokumentation und Benutzerhandbücher,
- Pläne für Integrations- und Systemtests.

Der Plan für die Beschaffung, Implementierung und Wartung der technologischen Infrastruktur sollte die bestehenden funktionalen Geschäfts- und technischen Anforderungen erfüllen und im Einklang mit der unternehmensweiten technologischen Richtung stehen. Der Plan sollte eine künftige Flexibilität zu Kapazitätserweiterungen, Kosten für den Übergang, technische Risiken und die Gesamtausgaben über den Lebenszyklus von Technologie-Upgrades umfassen. Bei Einsatz von neueren technischen Möglichkeiten sind deren Komplexitätskosten und die wirtschaftliche Stabilität des Anbieters und Produktes zu berücksichtigen.

Maßnahmen zur Internal Control, Sicherheit und Prüfbarkeit während der Konfiguration, Integration und Wartung von Hardware und Infrastruktur-Software sind zu implementieren, um Ressourcen zu schützen und die Verfügbarkeit und Integrität sicherzustellen. Die Verantwortung für die Verwendung von empfindlichen Infrastrukturkomponenten sollten klar festgelegt und von denen verstanden werden, die Infrastrukturkomponenten entwickeln und integrieren. Die Verwendung sollte gemonitort und evaluiert werden.

Als Ergebnis einer Einführung oder eines Upgrades eines automatisierten Systems oder von Infrastruktur sind alle technischen Aspekte, betrieblichen Möglichkeiten und erforderlichen Service-Levels zu identifizieren und zu dokumentieren, damit alle Stakeholder frühzeitig die Verantwortung für die Erstellung von Verfahren für das Management, für User und für den Betrieb übernehmen können.

An das Fachbereichsmanagement sollte das erforderliche Wissen transferiert werden, um ihm zu ermöglichen, die Eigentümerschaft über die Anwendung und Daten und die Verantwortung für die Leistungserbringung und -qualität, Internal Control und Administrationsprozesse der Anwendung zu übernehmen. Der Wissenstransfer soll Freigaben für den Zugriff, Rechteverwaltung, Funktionstrennung, automatisierte Geschäftskontrollen, Back-up und Recovery, physische Sicherheit und Archivierung von Urbelegen umfassen.

An die Endbenutzer sind das Wissen und die Fertigkeiten zu transferieren, um ihnen die wirksame und wirtschaftliche Verwendung der Anwendung zur Unterstützung der Geschäftsprozesse zu ermöglichen. Der Wissenstransfer sollte die Entwicklung eines

Trainingsplans für erstmalige und laufende Schulungen und die Entwicklung der Fertigkeiten, Schulungsmaterialien, Benutzerhandbücher, Verfahrenshandbücher, Online-Hilfe, Unterstützung durch den Service Desk, Identifikation von Key-Usern und Evaluation umfassen.

An den Betrieb und den technischen Supportmitarbeiter ist das notwendige Wissen zu transferieren, um ihnen die wirksame und wirtschaftliche Bereitstellung, Unterstützung und Wartung der Anwendung und der korrespondierenden Infrastruktur zu ermöglichen, die dem erforderlichen Service-Level entspricht. Der Wissenstransfer soll die Entwicklung eines Trainingsplans für erstmalige und laufende Schulungen und die Entwicklung der Fertigkeiten, Schulungsmaterialien, Betriebshandbücher, Verfahrenshandbücher sowie Szenarien für den Service Desk umfassen.

Verfahren und Standards, die mit dem unternehmensweit gültigen Einkaufsprozess und der Beschaffungsstrategie übereinstimmen, sind zu befolgen, um sicherzustellen, dass die Beschaffung von IT-bezogener Infrastruktur, Einrichtungen, Hardware, Software und Dienstleistungen die Unternehmenserfordernisse erfüllt. In den Vertragsbedingungen für Beschaffung von Infrastruktur, Einrichtungen und entsprechenden Diensten – einschließlich der Abnahmekriterien – sind die Rechte und Pflichten aller Parteien zu berücksichtigen und durchzusetzen. Diese Rechte und Pflichten können Service-Levels, Wartungsverfahren, Zugriffsschutz, Sicherheit, Performance-Review, Zahlungsvereinbarungen und Schiedsgerichtsverfahren umfassen.

8.1.3 Delivery & Support

Operating Level Agreements beschreiben, wie die Services technisch bereitgestellt werden, um die SLA(s) optimal zu unterstützen. Die OLAs spezifizieren die technischen Prozesse in einer für den Anbieter verständlichen Weise und können mehrere SLAs unterstützen.

Alle (internen, externen, temporären) Benutzer und ihre Aktivitäten auf IT-Systemen (Geschäftsanwendungen, Systembetrieb, Entwicklung und Wartung) sollten eindeutig identifizierbar sein. Benutzerberechtigungen für die Systeme und Daten sollten mit festgelegten und dokumentierten Geschäftsbedürfnissen und Arbeitsplatzanforderungen übereinstimmen. Benutzerberechtigungen werden durch das Management des Fachbereichs angefordert, durch die Systemeigner bewilligt und durch die sicherheitsverantwortliche Person implementiert. Benutzerkennungen und Zugriffsberechtigungen werden in einer zentralen Datenbank geführt. Kostengünstige technische und organisatorische Maßnahmen werden eingesetzt und aktuell gehalten, um die Benutzeridentifikation zu ermitteln, die Authentisierung einzurichten und Zugriffsrechte durchzusetzen.

Antrag, Einrichtung, Ausstellung, Aufhebung, Änderung und Schließung von Benutzerkonten und zugehörige Benutzerberechtigungen werden durch die Benutzerkontenverwaltung behandelt. Ein Freigabeverfahren sollte darin enthalten sein, das den Daten- oder Systemeigner behandelt, der die Zugriffsberechtigungen bewilligt. Diese Verfahren sollten für sämtliche Benutzer, einschließlich Administratoren (privilegierte Benutzer), interne und externe Benutzer, für normale und für Notfall-Changes Gültigkeit haben. Rechte und Pflichten in Zusammenhang mit dem Zugriff auf Unternehmenssysteme und -informationen sollten vertraglich für alle Arten von Benutzer festgelegt werden.

Regelmäßige Management-Reviews aller Benutzerkonten und entsprechenden Berechtigungen sind durchzuführen. Präventive, detektive und korrektive Maßnahmen (speziell aktuelle Sicherheits-Patches und Virenschutz) in der gesamten Organisation schützen Informationssysteme und die Technologie vor bösartigem Code (Viren, Würmer, Spionage-Software (spyware), Spam, intern entwickelte betrügerische Software etc.).

Technische Sicherheitsmaßnahmen und zugehörige Managementverfahren (zum Beispiel Firewall, Sicherheits-Appliances, Netzwerksegmentierung und Intrusionserkennung) werden verwendet, um den Zugriff zu Netzwerken zu bewilligen und den Informationsfluss von und zu Netzwerken zu steuern.

Angemessene Vorkehrungen müssen getroffen werden, um sicherzustellen, dass vom Kerngeschäft erwartete Quelldokumente erhalten und alle vom Kerngeschäft erhaltene Daten verarbeitet werden, der gesamte vom Kerngeschäft benötigte Output vorbereitet und abgeliefert wird und dass Anforderungen für einen Wiederanlauf und eine nochmalige Verarbeitung unterstützt werden.

Verfahren für die Datenspeicherung und -archivierung stellen sicher, dass Daten im Zugriff und verwendbar bleiben. Die Verfahren sollten Anforderungen hinsichtlich Wiederauffindung, Kostengünstigkeit, kontinuierliche Integrität und Sicherheit berücksichtigen. Speicherungs- und Aufbewahrungsvorkehrungen sind zu entwickeln, um gesetzliche, regulatorische und Unternehmenserfordernisse für Dokumente, Daten, Archive, Programme, Berichte und (eingehende und ausgehende) Meldungen sowie die für deren Verschlüsselung und Authentifikation verwendeten Daten einzuhalten.

Geeignete Verfahren verhindern den Zugriff auf sensitive Informationen und Software von Geräten oder Datenträgern, wenn diese entsorgt oder einem anderen Zweck zugeführt werden. Solche Verfahren sollten sicherstellen, dass als gelöscht markierte oder zur Entsorgung bestimmte Daten nicht wiedergewonnen werden können.

Die Verfahren für die Sicherung und Wiederherstellung von Anwendungen, Daten und Dokumentation stehen in Übereinstimmung mit den Geschäftsanforderungen und dem Kontinuitätsplan. Die Einhaltung von Backupverfahren, die Fähigkeit zu sowie die notwendige Zeit für eine erfolgreiche und komplette Wiederherstellung sind zu verifizieren. Back-up-Medien und der Wiederherstellungsprozess sind regelmäßig zu testen.

8.1.4 Monitoring

Das Management sollte ein Framework und einen Ansatz für ein generelles Monitoring aufstellen, welche den Scope, die Methoden und anzuwendenden Prozesse festlegen, die befolgt werden müssen, um den Beitrag der IT zu den Portfoliomanagement- und Programmmanagement-Prozessen sowie jene Prozesse zu überwachen, die spezifisch sind für die Erbringung des Potentials und der Services der IT. Das Framework sollte in das unternehmensweite System zum Performance-Monitoring integriert sein.

Die Wirksamkeit der Internal Controls über die IT sollte durch einen übergeordneten Review und Berichte darüber überwacht werden – unter Einbezug von zum Beispiel Einhaltung von Richtlinien und Normen, Informationssicherheit, Steuerung von Changes und in Service Level Agreements aufgeführte Controls.

Informationen für alle Ausnahmen von Controls sind aufzuzeichnen. Es gilt sicherzustellen, dass diese für die Analyse der grundlegenden Ursachen und für Verbesserungsmaßnahmen verwendet werden. Das Management sollte entscheiden, welche Ausnahmen an die funktional verantwortliche Person kommuniziert werden und welche Ausnahmen eskaliert werden sollten. Das Management ist auch für die Information der betroffenen Parteien verantwortlich.

8.2 Vorschlag für eine Richtlinie zu IT-Systemen

Der folgende Vorschlag für eine Richtlinie zu IT-Systemen behandelt exemplarisch die gängigsten derzeit im Einsatz befindlichen Systeme. Sollte ihr Unternehmen andere Systeme einsetzen (zum Beispiel ein anderes Betriebssystem), so sind analog entsprechende Regelungen zu definieren. Regelungsinhalte zu anderen Systemen finden sich ebenfalls an den einschlägigen Stellen des Grundschutzhandbuches des BSI.

8.2.1 Vorbemerkung und Einführung

Dieses Dokument ist Bestandteil des Richtlinienpaketes des Unternehmens zur IT-Sicherheit und regelt Sicherheitsmaßnahmen für IT-Systeme. Das Unternehmen betreibt IT-Infrastruktur und damit die Verfahren für eigene Zwecke und weitere Kunden. Das Unternehmen betreibt Datenverarbeitung im Auftrag ihrer Kunden und ist verantwortlich für die Aufrechterhaltung der Verfügbarkeit, Vertraulichkeit und Integrität der IT-Infrastruktur.

Es werden Maßnahmen beschrieben, um die Sicherheit der IT-Systeme gewährleisten zu können. Die Maßnahmen orientieren sich an den Maßnahmenkatalogen des Bundesamtes für Sicherheit in der Informationsverarbeitung (BSI) nach IT-Grundschutz und den SAP-Sicherheitsrichtlinien.

Als Grundlage für die Ermittlung der relevanten Maßnahmen werden die Ergebnisse der IT-Strukturanalyse und der Schutzbedarfsfeststellung verwendet.

Folgende Inhalte beschreibt diese Sicherheitsrichtlinie für IT-Systeme:

- Kriterien an die Beschaffung der Soft- und Hardware
- Systemspezifische Sicherheitsrichtlinien und detaillierte Richtlinien für den Einsatz der Hard- und Software
- Maßnahmen für nicht vernetzte IT-Systeme (gesicherter Login etc.)

- Regelungen zur Nutzung mobiler Systeme
- Konfiguration, Entsorgung mobiler Systeme
- Einsatzszenarien für Clients
- IT-Sicherheitsempfehlungen für den Standard-Arbeitsplatz-PC
- Maßnahmen für die sichere Nutzung von Internet-PCs
- Integration des E-Mail-Servers in das Sicherheitsgateway
- Aufbau des Sicherheitsgateways
- für Aufbau des Webservers notwendige Maßnahmen
- sicherer Aufbau des externen Zugangs zu Systemen

Dieses Dokument ist ein zentrales Element des Sicherheitskonzeptes des Unternehmens. Im Rahmen des IT-Sicherheitsmanagement-Prozesses sind die Inhalte dieses Dokumentes regelmäßig zu überprüfen und gemäß dem ermittelten Schutzbedarf anzupassen.

8.2.2 Allgemeine Sicherheitsrichtlinien

Es sind Verfahren und Standards zu etablieren, die mit dem unternehmensweit gültigen Einkaufsprozess und der Beschaffungsstrategie übereinstimmen, um sicherzustellen, dass die Beschaffung von IT-bezogener Infrastruktur, Einrichtungen, Hardware, Software und Dienstleistungen die Unternehmenserfordernisse erfüllt.

Ein minimales Betriebssystem ist einzurichten, so dass im Idealfall nur die wirklich benötigten (Netz-)Dienste zur Verfügung stehen. Je weniger Programme ein Angreifer auf einem Zielrechner vorfindet, desto schwieriger wird es, weitere Schwachstellen in dem Zielrechner zu finden bzw. auszunutzen. Dies erleichtert die Pflege eines Servers sehr stark, da die Patches bzw. Service Packs für Dienstprogramme nicht mehr eingespielt werden müssen, wenn diese nicht vorhanden sind.

IT-Systeme sollten mindestens die folgenden Sicherheitseigenschaften besitzen. Wenn diese nicht im Standardumfang vorhanden sind, sollten diese über zusätzliche Sicherheitsprodukte nachgerüstet werden:

- Identifikation und Authentisierung: Es sollte eine Sperre des Systems nach einer vorgegebenen Anzahl fehlerhafter Authentisierungsversuche stattfinden, die nur ein Administrator zurücksetzen kann. Das Passwort sollte entsprechend der IT-Sicherheitsrichtlinie und der Richtlinie für sicheren IT-Betrieb gestaltet werden.
- Rechteverwaltung und -kontrolle: Es sollte eine Rechteverwaltung und -kontrolle auf Festplatten und Dateien vorhanden sein, wobei zumindest zwischen lesendem und schreibendem Zugriff unterschieden werden soll. Für Benutzer darf kein Systemzugriff auf Betriebssystemebene möglich sein.
- Rollentrennung zwischen Administrator und Benutzer: Es muss eine klare Trennung zwischen Administrator und Benutzer möglich sein, wobei nur der Administrator Rechte zuweisen oder entziehen können sollte.

- Protokollierung: Die Protokollierung der Vorgänge „Anmelden, Abmelden und Rechteverletzung" sollte möglich sein.
- Automatische Bildschirmsperre: Nach zeitweiser Inaktivität der Tastatur oder Maus sollte eine Bildschirmsperre automatisch aktiv werden. Diese sollte sich auch direkt aktivieren lassen. Der erneute Zugriff auf das IT-System darf erst nach erfolgreicher Identifikation und Authentisierung wieder möglich sein.
- Boot-Schutz soll verhindern, dass der Rechner unbefugt von anderen Medien gebootet werden kann.

Sollten ein oder mehrere dieser Sicherheitsfunktionalitäten nicht vom Betriebssystem unterstützt werden, müssen ersatzweise geeignete zusätzliche Sicherheitsprodukte eingesetzt werden. Innerhalb der SOX-kritischen Anwendungsprogramme müssen zwingend Sicherheitsfunktionalitäten wie eine Zugangskontrolle, eine Zugriffsrechteverwaltung und -prüfung oder eine Protokollierung implementiert sein.

Voreingestellte Standardpasswörter müssen beim ersten Einloggen durch individuelle Passwörter ersetzt werden. Hierbei sind die Regeln für Passwörter aus der IT-Sicherheitsrichtlinie zu beachten.

Aus Sicherheitsgesichtspunkten sind die dem Systemmanagementsystem zugehörige Software und die entsprechenden Daten in die Schutzbedarfsfeststellung gemäß IT-Grundschutz aufzunehmen und der Schutzbedarf als hoch bis sehr hoch einzustufen.

Insbesondere ist bei der Installation auf folgende Punkte zu achten:

- Alle Rechner, auf denen Managementinformationen gelagert werden, sind besonders zu sichern.
- Insbesondere sind die Betriebssystemmechanismen so zu konfigurieren, dass auf die lokal gespeicherten Managementinformationen nicht unberechtigt zugegriffen werden kann.
- Der Zugang zur Managementsoftware ist nur den berechtigten Administratoren und Revisoren zu gestatten.
- Der Zutritt zu den Rechnern sollte beschränkt werden.
- Die Kommunikation zwischen den Managementkomponenten sollte verschlüsselt erfolgen – sofern dies vom Produkt unterstützt wird – um zu verhindern, dass Managementinformationen mitgehört und gesammelt werden können. Unterstützt das Produkt keine Verschlüsselung, so sind gesonderte Maßnahmen zu ergreifen, um die Kommunikation abzusichern.

Konfigurationsänderungen an IT-Systemen sollten immer nur schrittweise durchgeführt werden. Zwischendurch sollte immer wieder überprüft werden, ob die Änderungen korrekt durchgeführt wurden und das IT-System sowie die betroffenen Applikationen noch lauffähig sind.

Bei Änderungen an Systemdateien ist anschließend ein Neustart durchzuführen, um zu überprüfen, ob sich das IT-System korrekt starten lässt. Für Problemfälle sind alle für einen Notstart benötigten Datenträger vorrätig zu halten, zum Beispiel Boot-Disketten, Start-CD-ROM.

Komplexere Konfigurationsänderungen sollten möglichst nicht in den Originaldateien vorgenommen werden, sondern in Kopien. Alle durchgeführten Änderungen sollten von einem Kollegen überprüft werden, bevor sie in den Echtbetrieb übernommen werden.

Bei IT-Systemen mit hohen Verfügbarkeitsanforderungen ist auf Ersatzsysteme zurückzugreifen bzw. zumindest ein eingeschränkter IT-Betrieb zu gewährleisten. Das Vorgehen sollte sich dabei idealerweise nach dem K-Fall-Handbuch richten.

Die durchgeführten Konfigurationsänderungen müssen Schritt für Schritt notiert werden, so dass bei auftretenden Problemen das IT-System durch sukzessive Rücknahme der Änderungen wieder in einen lauffähigen Zustand gebracht werden kann.

Auf keinen Fall sollten ungeschulte Benutzer BIOS-Einträge verändern, da hierdurch schwerwiegende Schäden verursacht werden können.

Aus einer Übersicht aller IT-Systeme, die im Einsatz sind oder deren Einsatz geplant ist, müssen alle die IT-Systeme herausgefiltert werden, für die Computer-Viren eine Bedrohung darstellen oder über die Computer-Viren verteilt werden können.

Die Installation und das Starten von Programmen, die von Wechselmedien eingespielt werden, sind untersagt und müssen soweit wie möglich auch technisch unterbunden werden. Bei der Anwendung dieser Richtlinie müssen immer alle Laufwerke für Wechselmedien berücksichtigt werden, aber ebenso auch alle Möglichkeiten, über Vernetzung Daten auszutauschen, also insbesondere auch E-Mail und Internet-Anbindungen. Damit die Sicherheitsmaßnahmen akzeptiert und beachtet werden, müssen die Benutzer über die Gefährdung durch Laufwerke für Wechselmedien informiert und sensibilisiert werden.

Mit USB-Speichermedien ist generell genauso wie mit herkömmlichen Speichermedien umzugehen. Die Nutzung von Schnittstellen sollte daher durch entsprechende Rechtevergabe auf Ebene des Betriebssystems oder mit Hilfe von Zusatzprogrammen geregelt werden.

Unabhängig davon, ob ausrangierte IT-Systeme an andere Abteilungen weitergegeben, an Mitarbeiter verschenkt, verkauft oder verschrottet werden, muss sichergestellt sein, dass alle Daten und Anwendungen vorher sorgfältig gelöscht wurden. Vorher ist zu überprüfen, ob die Daten gesichert wurden, soweit sie noch benötigt werden.

8.2.3 User-Management

Soll ein Benutzerkonto deaktiviert oder gelöscht werden, muss anhand der Dokumentation der Zugriffsberechtigungen überprüft werden, welche Berechtigungen das Konto in der IT-Umgebung hat und für welche Authentisierungsvorgänge es benötigt wird.

Die Infrastruktur ist regelmäßig auf aktive Benutzer- und administrative Konten, die nicht mehr verwendet werden, hin zu untersuchen. Es ist ebenfalls wichtig, dass solche Konten nicht von verschiedenen Personen verwendet werden. Es muss immer nachvollziehbar sein, wer wann welches Konto verwendet hat.

Muss ein Benutzerkonto gelöscht werden, ist anhand der Dokumentation zu überprüfen, welche Zugriffsrechte das Benutzerkonto hat. Vor dem Löschen des Kontos muss geprüft werden, auf welche Objekte (zum Beispiel Dateifreigaben) die Berechtigungen gesetzt sind. Nach dem Löschen ist sicherzustellen, dass die Konten bzw. deren Sicherheitskennung aus den Zugriffsberechtigungslisten (Access Control List, ACL) entfernt worden sind.

Bei der Löschung administrativer Konten sollte eine Stellvertreterregelung greifen, sofern die administrativen Aufgaben bestehen bleiben. Hierfür muss bereits vor der Löschung ein entsprechendes Ersatzkonto existieren und in Betrieb genommen worden sein. Es sollte vor der Löschung auch ermittelt werden, in welchen Gruppen der Benutzer Mitglied war, um zu prüfen, ob er möglicherweise bislang das einzige Mitglied einer Gruppe mit administrativen Rechten oder Ressourcenberechtigungen war.

Für das Zurücksetzen von Passwörtern sind flexible Richtlinien zu definieren. Eine starre Vorgehensdefinition ist in den meisten Fällen in der heutigen mobilen Arbeitswelt nicht praktikabel. Einerseits sollte das Vorgehen dem Schutzbedarf des jeweiligen Passwortes entsprechen und andererseits sollten die Zugriffsanforderungen der Anwender berücksichtigt werden. Alle Benutzer sollten darüber informiert sein, was sie veranlassen müssen, wenn sie ein Passwort vergessen haben. Außerdem sollten alle Benutzer aufmerken, wenn sie bei einem Anmeldeversuch feststellen, dass sie das korrekte Passwort nicht kennen. Neben purer Vergesslichkeit könnte dies auch ein Zeichen sein, dass sich ein Angreifer unbefugten Zugriff verschafft hat. Im Zweifelsfall sollte dies dem IT-Sicherheitsmanagement gemeldet werden.

Für die Verwaltung von Berechtigungen sollten die folgenden Empfehlungen berücksichtigt werden. Die Liste ist an die lokalen Bedürfnisse und Anforderungen anzupassen und zu erweitern.

Administratoren, die für die Verwaltung von Benutzerkennungen, Rollen, Profilen oder Berechtigungen verantwortlich sind, müssen zwingend Schulungen zum Berechtigungskonzept und zur Berechtigungsverwaltung (Vorgehen, Werkzeuge, richtige Verwendung) erhalten oder das entsprechende Verständnis nachweisen.

Das Verwaltungskonzept muss so ausgelegt sein, dass die Verantwortlichkeiten möglichst getrennt werden (Vier-Augen-Prinzip). Vorgegebenen Rollen (zum Beispiel bei SAP) sind sorgfältig gegen die eigenen Anforderungen zu prüfen und anzupassen.

Berechtigungen, die im Sinne der Sicherheit oder aus rechtlicher oder betriebswirtschaftlicher Sicht kritische Operationen erlauben, werden zum Beispiel von SAP „kritische Berechtigung" genannt. Die Vergabe von kritischen Berechtigungen muss generell mit besonderer Sorgfalt erfolgen. Der Umgang mit kritischen Berechtigungen ist daher im Vorfeld zu planen.

Bevor ein Passwort-Speicher-Tool eingesetzt wird, ist der Schutzbedarf der Passwörter abzuschätzen, die damit gespeichert werden sollen. Nicht alle Passwort-Tools eignen sich zur Speicherung hochschutzbedürftiger Passwörter. Es darf nicht möglich sein, dass Unbefugte auf die gespeicherten Passwörter Zugriff nehmen.

Jeder Zugriff auf das Passwort-Speicher-Tool sollte protokolliert werden. Ein Passwort-Speicher-Tool darf auf keinen Fall die Möglichkeit bieten, dass Benutzer sich ohne Eingabe eines Master-Passwortes anmelden können oder dass das Master-Passwort vom Tool automatisch „vorgemerkt" werden kann. Nach einem vorgegebenen Inaktivitäts-Zeitraum sollte das Tool den angemeldeten Benutzer automatisch abmelden.

Passwörter dürfen nur verschlüsselt gespeichert werden. Dafür muss ein anerkanntes Verschlüsselungsverfahren mit ausreichender Schlüssellänge gewählt worden sein. Externe webbasierte Dienstleistungen zur Passwort-Speicherung sollten nur dann benutzt werden, wenn die Zuverlässigkeit des Dienstleisters in einem angemessenen Verhältnis zum Schutzbedarf der Passwörter steht.

8.2.4 Server

Während der Installation und der späteren Konfiguration eines Servers müssen zumindest die wichtigen Schritte so dokumentiert werden, dass sie zu einem späteren Zeitpunkt nachvollzogen werden können. Eine Installations-Checkliste ist vorzuhalten, auf der beendete Schritte abgehakt und vorgenommene Einstellungen vermerkt werden können. Dabei sollte beachtet werden, dass neben dem Autor auch weitere, auf diesem Gebiet eventuell weniger spezialisierte Administratoren auf die Dokumentation zurückgreifen müssen.

Die Installation und Grundkonfiguration muss offline oder zumindest in einem sicheren Netz (Installations- oder Administrationsnetz) erfolgen.

Für Server mit hohen Sicherheitsanforderungen muss eine Testumgebung eingerichtet werden, in der Konfigurationsänderungen, Updates und Patches vor dem Einspielen auf dem Produktionssystem vorab getestet werden können. Dies betrifft sowohl Sicherheitspatches und -updates als auch normale Updates, die vom Hersteller herausgegeben werden. Die Testumgebung muss so beschaffen sein, dass sie eine funktional äquivalente Installation von Hard- und Software erlaubt.

Alle Tests sollten so dokumentiert werden, dass sie zu einem späteren Zeitpunkt nachvollzogen werden können.

Der Übergang von Diensten eines Servers auf ein anderes System ist zu planen. Für die Migration wichtiger Server muss deswegen vorab ein entsprechendes Migrationskonzept erstellt werden. Dabei müssen insbesondere folgende Punkte mit berücksichtigt werden:

- Die Migration der Daten und Konfiguration ist vollständig und korrekt durchzuführen.
- Die Kompatibilität des neuen Dienstes mit der neuen Umgebung ist sicherzustellen.
- Anpassung der kryptographischen Schlüssel (zum Beispiel zur Verschlüsselung der Kommunikation oder der Daten).
- Die Umstellung von Namen und Adressen (zum Beispiel IP-Adressen).
- Aufrechterhaltung dauerhafter Verbindungen (zum Beispiel mit Datenbankanwendungen).

Folgende Maßnahmen sind durchzuführen, um einen sicheren Betrieb eines Servers zu garantieren:

8.2 Vorschlag für eine Richtlinie zu IT-Systemen

- Ein Server sollte prinzipiell in einem Serverraum oder zumindest einem abschließbaren Serverschrank aufgestellt sein. Für den Teil der Administration, der trotzdem teilweise lokal über die Konsole erfolgen soll oder muss, müssen entsprechende Vorgaben dafür gemacht werden, wer Zugang zur Konsole erhält, welche Art der Authentisierung für den lokalen Zugang genutzt werden darf und welche anderen Vorgaben berücksichtigt werden müssen.
- Meist wird ein Server nicht lokal an der Konsole, sondern von einem Arbeitsplatzrechner aus über das Netz administriert. Um zu verhindern, dass dabei Authentisierungsinformationen der Administratoren und Konfigurationsdaten der Server abgehört oder gar von einem Angreifer manipuliert werden, sollte die Administration nur über sichere Protokolle (beispielsweise nicht über Telnet, sondern über SSH, nicht über HTTP, sondern über HTTPS) erfolgen. Alternativ kann ein eigenes Administrationsnetz eingerichtet werden, das von dem restlichen Netz getrennt ist. Eine ungesicherte Remote-Administration über externe (unsichere) Netze hinweg darf in keinem Fall erfolgen. Auch im internen Netz sollten, soweit möglich, keine unsicheren Protokolle verwendet werden.
- Falls für die Administration des Servers ein zentrales Managementsystem genutzt werden soll, sollten für diesen Zugangsweg analoge Vorüberlegungen angestellt werden, genauso wie für die Remote-Administration. Zusätzlich ist es wichtig, dass das zentrale Managementsystem selbst entsprechend sicher konfiguriert und administriert wird.
- Änderungen an der Systemkonfiguration oder an der Konfiguration von Serverprogrammen müssen dokumentiert werden. Die Dokumentation muss so beschaffen sein, dass im Falle von Problemen nachvollziehbar ist, was die letzte Änderung war und wann sie von wem durchgeführt wurde. Dabei ist es wichtig, dass die Dokumentation so beschaffen ist, dass sie nicht nur von den Administratoren selbst nachvollzogen werden kann, sondern notfalls auch von einem fachkundigen Dritten, der mit dem täglichen Betrieb des betreffenden Systems nichts zu tun hat. Außerdem sollte es anhand der Dokumentation möglich sein, eine frühere Konfiguration zu reproduzieren.

Die Server-Konsole muss gesperrt sein und darf nur mit einem speziellen Passwort entsperrt werden können.

Um die Auswertung der Protokolle von Sicherheitsgateways zu erleichtern, ist an zentraler Stelle ein Protokollierungsserver (Loghost) zu betreiben, der die Protokolldaten der an das Sicherheitsgateway angeschlossenen Komponenten aufnimmt. Die Daten lassen sich so einfach zueinander in Beziehung setzen und erleichtern damit die regelmäßige, anlassunabhängige Auswertung und ermöglichen im Falle eines Ausfalls das Auffinden des Verursachers.

Im Zusammenhang mit Logdaten muss Folgendes beachtet werden:

- Der zentrale Loghost sollte die Daten redundant ablegen.
- Die Protokollierung sollte, wenn möglich, zusätzlich lokal auf den einzelnen Komponenten des Sicherheitsgateways erfolgen. Da hierdurch die Leistung der Komponente nicht merklich sinkt, sollte diese Sicherung als zusätzlicher Ausfallschutz eingeschaltet werden.

Ein weiteres wichtiges Element der Protokollierung stellt die Alarmierung bei definierten, kritischen Ereignissen dar. Auch hier ist darauf zu achten, dass die Weiterleitung der Alarmmeldungen zu einer zentralen Instanz möglich ist.

Bei DNS in einem Sicherheitsgateway sollte eine Trennung zwischen der Namensauflösung für interne Zwecke und der Namensauflösung nach außen eingeführt werden. Interne DNS-Informationen sollten vor dem nicht-vertrauenswürdigen Netz verborgen werden. Rechner im internen Netz sollten selbst dann keinen von außen auflösbaren DNS-Namen erhalten, wenn sie eine öffentliche IP-Adresse besitzen.

Wenn nur ein DNS-Server zur Verfügung steht, der sowohl die interne als auch die externe Namensauflösung übernehmen muss, sollte dieser in einer DMZ des Paketfilters aufgestellt werden. Wenn möglich, sollte in diesem Fall das DNS-Server-Programm so konfiguriert werden, dass zwischen Anfragen aus dem internen und solchen aus dem externen Netz unterschieden wird und gegebenenfalls unterschiedliche Daten geliefert werden.

Wird ein Server außer Betrieb genommen, so ist sicherzustellen, dass

- keine wichtigen Daten verloren gehen,
- keine Dienste oder Systeme beeinträchtigt werden, die von dem Server abhängen, und dass
- keine sensitiven Daten auf den Datenträgern des Servers zurückbleiben.

8.2.5 Client

Für Clients ist eine Referenzinstallation zu erstellen, in der die Grundkonfiguration und alle Konfigurationsänderungen, Updates und Patches vor dem Einspielen auf den Clients bei den Anwendern vorab getestet werden können. Dies betrifft die Grundeinstellungen des Systems, Sicherheitspatches und -updates und auch normale Updates, die vom Hersteller herausgegeben werden.

Eine Referenzinstallation, die zum Klonen von Clients verwendet wird, muss mit besonderer Sorgfalt konfiguriert und getestet werden. Die Referenzinstallation muss so beschaffen sein, dass die wesentlichen Parameter der Hard- und Softwareplattform für alle Systeme, die von dieser Referenzinstallation abgeleitet werden, dieselben sind.

Bei Tests von Anwendungsprogrammen und Einstellungen, die die Anwender auf den Clients betreffen, ist es darüber hinaus besonders wichtig, dass die Administratoren diese nicht mit Administratorrechten durchführen, sondern unter einer Benutzerkennung, der dieselben Berechtigungen besitzt und für den dieselben Einstellungen für die Benutzerumgebung gewählt wurden, wie für die Anwender, die mit dem System arbeiten sollen.

Alle Tests sollten so dokumentiert werden, dass sie zu einem späteren Zeitpunkt nachvollzogen werden können. Dies ist insbesondere bei Tests von Sicherheitsupdates und von neuen Gerätetreibern notwendig, bei denen eine fehlerhafte Konfiguration oder ein Fehlschlagen der Installation dazu führen kann, dass die betroffenen Clients keinen Zugang mehr zum Netz erhalten oder gar überhaupt nicht mehr starten.

Eine Software-Reinstallation der Standardkonfiguration ist vorzunehmen, wenn die Ursachensuche bei Fehlverhalten eines IT-Systems nicht in einem vernünftigen Zeitrahmen zum Ziel führt. Dafür muss zunächst der Rechner eindeutig identifiziert werden und dann über eine entsprechende Dokumentation oder ein Programm anhand dieser Identifikation genau ermittelt werden, welche Software in welcher Konfiguration auf genau diesem Rechner installiert werden muss.

Um Sicherheitsprobleme und die ungewünschte Nutzung von Schulungsrechnern zu vermeiden, sind eine minimale Konfiguration der Rechner und eine restriktive Rechtevergabe erforderlich. Vor dem Einsatz von Schulungsrechnern sollte festgelegt werden, welche Anwendungen und Kommunikationsschnittstellen in der jeweiligen Schulung genutzt werden sollen. Durch die Festlegung einer Standardkonfiguration für die Schulungsrechner muss ein Mindestniveau an Sicherheit für die Schulungsrechner gewährleistet werden.

Von Schulungsrechnern sollten Informationen wie Schulungs- oder Prüfungsunterlagen nicht unkontrolliert kopiert werden können und es sollten auch keine zusätzlichen Dateien oder Programme aufgespielt werden können. Daher sollten einerseits restriktive Zugriffsrechte für die Benutzer dieser Rechner vergeben werden und andererseits das Überspielen von Daten auf externe Medien verhindert werden.

Bei der Außerbetriebnahme eines Clients muss vor allem sichergestellt werden, dass

- keine wichtigen Daten, die eventuell auf dem Client gespeichert sind, verloren gehen, und dass
- keine sensitiven Daten auf den Datenträgern des Rechners zurückbleiben.

Dazu ist es insbesondere wichtig, einen Überblick darüber zu haben, welche Daten wo auf dem System gespeichert sind.

8.2.6 Mobile Systeme

Für die Auswahl von Laptops sollte eine Anforderungsliste verwendet werden, anhand derer die am Markt erhältlichen Produkte bewertet werden. Aufgrund der Bewertung sollten dann die zu beschaffenden Produkte ausgewählt werden.

Mobile IT-Systeme sind unterwegs zu schützen. Dazu notwendig ist die Sensibilisierung der Benutzer. Die Mitarbeiter müssen darüber aufgeklärt werden, dass sie vertrauliche Informationen unterwegs nicht mit jedem austauschen und dies unterwegs auch nicht in Hör- und Sichtweite von Externen machen sollten. Mobile IT-Systeme sollten möglichst nicht unbeaufsichtigt bleiben. Falls ein mobiles IT-System in einem Kraftfahrzeug zurückgelassen werden muss, sollte das Gerät von außen nicht sichtbar sein. In fremden Räumlichkeiten wie Hotelzimmern sollten mobile IT-Systeme nicht ungeschützt ausliegen. Alle Passwort-Schutzmechanismen sollten spätestens jetzt aktiviert werden.

Laptops müssen so abgesichert sein, dass auf der einen Seite durch den mobilen Einsatz weder wichtige Daten der Laptops kompromittiert, noch manipuliert oder verloren gehen können. Auf der anderen Seite dürfen über die Laptops keine Gefährdungen in die internen Netze eingeschleppt werden.

Die Übergabe und Rücknahme eines tragbaren IT-Systems muss dokumentiert werden.
Um zu verhindern, dass aus einem trotz aller Vorsichtsmaßnahmen gestohlenen tragbaren IT-System schutzbedürftige Daten ausgelesen werden können, muss ein Verschlüsselungsprogramm eingesetzt werden. Jeder Laptop muss mit einem Zugriffsschutz versehen werden, der verhindert, dass dieser unberechtigt benutzt werden kann. Bei Laptops sollte als Minimalschutz, wenn kein anderer Sicherheitsmechanismus vorhanden ist, der BIOS-Bootschutz aktiviert werden, wenn dessen Nutzung möglich ist.

Bei kurzen Arbeitsunterbrechungen muss unbedingt ein Zugriffsschutz aktiviert werden, zum Beispiel ein Bildschirmschoner. Ist es absehbar, dass die Unterbrechung länger dauert, ist der Laptop auszuschalten.

Wechselt der Benutzer eines Laptops, so muss sichergestellt sein, dass auf diesem weder schutzbedürftige Daten noch Computer-Viren vorhanden sind. Die Löschung von Daten kann durch vollständiges Überschreiben oder mit Hilfe spezieller Löschprogramme vorgenommen werden. Ein aktuelles Viren-Suchprogramm muss anschließend zum Einsatz kommen. Beide Vorgänge müssen für alle benutzten Datenträger wie Festplatte, Disketten, CDs oder USB-Sticks durchgeführt werden. Es empfiehlt sich jedoch, die Festplatte des tragbaren PCs neu zu formatieren und anschließend die erforderliche Software und Daten neu aufzuspielen.

Es sollten für den Umgang mit Wechseldatenträgern und mobilen Geräten einige grundlegende Aspekte berücksichtigt werden. Es ist zu klären,

- welche mobilen Datenträger in der Institution genutzt werden sollen,
- welche tatsächlich genutzt werden und wer diese einsetzt,
- welche Daten auf mobilen Datenträgern gespeichert werden dürfen und welche nicht,
- wie die auf diesen mobilen Datenträgern gespeicherten Daten vor unbefugtem Zugriff, Manipulation und Verlust geschützt werden,
- mit welchen Externen Datenträger ausgetauscht werden dürfen und welche Sicherheitsregelungen dabei zu beachten sind,
- wie verhindert wird, dass diese mobilen Datenträger für die unbefugte Weitergabe von Informationen benutzt werden,
- wie gegen die Verbreitung von Schadsoftware über die mobilen Datenträger vorgebeugt wird.

8.2.7 Externer Zugang

Da über eine VPN-Verbindung die direkte Anbindung des VPN-Clients in ein LAN erfolgt, muss der zur Datenübertragung benutzte Netzpfad so abgesichert werden, dass die Sicherheit der Daten (Vertraulichkeit, Integrität, Authentizität) gewährleistet ist. Die Absicherung wird durch das Verschlüsseln und das Signieren der ausgetauschten Datenpakete erreicht, nachdem die Kommunikationspartner authentisiert wurden. Anforderungen an VPNs sind:

8.2 Vorschlag für eine Richtlinie zu IT-Systemen

- Für den Aufbau von VPNs sollten nur sichere Verschlüsselungsverfahren verwendet werden.
- Beim Einsatz von proprietären Verschlüsselungsverfahren sollte das Verschlüsselungsverfahren offengelegt sein. Dies ermöglicht unter anderem die Fehlersuche durch unabhängige Experten.
- In der Regel sollten verfügbare, offengelegte Verschlüsselungsverfahren der Eigenentwicklung eines Herstellers vorgezogen werden.
- Beim Betrieb eines VPNs mittels IPSec im Transportmodus ist zu beachten, dass die IP-Adressen der Rechner in den zu schützenden Netzen prinzipiell mitgelesen werden können und somit nicht auf eine Network Address Translation verzichtet werden kann. Beim Betrieb im Tunnelmodus stellt die VPN-Komponente die NAT-Funktion durch Hinzufügen neuer TCP/IP-Header und Verschlüsselung des kompletten gekapselten Ursprungspakets implizit bereit.

8.2.8 Lotus Notes/Domino

Zur Aufrechterhaltung der Sicherheit des Lotus Notes-Systems ist die Sicherheit jedes Notes-Servers, jedes Notes-Clients und jeder Kommunikationsverbindung zwischen Notes-Servern und Clients zu gewährleisten. Geeignete Maßnahmen sind zu ergreifen.

Der Browser-Zugriff auf Lotus Notes sollte möglichst restriktiv gehandhabt werden, also nur ermöglicht werden, wenn dies unbedingt erforderlich ist. Direkte Zugriffe aus dem Internet auf einen Notes-Server im lokalen Netz dürfen nicht erfolgen. Alle internen Notes-Server sind vor direkten Zugriffen aus dem Internet mit einer Firewall zu schützen. Notes-Server, auf die direkt aus dem Internet zugegriffen wird, müssen in einem separaten Netz (einer DMZ) angesiedelt sein. Der Zugriff auf den Server muss durch eine Firewall abgesichert werden.

Es werden drei wichtige Notes-IDs erzeugt: die sogenannte Certifier-ID (Datei cert.id), die Server-ID (Datei server.id) und die des Administrators (Datei user.id). Für alle Notes-IDs sind geeignete Passwörter festzulegen. Die Notes-IDs sollten nicht im Namen- und Adressbuch gespeichert werden, sondern in Dateien, die geschützt vorgehalten werden.

Die Certifier-ID sollte mit einem Mehrfachpasswort versehen werden, so dass die ID nur im Vier-Augen-Prinzip genutzt werden kann. Die Passwörter sollten eine hohe Qualität besitzen. Mindestens eine Kopie der Certifier-ID mit zugehörigen Passwörtern sollte an einem gesicherten Ort aufbewahrt werden. Die Daten sind gesichert in einem Bankschließfach zu hinterlegen.

Die mit einem Passwort versehene Kopie der Server-ID sollte mit zugehörigem Passwort an einem gesicherten Ort aufbewahrt werden. Die Datei server.id, die in der Regel im data-Verzeichnis des Servers abgelegt ist, muss mit entsprechenden Dateizugriffrechten vor unberechtigtem Zugriff geschützt werden. Die Datei darf nicht auf einem Netz-Share abgelegt werden. Administrator-IDs weisen Administratoren gegenüber Servern aus. Administrator-IDs unterscheiden sich von Benutzer-IDs durch erweiterte Privilegien, die die Administration von Servern ermöglicht. Da Administratoren unter den Benutzern eine privilegierte Stellung einnehmen, müssen Administrator-IDs besonders geschützt werden. Benutzer-IDs weisen normale Benutzer gegenüber Servern aus. Auch diese sind sicher zu behandeln.

Für alle Verzeichnisse und Dateien des Domino-Systems sollten Zugriffsbeschränkungen eingerichtet werden, so dass der direkte Dateizugriff auf Betriebssystemebene nur autorisierten Administratoren erlaubt ist. Der Zugriff auf den Server sollte beschränkt werden, so dass nur die mit der Konfiguration betrauten Administratoren auf den Server zugreifen können.

Für alle Datenbanken müssen die ACL-Einstellungen kontrolliert werden. Dabei sollten alle Einträge der ACL-Liste überprüft werden, insbesondere die -Default-Berechtigung.

Für jedes Domino-Server-Modul, das zum Einsatz kommt, muss sichergestellt werden, dass während und nach der Installation keine unerlaubten Zugriffe erfolgen, bis die Konfiguration abgeschlossen ist und ein sicherer Betrieb gewährleistet werden kann. Die Installation aller Domino-Server-Module muss dokumentiert werden, insbesondere die Konfiguration der Datenbanken und Systemdateien.

Die Zugriffberechtigungen einer Lotus Notes-Datenbank sind so zu setzen, dass die zur Replikation notwendigen Operationen durchgeführt werden können. Das Replikationslog muss regelmäßig überprüft werden. Die Zugangskontrolle für den Notes-Server muss eingestellt werden. Diese regelt, wer sich mit dem Server verbinden darf, und greift, bevor die Zugriffskontrollen auf Datenbanken zum Einsatz kommen.

Die Zugriffskontrolle für Datenbanken muss gemäß der Zugriffsplanung eingestellt werden. Dazu müssen die Zugriffslisten (Access Control Lists, ACLs) für alle Datenbanken gemäß der durchzusetzenden Zugriffsbeschränkungen geändert werden.

Alle Datenbanken sollten mit einer dafür vorgesehenen speziellen Notes-ID signiert werden. Dabei sollten insbesondere Agenten und Skripte signiert werden.

Die notwendigen Logging- und Funktionsdatenbanken müssen erzeugt werden. Dies betrifft zum Beispiel die Datei certlog.nsf und das Template certlog.ntf.

Befindet sich ein Server im Verbund mit weiteren Servern, müssen zusätzlich die Berechtigungen der Server untereinander konfiguriert werden. Dies betrifft auch den Datenaustausch zwischen Servern durch die Datenbankreplikation.

Alle Systemdatenbanken müssen mit restriktiven Zugriffsberechtigungen geschützt werden, beispielsweise names.nsf, admin4. nsf, catalog.nsf, log.nsf, event4.nsf, domcfg. nsf, domlog.nsf, setup.nsf, homepage.nsf, certlog.nsf.

Auf produktiven Datenbanken dürfen keine Designer-Rechte vergeben werden.

Das Namens- und Adressbuch (NAB) eines Notes-Servers enthält personenbezogene Daten, die entsprechend geschützt werden müssen.

Zur Absicherung des browserbasierten Zugriffs auf Lotus Notes müssen folgende Maßnahmen umgesetzt werden, die Server, Client und deren Kommunikationsmechanismen betreffen:

- Jeder Zugriff, der eine Authentisierung benötigt, sollte mit SSL geschützt werden.
- Es müssen Browser eingesetzt werden, die das SSL-Protokoll beherrschen. Der Browser sollte eine starke Verschlüsselung unterstützen, also Verfahren mit mindestens 80 Bit Schlüssellänge.
- Der Domino-Server muss für den SSL-geschützten Web-Zugriff konfiguriert werden.
- Auch auf Datenbankebene sollten Zugriffsbeschränkungen eingerichtet werden.

Wird der Web-Zugriff auf ein Notes-System geplant, so sind außerdem noch folgende sicherheitsrelevanten Aspekte zu berücksichtigen:

- Das Notes-ID-Passwort darf nicht mit dem Internet-Passwort übereinstimmen.
- Die gewünschte Zugriffsart (lesend/schreibend) für Benutzer auf das Namens- und Adressbuch muss eingerichtet werden.

Wird auf einen Lotus Domino-Server auch mittels Browser zugegriffen, so müssen neben den übrigen serverbezogenen Sicherheitsmechanismen auch datenbankbezogene Mechanismen zum Einsatz kommen. Damit wird einerseits erreicht, dass der Zugriff auf eine Datenbank nur erfolgen kann, wenn eine gesicherte Verbindung zwischen Client und Server besteht (oder aufgebaut werden kann), und andererseits kann der Zugriff für Web-Clients generell eingeschränkt werden.

Für den Zugriff auf den Domino-Server erfolgt eine Authentisierung durch die Notes-ID. Die Notes-ID ist daher vor fremden Zugriffen geschützt aufzubewahren.

Die Berechtigung zum Erstellen neuer Datenbanken oder zum Erzeugen von Datenbank-Repliken muss explizit durch entsprechende Zugriffslisten gesteuert werden.

Für Datenbanken mit hohem oder sehr hohem Schutzbedarf sollte die von Lotus Notes angebotene Möglichkeit, Datenbanken zu verschlüsseln, genutzt werden. Die Sicherheitseinstellungen eines Servers sollten regelmäßig überprüft werden. Die Protokolldateien eines Servers sollten regelmäßig überprüft werden.

Folgendes ist für die Überwachung eines Notes-Systems zu berücksichtigen:

- Einige Protokoll-Datenbanken müssen explizit durch den Administrator oder Auditor angelegt (zum Beispiel certlog.nsf) oder das Erzeugen von Protokolleinträgen muss konfiguriert werden (zum Beispiel domlog.nsf). Das Anlegen der Datenbank certlog.nsf wird dringend empfohlen, damit die durch den jeweiligen Server zertifizierten Benutzer dokumentiert werden können.
- Für die Protokolldateien müssen restriktive Zugriffsrechte vergeben werden. Die Zugriffrechte für Administratoren müssen je nach Auditing-Sicherheitsrichtlinie entzogen werden. Stattdessen erhalten Revisoren entsprechende Zugriffsrechte (in der Regel Reader-Zugriff).
- Die Event-Datenbank (events4.nsf) erlaubt die Definition von Überwachungsregeln, die beim Auftreten von bestimmten Ereignissen vordefinierte Aktionen auslösen (zum Beispiel Benachrichtigungen von Administratoren oder Einträge in das Betriebssystemprotokoll). Insbesondere für die Ereignisse der Kategorie Sicherheit (Security) müssen entsprechende Aktionen gemäß Überwachungskonzept eingerichtet werden.

8.2.9 Webserver

Das Betriebssystem des Rechners, auf dem ein Apache-Webserver installiert werden soll, muss vor der Installation sicher und möglichst schlank konfiguriert werden. Der Rechner sollte keine anderen als die zum Betrieb des Webservers nötigen Dienste nach außen anbieten. Alle anderen nicht benötigten Systemdienste und Programme sollten so weit wie möglich entfernt werden. Auf dem Webserver-Rechner sollte kein Compiler installiert sein.

Client-Programme zum Einloggen auf andere Rechner oder zum Herunterladen von Dateien aus dem Internet (beispielsweise ssh- oder Telnet-Clients, Webbrowser, ftp-Clients oder wget) sollten möglichst nicht auf dem Webserver installiert sein, sofern sie nicht für den Betrieb des Webservers unbedingt benötigt werden.

Das Verzeichnis, das die WWW-Dateien enthalten soll, wird im Apache-Webserver mit der Konfigurationsdirektive DocumentRoot festgelegt. Das dafür vorgesehene Verzeichnis sollte in einem eigenen Filesystem (unter Unix) bzw. auf einer eigenen Partition (unter Windows) angelegt werden. Das Verzeichnis, das für die Logdateien des Apache-Webservers vorgesehen ist, sollte ebenfalls in einem eigenen Filesystem bzw. auf einer eigenen Partition angelegt werden.

Erfolgt die Administration des Serverrechners nicht lokal, so sollten zur Administration des Server-Betriebssystems nur entsprechend sichere Produkte bzw. Protokolle verwendet werden. Gleiches gilt, falls die WWW-Dateien nicht über Wechseldatenträger, sondern über das Netz auf den Webserver übertragen werden. Telnet und ftp sollten nicht eingesetzt werden, stattdessen sollte ssh bzw. sftp benutzt werden.

Für den Apache-Webserver sollte ein eigener Account und eine eigene Gruppe eingerichtet werden, der über möglichst wenig Rechte verfügt. Unter diesem Account sollte insbesondere keine interaktive Anmeldung am System möglich sein. Soll der Rechner als öffentlicher Webserver dienen und in einer Firewall-Umgebung aufgestellt werden, so sollte in Erwägung gezogen werden, die Logdateien des Systems und gegebenenfalls auch des Apache-Webservers nicht nur auf dem Rechner selbst zu speichern, sondern auf den Loghost zu kopieren. Der Start des Apache-Webservers sollte im Allgemeinen aus den Startupskripts des Betriebssystems erfolgen. So steht der Webserver auch nach einem Reboot des Server-Rechners direkt zur Verfügung.

Normalerweise muss der Start des Apache-Webservers unter dem Benutzerkonto root erfolgen, damit der Apache-Webserver den WWW-Port 80/tcp benutzen kann. Der Apache-Webserver darf jedoch nicht ständig mit Root-Rechten ausgeführt werden. Zu diesem Zweck muss ein eigenes Benutzerkonto und eine eigene Gruppe angelegt werden.

Nach der Installation sollte die Konfiguration der Dateizugriffsrechte kontrolliert werden. Das Apache-Verzeichnis und alle darüber liegenden Verzeichnisse müssen dem Benutzer root (oder einem sonstigen Systemkonto) und einer entsprechenden Systemgruppe gehören. Nur die Eigentümer dürfen Schreibzugriff auf diese Verzeichnisse haben.

Der Zugriff auf das htdocs-Verzeichnis, das den WWW-Dateibaum enthält, sowie seine Unterverzeichnisse, sollte so eingeschränkt werden, dass nur Benutzer, die Daten in den Webserver einstellen dürfen, Zugriff auf die jeweiligen Verzeichnisse haben.

Generell sollte mittels der Direktive HostnameLookups Off explizit festgelegt werden, dass der Server keine Namensauflösung für IP-Adressen vornimmt, von denen HTTP-Anfragen gesendet werden. In den Logdateien werden dann die Zugriffe mit der betreffenden IP-Adresse gespeichert und diese kann später, falls nötig, bei der Auswertung der Logdateien aufgelöst werden.

Aus den HTTP-Header-Zeilen von Antworten auf Anfragen oder in Fehlermeldungen können Angreifer oft Informationen über die Version der Server-Software und andere Details gewinnen. Diese Informationen können dann eventuell dazu genutzt werden, um bestimmte Angriffsmethoden auszuwählen und so schneller den Server zu kompromittieren. Daher sollten auf diesen Seitenkanälen so wenig Informationen wie möglich geliefert werden.

Die Auswahl der Module sollte dokumentiert werden, damit zu jeder Zeit nachvollzogen werden kann, welche Module zu welchem Zweck gebraucht werden.

8.2.10 Novell

Die Novell Netware-Server sind in einer gesicherten Umgebung aufzustellen. Das Diskettenlaufwerk von Novell Netware-Servern ist darüber hinaus standardmäßig mit einem Diskettenschloss zu verschließen.

Die Installation von Novell Netware-Servern sollte nachvollziehbar dokumentiert werden, damit im Vertretungsfall sowohl Außenstehende wie auch Neueinsteiger diese nach kurzer Einarbeitungszeit verstehen und nachvollziehen können. In der Dokumentation sollten insbesondere die Parametrisierung des Servers (Netzeinbindung, Treiber), zusätzliche NLMs (Netware Loadable Modules, zum Beispiel zur Datensicherung) und deren Konfiguration sowie die eingespielten Patches aufgeführt werden.

Folgende Maßnahmen sind für den sicheren Betrieb eines Novell Netware-Netzes durchzuführen:

- Zugriffsrechte auf Verzeichnisse und Dateien sind zu vergeben.
- Netware-Attribute auf Verzeichnisse und Dateien sind zu vergeben.
- Wichtige Systemdateien sind zu sichern.
- Der Supervisor-Account bzw. ein diesem äquivalenter Account ist nur für eine eingeschränkte Nutzung vorzusehen.
- Nicht benötigte Programme sind zu sperren.
- Alle erforderlichen Patches von Novell Netware sind zu installieren.

Die geplante eDirectory-Struktur muss dokumentiert werden. Insbesondere sind Schemaänderungen festzuhalten. Dabei sollen auch die Gründe für die Änderung dokumentiert sein. Auch Objektklassen und die Weise, wie sie genutzt werden, speziell welche Attribute für welche Inhalte genutzt werden, sind zu dokumentieren.

Die Informationen, die in eDirectory gehalten werden, müssen gemäß ihrem Schutzbedarf klassifiziert werden. Anhand dieser Klassifizierung sollte die Verteilung der Objekte auf entsprechend geschützte Server erfolgen. Dabei ist darauf zu achten, dass besonders der Inhalt des Security-Containers auf einem ausreichend abgesicherten Server gelagert wird, da es sich hierbei um sensitive Informationen handelt.

Sämtliche sicherheitsbezogenen Themenbereiche eines eDirectory-Verzeichnisdienstes müssen geregelt werden. Dieses beinhaltet Folgendes:

- Allgemeines (zum Beispiel physikalische Absicherung der Server, Baumstruktur, Partitionierung, Repliken)
- Rechtevergabe
- Administration (zum Beispiel Administratorrollen, Schemaänderungen)
- Datenkommunikation
- Zertifikatsautorität (zum Beispiel Parameter für die CA)
- Dateisystem des unterliegenden Betriebssystems
- LDAP (zum Beispiel anonymer Login)
- Client-Zugriff auf den eDirectory-Verzeichnisdienst (zum Beispiel Authentisierungsverfahren)
- Verschlüsselung von Attributen
- Fernzugriff zur Systemüberwachung und Administration

Die erstmalige Konfiguration des eDirectory-Servers ist in einer geschützten Umgebung durchzuführen. Je nachdem, welche eDirectory-Module zum Einsatz kommen, ist für jedes Modul eine sichere Installationskonfiguration einzurichten, die den Zugriff verhindert, solange sich der Server in der erstmaligen Konfigurationsphase befindet und bis die festgelegten Sicherheitsrichtlinien umgesetzt worden sind.

Für jedes aktivierte Modul von Novell eDirectory muss eine entsprechende Sicherheitsplanung durchgeführt werden. Anschließend ist diese durch geeignete Konfigurationsparameter umzusetzen. Dies betrifft unter anderem

- das LDAP-Servermodul, das einen Zugriff auf die Benutzerinformationen für LDAP-Clients erlaubt,
- das iMonitor-Tool, welches den administrativen Zugriff über einen Web-Browser gestattet,
- das SLP-Modul (Service Location Protocol), welches Service-URLs verwaltet und in das Ressourcenmanagement einbezieht,
- die ConsoleOne als Administrationsplattform des eDirectorys,
- den Zertifikatsserver, der stets bei der Erstinstallation eines eDirectory-Servers innerhalb eines eDirectory-Baums installiert wird.

Die Sicherheit der eDirectory-Installation hängt auch von der Integrität der zur Administration verwendeten Clients ab.

Neben dem Schutz der unterliegenden Betriebssystemplattform des Clients ist auch ein Schutz der Administrationssoftware selbst erforderlich. Durch die Vergabe geeigneter

8.2 Vorschlag für eine Richtlinie zu IT-Systemen

Zugriffsbeschränkungen müssen die Verzeichnisse, in denen die ConsoleOne und die entsprechende Zusatzsoftware installiert sind, vor Manipulationen oder Überschreiben geschützt werden.

Die Rechtevergabe erfolgt bei eDirectory über Access Control Lists (ACLs). Ein wichtiger Aspekt bei der Rechtevergabe im eDirectory ist die Konfiguration der Benutzer und der Benutzergruppen (Organizational Roles). Zur vereinfachten und konsistenten Konfiguration der Benutzer und Benutzergruppen (Organizational Roles) sollten Templates (Vorlagen) verwendet werden.

Bei einer eventuellen Zusammenführung zweier oder mehrerer eDirectory-Bäume zu einem Gesamtbaum sind anschließend die resultierenden effektiven Rechte zu kontrollieren. Auch bei der Verschiebung von Partitionen innerhalb eines eDirectory-Baums ist dies zu berücksichtigen. Ebenso müssen die Zugriffsberechtigungen kontrolliert und eventuell nachkonfiguriert werden.

Folgende Aspekte sind im laufenden Betrieb für ein eDirectory-Verzeichnissystem aus Sicht der IT-Sicherheit zu beachten:

- Der eDirectory-Zertifikatsserver spielt eine wesentliche Rolle für die Zugriffskontrollmechanismen des Verzeichnisses. Der Zertifikatsserver wird auf dem ersten eDirectory-Server eines eDirectory-Baums installiert. Für jedes neue Objekt im eDirectory wird automatisch ein eigenes Schlüsselpaar generiert und auf dem Zertifikatsserver abgelegt. Der sichere Betrieb dieses ersten eDirectory-Servers im Baum ist deshalb besonders wichtig. Zu schützen sind nicht nur die sensiven Daten, die sich auf diesem befinden, sondern vor allem auch dessen Verfügbarkeit. Es ist deshalb dringend anzuraten, die Replizierung des eDirectorys auf verschiedene Server zu konfigurieren, insbesondere sollte wenigstens eine vollständige Read/Write-Replica existieren.
- Veränderungen in einem eDirectory-Verzeichnissystem ergeben sich insbesondere dann, wenn fremde eDirectory-Verzeichnisse in einen bestehenden eDirectory-Baum importiert werden. Diese neu importierten Verzeichnisse sind in der Regel noch nicht in die bestehenden Sicherheitsstrukturen eingebunden. Damit die definierte Sicherheitsrichtlinie auch weiterhin konsistent umgesetzt ist, muss die Konfiguration der Sicherheitseinstellungen umgehend nachgeholt werden. Die Berechtigungen zum Import neuer Verzeichnisse und zum Erzeugen von Verzeichnis-Repliken müssen restriktiv vergeben werden.

Im Rahmen der Überwachung der Systemfunktionen empfiehlt sich eine regelmäßige Kontrolle der eDirectory-Replikation, durch die Konfigurationsänderungen weitergeleitet werden.

Die Datensicherung eines eDirectory-Verzeichnisdienstes sollte zusammen mit einem generellen Server-Back-up vorgenommen werden, damit später der Gesamtzustand der Server wiederhergestellt werden kann.

8.2.11 Windows XP

Wird ein Windows XP-System außerhalb einer Active Directory-basierten Umgebung betrieben, muss die Konfiguration der Gruppenrichtlinien, die auch die Sicherheitseinstellungen enthalten, lokal auf dem Rechner erfolgen.

Nach der erfolgten Installation sollte sichergestellt werden, dass die entsprechenden Sicherheitseinstellungen auch tatsächlich angewandt worden sind. Dabei sind installierte Komponenten, angewandte Richtlinien, Berechtigungen im Dateisystem und in der Registrierung, zugewiesene Benutzerrechte und erlaubte Systemdienste zu überprüfen.

Beim Hinzufügen eines Rechners zu einer Domäne muss entweder ein entsprechendes Computerkonto in der Domäne vorbereitet werden oder das Computerkonto wird beim Beitritt erzeugt. Dazu sind dann entsprechende administrative Berechtigungen notwendig, mit denen restriktiv umgegangen werden muss. Zukünftige Domänenmitglieder sollten direkt während der Installation in die Domäne aufgenommen und nicht erst als Einzelrechner installiert werden.

Der Zugang zu einem Windows XP-System muss für jeden Benutzer durch ein Passwort geschützt und die automatische Anmeldung deaktiviert sein. Benutzerkonten ohne Passwort dürfen nicht existieren. Die Anforderungen an das Passwort, die Passwort-Historie und die Frequenz der Passwort-Änderung ist der IT-Sicherheitsrichtlinie zu entnehmen. Die Windows XP-Richtlinien sind diesen Anforderungen anzupassen.

Folgende Konfigurationen sind unter Windows XP über die lokalen Sicherheitseinstellungen bzw. über eine Gruppenrichtlinie durchzuführen:

- Zugriff auf CD-ROM-Laufwerke auf lokal angemeldete Benutzer beschränken und
- Zugriff auf Diskettenlaufwerke auf lokal angemeldete Benutzer beschränken.

Windows muss als einziges Betriebssystem auf Clients installiert sein, und es muss verhindert werden, dass andere Betriebssysteme gestartet werden können. Dadurch soll verhindert werden, dass unter NTFS gelöschte Dateien über Hilfsmittel anderer Betriebssysteme wiederhergestellt werden können.

Die Zugriffsrechte auf die Windows XP-Registrierung und die darin enthaltenen Dateien müssen so eingestellt sein, dass kein unberechtigter Zugriff möglich ist.

Die Datei- und Registry-Überwachung muss auf einem Windows XP-System aktiviert werden. Die Aktivierung und die Konfiguration der Überwachungskomponenten erfolgt dabei über folgende Gruppenrichtlinienparameter:

- Rechteverwendung überwachen: Die Verwendung von Benutzerrechten sollte überwacht werden.
- Richtlinienänderungen überwachen: Das Verändern von Richtlinieneinstellungen (GPOs) ist eine sicherheitskritische Operation und sollte überwacht werden.
- Systemereignisse überwachen: Aktiviert die Protokollierung der Boot-Ereignisse.

- Anmeldeereignisse überwachen: Die Protokollierung der Anmeldeereignisse auf dem lokalen Rechner (zum Beispiel Arbeitsplatzrechner) sollte aktiviert sein.
- Anmeldeversuche überwachen: Die Protokollierung der Anmeldeversuche auf dem Domänen-Controller, der die Authentisierung des Benutzers durchführt, sollte aktiviert sein.
- Kontenverwaltung überwachen: Änderungen in den Konteneinstellungen sind sicherheitskritische Ereignisse und sollten überwacht werden.
- Objektzugriff überwachen: Diese Option sollte aktiviert werden, da hierdurch die Protokollierung von Datei- und Registry-Zugriffen möglich wird.
- Active Directory-Zugriff überwachen: Dies ist nur auf Domänen-Controllern relevant. Änderungen am AD sollten überwacht werden.

Für die Windows XP-Systemdateien sind restriktive Rechte zu vergeben. Die Kennung Hauptbenutzer ist aus allen Zugriffslisten zu entfernen.

Um Datei-, Verzeichnis- und Freigabeberechtigungen festzulegen, sollten folgende Regeln beachtet werden:

- Freigaben durch Arbeitsplatzrechner sind zu vermeiden.
- Freigaben durch Domänen-Controller sind ebenfalls zu vermeiden, da Domänen-Controller sensitive Daten speichern.
- Freigaben auf Arbeitsplatzrechnern und Domänen-Controllern sind zu begründen und zu dokumentieren und sollten nur nach einer vorherigen Risikoabwägung erfolgen.
- Für alle Freigaben und die dadurch zugreifbaren Daten müssen die Zugriffsberechtigungen so restriktiv wie möglich vergeben werden.

Für jeden Benutzer muss der Kennwortschutz für den Bildschirmschoner aktiviert werden. Ist der Standby-Modus möglich, so muss die Kennworteingabe auch beim Reaktivieren des Systems aus dem Standby-Modus erforderlich sein.

Administrative Zugriffe vom Netz sollten grundsätzlich nur berechtigtem, administrativem Personal erlaubt werden. Des Weiteren muss die Anmeldung über das Netz an lokalen Benutzerkonten ohne Kennwort untersagt werden.

Die automatische Benutzeranmeldung muss auf allen Windows XP deaktiviert sein. Ein automatischer Login in der Wiederherstellungskonsole darf ebenfalls nicht gestattet werden.

Bei der Konfiguration von Windows XP-Systemen muss darauf geachtet werden, dass ausschließlich benötigte Dienste zur Ausführung kommen. Windows XP Clients sollten keine Anwendungen oder Dienste im Netz zur Verfügung stellen. Um eine zentralisierte Konfiguration der Dienste zu ermöglichen, wird in einer Active Directory-Umgebung der Einsatz entsprechender Gruppenrichtlinien empfohlen.

Alle Daten, die über den sicheren Kanal übertragen werden, sollten signiert und verschlüsselt werden. Standardmäßig erfolgt dies aber nur dann, wenn beide Kommunikationspartner gleiche Verfahren verwenden.

Alle Windows XP-Berechtigungen (Dateisystem, Registrierung, Systemberechtigungen bzw. Benutzerberechtigungen, Berechtigungen für den Zugriff auf die Freigaben) sind grundsätzlich restriktiv zu vergeben, das heißt die sogenannten Need-to-know- bzw. Least-Privilege-Strategien müssen umgesetzt werden. Dies betrifft ausnahmslos alle Bereiche, in denen Berechtigungen vergeben werden können. Nach der Installation und insbesondere nach einem Upgrade oder einer größeren Systemänderung (zum Beispiel dem Einspielen eines neuen Service Packs) ist die Korrektheit der vergebenen Berechtigungen zu verifizieren.

Eine Berechtigungsvergabe an die eingebaute Benutzergruppe „Jeder" (insbesondere Vollzugriff, Schreiben/Ändern-Rechte) sollte grundsätzlich vermieden werden. Soll der Zugriff für alle Benutzer möglich sein, empfiehlt sich stattdessen die Verwendung der ebenfalls eingebauten Gruppe „Authentifizierte Benutzer".

Die geplante Active Directory-Struktur muss dokumentiert werden. Es empfiehlt sich insbesondere festzuhalten, welche Schemaänderungen durchgeführt werden. Dabei sollten auch die Gründe für die Änderung dokumentiert sein. Die Active Directory-Administration eines Windows XP-Systems darf nur durch einen berechtigten Administrator erfolgen.

Administratoren, die verantwortlich für die Active Directory-Verwaltung sind, sind zu schulen. Dabei ist zwischen Schema- und Organisations- und Domänenadministrationsschulungen zu unterscheiden.

Es ist festzulegen, welche Verantwortung die einzelnen Administratoren von Windows XP-Systemen zu übernehmen haben. Dies sind Verantwortlichkeiten für

- Änderungen der Windows XP-Sicherheitsparameter (lokal),
- Änderungen der Windows XP-Sicherheitsparameter im Active Directory,
- die Verwaltung der Windows XP-Systeme im Active Directory,
- die Auswertung der Protokolldaten,
- die Vergabe von Zugriffsrechten und Systemberechtigungen,
- das Hinterlegen und den Wechsel von Passwörtern und
- die Durchführung von Datensicherungen und Datenwiederherstellungen.

Bei der Festlegung von Windows XP-Gruppenrichtlinien für Sicherheitseinstellungen ist Folgendes zu beachten:

- Kontorichtlinien werden in einer Active Directory-Umgebung nur auf Domänenebene durchgesetzt.
- Die Verwendung von Richtlinien für eingeschränkte Gruppen verhindert nicht, dass Modifikationen an Gruppenmitgliedschaften durchgeführt werden können. Die unerlaubten Modifikationen werden bei der nächsten Anwendung der Richtlinien nur rückgängig gemacht.

Das Unternehmen muss alle vorhandenen Möglichkeiten zur zentralisierten anwendungsspezifischen Konfiguration ausnutzen, um durch die zentralisierte Vorgabe von sicherheitsrelevanten Einstellungen viele Sicherheitsrisiken zu beseitigen.

8.2 Vorschlag für eine Richtlinie zu IT-Systemen

Auch die Arbeitsumgebung eines Benutzers unter Windows XP muss durch die Verwendung von Gruppenrichtlinien in ihrer Funktionalität eingeschränkt werden. Für die Arbeitsumgebung eines normalen Benutzers sollten nach Möglichkeit folgende Einschränkungen vorgenommen werden:

- Anzeige ausschließlich zugelassener Systemsteuerungskomponenten,
- Sperren der meisten MMC Snap-Ins (das Zertifikate Snap-In sollte zugelassen bleiben, wenn Zertifikate zum Einsatz kommen),
- Einschränkungen des Taskplaners,
- Deaktivierung oder Einschränkung des Active Desktops,
- Einschränkungen im Bereich der Start- und Taskleiste.

Bei der Benutzung des Remotedesktops unter Windows XP ist zu beachten, dass immer nur genau ein Benutzer auf dem Zielrechner angemeldet sein kann. Es sollte eine starke Verschlüsselung (128-bit, Einstellung höchste Stufe) verwendet werden. Es sollte keine automatische Kennwortanmeldung benutzt werden.

Beim Einsatz der Remoteunterstützung ist Folgendes zu gewährleisten:

- Eine Sitzung sollte nur nach einer expliziten Einladung initiiert werden.
- Wird eine Einladung zu Remoteunterstützung in einer Datei abgespeichert, sollte ein Kennwort vergeben werden, um die Gefahr einer unautorisierten Verwendung der Einladung zu verringern.
- Die Steuerungsart (Helfer dürfen den Computer nur ansehen bzw. Helfer dürfen den Computer remote steuern) sollte nach Möglichkeit restriktiv (Helfer dürfen den Computer nur ansehen) gesetzt werden.

Die Einhaltung der geltenden Windows XP-Sicherheitsrichtlinien ist regelmäßig zu überprüfen. Die Ergebnisse der Überprüfungen sind zu dokumentieren, um auch Wiederholungsfälle feststellen zu können.

Windows XP-Systeme sind aktuell zu halten. Dabei ist Folgendes zu beachten:

- Es muss ein Prozess für den Umgang mit Patches und Updates auf organisatorischer Ebene etabliert sein (zum Beispiel im Rahmen des Änderungsmanagements).
- Der Prozess muss nicht nur Updates und Patches für Windows XP-Systeme, sondern auch eingesetzte Anwendungen (zum Beispiel Microsoft Internet Explorer, Microsoft Office) berücksichtigen.
- Administratoren müssen sich regelmäßig über Schwachstellen und verfügbare Sicherheits-Updates informieren.
- Das Einspielen und Prüfen der Updates im Test-System muss sichergestellt werden.
- Eine Strategie zum Wiederherstellen der Funktionsfähigkeit der Systeme im Problemfall muss vorhanden sein.

Um existierende Windows XP-Systeme aktuell zu halten, muss der aktuelle Patch-Stand der Systeme mit den von Microsoft verfügbaren Updates verglichen werden.

Da aus Sicherheitssicht direkte Verbindungen ins Internet zu vermeiden sind und die zu installierenden Updates zuerst in Testsystemen getestet werden sollten, ist eine direkte Aktualisierung von Windows XP-Systemen von externen Quellen (zum Beispiel Microsoft) beim Einsatz des automatischen Update-Mechanismus zu vermeiden. Stattdessen sollten die Windows XP-Systeme durch die entsprechende Konfiguration angewiesen werden, einen unternehmensinternen Update-Server zu benutzen.

Vor der Installation von Service Packs 2 für Windows XP ist ausführlich zu testen. Auswirkungen auf bestehende Services und Funktionalitäten sind zu untersuchen und zu dokumentieren. Die Konfiguration neuer Einstellungen und insbesondere Gruppenrichtlinieneinstellungen müssen im Vorfeld der SP2-Installation festgelegt werden. Änderungen in Gruppenrichtlinien können weit reichende Auswirkungen mit Windows XP Clients haben und müssen daher von Administratoren unbedingt sorgfältig durchgeführt werden.

8.2.12 Windows

8.2.12.1 Geeignete Auswahl einer Windows-Version

Für den Einsatz in Unternehmen sind laut Microsoft eine der folgenden Versionen von Windows zu nutzen:

- Windows Business,
- Windows Enterprise oder
- Windows Ultimate.

Dies entspricht der Maßnahme M 2.440 des BSI Grundschutzkataloges.

8.2.12.2 Einsatz von Windows auf mobilen Rechnern

Folgende Aspekte sind bei der Planung des Einsatzes von Windows auf mobilen Plattformen zu berücksichtigen:

- Datenverschlüsselung
- Verschlüsselung der Offline-Dateien
- Datensicherung
- lokal installierte Firewall

Dies entspricht der Maßnahme M 2.442 des BSI Grundschutzkataloges.

8.2.12.3 Einführung von Windows Service Pack

Bevor das Service Pack auf einem Windows-Produktivsystem zum Einsatz kommt, muss das Service Pack in einer Testumgebung auf mögliche Inkompatibilitäten getestet werden.

Vor der Installation des Service Packs auf einem Windows Client muss sichergestellt werden, dass zuvor die notwendigen Windows-Updates eingespielt worden sind.

Dies entspricht der Maßnahme M 2.443 des BSI Grundschutzkataloges.

8.2.12.4 Einsatz von BitLocker Drive Encryption

BitLocker ist nur in den Windows Vista-Versionen Enterprise und Ultimate verfügbar.

Der Einsatz der BitLocker Drive Encryption (BDE) wird empfohlen, um die Vertraulichkeit aller Daten eines Windows Vista-Rechners zu schützen. Dies gilt insbesondere für mobile Rechner.

Dies entspricht der Maßnahme M 4.337 des BSI Grundschutzkataloges.

8.2.12.5 Einsatz von Windows Vista File und Registry Virtualization

Windows Vista nutzt für den sicheren Einsatz von Altanwendungen die Techniken File Virtualization und Registry Virtualization. Die damit verbundenen Mechanismen erlauben den Betrieb der Altanwendung unter dem Konto eines Standardbenutzers, das heißt ohne administrative Privilegien. Dadurch wird die beschriebene Gefährdung der Integrität des eigentlichen, nicht „virtualisierten" Windows-Systems unterbunden. Es sollte kritisch geprüft werden, ob der Betrieb von Altanwendungen des beschriebenen Typs notwendig ist. Langfristig muss jedoch in Betracht gezogen werden, die Altanwendungen des beschriebenen Gefährdungstyps durch sichere Anwendungen zu ersetzen.

Dies entspricht der Maßnahme M 4.338 des BSI Grundschutzkataloges.

8.2.12.6 Verhindern unautorisierter Nutzung von Wechselmedien unter Windows Vista

Mit Windows Vista müssen Vorgaben zur Installation und zur Nutzung von Wechselmedien über Gruppenrichtlinien durchgesetzt werden, zum Beispiel Deaktivierung der AutoRun-Funktion für Wechselmedien.

Dies entspricht der Maßnahme M 4.339 des BSI Grundschutzkataloges.

8.2.12.7 Einsatz der Windows Vista-Benutzerkontensteuerung – UAC

In der Standardeinstellung von Windows Vista ist die Benutzerkontensteuerung aktiviert. Dies muß beibehalten werden.

Dies entspricht der Maßnahme M 4.340 des BSI Grundschutzkataloges.

8.2.13 Windows Server 2003

Durch eine sorgfältige Planung und Umsetzung und durch Beachtung von Grundregeln kann sichergestellt werden, dass Sicherheitsvorlagen die gewünschte Wirkung auf dem Zielsystem haben. Das Verteilen und Aktivieren der Sicherheitsvorlagen in der Produktivumgebung (nachfolgend Ausrollen genannt) stellt ein nicht unerhebliches Risiko dar, insbesondere, wenn sich beim Test nicht hinreichend nachvollziehen lässt, wie sich kritische Einstellungen auf dem Zielserver auswirken werden. Eine geeignete Strategie für den jeweiligen IT-Bereich muss konzeptionell festgelegt werden, bevor Sicherheitsvorlagen produktiv eingesetzt werden.

Aspekte des Berechtigungsmodells von Windows Server 2003 sind:

- Benutzerkonten und Computerkonten
- Systemkonten
- vordefinierte Standardgruppen
- Gruppenmitgliedschaften
- Verschachtelung von Gruppen (nur Active Directory)
- Zugriffsberechtigungen am Objekt (Access Control List, ACL)
- Systemzugriffskontrollen-Einstellung am Objekt (System Access Control List, SACL)
- Vererbung

Bei allen Tätigkeiten und Planungen im Zusammenhang mit dem Einräumen von Berechtigungen sollte immer das Prinzip der geringsten Berechtigungen (englisch least privileges) gelten. Von den Simulationswerkzeugen sollte bei der Modellierung von Berechtigungen und bei der Administration im laufenden Betrieb intensiv Gebrauch gemacht werden. Es ist zu empfehlen, dies beim Freigabeprozess für Konfigurationsänderungen in einer entsprechenden IT-Sicherheitsrichtlinie zu formulieren.

Benutzerkonten dürfen nicht von mehreren Personen verwendet werden (sogenanntes Account Sharing). Dies gilt für administrative wie für normale Benutzerkonten. Falls der Administrator aus zwingenden organisatorischen Gründen ein geteiltes Konto zur Verfügung stellen muss, ist dies für den Einzelfall zu begründen und zu dokumentieren. Das verwendete Konto, das Verfahren für die Durchsetzung der Kennwortrichtlinie, die Berechtigungen (ACL) und die Überwachungseinstellungen (SACL) sowie der berechtigte Personenkreis sind zu dokumentieren.

Geteilte Benutzerkonten sind ähnlich wie administrative Konten als kritische Konten einzustufen und bei der Systemüberwachung zu berücksichtigen. Der Forgotten Password Wizard von Windows XP/2003 dient zum Zurücksetzen vergessener lokaler Kennwörter, ohne dass lokal gespeicherte private Schlüssel dabei gelöscht werden. In einer Umgebung mit zentralisierter Authentisierung sollte dieser Wizard nicht verwendet werden, da er die Sicherheit eines solchen Konzeptes unterläuft.

Die sichere Basiskonfiguration muss während der Bereitstellung des Servers, bei Änderungen der Serverkonfiguration und bei Änderungen von Vorgaben und Richtlinien durchgeführt werden. Die notwendigen Einstellungen sind zu identifizieren, zum Beispiel in Form einer Checkliste. In der Liste sollten die bei der Grundschutzmodellierung gefundenen Maßnahmen berücksichtigt werden.

Festplattenpartitionen sollten bei der ersten Formatierung ausschließlich mit NTFS formatiert werden. Wenn keine Kompatibilität zu Windows NT 4.0, Windows ME/98 oder früher benötigt wird, sollte überlegt werden, die anonyme Aufzählung von Freigaben zu deaktivieren. Es ist genau zu überlegen, welche Funktionen für den konkreten Einsatz eines Windows Servers 2003 benötigt werden, so dass nur diese aktiviert werden.

Die Dokumentation der Basiskonfiguration sollte den Anforderungen des Änderungsmanagements entsprechen. Sie sollte alle verwendeten Vorlagen mit Versionsnummer und

Beschreibung enthalten. Für jeden Server sollte ersichtlich sein, welche Vorlagen bei ihm wirken.

Die Bereitstellung umfasst die Schritte nach Planung und Beschaffung des Servers oder einer Gruppe von Servern bis zur Aufnahme des produktiven Betriebs. Die Konformität mit den aktuellen Sicherheitsrichtlinien bei Aufnahme des produktiven Betriebs muss durch den Bereitstellungsvorgang gewährleistet werden.

Sicherheitsvorlagen werden meist durch Gruppenrichtlinien und Active Directory auf den Server übertragen und aktiviert. Alternativ oder zusätzlich können die Vorlagen mit Hilfe von Post-Installationsskripten eingespielt werden. Die fertige Installation muss mit den aktuellen Vorlagen und den sonstigen aktuellen Sicherheitsvorgaben getestet werden. Das Durchsetzen der Vorlagen und Einstellungen sollte Teil des Installations- bzw. Bereitstellungskonzeptes sein. Das Bereitstellungskonzept ist ausführlich und verständlich zu dokumentieren. Es sollte für jeden Server eine aktuelle Installationsanweisung geben.

Bei der Entscheidung für einen Migrationspfad sind besonders die Vor- und Nachteile der Aktualisierung eines bestehenden Servers (Inplace-Upgrade) gegen die einer Neuinstallation sorgfältig abzuwägen. Ein produktiver Windows Server 2003 sollte (abgesehen von der Wiederherstellungskonsole) grundsätzlich nur eine Betriebssysteminstallation beherbergen und ausschließlich NTFS-Partitionen besitzen. Nach dem erfolgreichen Abschluss aller Tests sollte die Migration eines produktiven Servers mit dem Geschäftsbetrieb abgestimmt werden. Zum angekündigten Termin ist der Server für den Installationsvorgang aus dem Produktivbetrieb zu entfernen. Für eine aktuelle vollständige Datensicherung ist zu sorgen. Für die Installation darf nur Software aus sicheren Quellen verwendet werden. Aktuelle Servicepacks, Sicherheitspatches und Treiber müssen zur Verfügung stehen.

Nach jeder Sicherheitskonfiguration sind die Ereignisanzeigen zu kontrollieren. Der Verzeichnispfad für Benutzerprofile hat sich gegenüber Windows NT 4.0 verändert. Vorhandene Skripte und Verfahren sind gegebenenfalls diesbezüglich anzupassen.

Für Dienstkonten sollte niemals das vordefinierte Administratorkonto verwendet werden. Jeder Dienst sollte mit einem eigenen Dienstkonto laufen. Jedes Dienstkonto sollte nur mit den minimal erforderlichen Berechtigungen ausgestattet sein. Die voreingestellten Konten für die in Windows enthaltenen Dienste sollten nicht verändert werden. Unnötige oder potenziell gefährliche Dienste sollten deaktiviert werden. Zu allen Diensten, die nicht mit einem vordefinierten Konto laufen, sind die Dienstkonten sowie deren Berechtigungen zu vermerken.

Auf einem Windows Server 2003 werden verschiedene Funktionen, die als Clientzubehör von Windows XP bekannt sind, nicht benötigt und sollten deinstalliert oder, falls eine Deinstallation nicht möglich ist, zumindest deaktiviert werden, um die Angriffsfläche zu verringern und die damit verbundenen unnötigen Risiken zu reduzieren. Die Deinstallationsroutinen der integrierten Komponenten Mediaplayer, Outlook Express und Netmeeting entfernen die Programme nicht vollständig, das ungewollte Ausführen ist weiterhin möglich. Deshalb sollten diese Programme mit Hilfe der Richtlinien für Softwareeinschränkungen deaktiviert werden.

Werden Active Directory und Gruppenrichtlinien verwendet, muss die Wirksamkeit der Einstellungen auf dem einzelnen Server durch korrekte Konfiguration der Gruppenrichtlinien sichergestellt sein. Weiterhin sollte die Internetkommunikation für Windows-Client-Komponenten eingeschränkt werden. Wenn weitere nicht benötigte Client-Anwendungen und -Funktionen auf dem Server aktiv sind, dann sind auch diese zu deinstallieren bzw. zu deaktivieren.

Nach einer Standardinstallation von Windows Server 2003 sollte zumindest eine lokale Softwareeinschränkungsrichtlinie erzeugt werden. Wenn eine Softwareeinschränkungsrichtlinie mittels Gruppenrichtlinien des Active Directorys verteilt wird, sollte hierfür ein separates Gruppenrichtlinien-Objekt erstellt werden. Die Regeln in den Standardgruppenrichtlinien sollten nicht verändert werden. Alle Regeln, außer den vordefinierten, sollten dokumentiert werden. Der jeweilige Zweck sollte ebenfalls dokumentiert werden.

Die Systemkomponenten des Windows Servers 2003 sind regelmäßig zu sichern, da der Server in Abhängigkeit von seiner Serverrolle ständigen Konfigurationsänderungen unterliegt. Generell müssen zumindest Statusinformationen und Protokolldaten täglich im Rahmen der Vorgaben eines Datensicherungskonzepts gesichert werden.

8.2.14 Unix

Eine Unix-Standardinstallation muss ausreichend abgesichert sein:

- Es sollte überprüft werden, welche Dienste auf dem IT-System laufen. Nicht benötigte Dienste sollten deaktiviert oder entfernt werden.
- Nach der Standardinstallation sollten die verfügbaren Security-Patches des Herstellers installiert werden. Danach ist unbedingt zu überprüfen, dass durch die Patch-Installation keine nicht benötigten Dienste aktiviert wurden.
- Die Filesysteme sollten restriktiv im- bzw. exportiert werden. Es ist darauf zu achten, dass Filesysteme nicht für alle schreibbar exportiert werden.
- Protokolldateien sollten regelmäßig untersucht werden.
- Neben allen anderen nicht benötigten Diensten sollten rshd, rlogind, rexecd unbedingt deaktiviert werden.

Alle durchgeführten Veränderungen sollten sorgfältig dokumentiert und unter allen Systemadministratoren abgestimmt werden.

Sicherheitsrelevante Ereignisse, wie versuchte Anmeldung bzw. Ausführung des Befehls su, sollten unbedingt protokolliert werden und einer späteren Auswertung zur Verfügung stehen.

Alle Änderungen an/etc/syslog.conf sind zu dokumentieren. Bei der Anpassung an das vorliegende IT-System sollte zunächst alles protokolliert werden, danach können bei Bedarf stufenweise einzelne Bereiche deaktiviert werden.

8.2 Vorschlag für eine Richtlinie zu IT-Systemen

Die Unix-Protokolldateien wie wtmp, utmp, wtmpx, utmpx etc. sollten nach Möglichkeit durch geeignete Zugriffsrechte vor unbefugtem Auslesen geschützt werden, da hieraus eine Vielzahl von Informationen über die Benutzer herausgelesen werden kann.

Die Protokollmöglichkeiten des einzelnen Unix-Systems sind einzusetzen. Folgende Maßnahmen müssen ergriffen werden:

- Die Protokoll-Dateien müssen regelmäßig ausgewertet werden.
- Je nach Art der protokollierten Ereignisse kann es erforderlich sein, schnellstmöglich einzugreifen. Damit der Administrator über solche Ereignisse (zum Beispiel Protokolldatei zu groß, wichtige Serverprozesse abgebrochen, mehrfach versuchte root-Logins während ungewöhnlicher Tageszeiten etc.) automatisch informiert wird, sollten halb automatische Logfileparser für die Alarmierung eingesetzt werden.
- Die Datei-Attribute der Protokolldateien sollten so gesetzt sein, dass Unberechtigte keine Änderungen oder Auswertungen der Protokolle vornehmen können.
- Folgende Protokolldateien sollten mindestens erstellt und kontrolliert werden: Logins (auch Fehlversuche), Aufruf von su, Fehlerprotokollierungsdatei/Protokollierung wichtiger Vorgänge (errorlog), Administratortätigkeiten (insbesondere von root ausgeführte Befehle).

Die anfallenden Protokolldaten dürfen nur benutzt werden, um die ordnungsgemäße Anwendung der IT-Systeme zu kontrollieren, nicht für andere Zwecke, insbesondere nicht zur Erstellung von Leistungsprofilen von Benutzern.

Alle nicht benötigten Netzdienste sind auf einem Unix-System zu deaktivieren.

Jeder Log-in-Name, jede Benutzer-ID (UID) und jede Gruppen-ID (GID) darf nur einmal vorkommen. Auch nach dem Löschen eines Benutzers bzw. einer Gruppe sollten Log-in-Name und UID bzw. GID für eine bestimmte Zeit nicht neu vergeben werden. Bei vernetzten Systemen muss auch systemübergreifend darauf geachtet werden, dass Benutzernamen und IDs nicht mehrfach vergeben werden. Dies ist insbesondere bei der Verwendung von NFS wegen der Umsetzung der IDs wichtig, damit keine Daten unberechtigt gelesen werden können.

Log-ins mit UID 0 (Super-User) dürfen außer für den Systemadministrator root nur für administrative Log-ins nach vorher festgelegten Regeln vergeben werden.

Die Attribute aller Systemdateien sollten möglichst so gesetzt sein, dass nur der Systemadministrator Zugriff darauf hat. Verzeichnisse dürfen nur die notwendigen Privilegien für die Benutzer zur Verfügung stellen.

Die Integrität aller bei Unix-Systemdateien und -verzeichnissen gesetzten Attribute sollte regelmäßig verifiziert werden.

Die Benutzer sollten die Attribute ihrer Dateien und Verzeichnisse so setzen, dass andere Benutzer nicht darauf zugreifen können. Wenn anderen Benutzern der Zugriff erlaubt werden soll, sollten entsprechende Benutzergruppen eingerichtet werden.

Bei der Verwendung von Passwörtern für Benutzer und Gruppen sind die in der IT-Sicherheitsrichtlinie und der Richtlinie für sicheren IT-Betrieb definierten Regeln zu beachten. Es muss beachtet werden, dass bei einigen Unix-Systemen nur eine begrenzte

Zeichenanzahl bei der Passwort-Prüfung berücksichtigt wird. Zur Realisierung dieser Maßnahmen dürfen nur Programmversionen von passwd, die die Einhaltung dieser Regeln sicherstellen, oder administrative Maßnahmen, zum Beispiel Shellskripts und entsprechende cron-Einträge, benutzt werden.

Die Datei/etc/passwd ist regelmäßig auf Benutzer-Kennungen ohne Passwort zu untersuchen. Wird eine solche gefunden, ist der Benutzer zu sperren. Ist für Gruppen Passwortzwang vereinbart worden, so ist entsprechend die Datei/etc/group zu prüfen.

Falls Mitarbeiter nur an einem bestimmten Terminal oder IT-System innerhalb des Netzes arbeiten, ist die Nutzung der Benutzer-Kennung und des dazugehörigen Passwortes auf diesen Rechner zu beschränken, so dass ein Einloggen von einem anderen Rechner aus ausgeschlossen ist. Insbesondere sollte sich der Administrator nach Möglichkeit nur von der Konsole aus anmelden.

Accounts, die über einen längeren Zeitraum nicht benutzt werden, sollten gesperrt und später gelöscht werden. Wenn beim Löschen von Accounts Dateien übrig bleiben, die keinem existierenden Benutzereintrag mehr zugeordnet sind, besteht die Gefahr, dass diese Dateien später eingerichteten Benutzern unberechtigt zugeordnet werden.

Wenn ein neu einzurichtender Benutzer seinen Account nur für einen begrenzten Zeitraum benötigt, sollte dieser nur befristet eingerichtet werden.

Der Unix-Befehl su darf nur für den Super-User zugänglich sein.

Automatisches Mounten von Geräten für austauschbare Datenträger darf nur restriktiv gehandhabt werden.

Die für die Sicherheitseigenschaften von Unix-Betriebssystemen notwendigen Einstellungen müssen mit Hilfe von Tools automatisiert überprüft werden, um

- Inkonsistenzen innerhalb eines Unix-Systems erkennen und beseitigen zu können und
- den Systemverwalter in die Lage zu versetzen, das Unix-Betriebssystem unter optimaler Ausnutzung der gegebenen Sicherheitsmechanismen zu verwalten.

8.2.15 Aktive Netzwerkkomponenten

Das Netzwerk ist zu dokumentieren. Dazu ist eine Ist-Aufnahme mit einhergehender Dokumentation der folgenden Aspekte, die zum Teil aufeinander aufbauen, notwendig:

- Der Istzustand der Netztopografie ist aufzunehmen.
- Der Istzustand der Netztopologie ist aufzunehmen.
- Die verwendeten Netzprotokolle sind aufzunehmen.
- Die Kommunikationsübergänge im LAN und WAN sind zu dokumentieren.

Bei jeder Änderung der Netzsituation sind die zuletzt durchgeführten Ist-Aufnahmen zu wiederholen. Die im Rahmen der Ist-Aufnahmen erstellte Dokumentation ist so aufzubewahren, dass sie einerseits vor unbefugtem Zugriff geschützt ist, aber andererseits für das Sicherheitsmanagement oder die Administratoren jederzeit verfügbar ist.

8.2 Vorschlag für eine Richtlinie zu IT-Systemen

Für den sicheren Betrieb von Routern und Switches ist es wichtig, dass alle Arbeiten durch Personal durchgeführt werden, das in der Lage ist, alle gebotenen Funktionen und Sicherheitsmerkmale optimal zu nutzen. Daher ist es unerlässlich, dass die Administratoren entsprechend geschult werden. In den Schulungen sollten ausreichende Kenntnisse zu den für die Einrichtung und den Betrieb von Routern und Switches notwendigen Vorgehensweisen, Werkzeugen und Techniken vermittelt werden. Dies gilt auch für herstellerspezifische Aspekte zum gewählten Produkt. In den Schulungen sollten die Grundlagen, Konzepte und Kenntnisse der Kommandos zu Einrichtung, Betrieb, Wartung und Fehlersuche vermittelt werden.

Aktive Netzkomponenten (wie Router, Switches, ...) müssen in einer gesicherten Umgebung betrieben werden. Das Passwort für den Zugriff auf die Konsole muss schriftlich an einem sicheren Ort hinterlegt sein.

Bevor ein Router oder Switch an das Produktions-Netz angeschlossen wird, muss eine sichere Grundkonfiguration hergestellt werden. Die Überprüfung der Default-Einstellungen und die Grundkonfiguration müssen offline oder nur in einem eigens dafür eingerichteten und besonders gesicherten Testnetz erfolgen.

Beim Log-in wird auf den Geräten meist eine relativ ausführliche Log-in-Nachricht angezeigt. In dieser Log-in-Nachricht sind oft Informationen (beispielsweise Modell- oder Versionsnummer, Software-Release-Stand oder Patchlevel) enthalten, die einem potenziellen Angreifer von Nutzen sein können. Sofern das Gerät es zulässt, sollte die Standard-Log-in-Nachricht durch eine angepasste Version ersetzt werden, die diese Informationen nicht mehr enthält. Die Modell- und Versionsnummer des Geräts und die Version des Betriebssystems darf unter keinen Umständen vom Log-in-Banner verraten werden.

Nicht genutzte Schnittstellen auf Routern sind zu deaktivieren. Bei Switches sollten alle nicht genutzten Ports entweder deaktiviert oder einem eigens dafür eingerichteten Unassigned-VLAN zugeordnet werden.

Zentrale aktive Netzkomponenten müssen sorgfältig konfiguriert werden. Dabei gilt es insbesondere Folgendes zu beachten:

- Für Router und Layer-3-Switching muss ausgewählt werden, welche Protokolle weitergeleitet und welche nicht durchgelassen werden.
- Es muss festgelegt werden, welche IT-Systeme in welcher Richtung über die Router kommunizieren. Auch dies kann durch Filterregeln realisiert werden.
- Sofern dies von den aktiven Netzkomponenten unterstützt wird, sollte festgelegt werden, welche IT-Systeme Zugriff auf die Ports der Switches und Hubs des lokalen Netzes haben. Hierzu wird die MAC-Adresse des zugreifenden IT-Systems ausgewertet und auf ihre Berechtigung hin überprüft.

Für aktive Netzkomponenten mit Routing-Funktionalität ist außerdem ein geeigneter Schutz der Routing-Updates erforderlich. Diese sind zur Aktualisierung der Routing-Tabellen erforderlich, um eine dynamische Anpassung an die aktuellen Gegebenheiten des lokalen Netzes zu erreichen. Für einen sicheren lokalen Zugriff auf aktive Netzwerkkomponenten sind die folgenden Maßnahmen zu beachten:

- Die aktiven Netzkomponenten und ihre Peripheriegeräte, wie zum Beispiel angeschlossene Terminals, müssen sicher aufgestellt werden,
- der lokale Zugriff zur Administration der lokalen Komponenten muss softwaretechnisch und/oder mechanisch gesperrt werden,
- ein eventuell vorhandenes Standardpasswort des lokalen Zugriffs muss sofort nach Inbetriebnahme geändert werden,
- die Sicherheitseigenschaften dauerhaft angeschlossener Terminals oder Rechner, wie zum Beispiel automatische Bildschirmsperre oder Auto-Logout, sind zu aktivieren.

Für die Administration aktiver Netzkomponenten ist entweder ein eigenes Administrationsnetz (Out-of-Band-Management) einzurichten, oder es dürfen nur Protokolle benutzt werden (beispielsweise ssh2), die eine gesicherte Authentisierung und verschlüsselte Übertragung unterstützen.

Soll SNMP außerhalb eines eigenen Administrationsnetzes eingesetzt werden, so darf nur SNMPv3 benutzt werden.

Bei der Fernadministration aktiver Netzkomponenten ist dafür Sorge zu tragen, dass kein unautorisierter Zugriff erfolgen kann. Hierzu sind die Standardpasswörter bzw. Community-Namen der Netzkomponenten gegen sichere Passwörter bzw. Community-Namen auszutauschen.

Protokolle zur Datenübertragung (TFTP, FTP, RCP) sollten nur von der Netzkomponente selbst aus initiiert werden können.

Router und Switches sind in ein zentrales Netzmanagementsystem einzubinden. Zusätzlich sollte, wenn möglich, der Administrationszugriff durch die Einrichtung von Access Control Lists (ACLs) eingeschränkt werden.

Die Nutzung des HTTP-Dienstes für Administrationszwecke ist nicht erlaubt. Der HTTP-Server sollte nach Möglichkeit bei der Erstkonfiguration des Systems deaktiviert werden, sofern der Zugriff nicht über ein gesondertes Management-Netz erfolgt.

Um den Risiken bei der Remote-Administration entgegen zu wirken, bieten einige Geräte die Möglichkeit, einen eigenen logischen Port (Management-Interface) zur Administration zu konfigurieren. Bei Switches sollte dieser Port einem VLAN zugeordnet werden, welches ausschließlich für administrative Zwecke verwendet wird (Out-of-Band-Management) und dem ausschließlich Management-Interfaces angehören. Das Management-Netz sollte komplett von anderen Teilen des Netzes getrennt werden.

Access Control Lists (ACLs) sind so zu konfigurieren, dass der Zugriff auf das Management-Interface nur der Management-Station erlaubt ist. Alle nicht benötigten Dienste sind für das Management-Interface zu deaktivieren.

Die Protokollierung von Routern und Switches sollte immer genutzt und sorgfältig eingerichtet werden. Folgende Informationen sollten nach Möglichkeit protokolliert werden:

- Konfigurationsänderungen
- Reboots
- Systemfehler
- Statusänderungen pro Interface, System und Netzsegment

8.2 Vorschlag für eine Richtlinie zu IT-Systemen

- Log-in-Fehler (zumindest dann, wenn sie wiederholt auftreten)
- Verstöße gegen ACL-Regeln (abgewiesene Zugriffsversuche)

Insbesondere der letzte Punkt sollte für jede ACL aktiviert werden, um alle fehlgeschlagenen Versuche zu erfassen und falsch oder nicht korrekt konfigurierte Regeln erkennen zu können.

Eine angemessene Trennung zwischen Ereignisverursacher und -auswerter (zum Beispiel Administrator und Auditor) muss beachtet werden. Weiterhin ist darauf zu achten, dass die datenschutzrechtlichen Bestimmungen eingehalten werden. Für alle erhobenen Daten ist insbesondere die Zweckbindung nach § 14 BDSG zu beachten.

Die Protokoll- oder Auditdateien müssen regelmäßig ausgewertet werden.

Alle Möglichkeiten in der Konfiguration von Switches sollten genutzt werden, mit denen selbst dann, wenn ein Angreifer beispielsweise Zugang zu einer Netz-Anschlussdose erlangt hat, ein Zugriff auf das Netz verhindert werden kann. Dazu gehört: MAC-Address Notification und MAC-Locking.

Zum Erkennen von Problemen wie beispielsweise Konfigurationsfehlern oder Angriffsversuchen im Netz sind ACLs immer derart zu konfigurieren, dass abgewiesene Zugriffsversuche protokolliert werden. Hierzu ist jedem Eintrag in der ACL das entsprechende Protokoll-Kommando anzufügen.

Bevor ein Upgrade oder ein Update von Soft- und Hardware im Netzbereich vorgenommen wird, muss die Funktionalität, die Interoperabilität und die Zuverlässigkeit der neuen Komponenten genau geprüft werden. Dies geschieht am sinnvollsten in einem physikalisch separaten Testnetz, bevor das Update oder Upgrade in den produktiven Einsatz übernommen wird.

Damit die Administratoren einen Überblick über alle stationären und mobilen Systeme und Anwendungen erhalten, und dies möglichst einfach, sollte eine Systemmanagement-Lösung mobile Endgeräte und deren Anwendungen automatisch inventarisieren können. Jedes Endgerät sollte von der Management-Software in die Konfigurations- und Kontrollprozesse einbezogen werden, sobald es am Netz angemeldet wird. Die Nutzung dieser Funktionen richtet sich nach den Festlegungen im Betriebshandbuch.

Das Managementsystem sollte darüber hinaus über eine Alarm- und Fehlerbehandlung verfügen. Es sollte ein geeignetes Netzmanagement-Protokoll ausgewählt werden, beispielsweise SNMPv3.

Die aufgezeichneten Protokolldaten sollten regelmäßig, spätestens einmal monatlich, ausgewertet werden. Der Umfang der Protokollierung ist mit der Personalvertretung und dem Datenschutzbeauftragten abzustimmen. Die WLAN-Management-Software bzw. die allgemeine Netzmanagement-Lösung sollte Filtermöglichkeiten bieten, um die Protokolldaten besser auswerten zu können.

Es sollten zwei Sicherheitsaspekte unterschieden werden:

- der Schutz der benutzten WLAN-Komponenten vor Missbrauch bei der Nutzung fremder Netze und
- der Schutz der internen LANs gegen Missbrauch von außen.

Bei der Anbindung eines WLANs an ein LAN muss der Übergang zwischen WLAN und LAN entsprechend des höheren Schutzbedarfs abgesichert werden. Diesen hat im Allgemeinen das LAN. In jedem Fall muss aber am Übergabepunkt eine vollständige Sperrung der WLAN-Kommunikation ins interne LAN möglich sein, sobald ein Angriff auf das WLAN erkannt wird. Das Koppelelement zwischen dem Distribution System des WLANs und des LANs muss mindestens ein Layer-3-Router sein, um eine effektive Trennung der Broadcast-Domänen zu erreichen.

Der Einsatz weitergehender Mechanismen, etwa eines dynamischen Paketfilters anstelle eines Routers, muss je nach Einsatzumgebung und entsprechend des Schutzbedarfs entschieden werden. Bei höherem Schutzbedarf sollte außerdem die Sicherheit der Authentisierung verbessert werden.

8.2.16 Paketfilter & Proxy

Die Kontrolle aktiver Inhalte durch die Implementierung eines Sicherheitsgateways sollte folgendermaßen durchgeführt werden:

1. Zentrale Filterung der aktiven Inhalte auf dem Sicherheitsgateway: Sämtliche als schädlich eingestuften Inhalte werden von einer Komponente des Sicherheitsgateways (in der Regel vom ALG) gefiltert, so dass keine potenziell schädlichen Programme mehr auf den Client-Rechnern eintreffen.
2. Dezentrale Abwehr auf den angeschlossenen Clients: Die Ausführung aktiver Inhalte sollte normalerweise durch entsprechende Einstellungen im Browser unterbunden werden.
3. Installation von Anti-Viren-Software und Personal Firewalls auf den Clients: Anti-Viren-Produkte können vor Viren, Makroviren und Trojanischen Pferden schützen, die durch aktive Inhalte automatisch heruntergeladen wurden.

Bei allen drei Maßnahmen ist eine Sensibilisierung der Benutzer zusätzlich notwendig. Zudem muss sichergestellt werden, dass die Einstellungen auf den Clients bei allen unter Punkt 2 und 3 genannten Schutzvorkehrungen nicht versehentlich oder absichtlich vom Benutzer deaktiviert oder umgangen werden können.

Für den Einsatz der Protokollierung am Sicherheitsgateway sollten die folgenden Punkte beachtet werden:

- Es muss möglich sein, die Protokolldaten (beispielsweise IP-Adressen) eindeutig einzelnen Rechnern (oder Personen) zuzuordnen. Dabei müssen jedoch die jeweils zutreffenden gesetzlichen Regelungen zum Datenschutz beachtet werden.
- Die Protokolldaten sollten nicht nur auf den einzelnen Komponenten des Sicherheitsgateways, sondern zusätzlich auch auf einem zentralen Protokollierungsserver (Loghost)

8.2 Vorschlag für eine Richtlinie zu IT-Systemen

gespeichert werden, so dass die Gefahr des Datenverlustes durch einen Hacker-Angriff oder durch einen Systemausfall verringert wird.
- Die Übertragung der Protokollinformationen von den Komponenten zum Loghost muss über eine gesicherte Verbindung erfolgen, damit die Protokollinformationen vor ihrer endgültigen Speicherung nicht verändert werden können.
- Wenn bei der Übertragung zum Loghost nicht-vertrauenswürdige Netze passiert werden müssen, müssen die Daten verschlüsselt werden.
- Bei einem Ausfall der Protokollierung (zum Beispiel aufgrund fehlenden Speicherplatzes auf der Festplatte) sollten alle Funktionen, die Protokolldaten generieren, gesperrt werden. Idealerweise sollte das Sicherheitsgateway jeglichen Verkehr blockieren und eine entsprechende Meldung an den Administrator weitergeben.
- Art und Umfang der Protokollierung sollten sich an der Sensibilität der zu verarbeitenden Daten sowie am Verwendungszweck orientieren.
- Spezielle, einstellbare Ereignisse, wie zum Beispiel wiederholte fehlerhafte Passworteingaben für eine Benutzerkennung oder unzulässige Verbindungsversuche, müssen bei der Protokollierung hervorgehoben werden und sollten zu einer unverzüglichen Warnung des Firewall-Administrators führen.
- Die einzelnen Komponenten sollten eine Zeitsynchronisation durchführen, um eine Korrelation der Daten zu ermöglichen.

Die Protokollierung am Paketfilter sollte zumindest alle Pakete erfassen, die auf Grund einer Paketfilterregel abgewiesen werden. Beim Aufstellen der Filterregeln für ein Sicherheitsgateway muss die Whitelist-Strategie verwendet werden, das heißt die Regeln sollten so formuliert werden, dass alle Zugänge, die nicht explizit erlaubt werden, verboten sind. Die Filterregeln sollten in einer Tabelle zusammengefasst werden, deren eine Achse die Ziel-IP-Adressen und deren andere Achse die Quell-IP-Adressen enthält. Die Einträge enthalten dann die erlaubten Portnummern; dabei ist die obere der Quell-, die untere der Zielport.

Die Ende-zu-Ende-Verschlüsselung der Daten stellt ein großes Problem für den wirksamen Einsatz von Filtermechanismen eines Sicherheitsgateways dar. Wenn die Übertragung verschlüsselter Daten über das Sicherheitsgateway zugelassen wird (zum Beispiel SSL), sind Filter auf der Anwendungsschicht nicht mehr in der Lage, die Nutzdaten beispielsweise auf Viren oder andere Schadprogramme hin zu kontrollieren. Auch die Protokollierungsmöglichkeiten werden durch eine Verschlüsselung stark eingeschränkt.

Server, die Dienste nach außen hin anbieten, sollten in einer Demilitarisierten Zone (DMZ) aufgestellt werden. Alle Server mit hohem Schutzbedarf müssen mit einem lokalen Paketfilter geschützt werden.

Bei der Einrichtung von Paketfilterregeln sollte mit großer Sorgfalt vorgegangen werden, da ein Fehler in einer Regel unter Umständen dazu führen kann, dass sich ein Administrator, der über das Netz auf dem Rechner arbeitet, auf diese Weise aussperrt und die Korrekturen von der Systemkonsole aus vornehmen muss.

Nach dem Aktivieren des lokalen Paketfilters sollte einerseits geprüft werden, ob die benötigten Dienste noch erreichbar sind, andererseits sollte mit einem Portscan überprüft werden, ob die restlichen Ports alle blockiert sind.

Als Ergänzung zu einer zentralen Firewall muss eine Personal Firewall eingesetzt werden. Bei Konfiguration und Betrieb einer Personal Firewall sollten folgende Aspekte berücksichtigt werden:

- Die Filterregeln sollten so restriktiv wie möglich eingestellt werden. Dabei gilt der Grundsatz: Alles was nicht ausdrücklich erlaubt ist, ist verboten.
- Um dem Missbrauch von NETBIOS-Funktionen entgegenzuwirken, sollten Zugriffe vom Internet auf die IP-Ports 137 bis 139 und 445 gesperrt werden.
- Die Filterregeln der Personal Firewall sollten nach der erstmaligen Konfiguration daraufhin getestet werden, ob die erlaubten Ereignisse zugelassen und unerlaubte Ereignisse unterbunden werden.
- Die korrekte Konfiguration der Filterregeln sollte in sporadischen Abständen überprüft werden, wenn die Installation des Internet-PCs nicht ohnehin regelmäßig gelöscht und anhand eines Festplatten-Abbildes (Images) erneut aufgespielt wird.
- Falls das verwendete Produkt diese Möglichkeit bietet, sollten die Regeln der Personal Firewall auch speziellen Programmen zugeordnet werden. Dadurch kann unter Umständen erkannt und verhindert werden, dass ein anderes als die vorgesehenen Client-Programme Verbindungen zu Rechnern im Internet aufbaut oder annimmt.
- Da viele der Prüfmechanismen einer Personal Firewall auf aktuellen Erkenntnissen beruhen, müssen vom Hersteller veröffentlichte Patches bzw. Updates regelmäßig eingespielt werden. Dabei ist sicherzustellen, dass die dafür erforderlichen Dateien von einer vertrauenswürdigen Quelle, beispielsweise direkt vom Hersteller, bezogen werden.
- Die Personal Firewall muss so konfiguriert werden, dass die Benutzer nicht durch eine Vielzahl von Warnmeldungen belästigt werden, die sie nicht interpretieren können.
- Falls das verwendete Produkt diese Möglichkeit bietet, sollten sicherheitsrelevante Ereignisse protokolliert werden. Die Protokolldaten sollten regelmäßig durch fachkundiges Personal ausgewertet werden.

Eine zentrale Filterung auf dem Sicherheitsgateway kann einen dezentralen Virenschutz nicht vollständig ersetzen, da unter Umständen Schadsoftware auch auf anderen Wegen (beispielsweise über Wechseldatenträger) auf die Systeme gelangen kann. Eine zentrale Filterung ist derzeit in der Regel nur beim Einsatz eines Application-Level-Gateways möglich.

Folgende weitergehende Einstellungen werden für HTTP-Proxys empfohlen:

- Sperrung des HTTPS-Verkehrs, falls kein HTTPS-Proxy eingesetzt wird,
- komplette Sperrung von Cookies (eventuell Freischaltung einzelner Websites),
- Filtern bzw. Ersetzen der Browserkennung,
- Einschränkung auf notwendige MIME-Typen.

Zertifikate mit abgelaufenem Gültigkeitszeitraum sollten prinzipiell nicht akzeptiert werden.

Dateianhänge, die in den Arbeitsumgebungen nicht benötigt werden, sollten gefiltert werden.

Telnet sollte nur noch in Ausnahmefällen verwendet und nach Möglichkeit durch ein sichereres Protokoll wie beispielsweise SSH ersetzt werden.

8.2.17 Datenbanken

Die Installation der Datenbank-Software gemäß den Herstellerangaben ist geeignet zu dokumentieren. Dies gilt insbesondere für Abweichungen von den vom Hersteller vorgeschlagenen Default-Einstellungen, die ausführlich zu begründen sind. Alle Tätigkeiten in diesem Schritt werden vom fachlich übergreifenden Administrator durchgeführt.

Auch die Erstellung der Datenbank und die verwendeten Parameter sind im Rahmen einer Dokumentation festzuhalten. Alle Tätigkeiten in diesem Schritt werden vom fachlich übergreifenden Administrator durchgeführt, wobei ihm die anwendungsspezifischen Administratoren beratend zur Seite stehen müssen (zum Beispiel um die Größe der Datenbank festlegen zu können).

Das Benutzer- und Gruppenkonzept sowie das gegebenenfalls zum Einsatz kommende Rollenkonzept sind umzusetzen. Dazu erstellt der fachlich übergreifende Administrator die einzelnen Berechtigungsprofile und legt alle Gruppen sowie die administrativen Benutzerkennungen (für die anwendungsspezifischen Administratoren) an.

Die Datenbankobjekte der einzelnen Anwendungen müssen von den anwendungsspezifischen Administratoren angelegt werden. Folgende Maßnahmen sind zur Vermeidung inkorrekter Daten bzw. Zustände innerhalb einer Datenbank umzusetzen:

- Zugriffskontrolle,
- Synchronisationskontrolle,
- Integritätskontrolle.

Datenbank-Accounts, die über einen längeren Zeitraum nicht benutzt werden, sollten gesperrt und später – falls möglich – gelöscht werden. Bei der Sperrung bzw. auf jeden Fall vor dem Löschen eines Datenbank-Accounts sollte der betroffene Benutzer informiert werden. Wenn ein neu einzurichtender Benutzer seinen Datenbank-Account nur für einen befristeten Zeitraum benötigt, sollte dieser auch nur befristet eingerichtet werden, falls die Datenbank eine solche Möglichkeit zur Verfügung stellt.

Darüber hinaus muss die Datenbankadministration schnellstmöglich über das endgültige Ausscheiden eines Benutzers informiert werden. Spätestens am letzten Arbeitstag des Benutzers ist dessen Account zu sperren.

Der Datenbankadministrator muss neben seiner Administratorkennung eine normale Benutzerkennung erhalten und nur dann unter der Administratorkennung arbeiten, wenn es notwendig ist. Durch Aufgabenteilung, Regelungen und Absprache ist sicherzustellen, dass Administratoren keine inkonsistenten oder unvollständigen Eingriffe vornehmen.

Der Datenbankadministrator muss regelmäßig, jedoch mindestens einmal monatlich einen Sicherheitscheck des Datenbanksystems durchführen. Folgende Punkte sollten dabei unter anderem geprüft werden:

- Sind die erforderlichen und geplanten Sicherungs- und Sicherheitsmechanismen aktiv und greifen sie auch?
- Gibt es Datenbank-Benutzer ohne Passwort?
- Gibt es Benutzer, die längere Zeit das Datenbanksystem nicht mehr benutzt haben?
- Wer darf bzw. kann außer dem Datenbank-Administrator auf die Dateien der Datenbank-Software bzw. auf die Dateien der Datenbank auf Betriebssystemebene zugreifen?
- Wer hat außer dem Datenbank-Administrator Zugriff auf die System-Tabellen?
- Wer darf mit einem interaktiven SQL-Editor auf die Datenbank zugreifen?
- Welche Benutzer-Kennungen haben modifizierende Zugriffsrechte auf die Datenbankobjekte der Anwendungen?
- Welche Benutzer-Kennungen haben lesende und/oder modifizierende Zugriffsrechte auf die Daten der Anwendungen?
- Welche Benutzer besitzen die gleichen Rechte wie der Datenbank-Administrator?

Um die Verfügbarkeit, die Datenbankintegrität und die Vertraulichkeit der Daten gewährleisten zu können, ist eine regelmäßige Datenbanküberwachung durchzuführen.

8.2.18 SAP

Ein Dreistufen-System ist zwingend vorgeschrieben. Dies beinhaltet separate Entwicklungs-, Qualitätssicherungs- und Produktivsysteme. Die drei Systeme haben ein gemeinsames Transportverzeichnis.

Falls ein Test mit Produktivdaten durchgeführt werden soll, ist die Teilmenge der Daten, die in den Tests verwendet werden sollen, in das Qualitätssicherungssystem zu kopieren, und die Tests dort durchzuführen. Nur der Transportadministrator sollte die Berechtigung haben, Importe durchzuführen.

Das TMS-Genehmigungsverfahren zur Qualitätssicherung ist einzusetzen.

Die SAP-Sicherheitsrichtlinien, dokumentiert im SAP-Sicherheitsleitfaden sollten im Rahmen der Implementierung, der Konfiguration und dem Betrieb der SAP-Systemlandschaft eingehalten werden.

Die SAP-Maßnahmen zum Schutz des Transports und der Speicherung von Kennwörtern sollten genutzt werden. Um unzulässige Kennwörter zu definieren, müssen die zu verbietenden Kennwörter in Tabelle USR40 eingegeben werden.

Bei der Installation legen SAP-Systeme in bestimmten Mandanten die Standardbenutzer SAP*, DDIC, SAPCPIC und EARLYWATCH an. Diese Benutzer müssen der Gruppe

8.2 Vorschlag für eine Richtlinie zu IT-Systemen

SUPER zugewiesen werden, so dass sie nur von den Administratoren geändert werden können, die berechtigt sind, Benutzer der Gruppe SUPER zu ändern.

Folgende Maßnahmen für den Schutz der Standardbenutzer sollten durchgeführt werden:

- Alle verfügbaren Mandanten sollten dokumentiert werden. Es dürfen keine unbekannten Mandanten vorhanden sein.
- Der Benutzer SAP* sollte vorhanden sein und in allen Mandanten deaktiviert sein.
- Die Standardkennwörter für SAP*, DDIC und EARLYWATCH sollten geändert sein.
- Die Standard-Benutzer sollten in allen Mandanten zur Gruppe SUPER gehören.
- Das Standardkennwort für SAPCPIC sollte geändert oder der Benutzer gesperrt sein.
- Die Benutzer SAP*, DDIC, EARLYWATCH und Remote-Support-Benutzer sollten gesperrt sein. Die Benutzer sollten nur im Bedarfsfall entsperrt werden.

Um den Zugriff auf die Frontend-Workstations zu schützen, sollte der Endanwender einen Bildschirmschoner aktivieren, der mit einem Kennwort geschützt ist.

Mehrfachanmeldungen der Benutzer unter einem einzigen Benutzerkonto sollten erkannt und verhindert werden. Als Standardkonfiguration informiert das System den Benutzer darüber, dass er bereits am System angemeldet ist, erlaubt ihm jedoch fortzufahren. Dies muss unter dem Profilparameter Log-in/disable_multi_gui_login eingestellt werden.

Ein Berechtigungskonzept für SAP muss erstellt und gepflegt werden. Das SAP-Berechtigungskonzept schützt Transaktionen und Programme in SAP-Systemen vor Verwendung durch Unberechtigte. SAP-Systeme gestatten Benutzern nur dann Transaktionen oder Programme auszuführen, wenn sie die ausdrücklich definierten Berechtigungen für die Aktivität haben.

Folgende Schutzmaßnahmen sind für SAP-Systeme auf Unix-Plattform zu beachten:

- Um den Schutz von Kennwortdateien zu erhöhen, sollte eine Schattenkennwortdatei eingesetzt werden, die nur dem Benutzer root Zugriff auf die Kennwortinformationen gibt.
- Die BSD Remote Services für rlogin und remsh/rsh sollten deaktiviert werden.
- Die Zuweisung von Schreibberechtigungen für NFS-Pfade sollten sehr restriktiv gehandhabt werden. Die HOME-Verzeichnisse von Benutzern sollten nicht über NFS verteilt werden. Verzeichnisse, die SAP-Daten enthalten, sollten nicht über NFS an willkürlich gewählte Empfänger exportiert werden. Exportieren Sie nur an bekannte und vertrauenswürdige Systeme.

Falls andere Werkzeuge für den Datenbankzugriff als die von SAP bereitgestellten (zum Beispiel SAPDBA) genutzt werden müssen, sind folgende Maßnahmen zur Erhaltung der Sicherheit zu berücksichtigen:

- Der Benutzer SAPR3 darf nicht benutzt werden, um die Verbindung zur Datenbank aufzubauen.
- Zugriffsrechte sollten auf die erforderlichen Tabellen eingeschränkt werden.
- Benutzer dürfen lediglich Leserechte erhalten.

Im Security-Audit-Log sind folgende Informationen aufzuzeichnen und regelmäßig zu überprüfen:

- erfolglose Dialoganmeldeversuche,
- erfolglose RFC-Anmeldeversuche,
- RFC-Aufrufe von Funktionsbausteinen,
- Änderungen der Benutzerstammsätze,
- erfolglose Transaktionsstarts,
- Änderungen an der Audit-Konfiguration.

Die SAP-Systemprotokolle sind aufzuzeichnen und regelmäßig zu überprüfen.

Administratoren sollten in relativ kurzen Abständen (etwa monatlich) Kurzprüfungen durchführen. Es ist eine Prüfliste aufzubauen, damit ein definierter Prüfumfang gewährleistet ist. Festgestellte kleinere Probleme können meist sofort durch die Administratoren korrigiert werden, größere Probleme sind entsprechend der Prozessvorgaben weiterzumelden. In mittleren Zeitabständen (mehrere Monate) sollten Sicherheitsprüfungen durch andere, interne Rollen (zum Beispiel IT-Sicherheit, IT-Revision) erfolgen. In längeren Zeitabständen können dann auch Prüfungen durch externe Prüfer sinnvoll sein.

Für das SAP-Benutzerkonto, das zur Prüfung der Systemkonfiguration durch externe Personen genutzt wird, sollten nur lesende Berechtigungen vergeben sein. Veränderungen dürfen durch den Revisionsbenutzer nicht durchgeführt werden. Im ABAP-Stack darf dem Revisionsbenutzer nicht das Profil SAP_ALL zugeordnet werden. Es sollte ein Abgleich mit dem Berechtigungskonzept erfolgen. Für das SAP-System ist die Aktualität der installierten Updates zu prüfen.

Für das Customizing ist ein entsprechendes Konzept zu erstellen, das den gewünschten Sollzustand des SAP-Systems möglichst genau beschreibt und auch die Prozesse definiert, nach denen das Customizing durchgeführt wird. Das Customizing darf nur von sachkundigen und vertrauenswürdigen Personen durchgeführt werden. Anpassungen der Konfigurationen sollten nicht im Produktiv-System erfolgen, sondern über das Transportsystem kontrolliert eingespielt werden.

Die Komponenten eines SAP-Systems werden als Programme auf einem IT-System installiert und in Form von Prozessen ausgeführt. Damit ist die Sicherheit des genutzten Betriebssystems auch wichtig für die Sicherheit des SAP-Systems. Außerdem sollten die IT-Systeme gehärtet werden (Hardening), also nicht benötigte Dienste und Programme deaktiviert oder besser entfernt werden. Für ein SAP-System muss entschieden werden, ob nur ein oder beide Stacks benötigt werden, sofern die eingesetzte Systemversion die separate Installation noch unterstützt. Ist dies nicht der Fall, muss der nicht benötigte Stack-Teil so abgesichert werden, dass dessen Funktionen nicht unberechtigt genutzt werden können.

Es ist darauf zu achten, dass sichere Passwörter gewählt werden. Die Passwörter sollten sich an den internen Passwortvorgaben orientieren. Es ist auch dann ein neues Passwort einzugeben, falls die Installationsroutine bereits ein Passwort vorgibt. Die Passwörter müssen nach der Installation durch vertrauenswürdige Administratoren verändert werden. Alternativ kann die Passworteingabe im Vier-Augen-Prinzip erfolgen, wobei je einer von zwei Administratoren die Hälfte des Passwortes eingibt. Dies gilt insbesondere in Outsourcing-Szenarien.

Die Datenbank, die das SAP-System nutzt, um alle Informationen persistent zu speichern, ist eine kritische Komponente, die vor unberechtigtem Zugriff unbedingt geschützt werden muss. Entsprechend der Planung der Systemlandschaft müssen die betroffenen SAP und Nicht-SAP-Komponenten (zum Beispiel Firewalls) installiert und konfiguriert werden.

Es muss ein Protokollierungskonzept erstellt werden. Das Konzept muss den ABAP- und Java-Stack berücksichtigen. Im Konzept ist festzulegen, welche Protokolldaten im SAP-System gesammelt werden. Da bei der Protokollierung auch personenbezogene Daten anfallen können, sind der Datenschutzbeauftragte und der Personal- oder Betriebsrat in die Planung einzubeziehen. Der Zugriff auf die Protokolldaten muss daher eingeschränkt werden.

Wichtige Systemereignisse werden im Systemlog protokolliert. Die Ereignisse sollten regelmäßig ausgewertet werden. Im Rahmen des Protokoll- und Audit-Konzeptes ist festzulegen, für welche Tabellen eine Änderungsverfolgung aktiviert werden soll. Für die Konfiguration der zu protokollierenden Ereignisse ist Folgendes zu beachten: Alle Ereignisse der Klasse „kritisch" sollten aktiviert werden. Alle Ereignisse der Klasse „schwerwiegend" sollten aktiviert werden. Für die Ereignisse der Klasse „unkritisch" muss entschieden werden, ob diese protokolliert werden sollen.

8.2.19 Drucker

An jedem Kopierer, Drucker und auch an anderen Komponenten des Drucksystems müssen diverse Konfigurationseinstellungen vorgenommen werden. Um diese Einstellungen nach einem Ausfall oder Austausch schnell wieder korrekt einrichten zu können, müssen die Konfigurationen systematisch dokumentiert werden. Um auf Notfälle reagieren zu können, ist zwischen zentralen Komponenten einerseits und Druckern und Kopierern andererseits zu unterscheiden. Bei einem höheren Schutzbedarf bezüglich der Verfügbarkeit werden zentrale Komponenten wie Druckserver redundant ausgelegt. Für lokale Drucker, die einen höheren Schutzbedarf bezüglich der Verfügbarkeit haben und direkt an einen Arbeitsplatz angeschlossen werden, sind gegebenenfalls Ersatzgeräte bereitzustellen („Cold Standby"). Bei einem Ausfall könnte der defekte Drucker zeitnah durch das Ersatzgerät ausgetauscht werden. Für große Kopierer und Drucker, die von mehreren Personen benutzt werden, sind Wartungsverträge mit einer dem Schutzbedarf angemessenen Reaktionszeit abzuschließen.

8.2.20 Samba

8.2.20.1 Sichere Konfiguration der Zugriffssteuerung bei einem Samba-Server

Für jeden Benutzer muss auf dem Samba-Server sowohl ein Windows- als auch ein Unix-Benutzerkonto vorhanden sein. Das heißt, dass jeder Domänenbenutzer mit allen Gruppenmitgliedschaften im Unix-Betriebssystem existieren muss.

Dies entspricht der Maßnahme M 4.332 des BSI Grundschutzkataloges.

8.2.21 Verzeichnisdienst

8.2.21.1 Geeignete Auswahl von Komponenten für Verzeichnisdienste
Die Anforderungen der Anwendungen und deren Benutzer an den Verzeichnisdienst sind zu ermitteln, um dessen Verfügbarkeit sicherzustellen.

Folgende Fragestellungen sollten bei der Auswahl von Software-Komponenten zur Realisierung des Verzeichnisdienstes mindestens berücksichtigt werden:

- Können mit dem betrachteten Produkt die administrativen Aufgaben so delegiert oder verteilt werden, dass sie den Anforderungen, gegebenenfalls auch für zukünftige Planungen, genügen? Lassen sich die damit verbundenen Rechte der einzelnen Administrator-Gruppen so granular einstellen, dass sie auf die notwendigen Zugriffsrechte eingeschränkt werden können? Können die administrativen Tätigkeiten am Verzeichnisdienst angemessen hinsichtlich Vertraulichkeit und Integrität abgesichert werden?
- Werden ausreichend starke Mechanismen zur Authentisierung der Benutzer des Verzeichnisdienstes gemäß den Anforderungen des Unternehmens zur Verfügung gestellt?
- Kann die Vertraulichkeit der Daten bei der Übertragung zwischen Standorten und zum Benutzer angemessen abgesichert werden?
- Bieten die Verzeichnisdienst-Komponenten genügend Unterstützung für den Fall, dass elektronische Zertifikate zur Authentisierung, Verschlüsselung, digitalen Signatur oder im Rahmen einer PKI benötigt werden?
- Ist, falls erforderlich, eine Multi-Master-Replikation des Verzeichnisdienstes möglich? Wird die Multi-Master-Replikation auf allen geforderten Ebenen durch die Verzeichnisdienst-Software unterstützt?

Bei der Auswahl eines Verzeichnisdienstes ist zu klären, ob es geeignete Werkzeuge gibt, um dessen Administration zu unterstützen.

Dies entspricht der Maßnahme M 2.406 des BSI Grundschutzkataloges.

8.2.21.2 Planung der Partitionierung und Replikation im Verzeichnisdienst
Bei der Planung der Partitionierung sind die vom Verzeichnisdienst definierten Regeln für Partitionen zu berücksichtigen.

Bei der Planung der Replikation ist eine Analyse des zu erwartenden Netzverkehrs zu machen, um hier die Erfordernisse an die Bandbreite der Kommunikationsverbindungen festzustellen oder bei vorgegebenen Netz-Parametern die Topologie der Repliken daran auszurichten.

Dies entspricht der Maßnahme M 2.409 des BSI Grundschutzkataloges.

8.2.21.3 Schutz der Authentisierung beim Einsatz von Active Directory
Die LAN-Manager-Authentisierung ist zu deaktivieren und der Server-Message-Block-Datenverkehr(SMB-Datenverkehr) zwischen Domänen-Controllern sowie zwischen Domänen-Controller und Computern der Domäne ist zu signieren.
Dies entspricht der Maßnahme M 2.412 des BSI Grundschutzkataloges.

8.2.21.4 Sicherer Einsatz von DNS für Active Directory
DNS-Clientabfragen dürfen nicht durch unautorisierte Systeme im Netz fehlgeleitet werden können. In Windows-Umgebungen sollte der Schutz der DNS-Daten durch in Active Directory integrierte DNS-Zonen auf den Domänen-Controllern erhöht werden.

Zum Schutz der DNS-Infrastruktur sind die DNS-Server zu schützen sowie auf den DNS-Servern gespeicherte DNS-Daten ausreichend abzusichern und die Integrität der DNS-Antworten auf die Client-Anfragen bei der Übertragung zu sichern.
Dies entspricht der Maßnahme M 2.413 des BSI Grundschutzkataloges.

8.2.21.5 Computer-Viren-Schutz für Domänen-Controller
Bei der Auswahl der Viren-Schutz-Software ist darauf zu achten, dass der Einsatz auf einem Domänen-Controller explizit unterstützt wird.

Um die Einführung von Schadsoftware zu vermeiden, ist auf Domänen-Controllern ausschließlich die Active-Directory-Funktionalität des Betriebssystems zu verwenden und es sind möglichst keine weiteren Dienste anzubieten. Insbesondere darf ein Domänen-Controller nicht als herkömmlicher Arbeitsplatz genutzt werden. Der Domänen-Controller darf nicht als Dateifreigabe-Server genutzt werden. Dateifreigaben auf dem Domänen-Controller sind zu deaktivieren.
Dies entspricht der Maßnahme M 2.414 des BSI Grundschutzkataloges.

8.2.21.6 Sichere Konfiguration von Verzeichnisdiensten
Die Sicherheit der verschiedenen Funktionen von Verzeichnisdiensten ist durch geeignete Parameter bei der Konfiguration zu gewährleisten.

Auch das zugrunde liegende Betriebssystem ist sicher zu konfigurieren, insbesondere was den Serverzugriff, die Netzanbindung und das Dateisystem betrifft.

Für die sichere Konfiguration eines Verzeichnisdienst-Systems sind auch die clientseitigen Rechner und Programme einzubeziehen.
Dies entspricht der Maßnahme M 4.307 des BSI Grundschutzkataloges.

8.2.21.7 Einrichtung von Zugriffsberechtigungen auf Verzeichnisdienste
Rechte können über ACLs grundsätzlich nur im positiven Sinne vergeben werden, das heißt der Zugriff wird explizit erlaubt. Ein ausdrücklicher Ausschluss eines Benutzers mittels einer Zugriffsliste kann nicht definiert werden.
Dies entspricht der Maßnahme M 4.309 des BSI Grundschutzkataloges.

8.2.21.8 Sichere Richtlinieneinstellungen für Domänen und Domänen-Controller

Die Standard-Richtlinieneinstellungen eines Windows-Servers mit Active Directory sind zur Erhöhung der Sicherheit von Domäne und Domänen-Controllern zu ändern.

Dies entspricht der Maßnahme M 4.314 des BSI Grundschutzkataloges.

8.2.21.9 Aufrechterhaltung der Betriebssicherheit von Active Directory

Die in der Produktivumgebung eingesetzten Domänen-Controller sind durch die Administratoren auf dem vorangegangen Sicherheitsniveau zu halten und bei erhöhten Anforderungen entsprechend anzupassen. Für Änderungen an den Systemen, welche sich unter anderem durch die regelmäßigen Wartungsarbeiten ergeben, sind im Vorfeld schriftlich niedergelegte Richtlinien zu entwickeln.

Die Domänen-Controller sind für einen sicheren Betrieb durch regelmäßige Virenprüfung abzusichern. Die Domänen-Controller sollten in regelmäßigen Abständen durch entsprechende Maßnahmen, wie zum Beispiel Windows Update, Service Packs und Hotfixes, gegen neue Gefährdungen geschützt werden.

Die Verantwortung zur Steuerung der Konfiguration und Funktionsweise des Verzeichnisdienstes ist nur zuverlässigen, vertrauenswürdigen Personen zu übertragen. Dieser Personenkreis muss mit den gültigen Sicherheitsrichtlinien des Unternehmens vertraut sein und Bereitschaft demonstrieren, diese konsequent durchzusetzen.

Die Zugriffsrechte der Dienste-Administratoren sollten auf das für ihre Arbeiten notwendige Minimum reduziert und ausschließlich für Aufgaben genutzt werden, welche erhöhte Rechte voraussetzen. Um die berechtigte Notwendigkeit für Personen mit Dienste-Administratorrechten sicherzustellen, ist diese in regelmäßigen Abständen zu überprüfen und bei Bedarf entsprechend anzupassen. Auch ist die Mitgliederanzahl der Administratorenkonten auf einem notwendigen Minimum zu halten.

Dies entspricht der Maßnahme M 4.315 des BSI Grundschutzkataloges.

8.2.21.10 Absicherung der Kommunikation mit Verzeichnisdiensten

Soll von außen auf einen Verzeichnisdienst-Server zugegriffen werden, so ist eine entsprechende Absicherung der Kommunikationsverbindung zwischen Client und Server zu realisieren, die die Vertraulichkeit der übertragenen Daten hinreichend schützt.

Dies entspricht der Maßnahme M 5.147 des BSI Grundschutzkataloges.

8.2.22 VPN

8.2.22.1 Geeignete Auswahl von VPN-Produkten

Folgende Sicherheitsgrundfunktionen müssen bei der Auswahl von VPN-Produkten erfüllt werden:

- Identifikation, Authentisierung und Autorisierung
- Dienstgüte (Quality of Service, QoS)
- Übertragungssicherung
- Schlüsselmanagement

Vor der Installation muss überprüft werden, ob die ausgewählten Produkte tatsächlich die Anforderungen ausreichend erfüllen und kompatibel mit den vorgesehenen Technologien sind.

Dies entspricht der Maßnahme M 2.419 des BSI Grundschutzkataloges.

8.2.22.2 Sichere Installation von VPN-Endgeräten

Die Installation und Konfiguration aller VPN-Komponenten hat gewissenhaft zu erfolgen.

Zusätzlich muss die Sicherheit der IT-Systeme gewährleistet werden, auf denen die VPN-Komponenten eingesetzt werden.

Dies entspricht der Maßnahme M 4.319 des BSI Grundschutzkataloges.

8.2.22.3 Sichere Konfiguration eines VPNs

Alle VPN-Komponenten müssen sorgfältig konfiguriert werden

Die für das VPN zuständigen Administratoren haben sicherzustellen, dass jeweils nur sichere Versionen der Systemkonfiguration definiert werden und das System von einer sicheren Konfiguration in die nachfolgende sichere Konfiguration überführt wird. Alle Änderungen und die jeweils aktuellen Einstellungen müssen nachvollziehbar dokumentiert sein.

Die Konfiguration aller VPN-Komponenten ist regelmäßig zu überprüfen. Dabei ist sicherzustellen, dass alle Vorgaben der VPN-Sicherheitsrichtlinie umgesetzt sind und die Einstellungen keine Schwachstellen aufweisen.

Dies entspricht der Maßnahme M 4.320 des BSI Grundschutzkataloges.

8.3 Vertiefende Detailregelungen in Arbeitsanweisungen

Zu den einzelnen Kapiteln der vorgeschlagenen Richtlinie für IT-Systeme finden sich im Maßnahmenkatalog des BSI Grundschutzes eine ganze Reihe detaillierter Handlungsanweisungen. Diese können in konkrete Arbeitsanweisungen übersetzt werden, um den Mitarbeitern in und außerhalb der IT eine Hilfestellung an die Hand zu geben, wie die genannten Richtlinien konkret umgesetzt werden können. Zu diesem Zweck stellen wir die wichtigsten Maßnahmen des BSI Kataloges hier noch einmal, sortiert nach den Kapiteln der Richtlinie, zusammen (Tab. 8.1–8.18).

Tab. 8.1 Sicherheitsrichtlinien

ALLGEMEINE SICHERHEITSRICHTLINIEN	
Nummer	Maßnahmentitel
M 4.95	Minimales Betriebssystem
M 4.41	Einsatz angemessener Sicherheitsprodukte für IT-Systeme
M 4.7	Änderung voreingestellter Passwörter
M 4.91	Sichere Installation eines Systemmanagementsystems
M 4.78	Sorgfältige Durchführung von Konfigurationsänderungen
M 4.84	Nutzung der BIOS-Sicherheitsmechanismen
M 4.42	Implementierung von Sicherheitsfunktionalitäten in der IT-Anwendung
M 4.4	Geeigneter Umgang mit Laufwerken für Wechselmedien und externen Datenspeichern
M 4.200	Umgang mit USB-Speichermedien
M 4.234	Aussonderung von IT-Systemen

Tab. 8.2 User-Management

USER-MANAGEMENT	
Nummer	Maßnahmentitel
M 2.371	Geregelte Deaktivierung und Löschung ungenutzter Konten
M 2.402	Zurücksetzen von Passwörtern
M 4.260	Berechtigungsverwaltung für SAP-Systeme
M 4.261	Sicherer Umgang mit kritischen SAP-Berechtigungen
M 4.306	Umgang mit Passwort-Speicher-Tools

Tab. 8.3 Server

SERVER	
Nummer	Maßnahmentitel
M 2.318	Sichere Installation eines Servers
M 4.240	Einrichten einer Testumgebung für einen Server
M 2.319	Migration eines Servers
M 4.239	Sicherer Betrieb eines Servers
M 4.225	Einsatz eines Protokollierungsservers in einem Sicherheitsgateway
M 5.118	Integration eines DNS-Servers in ein Sicherheitsgateway
M 2.320	Geregelte Außerbetriebnahme eines Servers

Tab. 8.4 Client

CLIENT	
Nummer	Maßnahmentitel
M 4.242	Einrichten einer Referenzinstallation für Clients
M 4.109	Software-Reinstallation bei Arbeitsplatzrechnern
M 4.252	Sichere Konfiguration von Schulungsrechnern
M 2.323	Geregelte Außerbetriebnahme eines Clients

Tab. 8.5 Mobile Systeme

MOBILE SYSTEME	
Nummer	Maßnahmentitel
M 2.310	Geeignete Auswahl von Laptops
M 2.309	Sicherheitsrichtlinien und Regelungen für die mobile IT-Nutzung
M 2.36	Geregelte Übergabe und Rücknahme eines tragbaren PC
M 2.328	Einsatz von Windows XP auf mobilen Rechnern
M 4.27	Passwortschutz am tragbaren PC
M 4.28	Software-Reinstallation bei Benutzerwechsel eines tragbaren PC
M 4.29	Einsatz eines Verschlüsselungsproduktes für tragbare PCs
M 2.401	Umgang mit mobilen Datenträgern und Geräten

Tab. 8.6 Externer Zugang

EXTERNER ZUGANG	
Nummer	Maßnahmentitel
M 5.76	Einsatz geeigneter Tunnel-Protokolle für die VPN-Kommunikation
M 4.224	Integration von Virtual Private Networks in ein Sicherheitsgateway

Tab. 8.7 Lotus Notes/Domino

LOTUS NOTES/DOMINO	
Nummer	Maßnahmentitel
M 2.209	Planung des Einsatzes von Lotus Notes im Intranet
M 2.210	Planung des Einsatzes von Lotus Notes im Intranet mit Browser-Zugriff
M 2.211	Planung des Einsatzes von Lotus Notes in einer DMZ
M 4.116	Sichere Installation von Lotus Notes
M 4.117	Sichere Konfiguration eines Lotus Notes-Servers
M 4.118	Konfiguration als Lotus Notes-Server
M 4.120	Konfiguration von Zugriffslisten auf Lotus Notes-Datenbanken
M 4.121	Konfiguration der Zugriffsrechte auf das Namens- und Adressbuch von Lotus Notes
M 4.122	Konfiguration für den Browser-Zugriff auf Lotus Notes
M 4.125	Einrichten von Zugriffsbeschränkungen beim Browser-Zugriff auf Lotus Notes-Datenbanken
M 4.126	Sichere Konfiguration eines Lotus Notes Clients
M 4.128	Sicherer Betrieb von Lotus Notes
M 4.129	Sicherer Umgang mit Notes-ID-Dateien
M 4.130	Sicherheitsmaßnahmen nach dem Anlegen neuer Lotus Notes-Datenbanken
M 4.132	Überwachen eines Lotus Notes-Systems

Tab. 8.8 Webserver

WEBSERVER	
Nummer	Maßnahmentitel
M 4.192	Konfiguration des Betriebssystems für einen Apache-Webserver
M 4.193	Sichere Installation eines Apache-Webservers
M 4.194	Sichere Grundkonfiguration eines Apache-Webservers

Tab. 8.9 Novell

NOVELL	
Nummer	Maßnahmentitel
M 1.42	Gesicherte Aufstellung von Novell Netware-Servern
M 2.236	Planung des Einsatzes von Novell eDirectory
M 2.237	Planung der Partitionierung und Replikation im Novell eDirectory
M 2.238	Festlegung einer Sicherheitsrichtlinie für Novell eDirectory
M 4.153	Sichere Installation von Novell eDirectory
M 4.155	Sichere Konfiguration von Novell eDirectory
M 4.154	Sichere Installation der Novell eDirectory Clientsoftware
M 4.156	Sichere Konfiguration der Novell eDirectory Clientsoftware
M 4.157	Einrichten von Zugriffsberechtigungen auf Novell eDirectory
M 4.159	Sicherer Betrieb von Novell eDirectory
M 4.160	Überwachen von Novell eDirectory
M 6.81	Erstellen von Datensicherungen für Novell eDirectory

Tab. 8.10 Windows XP

WINDOWS XP	
Nummer	Maßnahmentitel
M 4.248	Sichere Installation von Windows XP
M 4.48	Passwortschutz unter Windows NT/2000/XP
M 4.52	Geräteschutz unter Windows NT/2000/XP
M 4.56	Sicheres Löschen unter Windows-Betriebssystemen
M 4.75	Schutz der Registrierung unter Windows NT/2000/XP
M 4.148	Überwachung eines Windows 2000/XP-Systems
M 4.149	Datei- und Freigabeberechtigungen unter Windows 2000/XP
M 4.244	Sichere Windows XP-Systemkonfiguration
M 4.246	Konfiguration der Systemdienste unter Windows XP
M 5.123	Absicherung der Netzwerkkommunikation unter Windows XP
M 4.247	Restriktive Berechtigungsvergabe unter Windows XP
M 2.229	Planung des Active Directory
M 2.230	Planung der Active Directory-Administration
M 4.249	Windows XP Systeme aktuell halten
M 2.329	Einführung von Windows XP SP2

8.3 Vertiefende Detailregelungen in Arbeitsanweisungen

Tab. 8.11 Windows Server 3

WINDOWS SERVER 2003	
Nummer	Maßnahmentitel
M 2.366	Nutzung von Sicherheitsvorlagen unter Windows Server 2003
M 2.370	Administration der Berechtigungen unter Windows Server 2003
M 4.280	Sichere Basiskonfiguration von Windows Server 2003
M 4.281	Sichere Installation und Bereitstellung von Windows Server 2003
M 4.283	Sichere Migration von Windows NT 4 Server und Windows 2000 Server auf Windows Server 2003
M 4.284	Umgang mit Diensten unter Windows Server 2003
M 4.285	Deinstallation nicht benötigter Client-Funktionen von Windows Server 2003
M 4.286	Verwendung der Softwareeinschränkungsrichtlinie unter Windows Server 2003
M 6.99	Regelmäßige Sicherung wichtiger Systemkomponenten für Windows Server 2003

Tab. 8.12 Unix

UNIX	
Nummer	Maßnahmentitel
M 4.105	Erste Maßnahmen nach einer Unix-Standardinstallation
M 4.106	Aktivieren der Systemprotokollierung
M 4.22	Verhinderung des Vertraulichkeitsverlusts schutzbedürftiger Daten im Unix-System
M 4.25	Einsatz der Protokollierung im Unix-System
M 5.72	Deaktivieren nicht benötigter Netzdienste
M 4.13	Sorgfältige Vergabe von IDs
M 4.19	Restriktive Attributvergabe bei Unix-Systemdateien und -verzeichnissen
M 4.20	Restriktive Attributvergabe bei Unix-Benutzerdateien und -verzeichnissen
M 4.14	Obligatorischer Passwortschutz unter Unix
M 4.16	Zugangsbeschränkungen für Accounts und/oder Terminals
M 4.17	Sperren und Löschen nicht benötigter Accounts und Terminals
M 4.21	Verhinderung des unautorisierten Erlangens von Administratorrechten
M 4.26	Regelmäßiger Sicherheitscheck des Unix-Systems

Tab. 8.13 Aktive Netzwerkkomponenten

AKTIVE NETZWERKKOMPONENTEN	
Nummer	Maßnahmentitel
M 2.139	Ist-Aufnahme der aktuellen Netzsituation
M 3.38	Administratorenschulung für Router und Switches
M 1.43	Gesicherte Aufstellung aktiver Netzkomponenten
M 4.201	Sichere lokale Grundkonfiguration von Routern und Switches
M 4.82	Sichere Konfiguration der aktiven Netzkomponenten
M 4.79	Sichere Zugriffsmechanismen bei lokaler Administration
M 4.202	Sichere Netz-Grundkonfiguration von Routern und Switches
M 4.80	Sichere Zugriffsmechanismen bei Fernadministration
M 4.204	Sichere Administration von Routern und Switches
M 4.205	Protokollierung bei Routern und Switches
M 4.81	Audit und Protokollierung der Aktivitäten im Netz
M 4.206	Sicherung von Switch-Ports
M 5.111	Einrichtung von Access Control Lists auf Routern
M 4.83	Update/Upgrade von Soft und Hardware im Netzbereich
M 4.296	Einsatz einer geeigneten WLAN-Management-Lösung
M 5.139	Sichere Anbindung eines WLANs an ein LAN

Tab. 8.14 Paketfilter

PAKETFILTER	
Nummer	Maßnahmentitel
M 4.47	Protokollierung der Sicherheitsgateway-Aktivitäten
M 2.76	Auswahl und Einrichtung geeigneter Filterregeln
M 4.100	Sicherheitsgateways und aktive Inhalte
M 4.101	Sicherheitsgateways und Verschlüsselung
M 4.238	Einsatz eines lokalen Paketfilters
M 5.91	Einsatz von Personal Firewalls für Internet-PCs
M 4.226	Integration von Virenscannern in ein Sicherheitsgateway

Tab. 8.15 Proxy

PROXY	
Nummer	Maßnahmentitel
M 4.222	Festlegung geeigneter Einstellungen von Sicherheitsproxys

Tab. 8.16 Datenbanken

DATENBANKEN	
Nummer	Maßnahmentitel
M 2.125	Installation und Konfiguration einer Datenbank
M 2.130	Gewährleistung der Datenbankintegrität
M 4.67	Sperren und Löschen nicht benötigter Datenbank-Accounts
M 4.68	Sicherstellung einer konsistenten Datenbankverwaltung
M 4.69	Regelmäßiger Sicherheitscheck der Datenbank
M 4.70	Durchführung einer Datenbanküberwachung

Tab. 8.17 SAP Systeme

SAP SYSTEME	
Nummer	Maßnahmentitel
M 2.347	Regelmäßige Sicherheitsprüfungen für SAP-Systeme
M 2.348	Sicherheit beim Customizing von SAP-Systemen
M 4.256	Sichere Installation von SAP-Systemen
M 4.270	SAP-Protokollierung

Tab. 8.18 Drucker

DRUCKER	
Nummer	Maßnahmentitel
M 6.105	Notfallfallvorsorge bei Druckern, Kopierern und Multifunktionsgeräten

9 Verankerung der IT-Sicherheit in der Organisation

Alleine vom Aufschreiben von sinnvollen Richtlinien oder vom Unterschreiben von Policys wird der Schutz der IT natürlich nicht besser. Daher kommt der Kommunikation der festgelegten Regelungen und der Verankerung des Gedankengutes in der Organisation entscheidende Bedeutung zu.

Je umfangreicher und breiter die Einbindung der betroffenen Bereiche in die Erstellung der hier vorgeschlagenen Policys, Richtlinien und Arbeitsanweisungen ist, umso höher wird in der Folge auch die Akzeptanz sein und umso leichter werden die Ergebnisse auch an der Stelle ankommen, an der sie tagtäglich gelebt werden müssen.

Dabei sollte darauf geachtet werden, dass IT-Sicherheitsrichtlinien von den Mitarbeitern weder als Misstrauen noch als Vorwurf der Inkompetenz wahrgenommen werden. Um beides geht es den hier vorgeschlagenen Regelwerken nicht, jedenfalls nicht in erster oder zweiter Linie. Natürlich muss sich ein Unternehmen auch vor den Folgen von bösem Willen schützen. In erster Linie aber gilt es, durch strukturiertes Nachdenken die Möglichkeit von Fehlern von Mensch und Maschine zu beherrschen.

9.1 Regelungsziele nach COBIT

Das COBIT-Framework gibt in den Domains

- Planung und Organisation sowie
- Delivery & Support

einige wichtige Ziele vor, die bei der Verankerung der IT-Sicherheit in der Organisation beachtet werden sollten. Nicht jeder Aspekt der aufgeführten COBIT-Kontrollziele muss durch die Richtlinien zur Organisation abgedeckt werden. Die umfassende Berücksichtigung der Kontrollziele ergibt sich aus dem Zusammenwirken aller Richtliniendokumente.

9.1.1 Planung und Organisation

Die IT-Organisationseinheit muss in die Gesamtorganisation unter Beachtung der Bedeutung der IT für das Unternehmen platziert werden, speziell im Hinblick auf deren Kritikalität für die Unternehmensstrategie und die Abhängigkeit des operativen Betriebs von der IT. Die Stelle, an die der/die CIO berichtet, entspricht der Bedeutung der IT im Unternehmen.

Die interne und externe IT-Organisationsstruktur sollte die Unternehmenserfordernisse widerspiegeln. Ein Prozess sollte etabliert werden, der periodisch die IT-Organisationsstruktur überprüft, um die Anforderungen an die Personalausstattung und die Beschaffungsstrategien den erwarteten Unternehmenszielen und sich ändernden Umständen anzugleichen.

Rollen und Verantwortlichkeiten für alle Mitarbeiter der Organisation, die mit Informationssystemen in Verbindung stehen, müssen definiert und kommuniziert werden, um ausreichend Autorität für die Umsetzung der festgelegten Rollen und Verantwortlichkeiten zu ermöglichen. Rollenbeschreibungen sind zu erstellen und regelmäßig zu aktualisieren.

Diese Rollenbeschreibungen beschreiben sowohl Autorität als auch Verantwortung, umfassen eine Festlegung der Kenntnisse und Erfahrungen, die für die Position erforderlich sind, und können auch geeignet sein für die Performancebeurteilungen. Rollenbeschreibungen sollten die Verantwortung für Internal Control umfassen. Die Verantwortung für die Ausführung der Qualitätssicherungsfunktion muss einer qualifizierten Person zugewiesen sein. Die Qualitätssicherungsgruppe sollte mit geeigneten Qualitätssicherungssystemen, Controls und Kommunikationsexpertise ausgestattet sein.

Die organisatorische Eingliederung, die Verantwortlichkeiten und Größe der Qualitätssicherungsgruppe orientiert sich am Bedarf der Organisation. Eigentümerschaft und Verantwortung für IT-bezogene Risiken im Kerngeschäft sollten auf angemessen hoher Ebene verankert werden. Rollen, die für das Management von IT-Risiken kritisch sind, inklusive spezifischer Verantwortung für Informationssicherheit, physische Sicherheit und Compliance, sind geeignet zu besetzen.

Die Verantwortlichkeit für Risiko- und Sicherheitsmanagement ist auf unternehmensweiter Ebene zu verankern, um unternehmensweite Belange zu regeln. Weitere Verantwortlichkeiten für Sicherheitsmanagement können bei Bedarf systemspezifisch zugewiesen werden, um relevante Sicherheitsbelange zu behandeln. Die Geschäftsführung gibt die grundsätzliche Stoßrichtung hinsichtlich der IT-Risikobereitschaft und der Freigabe von IT-Restrisiken vor.

Anforderungen an die Stellenbesetzung sind regelmäßig oder nach wesentlichen Änderungen im Unternehmen, Betrieb oder der IT-Umgebung neu zu evaluieren, um sicherzustellen, dass die IT-Organisation eine ausreichende Zahl kompetenter Mitarbeiter hat. Die Stellenbesetzung beachtet auch die Zusammenarbeit zwischen Unternehmens- und IT-Personal, eine funktionsübergreifende Ausbildung, Job-Rotation und Möglichkeiten zum Outsourcing.

Eine optimale Koordinations-, Kommunikations- und Verbindungsstruktur zwischen der IT-Organisation und den verschiedenen anderen Interessen innerhalb und außerhalb der IT, wie beispielsweise die Geschäftsführung, Bereichsleiter, Unternehmenseinheiten, einzelne User, Lieferanten, Security Officers, Risk Manager, die unternehmensweite Compliance-Gruppe, Outsourcer und Management von ausgelagerten Einheiten ist anzustreben.

Ein Framework, das den unternehmensweiten, übergeordneten Ansatz zum Risikomanagement und zu Internal Controls darstellt, sollte entwickelt werden, um Nutzen zu generieren und gleichzeitig die Ressourcen und Systeme zu schützen. Das Framework sollte in das IT-Prozessmodell und das Qualitätsmanagementsystem integriert sein und den übergeordneten Unternehmenszielen entsprechen. Es sollte ausgerichtet sein auf die Maximierung der Erfolge der Nutzenerbringung unter gleichzeitiger Minimierung von Risiken für Informationswerte mittels vorbeugender Maßnahmen, rechtzeitiger Identifikation von Unregelmäßigkeiten, Begrenzung von Verlusten und der zeitnahen Wiederherstellung der Unternehmenswerte.

IT-Richtlinien müssen an alle relevanten Mitarbeiter kommuniziert und in Kraft gesetzt werden. Sie sollten zu einem integralen Bestandteil der Unternehmensabläufe werden. Die eingesetzten Kommunikationstechniken sollten Ressourcen- und Kenntnisbedarf und deren Auswirkungen berücksichtigen. Das Bewusstsein und Verständnis für Ziele und Ausrichtung des Unternehmens und der IT sollten im gesamten Unternehmen kommuniziert werden. Die kommunizierte Information sollte eine klar festgelegte Mission, Ziele von Services, Security, Internal Controls, Qualität, Ethik- und Verfahrensgrundsätze, Richtlinien, Verfahren etc. umfassen und in ein kontinuierliches Kommunikationsprogramm eingebettet sein, das durch die Geschäftsführung mit Worten und Taten unterstützt wird. Das Management sollte speziell darauf achten, dass IT-Sicherheitsbewusstsein und die Botschaft vermittelt wird, dass alle für die IT-Sicherheit verantwortlich sind.

Rollen, Verantwortlichkeiten und Vergütungsrahmen der Mitarbeiter sind zu definieren und zu überwachen – einschließlich der Erfordernis, Richtlinien und Verfahren des Managements, ethische Grundsätze und professionelle Praktiken einzuhalten. Die Verantwortlichkeit der Mitarbeiter hinsichtlich Informationssicherheit, Internal Controls und Compliance mit Regulierungsvorgaben ist geeignet zu betonen. Der Grad der Überwachung sollte an die Sensitivität der Position und dem Ausmaß der zugewiesenen Verantwortlichkeiten angepasst sein.

Dem IT-Personal ist bei der Anstellung eine entsprechende Einweisung anzubieten. Laufend durchzuführende Schulungen erhalten Wissen, Fähigkeiten, Begabungen und ein Bewusstsein für Internal Controls und Security auf dem erforderlichen Niveau, das notwendig ist, um die Unternehmensziele zu erreichen. Die Gefahr kritischer Abhängigkeiten von Schlüsselpersonen sollte durch Wissensaufzeichnung (knowledge capture), Teilen von Wissen, Nachfolgeplanung und Vertretung von Personal aufgefangen werden.

Hintergrund-Checks sollten im IT Recruiting-Prozess eingeschlossen sein. Das Ausmaß und die Häufigkeit der Überprüfung dieser Checks sind von der Sensitivität und/oder der Kritikalität der Funktion abhängig; und sie sollten für Angestellte, Vertragspartner und Lieferanten durchgeführt werden.

Es ist eine zeitgerechte Beurteilung relevanter Personen in Bezug auf individuelle Ziele vorzusehen, welche von den Unternehmenszielen, bestehenden Standards und spezifischen Aufgaben abgeleitet werden. Mitarbeiter sollten, wo möglich, in der Leistung und in ihrem Verhalten unterstützt werden.

Bei Jobwechsel, insbesondere bei der Auflösung des Arbeitsverhältnisses, sind zeitnahe Aktionen erforderlich. Der Wissenstransfer muss vorbereitet sein, Verantwortlichkeiten müssen neu zugewiesen und Zugriffsrechte entfernt werden, um Risiken zu minimieren und die Fortführung der Funktion zu gewährleisten.

9.1.2 Delivery & Support

Ein Curriculum für alle Zielgruppen von Mitarbeitern sollte entwickelt und laufend aktualisiert werden, unter Berücksichtigung von

- derzeitigen und künftigen Unternehmenserfordernissen und -strategien,
- unternehmensweiten Werten (ethische Werte, Control, Sicherheitskultur etc.),
- einer Einführung neuer IT-Infrastruktur und Software (Pakete und Anwendungen),
- derzeitigen Fertigkeiten, Kompetenzprofilen, Bedarf an Zertifizierung und/oder Berechtigungsnachweisen sowie
- Schulungsmethoden (zum Beispiel Klassenraum, webbasierend), Größe der Zielgruppe, Erreichbarkeit und Zeitvorgaben.

Basierend auf dem festgestellten Schulungs- und Trainingsbedarf sind Zielgruppen und deren Mitglieder zu identifizieren und wirksame Schulungsmethoden, Lehrkräfte, Trainer und Mentoren zu bestimmen. Gleichzeitig müssen Schulungseinheiten organisiert werden. Anmeldung (inklusive Voraussetzungen), Teilnahme und Leistungsbewertungen sollten festgehalten werden.

Die Vermittlung der Schulungs- und Trainingsinhalte sollte nach dem Abschluss der Maßnahme beurteilt werden, hinsichtlich Relevanz, Qualität, Wirksamkeit, Erfassen und Behalten des Wissens, Kosten und Nutzen. Die Ergebnisse dieser Beurteilung sollten als Input für die künftige Festlegung von Curricula und Trainingseinheiten dienen.

9.2 Vorschlag für eine Richtlinie zur IT-Organisation

9.2.1 Schulung und Training

9.2.1.1 Geregelte Einarbeitung/Einweisung neuer Mitarbeiter

Neuen Mitarbeitern müssen interne Regelungen, Gepflogenheiten und Verfahrensweisen im IT-Einsatz bekannt gegeben werden. Ohne eine entsprechende Einweisung kennen sie ihre Ansprechpartner zu IT-Sicherheitsfragen nicht, sie wissen nicht, welche IT-Sicherheitsmaßnahmen durchzuführen sind und welche IT-Sicherheitsstrategie die Behörde bzw. das Unternehmen verfolgt. Daraus können Störungen und Schäden für den

9.2 Vorschlag für eine Richtlinie zur IT-Organisation

IT-Einsatz erwachsen. Daher kommt der geregelten Einarbeitung neuer Mitarbeiter eine entsprechend hohe Bedeutung zu.

Die Einarbeitung bzw. Einweisung sollte zumindest folgende Punkte umfassen:

- Alle neuen Mitarbeiter sollten in die Benutzung der für den Arbeitsplatz wesentlichen IT-Systeme und IT-Anwendungen eingewiesen bzw. geschult werden. Außerdem sollten alle neuen Mitarbeiter zu allen relevanten IT-Sicherheitsmaßnahmen sensibilisiert und geschult werden.
- Es sollten alle Ansprechpartner vorgestellt werden, insbesondere die zu IT- und IT-Sicherheitsfragen.
- Die IT-Sicherheitsziele des Unternehmens sollten den neuen Mitarbeitern vorgestellt werden. Alle hausinternen Regelungen und Vorschriften zur IT-Sicherheit müssen erläutert werden. Für alle Arten von potenziellen Sicherheitsvorfällen sollten die Verhaltensregeln und Meldewege dargelegt werden.

Dies entspricht der Maßnahme M 3.1 des BSI Grundschutzkataloges.

9.2.1.2 Schulung vor Programmnutzung

Benutzer müssen eingehend in die IT-Anwendungen eingewiesen werden. Daher ist es unabdingbar, dass die Benutzer vor der Übernahme IT-gestützter Aufgaben ausreichend geschult werden. Dies betrifft sowohl die Nutzung von Standardprogrammpaketen als auch von speziell entwickelten IT-Anwendungen.

Darüber hinaus müssen auch bei umfangreichen Änderungen in einer IT-Anwendung Schulungsmaßnahmen durchgeführt werden.

Dies entspricht der Maßnahme M 3.4 des BSI Grundschutzkataloges.

9.2.1.3 Schulung zu IT-Sicherheitsmaßnahmen

Jeder einzelne Mitarbeiter ist zum sorgfältigen Umgang mit der IT zu schulen und zu motivieren. Nur durch die Vermittlung der notwendigen Kenntnisse kann ein Verständnis für die erforderlichen IT-Sicherheitsmaßnahmen geweckt werden.

Jeder Mitarbeiter ist auf die Bedeutung von IT-Sicherheit hinzuweisen. Ein geeigneter Einstieg in die Sensibilisierung ist beispielsweise, die Abhängigkeit des Unternehmens und damit der Arbeitsplätze von dem reibungslosen Funktionieren der IT-Systeme aufzuzeigen. Darüber hinaus ist der Wert von Informationen herauszuarbeiten, insbesondere unter den Gesichtspunkten Vertraulichkeit, Integrität und Verfügbarkeit. Diese Sensibilisierungsmaßnahmen sind in regelmäßigen Zeitabständen zu wiederholen.

Dies entspricht der Maßnahme M 3.5 des BSI Grundschutzkataloges.

9.2.1.4 Einweisung des Personals in den sicheren Umgang mit IT

Alle Mitarbeiter sind in den sicheren Umgang mit der IT einzuweisen. Hierzu sollten alle Mitarbeiter entsprechend geschult werden. Die Kommunikation und Kenntnisnahme der IT-Sicherheitsrichtlinie ist dringend erforderlich.

Dies entspricht der Maßnahme M 3.26 des BSI Grundschutzkataloges.

9.2.1.5 Regelungen für den Einsatz von Fremdpersonal

Externe Mitarbeiter, die über einen längeren Zeitraum in einer oder für eine Organisation tätig sind und eventuell Zugang zu vertraulichen Unterlagen und Daten bekommen könnten, sind schriftlich auf die Einhaltung der geltenden einschlägigen Gesetze, Vorschriften und internen Regelungen zu verpflichten.

Beim Einsatz von externen Mitarbeitern muss außerdem auf jeden Fall sichergestellt sein, dass sie bei Beginn ihrer Tätigkeit – ähnlich wie eigene Mitarbeiter – in ihre Aufgaben eingewiesen werden. Sie sind – soweit es zur Erfüllung ihrer Aufgaben und Verpflichtungen erforderlich ist – über hausinterne Regelungen und Vorschriften zur IT-Sicherheit sowie die organisationsweite IT-Sicherheitspolitik zu unterrichten. Dies gilt in besonderem Maße, wenn sie innerhalb der Räume des Auftraggebers arbeiten.

Daneben muss sichergestellt sein, dass auch für externe Mitarbeiter Vertretungsregelungen existieren. Ebenso sollte gewährleistet sein, dass sich diese mit den von ihnen eingesetzten IT-Anwendungen auskennen und auch die erforderlichen IT-Sicherheitsmaßnahmen beherrschen.

Bei Beendigung des Auftragsverhältnisses muss eine geregelte Übergabe der Arbeitsergebnisse und der erhaltenen Unterlagen und Betriebsmittel erfolgen. Es sind außerdem sämtliche eingerichteten Zugangsberechtigungen und Zugriffsrechte zu entziehen bzw. zu löschen. Außerdem sollte der Ausscheidende explizit darauf hingewiesen werden, dass die Verschwiegenheitsverpflichtung auch nach Beendigung der Tätigkeit bestehen bleibt.

Kurzfristig oder einmalig zum Einsatz kommendes Fremdpersonal ist wie ein Besucher zu behandeln, das heißt beispielsweise, dass der Aufenthalt in sicherheitsrelevanten Bereichen nur in Begleitung von Mitarbeitern des Unternehmens erlaubt ist.

Dies entspricht der Maßnahme M 2.226 des BSI Grundschutzkataloges.

9.2.1.6 Geregelte Verfahrensweise beim Ausscheiden von Mitarbeitern

Verlässt ein Mitarbeiter die Institution oder wechselt die Funktion, so ist zu beachten:

- Von dem Ausscheidenden sind sämtliche Unterlagen (wie auch entliehene institutionseigene Bücher), ausgehändigte Schlüssel, ausgeliehene IT-Geräte (zum Beispiel tragbare Rechner, Speichermedien, Dokumentationen) zurückzufordern. Insbesondere sind die Firmenausweise sowie sonstige Karten zur Zutrittsberechtigung einzuziehen. Ferner sind bei biometrischen Zutrittskontrollen (zum Beispiel Irisscanner, Fingerabdrücke und Handrückenerkennung) entsprechende Zutrittsberechtigungen zu löschen bzw. auf die getroffene Vertreterregelung anzupassen.
- Es sind sämtliche für den Ausscheidenden eingerichteten Zugangsberechtigungen und Zugriffsrechte zu entziehen bzw. zu löschen. Dies betrifft auch die externen Zugangsberechtigungen via Datenübertragungseinrichtungen. Wurde in Ausnahmefällen eine Zugangsberechtigung zu einem IT-System zwischen mehreren Personen geteilt (zum Beispiel mittels eines gemeinsamen Passwortes), so ist nach Ausscheiden einer der Personen die Zugangsberechtigung zu ändern.

- Vor der Verabschiedung sollte noch einmal explizit darauf hingewiesen werden, dass alle Verschwiegenheitserklärungen weiterhin in Kraft bleiben und keine während der Arbeit erhaltenen Informationen weitergegeben werden dürfen.
- Ist die ausscheidende Person ein Funktionsträger in einem Notfallplan, so ist der Notfallplan zu aktualisieren.
- Sämtliche mit Sicherheitsaufgaben betrauten Personen, insbesondere der Pförtnerdienst, sind über den Weggang und Funktionsänderungen von Mitarbeitern zu unterrichten.
- Ausgeschiedenen Mitarbeitern ist der unkontrollierte Zutritt zum Behörden- oder Firmengelände, insbesondere zu Räumen mit IT-Systemen zu verwehren. Auch bei Funktionsänderungen muss unter Umständen die Zutrittsberechtigung zu bestimmten Räumlichkeiten wie Serverräumen entzogen werden.
- Optional kann sogar für den Zeitraum zwischen Aussprechen einer Kündigung und dem Weggang der Entzug sämtlicher Zugangs- und Zugriffsrechte auf IT-Systeme sowie darüber hinaus auch das Verbot, schützenswerte Räume zu betreten, ausgesprochen werden.

Dies entspricht der Maßnahme M 3.6 des BSI Grundschutzkataloges.

9.2.1.7 Beaufsichtigung oder Begleitung von Fremdpersonen

Personen, die nicht dem Unternehmen angehören, wie Besucher, Handwerker, Wartungs- und Reinigungspersonal, dürfen, außer in Räumen, die ausdrücklich dafür vorgesehen sind, nicht unbeaufsichtigt sein. Alle Mitarbeiter müssen darauf hingewiesen werden, dass sie Betriebsfremde, die sie unbeaufsichtigt innerhalb des Unternehmens antreffen, von diesem Moment an unter ihre Obhut nehmen müssen.

Wird es erforderlich, einen Externen allein im Büro zurückzulassen, sollte ein Kollegen ins Zimmer oder der Besucher zu einem Kollegen gebeten werden.

Ist es nicht möglich, Fremdpersonen (zum Beispiel Reinigungspersonal) ständig zu begleiten oder zu beaufsichtigen, sollte zumindest der persönliche Arbeitsbereich abgeschlossen werden: Schreibtisch, Schrank und PC (Schloss für Diskettenlaufwerk, Tastaturschloss).

Für den häuslichen Arbeitsplatz gilt, dass Familienmitglieder und Besucher sich nur dann alleine im Arbeitsbereich aufhalten dürfen, wenn alle Arbeitsunterlagen verschlossen aufbewahrt sind und die IT über einen aktivierten Zugangsschutz gesichert ist.

Dies entspricht der Maßnahme M 2.16 des BSI Grundschutzkataloges.

Service-Management 10

Der Umfang, in dem ein Unternehmen Veränderungen an der bestehenden Systemlandschaft vornimmt, variiert natürlich erheblich. Daher kann die hier vorgeschlagene Richtlinie nur eine Orientierung sein. Für Unternehmen, die inhouse kontinuierlich umfangreiche Entwicklungsprojekte an ihren Applikationen laufen haben, werden die hier vorgestellten Regelungen möglicherweise zu oberflächlich sein. Hier bietet die vorgeschlagene Richtlinie eher eine Orientierung, welche Bereiche zwingend geregelt werden müssen, um sicherzustellen, dass Applikationen immer genau das tun, was das Unternehmen erwartet.

Für Unternehmen, die nur alle paar Jahre einmal einen externen Dienstleister mit der Aufspielung einer neuen Softwareversion beauftragen mag der Katalog als Hinweis dienen, welche Art von Kontrollmechanismen von dem Dienstleister zu erwarten wären.

Gleiches gilt naturgemäß für den Umfang, in dem ein Unternehmen den Umgang mit Incidents und Problemen regeln muss. Hier jedoch ist zumindest eine systematische Untersuchung erforderlich, wie mit solchen ‚Störungen' umgegangen wird, um sicherzustellen, dass sich keine Fehler unbemerkt beispielsweise in Produkte oder Unternehmensdaten einschleichen können. Dies wird insbesondere für Unternehmen von kritischer Bedeutung, wenn sie den Regelungen von Sarbanes Oxley oder einer vergleichbaren Regulierung unterworfen werden.

10.1 Regelungsziele nach COBIT

Das COBIT-Framework gibt in den Domains

- Planung und Organisation,
- Akquisition und Implementierung sowie
- Delivery & Support

einige wichtige Ziele vor, die in einer Richtlinie zum Service-Management verankert werden sollten. Nicht jeder Aspekt der aufgeführten COBIT-Kontrollziele muss durch die Richtlinien zum Service-Management abgedeckt werden. Die umfassende Berücksichtigung der Kontrollziele ergibt sich aus dem Zusammenwirken aller Richtliniendokumente.

10.1.1 Planung und Organisation

Ein wesentlicher Grundgedanke ist ITIL® und COBIT gemeinsam: Die Trennung von Verantwortlichkeiten (Segregation of Duties). Eine Trennung von Rollen und Verantwortlichkeiten an allen kritischen Punkten eines Prozesses soll die Wahrscheinlichkeit erheblich reduzieren, dass eine Einzelperson einen kritischen Prozess untergräbt. Das Management eines Unternehmens stellt demgemäß sicher, dass das Personal ausschließlich genehmigte, ihrer Stelle und Position entsprechende Aktivitäten ausführt.

Policys und Verfahren für die Steuerung der Aktivitäten von Consultants und anderem Vertragspersonal der IT-Funktion sind ergänzend zu definieren, um sicherzustellen, dass der Schutz der Informationen und Informationssysteme der Organisation gewährleistet ist und die vertraglichen Vereinbarungen erreicht werden. Standards, Methoden und Praktiken für die wesentlichen IT-Prozesse sind zu identifizieren und zu unterhalten, um die Organisation in der Erreichung der Ziele des QMS zu unterstützen. Best Practices der Branche sind bei der Verbesserung oder Anpassung der Qualitätspraktiken der Organisation anzuwenden.

Dem Lebenszyklus eines Endproduktes folgend sind Standards für alle Entwicklungen und Beschaffungen zu entwickeln und Freigaben von wichtigen Milestones auf Basis von vereinbarten Abnahmekriterien zu erteilen. Zu berücksichtigende Punkte umfassen

- Standards zur Programmierung, Namenskonventionen, Dateiformate,
- Designstandards für Datenschema und Data Dictionaries,
- Standards für das User-Interface,
- Interoperabilität,
- Effizienz der Systemperformance,
- Skalierbarkeit,
- Standards für Entwicklung und Tests,
- Validierung der Anforderungen,
- Testpläne sowie Modul-, Regressions- und Integrationstests.

Die Initialisierung wesentlicher Projektphasen sollte formal verabschiedet und allen Stakeholdern kommuniziert werden. Die Genehmigung der Initialisierungsphase sollte auf Entscheidungen der Programmsteuerung basieren. Die Genehmigung der nachfolgenden Phasen sollte auf einer Überprüfung und Abnahme der Ergebnisse der vorhergehenden Phase basieren sowie auf einer Abnahme eines aktualisierten Business-Cases anlässlich

10.1 Regelungsziele nach COBIT

der nächsten größeren Überprüfung des Programms. Im Fall sich überlappender Projektphasen sollte ein Punkt zur Freigabe durch die Programm- und Projektsponsoren festgelegt werden, um die Projektfortführung zu genehmigen.

COBIT verlangt nach einem formal genehmigten integrierten (die Unternehmens- und IT-Ressourcen umfassenden) Projektplan zur Steuerung der Projektumsetzung und Projektsteuerung während des gesamten Projekts. Die Aktivitäten und gegenseitigen Abhängigkeiten von mehreren Projekten innerhalb eines Programms sollten verstanden und dokumentiert sein. Der Projektplan sollte während der Projektlaufzeit unterhalten werden. Der Projektplan und die Änderungen daran sollten entsprechend der Frameworks zur Programm- und Projektsteuerung genehmigt werden.

Die Verantwortlichkeiten, Beziehungen, Kompetenzen und Leistungskriterien der Projektteam-Mitglieder sind festzulegen und für das Projekt die Grundlage für die Beschaffung und Zuweisung kompetenter Mitarbeiter und/oder Vertragsnehmer zu spezifizieren. Die Beschaffung von Produkten oder Diensten, welche für jedes Projekt benötigt werden, sollten geplant und gemanagt werden, um die Projektziele durch Verwendung der Beschaffungspraktiken des Unternehmens zu erreichen.

Spezifische, mit einzelnen Projekten in Verbindung stehende Risiken sind durch einen systematischen Prozess zur Planung, Identifikation, Analyse, Reaktion, Monitoring und Steuerung der Bereiche oder Ereignisse, die das Potenzial besitzen, unerwünschte Änderungen zu verursachen, zu beseitigen oder reduzieren. Die Risiken, denen der Projektmanagement-Prozess ausgesetzt ist, und die Projektergebnisse sollten festgehalten und zentral aufgezeichnet werden.

Ein System zur Steuerung von Änderungen für alle Projekte ist zu entwickeln, so dass alle grundlegenden Änderungen am Projekt (zum Beispiel Kosten, Zeitplan, Umfang und Qualität) angemessen überprüft, freigegeben und, entsprechend der Vorgaben des Programms und des Projekt-Governance-Frameworks, in den integrierten Projektplan eingearbeitet werden. Während der Projektplanung sollten Bestätigungsmethoden identifiziert werden, die zur Unterstützung der Akkreditierung von neuen oder geänderten Systemen benötigt werden. Diese sind in den integrierten Projektplan aufzunehmen. Die Aufgaben sollten Gewissheit verschaffen, dass Internal Controls und Sicherheitseigenschaften den festgelegten Anforderungen entsprechen.

Die Projektperformance wird anhand der wesentlichen Projektkriterien (zum Beispiel Umfang, Zeitplan, Qualität, Kosten und Risiken) gemessen. Sämtliche Abweichungen vom Plan und deren Auswirkungen auf das Projekt und das übergeordnete Programm sind zu evaluieren; die Ergebnisse werden an die wesentlichen Stakeholder berichtet.

Am Ende jedes Projektes sollten die Projekt-Stakeholder bestätigen, ob das Projekt die geplanten Ergebnisse und den geplanten Nutzen erbracht hat. Alle offenen Aktivitäten, die notwendig sind, um die geplanten Projektergebnisse und den Nutzen des Programms zu erzielen, sind zu identifizieren und zu kommunizieren. Ebenso die Lessons Learned für künftige Projekte und Programme.

10.1.2 Akquisition und Implementierung

COBIT legt einen Schwerpunkt im Bereich der Akquisition und Implementierung auf die saubere Definition und Umsetzung von Anforderungen, Systemen und Anwendungen. Funktionale Geschäfts- und technische Erfordernisse gilt es zu identifizieren, priorisieren, spezifizieren und entsprechend zu vereinbaren, die den vollen Umfang aller nötigen Initiativen abdecken, um die vom IT-gestützten Investitionsprogramm erwarteten Ergebnisse zu erreichen. Kriterien für die Abnahme der Anforderungen sind vorab zu definieren.

Initiativen sollten sämtliche auf Grund der Art des Unternehmensgeschäfts, den Geschäftsprozessen, der Fertigkeiten und Fähigkeiten von Mitarbeitern, Organisationsstrukturen oder der Basistechnologie erforderlichen Änderungen beinhalten. Die Anforderungen berücksichtigen

- funktionale Erfordernisse des Kerngeschäfts,
- die technologische Ausrichtung des Unternehmens,
- Leistungsfähigkeit,
- Kosten,
- Verlässlichkeit,
- Kompatibilität,
- Auditierbarkeit,
- Sicherheit (security),
- Verfügbarkeit und Kontinuität,
- Ergonomie, Verwendbarkeit (usability),
- Betriebssicherheit (safety) sowie
- gesetzliche Bestimmungen.

Prozesse sollen die Integrität, Richtigkeit und Aktualität von Unternehmensanforderungen als Basis für die Steuerung der laufenden Systembeschaffung und -entwicklung sicherstellen und steuern. Der Eigentümer (owner) dieser Anforderungen sollte der Business-Sponsor sein.

Im Rahmen der Anforderungsdefinition sind Risiken zu identifizieren, zu dokumentieren und zu analysieren, die mit den Geschäftsprozessen einhergehen. Risiken beinhalten – ähnlich den Vorgaben des BSI – Gefährdungen der

- Datenintegrität,
- Sicherheit,
- Verfügbarkeit,
- des Datenschutzes und der
- Einhaltung von Gesetzen und Verordnungen.

Als Teil der Anforderungen sollten benötigte Maßnahmen für Internal Controls und Prüfspuren identifiziert werden. Eine Machbarkeitsstudie sollte durchgeführt werden, die die

10.1 Regelungsziele nach COBIT

Möglichkeit der Implementierung der Anforderungen prüft. Darin sollten alternative Vorgehensweisen für Software, Hardware, Services und Fähigkeiten identifiziert werden, welche die festgelegten funktionalen Geschäfts- und technischen Erfordernisse erfüllen. Ebenso sollte die technologische und wirtschaftliche Machbarkeit (Analyse von potenziellen Kosten und Nutzen) jeder identifizierten Alternative im Zusammenhang mit dem IT-gestützten Investitionsprogramm evaluiert werden.

Als Folge der Beurteilung von Faktoren wie Änderungen an Geschäftsprozessen, Technologie und Fähigkeiten können bei der Entwicklung der Machbarkeitsstudie mehrere Iterationen notwendig sein. Mit Unterstützung der IT-Organisation soll das Management der Kernprozesse die Machbarkeitsstudie sowie die alternativen Vorgehensweisen bewerten und eine Empfehlung an den Auftraggeber (Business-Sponsor) abgeben.

Der Auftraggeber (Business-Sponsor) genehmigt und unterzeichnet entsprechend der vorab definierten Phasen die funktionalen Geschäfts- und technischen Anforderungen sowie die Ergebnisse der Machbarkeitsstudie. Jede Freigabe folgt auf Basis der erfolgreichen Beendigung von Qualitätsreviews. Der Auftraggeber trifft die endgültige Entscheidung hinsichtlich der Lösungsauswahl und des Beschaffungsansatzes.

Unternehmenserfordernisse sind in eine grobe Designspezifikation für die Softwareentwicklung zu überführen, unter Berücksichtigung der technologischen Ausrichtung der Organisation sowie der Informationsarchitektur. Die Designspezifikation muss genehmigt werden, um sicherzustellen, dass das Grobdesign den Anforderungen entspricht.

Ein detailliertes Design und technische Software-Anforderungen an die Anwendung werden in einem nächsten Schritt erstellt. Definierte Abnahmekriterien stellen die Erfüllung der Anforderungen sicher. Die Anforderungen müssen daher ebenfalls abgenommen werden, um sicherzugehen, dass sie dem Grobdesign entsprechen. Hierbei zu berücksichtigende Aspekte sind unter anderem

- die Festlegung und Dokumentation von Eingabeerfordernissen,
- Schnittstellendefinition, Benutzerschnittstelle,
- das Design der Sammlung von Quelldaten,
- die Anwendungsspezifikation,
- Festlegung und Dokumentation von Dateianforderungen,
- Verarbeitungserfordernisse,
- Definition der Anforderungen für Ausgaben, Steuerung und Auditierbarkeit,
- Sicherheit und Verfügbarkeit sowie
- Test.

Danach wird eine neuerliche Bewertung durchgeführt, wenn während der Entwicklung oder Wartung wesentliche technische oder logische Änderungen auftreten. Unternehmenskontrollen sollten angemessen in Anwendungskontrollen übergeleitet werden, so dass die Verarbeitung richtig, vollständig, zeitgerecht, autorisiert und nachvollziehbar erfolgt. Dabei speziell zu berücksichtigende Themen sind Autorisierungsmechanismen, Integrität von Informationen, Zugriffsschutz, Back-up und der Entwurf der Prüfspur.

Anforderungen an Sicherheit und Verfügbarkeit der Anwendung sind in Bezug auf identifizierte Risiken zu behandeln, unter Berücksichtigung der Datenklassifikation, der Informationssicherheitsarchitektur der Organisation und des Risikoprofils. Zu berücksichtigen sind dabei unter anderem Aspekte wie

- Zugriffsberechtigungen und Rechtemanagement,
- der Schutz sensitiver Informationen auf allen Ebenen,
- Authentisierung und Transaktionsintegrität sowie
- automatische Wiederherstellung.

Zugekaufte, automatisierte Funktionen sind unter Anwendung der Verfahren für Konfiguration, Abnahme und Test zu ändern und zu implementieren. Zu berücksichtigende Gesichtspunkte sind

- die Validierung gegenüber Vertragsbedingungen,
- die Informationsarchitektur der Organisation,
- bestehende Anwendungen, Interoperabilität mit bestehenden Anwendungen und Datenbanksystemen,
- die Systemperformance,
- Dokumentation und Benutzerhandbücher und
- Pläne für Integrations- und Systemtests.

Im Falle von wesentlichen Upgrades vorhandener Systeme, die in signifikanten Änderungen im derzeitigen Design und/oder der Funktionalität resultieren, ist einem ähnlichen Prozess zu folgen wie für die Entwicklung neuer Systeme. Zu berücksichtigen sind eine Auswirkungsanalyse, Kosten-/Nutzenanalyse und das Anforderungsmanagement.

Es gilt sicherzustellen, dass eine automatisierte Funktionalität entsprechend der Designspezifikationen, Entwicklungs- und Dokumentationsstandards und Qualitätsanforderungen entwickelt wird. Jede wichtige Phase im Software-Entwicklungsprozess wird nach erfolgreichen Reviews von Funktionalität, Leistung und Qualität bestätigt und abgeschlossen. Zu berücksichtigen ist hierbei

- die Bestätigung, dass die Designspezifikationen mit den geschäftlichen, funktionalen und technischen Erfordernissen übereinstimmt,
- die Freigabe von Change-Requests sowie
- die Bestätigung, dass die Anwendungssoftware mit vorhandenen Produktionssystemen kompatibel und für eine Migration bereit ist.

Außerdem ist sicherzustellen, dass alle rechtlichen und vertraglichen Aspekte für durch Dritte entwickelte Anwendungssoftware identifiziert und behandelt werden. Ein Softwarequalitätssicherungsplan sollte entwickelt, benötigte Ressourcen müssen bereitgestellt und der Plan muss umgesetzt werden, um die in der Anforderungsdefinition und den Qualitätsrichtlinien und Verfahren der Organisation festgelegte Qualität zu erreichen.

Im Qualitätssicherungsplan sind insbesondere die Spezifikation von Qualitätskriterien sowie einen Validierungs- und Verifikationsprozess von Bedeutung, der auch Inspektion, Walkthroughs und Testen beinhaltet. Während des Entwurfs, der Entwicklung und der Implementierung sollten der Status jeder Anforderung (einschließlich der abgelehnten Anforderungen) nachvollzogen werden können und Änderungen von Anforderungen in einem etablierten Changemanagement-Prozess genehmigt werden.

Eine Strategie und einen Plan für Wartung und Release von Software sollte entwickelt werden. Dabei sind unter anderem

- Releaseplanung und -steuerung,
- Ressourcenplanung,
- Fehlerbehandlung und -behebung (bugfixing und fault correction),
- geringfügige Verbesserungen,
- Pflege der Dokumentation,
- Notfall-Changes,
- Interdependenzen mit anderen Anwendungsprogrammen und Infrastruktur,
- Strategien für Upgrades,
- vertragliche Konditionen wie Support und Upgrades,
- periodische Reviews gegenüber den Unternehmensanforderungen sowie
- Risiken und Sicherheitsanforderungen

zu beachten.

Der Plan für die Beschaffung, Implementierung und Wartung der technologischen Infrastruktur sollte die bestehenden funktionalen Geschäfts- und technischen Anforderungen erfüllen und im Einklang mit der unternehmensweiten technologischen Richtung stehen. Der Plan sollte eine künftige Flexibilität zu Kapazitätserweiterungen, Kosten für den Übergang, technische Risiken und die Gesamtausgaben über den Lebenszyklus von Technologie-Upgrades umfassen.

Beim Einsatz von neueren technischen Möglichkeiten sind deren Komplexitätskosten und die wirtschaftliche Stabilität des Anbieters und Produktes zu beurteilen. Maßnahmen zur Internal Control, Sicherheit und Prüfbarkeit während der Konfiguration, Integration und Wartung von Hardware und Infrastruktur-Software sind zu implementieren, um Ressourcen zu schützen und die Verfügbarkeit und Integrität sicherzustellen.

Die Verantwortung für die Verwendung von empfindlichen Infrastrukturkomponenten sollte klar festgelegt und von denen verstanden werden, die Infrastrukturkomponenten entwickeln und integrieren. Die Verwendung sollte gemonitort und evaluiert werden.

Eine Strategie und ein Plan für die Wartung der Infrastruktur sind zu entwickeln. Changes dürfen ausschließlich entsprechend dem unternehmensweiten Changemanagement-Prozess gesteuert ablaufen. Regelmäßige Reviews anhand des Unternehmensbedarfs, Strategien für Patch-Management und Upgrade, Risiken, Verletzbarkeitsanalysen und Sicherheitsanforderungen sind dabei zu berücksichtigen.

Eine Entwicklungs- und Testumgebung sollte genutzt werden, um in frühen Stadien des Beschaffungs- und Entwicklungsprozesses wirksame und wirtschaftliche Machbarkeits- und Integrationstests für Anwendungen und Infrastrukturen zu unterstützen. Zu berücksichtigen sind

- Funktionalität,
- Hard- und Softwarekonfiguration,
- Integrations- und Performancetests,
- Migration zwischen den Umgebungen,
- Versionskontrolle,
- Werkzeuge und Daten für Tests sowie
- Sicherheit.

An das Fachbereichsmanagement ist das erforderliche Wissen zu transferieren, um ihm zu ermöglichen, die Eigentümerschaft über die Anwendung und Daten und die Verantwortung für die Leistungserbringung und -qualität, Internal Control und Administrationsprozesse der Anwendung zu übernehmen. Der Wissenstransfer sollte Freigaben für den Zugriff, Rechteverwaltung, Funktionstrennung, automatisierte Geschäftskontrollen, Back-up und Recovery, physische Sicherheit und Archivierung von Urbelegen umfassen.

An Endbenutzer sind Wissen und Fertigkeiten zu transferieren, um ihnen die wirksame und wirtschaftliche Verwendung der Anwendung zur Unterstützung der Geschäftsprozesse zu ermöglichen. Der Wissenstransfer sollte die Entwicklung eines Trainingsplans für erstmalige und laufende Schulungen und die Entwicklung der Fertigkeiten, Schulungsmaterialien, Benutzerhandbücher, Verfahrenshandbücher, Online-Hilfe, Unterstützung durch den Service Desk, Identifikation von Key-Usern und Evaluation umfassen.

An den Betrieb und den technischen Supportmitarbeiter muss das Wissen transferiert werden, um ihnen die wirksame und wirtschaftliche Bereitstellung, Unterstützung und Wartung der Anwendung und der korrespondierenden Infrastruktur zu ermöglichen, die den erforderlichen Service-Levels entspricht. Der Wissenstransfer sollte die Entwicklung eines Trainingsplans für erstmalige und laufende Schulungen und die Entwicklung der Fertigkeiten, Schulungsmaterialien, Betriebshandbücher, Verfahrenshandbücher sowie Szenarien für den Service Desk umfassen.

Formelle Changemanagement-Verfahren, die in geregelter Weise alle Anfragen (inklusive Wartung und Patches) für Changes an Anwendungen, Verfahren, Prozessen, System- oder Serviceparametern sowie an Basisplattformen behandeln, sind zu etablieren. Alle Anfragen für Changes sollten in einer strukturierten Art und Weise auf deren Auswirkungen auf die operativen Systeme und deren Funktionalität hin beurteilt werden. Diese Beurteilung sollte eine Kategorisierung und Priorisierung der Changes umfassen. Vor der Migration in die Produktion werden Changes durch die jeweiligen Stakeholder genehmigt.

Ein Prozess für die Definition, Aufnahme, Beurteilung und Genehmigung von Notfall-Changes, die nicht dem bestehenden Change-Prozess folgen, ist ebenfalls zu entwickeln.

10.1 Regelungsziele nach COBIT

Dokumentationen und Tests sollten durchgeführt werden, auch nach der Implementierung des Notfall-Changes. Ein Nachverfolgungs- und Reportingsystem soll Anfordernde und die entsprechenden Stakeholder über den Status der Änderung an Anwendungen, Verfahren, Prozessen, System- oder Serviceparametern sowie an den Basisplattformen informieren.

Sobald System-Changes umgesetzt sind, müssen die betreffende System- und Benutzerdokumentation sowie die Verfahren entsprechend aktualisiert werden. Ein Review-Prozess stellt die vollständige Umsetzung der Changes sicher.

Als Teil jedes Entwicklungs-, Implementierungs- oder Änderungsprojektes müssen Mitarbeiter der betroffenen Abteilungen und das Betriebspersonal der IT in Einklang mit den festgelegten Schulungs- und Implementierungsplänen und den entsprechenden Unterlagen geschult werden.

Testpläne basieren auf unternehmensweiten Standards und definieren Rollen, Verantwortlichkeiten und Erfolgskriterien. Ein solcher Plan berücksichtigt

- die Testvorbereitung (inklusive Vorbereitung notwendiger Räumlichkeiten),
- Schulungserfordernisse,
- Installation oder Update einer definierten Testumgebung,
- Planung, Umsetzung, Dokumentation und Aufbewahrung von Testfällen,
- Fehlerbehandlung und -korrektur sowie
- die formelle Abnahme.

Basierend auf der Beurteilung des Risikos von Systemfehlern oder Störungen bei der Implementierung, sollte der Plan die Erfordernis für Leistungs-, Stress-, Usability-, Pilot- und Sicherheitstests umfassen.

Der Implementierungsplan definiert

- das Release-Design,
- den Aufbau von Release-Paketen,
- Verfahren für Rollout/Installation,
- Umgang mit Ereignissen,
- Steuerung der Verteilung (inklusive Werkzeuge),
- Speicherung von Software,
- Review der Release und
- die Dokumentation von Changes.

Der Plan sollte auch Vorkehrungen für eine Rücksetzung (fallback/backout) enthalten.

Eine separate Testumgebung für Tests ist vorzuhalten. Diese Umgebung sollte der künftigen Betriebsumgebung entsprechen (zum Beispiel ähnliche Sicherheit, Internal Controls und Workloads), um ein sinnvolles Testen zu ermöglichen. Verfahren sollen vorhanden sein, um sicherzustellen, dass die in der Testumgebung verwendeten Daten den später in der Produktivumgebung verwendeten Daten entsprechen und, wo nötig, anonymisiert sind.

Angemessene Maßnahmen müssen die Veröffentlichung sensitiver Testdaten verhindern. Das dokumentierte Testergebnis sollte aufbewahrt werden. Die Entwicklungsmethoden der Organisation müssen sicherstellen, dass für alle Entwicklungs-, Implementierungs- oder Änderungsprojekte alle notwendigen Bestandteile, wie Hardware, Software, Transaktionsdaten, Stammdaten, Back-ups und Archive, Schnittstellen mit anderen Systemen, Verfahren, Systemdokumentation etc., vom Altsystem in das Neusystem entsprechend eines vorher entwickelten Plans überführt werden.

Eine Prüfspur (audit trail) von Ergebnissen vor und nach der Konvertierung sollte entwickelt und aufbewahrt werden. Eine detaillierte Verifikation der ersten Verarbeitung des neuen Systems sollte durch die Systemeigner durchgeführt werden, um die erfolgreiche Überführung zu bestätigen. Changes werden entsprechend der definierten Abnahmepläne getestet, die auf einer Beurteilung von Auswirkungen und Ressourcenbedarf basieren. Diese Beurteilung berücksichtigt die Bestimmung der notwendigen Performance in einer separaten Testumgebung durch eine (von Entwicklern) unabhängige Testgruppe, bevor eine Verwendung in der Normalbetriebsumgebung erfolgt.

Sicherheitsmaßnahmen sollten vor der Auslieferung getestet werden, so dass die Wirksamkeit der Sicherheit zertifiziert werden kann. Pläne für eine Rücksetzung (fallback/backout plan) sollten vor der Umsetzung des Changes in die Produktion entwickelt und getestet werden. Als Teil der Abnahme oder abschließenden Qualitätssicherung neuer oder modifizierter Informationssysteme sollte eine formale Evaluierung und Freigabe der Testergebnisse durch das Management der betroffenen User-Abteilung(en) und der IT vorgesehen werden.

Die Tests sollten alle Komponenten des Informationssystems (zum Beispiel Anwendungssoftware, Einrichtungen, Technologie und User-Verfahren) umfassen und sicherstellen, dass die Anforderungen an die Informationssicherheit durch alle Komponenten eingehalten werden. Die Testdaten sollten als Prüfspur und für künftige Tests aufbewahrt werden.

Formale und dem Umsetzungsplan entsprechende Verfahren zur Steuerung der Übergabe des Systems von der Entwicklung zum Test und dann in die Produktion sind zu erstellen. Das Management sollte verlangen, dass das Einverständnis des Systemeigners eingeholt wird, bevor eine neue Anwendung in die Produktion verschoben wird, und dass das neue System erfolgreich die Tages-, Monats-, Quartals- und Jahresendverarbeitung durchgeführt hat, bevor das Altsystem außer Betrieb genommen wird.

Die Release von Software wird durch formelle Verfahren geregelt, die eine Freigabe, Erstellung von Paketen, Regressionstests, Verteilung, Übergabe, Statusverfolgung, Pläne für eine Rücksetzung und Benachrichtigung von Usern gewährleisten. Steuerungsverfahren stellen eine zeitgerechte und korrekte Verteilung und Updates von freigegebenen Configuration Items sicher. Dies umfasst Integritätskontrollen, Funktionstrennung zwischen den Personen, die erstellen, testen und betreiben, und angemessene Prüfspuren aller Aktivitäten.

Das System, das für das Monitoring von Changes an Anwendungen eingesetzt wird, sollte automatisiert sein, um die Aufzeichnung und Verfolgung von Changes an Anwendungen, Verfahren, Prozessen, Systemen und Service-Parametern und der Basisplattform zu unterstützen. In Übereinstimmung mit dem unternehmensweiten Entwicklungs- und Change-Standards sollten Verfahren entwickelt werden, die einen Post-implementation Review der operativen Systeme verlangen, um zu bewerten und zu berichten, ob der Change auf die kostenwirksamste Art die Kundenanforderungen erfüllt und den vorgesehenen Nutzen erbracht hat.

10.1.3 Delivery & Support

Eine Service Desk-Funktion als Schnittstelle von Usern zur IT, zur Aufnahme, Kommunikation, Weitergabe und Analyse aller Anrufe, gemeldeten Incidents und Service- und Informationsanfragen sollte eingerichtet werden. Basierend auf den vereinbarten Service-Levels gemäß dem geeigneten SLA sollten Verfahren für die Überwachung und die Eskalation umgesetzt werden, welche die Klassifikation und Priorisierung aller gemeldeten Vorfälle als Incident, Serviceanfrage oder Informationsanfrage erlauben. Die Zufriedenheit des Endbenutzers mit der Qualität des Service Desks und der IT-Services sollte regelmäßig erfasst werden.

Ein System zur Aufzeichnung und Verfolgung von Anrufen, Incidents, Serviceanfragen und Informationsbedürfnissen ist einzurichten. Es sollte in Prozesse wie Incident-Management, Problem-Management, Changemanagement, Kapazitäts- und Verfügbarkeitsmanagement eng eingebunden sein. Incidents sollten entsprechend einer Geschäfts- und Service-Priorität klassifiziert und dem geeigneten Team zur Problembehandlung übergeben werden. Die Kunden sollten über den Status ihrer Anfragen informiert bleiben. Verfahren für den Service Desk sind so zu gestalten, dass nicht sofort lösbare Incidents angemessen, entsprechend den in den SLAs definierten Grenzen eskaliert, und – wo anwendbar – entsprechende Workarounds angeboten werden.

Die Eigentümerschaft von Incidents und deren Überwachung während des gesamten Lebenszyklus der durch Benutzer initiierten Incidents verbleibt beim Service Desk, unabhängig davon, welche Gruppe der IT an der Lösung arbeitet. Verfahren für das zeitnahe Monitoring der Erledigung von Kundenanfragen sind zu erstellen. Wenn ein Incident gelöst wird, sollte der Service Desk die zugrunde liegende Ursache (falls bekannt) aufzeichnen und bestätigen, dass die getroffene Handlung vom Kunden akzeptiert wurde.

Berichte der Aktivitäten des Service Desks ermöglichen es dem Management, die Leistungserbringung und Antwortzeiten zu messen und Trends oder wiederkehrende Probleme zu identifizieren, so dass das Service kontinuierlich verbessert werden kann.

Eine zentrale Sammlung (repository) aller relevanten Informationen über Configuration Items ist vorzuhalten. Dieses Repository umfasst Hardware, Anwendungssoftware, Middleware, Parameter, Dokumentation, Verfahren und Werkzeuge für Betrieb, Zugriff und Verwendung der Systeme und Services. Berücksichtigt werden sollten Informationen wie Benennung, Versionsnummern und Lizenzierungsdetails. Eine Referenzversion der Configuration Items sollte für jedes System und alle Services aufbewahrt werden, um nach Changes wieder dahin zurückkehren zu können.

Verfahren sind zu erstellen für

- die Identifikation von Configuration Items und deren Attribute,
- die Aufzeichnung neuer, modifizierter und gelöschter Configuration Items,
- die Identifikation und Wartung der Beziehungen zwischen Configuration Items im Configuration Repository,
- Updates bestehender Configuration Items im Konfigurations-Repository sowie
- für die Verhinderung der Berücksichtigung nichtautorisierter Software.

Diese Verfahren sollten eine angemessene Autorisierung und Aufzeichnung aller Aktionen am Konfigurations-Repository ermöglichen und in die Verfahren des Changemanagements und Problem-Managements integriert sein.

Der Status der Configuration Items ist regelmäßig zu überprüfen und zu verifizieren, wo notwendig unter Verwendung von entsprechenden Werkzeugen, um die Integrität der derzeitigen und historischen Konfigurationsdaten zu bestätigen und mit der effektiven Situation zu vergleichen. Anhand der Policy für die Verwendung von Software ist die Existenz von privater oder nicht lizenzierter Software oder anderer Software, die gültigen Lizenzvereinbarungen widerspricht, zu überprüfen.

Fehler und Abweichungen sollten berichtet, verfolgt und korrigiert werden. Prozesse zur Meldung und Klassifikation von Problemen, welche als Teil des Incident-Managements identifiziert wurden, sind zu definieren. Die Schritte einer Problemklassifizierung sind ähnlich zu den Schritten für die Klassifizierung von Incidents; sie sollten Kategorie, Auswirkungen, Dringlichkeit und Priorität bestimmen. Probleme sollten sinnvoll in zusammenhängende Gruppen oder Domänen kategorisiert werden (zum Beispiel Hardware, Software, unterstützende Software). Diese Gruppen können den organisatorischen Verantwortlichkeiten, dem User- oder dem Kundenkreis entsprechen und sind die Grundlage für die Zuweisung von Problemen an das Support-Personal.

Das Problemmanagementsystem sollte angemessene Prüfspur-Aufzeichnungen bieten, welche die Nachverfolgung, Analyse und Bestimmung der zugrunde liegenden Ursache (root cause) aller gemeldeten Probleme ermöglichen, unter Beachtung von

- allen verbundenen Konfigurationselementen,
- ungelösten Problemen und Ereignissen sowie
- bekannten und vermuteten Fehlern.

Anhaltende Lösungen, welche die zugrunde liegende Ursache angehen und Change Requests an den etablierten Changemanagement-Prozess stellen, sind zu definieren. Während des gesamten Lösungsprozesses sollte das Problem-Management regelmäßig vom Changemanagement Berichte über den Fortschritt in der Lösung von Problemen und Fehlern erhalten. Das Problem-Management sollte die andauernden Auswirkungen von Problemen und bekannten Fehlern (Known Errors) auf die User-Services erhalten.

Für den Fall, dass die Auswirkungen wesentlich werden, sollte das Problem-Management das Problem eskalieren, allenfalls an ein entsprechendes Gremium verweisen, um die Priorität der Änderungsanfrage (Request For Change = RFC) zu erhöhen oder um – falls notwendig – einen dringenden Change zu implementieren. Der Fortschritt der Problemlösung sollte gegen das SLA gemonitort werden.

Ein definiertes Verfahren beschreibt den Abschluss von Problemaufzeichnungen entweder nach der Bestätigung einer erfolgreichen Beseitigung des bekannten Fehlers oder nach einer Übereinkunft mit dem Fachbereich, wie man das Problem alternativ lösen könnte. Um ein wirksames Management von Problemen und Incidents sicherzustellen, sind die in Beziehung stehenden Prozesse Change, Configuration und Problem-Management zu integrieren. Es gilt zu verfolgen, wie viel Aufwand in notfallartige Korrekturen an Stelle von Maßnahmen zur Verbesserung des Kerngeschäfts gesteckt wird, um diese Prozesse zu verbessern und Probleme zu minimieren.

10.2 Vorschlag für eine Service-Management-Richtlinie

Im Folgenden haben wir einen Vorschlag zusammengestellt, welche Regelungen in einer Service-Management-Richtlinie enthalten sein sollten. Dieser Vorschlag muss selbstverständlich auf Ihr Unternehmen zugeschnitten werden. Diese Richtlinie verweist für viele Regelungsinhalte auf andere Dokumente der im Kap. 4 ‚Aufbau des Buches' vorgestellten Dokumenthierarchie. Diese Verweise sind entsprechend anzupassen, wenn Sie die Inhalte gemäß den Bedürfnissen Ihres Unternehmens neu zugeschnitten haben.

Der folgende Vorschlag versteht sich insofern nur als eine Anregung und soll eine inhaltliche Orientierung geben sowie ein Verständnis für die erforderliche Regelungstiefe schaffen.

10.2.1 Vorbemerkung und Einführung

10.2.1.1 Zweck

Dieses Dokument regelt die grundlegenden Prinzipien der Anwendungsentwicklung des Unternehmens in Bezug auf IT-Service-Management für die Prozesse

- Incident-Management,
- Problem-Management,
- Change-Management,
- Release-Management und
- Configuration-Management.

Dieses Dokument ist Bestandteil der übergeordneten Governance-Richtlinien des Unternehmens. Zuwiderhandlungen können disziplinarische Konsequenzen zur Folge haben.

10.2.1.2 Grundlage

Grundlage dieser Richtlinie ist der ISO/IEC 20000 Standard zum IT-Service-Management, in dem die Anforderungen an ein professionelles IT-Service-Management dokumentiert sind. ISO/IEC 20000 dient als messbarer Qualitätsstandard und spezifiziert die Anforderungen an die notwendigen Prozesse, die eine Organisation etablieren muss, um IT-Services in definierter Qualität bereitstellen und managen zu können.

Der ISO/IEC 20000 Standard unterteilt sich in zwei Teile:

- ISO/IEC 20000-1, die „Service Management Specification"
  Dieser Teil enthält die formelle Spezifikation und dokumentiert die „Muss-Kriterien" des Standards.
- ISO/IEC 20000-2, „Service Management: Code of Practice"
  Hier werden die Anforderungen des ersten Teils um Erläuterungen der „Best Practice" ergänzt sowie Leitlinien und Empfehlungen dokumentiert.

10.2.1.3 Gegenstand und Umfang

Diese Richtlinie gilt ausschließlich für das Unternehmen sowie für alle Mitarbeiter, Vertragsnehmer und andere dritte Parteien, sofern sie im Auftrage des Unternehmens Tätigkeiten verrichten. Sie enthält Anforderungen und Empfehlungen, die an die oben angeführten Prozesse gestellt werden, um eine hohe Qualität und Nachvollziehbarkeit zu gewährleisten.

Der Fokus dieser IT-Service-Management-Richtlinie liegt auf den Prozessen Incident, Problem-, Change, Release- und Configuration-Management, welche lediglich einen Ausschnitt aus dem Gesamt-Prozessmodell darstellen. Hierbei haben lediglich das Change und das Release-Management spezifische Anforderungen an die Anwendungsentwicklung. Incident-, Problem- und Configuration-Management sind unabhängig von dem betrachteten Bereich und somit existieren keine vom Standard abweichenden Anforderungen im Kontext mit der Anwendungsentwicklung an diese Prozesse.

10.2.1.4 Verantwortlichkeiten für diese Richtlinie

Die Verantwortung für die Erstellung, Weiterentwicklung und Umsetzung dieser Richtlinie liegt beim CEO des Unternehmens. Eine für die Umsetzung erforderliche Governance-Struktur ist einzurichten, um die Einhaltung dieser Richtlinie zu gewährleisten.

Die Führungskräfte des Unternehmens sind verpflichtet, dafür Sorge zu tragen, dass alle Mitarbeiter, Vertragspartner und andere betroffene Dritte Kenntnis von dieser Richtlinie und den darauf aufbauenden weiterführenden Dokumentationen erhalten und die getroffenen Regelungen umsetzen.

10.2.2 Incident-Management

Die Aufgabe des Incident-Managements ist es, nach einer Störung schnellstmöglich den vereinbarten Service wiederherzustellen, mit möglichst geringen Auswirkungen auf die Anwender und die vereinbarten Services.

Hierbei dient der Service Desk als Kontaktstelle des Anwenders, bei dem Störungen mittels verschiedener Verfahren wie zum Beispiel E-Mail, Anruf, Fax etc. gemeldet werden können.

10.2.2.1 Anforderungen

Gemäß ISO/IEC 20000-1 sind alle Incidents zu dokumentieren und Regeln zur Minimierung potenzieller Auswirkungen des Incidents auf das Geschäft festzulegen.

Darüber hinaus sind Regelungen für folgende Definitionen zu treffen:

- Auswirkungen auf das Geschäft (Business Impact)
- Priorität
- Klassifikation
- Major Incidents
- Kommunikation
- Eskalation
- Aktualisierung des Incidents
- Lösung
- Schließen des Incidents

Alle am Incident-Management Beteiligten benötigen Zugriff auf alle relevanten Daten. Dies betrifft insbesondere die Datensammlungen zu Known Errors und Problemlösungen sowie die Konfigurationsdatenbank (CMDB).

Folgende Aktivitäten sollten im Incident-Management-Prozess abgedeckt sein:

- Annahme der Störungsmeldung
- Aufnahme der Störungsmeldung gemäß einem definierten Verfahren (zum Beispiel in ein vereinbartes Tool)
- Priorisierung der Störungsmeldung
- Klassifikation der Störungsmeldung
- Lösung der Störungsmeldung bzw. Weiterleitung an das Problem- oder Change-Management
- Dokumentation gegebenenfalls eingesetzter Umgehungslösungen (Workarounds)
- Verfolgen der Störungsmeldung über den gesamten Lifecycle
- Überprüfung der Störungsmeldung bzgl. Lösungszufriedenheit des Anwenders
- Schließen der Störungsmeldung

Die Übergabe einer Störung vom Incident-Management- zum Problem-Management-Prozess sollte erfolgen, wenn innerhalb einer vorgegebenen Zeit keine Lösung für die Störung gefunden wurde oder mehrere Incidents mit gleicher Ursache auftreten.

Auch wenn die der Störung zugrunde liegende Ursache noch nicht identifiziert wurde, ist die Störungsmeldung nach Wiederherstellung der Services zu schließen.

Eröffnen von Tickets

Welche Personen unter welchen Bedingungen und in welcher Form Incidents melden dürfen, ist im Incident-Management-Prozess zu definieren. Dies dient einerseits der Kostenzuordnung und andererseits einer eventuellen Vor-Qualifikation.

Auswirkungen, Prioritäten und Klassifikationen

Die Auswirkungen auf das Geschäft sind nach fest vorgegebenen Kriterien, unter Vermeidung subjektiver Bewertungen, zu ermitteln und zu dokumentieren.

Prioritäten sind nach fest vorgegebenen Kriterien und fest vorgegebenem Schema zu vergeben. Subjektive Entscheidungsspielräume sind auf ein Minimum zu reduzieren.

Die Klassifikation ist gemäß einem fest vorgegebenen Schema zu vergeben. Dieses Schema ist in der Regel hierarchisch aufgebaut, sollte weitgehend eine eindeutige Zuordnung ermöglichen und hinsichtlich seines Umfangs durch die Anforderungen der Auswertbarkeit und praktischen Anwendung bestimmt sein.

10.2.2.2 Dokumentation

Gemäß ISO/IEC 20000-1, 8.2 ist es zwingend erforderlich, dass jeder Incident dokumentiert werden muss. Dies gilt unabhängig von der für die Lösung benötigten Zeit.

Dies gilt, entgegen verbreiteter Praxis, auch für Incidents die umgehend gelöst werden (wie zum Beispiel Anwenderfehler), da andernfalls wesentliche Informationen über auftretende Störungen verloren gingen, spätere Auswertungen somit fehlerhaft wären und gegebenenfalls falsche Schlüsse gezogen würden.

10.2.2.3 Kommunikation

Ein wichtiger Aspekt des Incident-Managements ist es, den Anwender über den Fortschritt der Bearbeitung des Incidents auf dem Laufenden zu halten. Ist der Anwender nicht über den aktuellen Stand, den geplanten Zeitpunkt der Wiederherstellung und eventuelle Verletzungen der Service-Levels informiert, kann dies schnell zu einer allgemeinen Unzufriedenheit mit den gelieferten Services führen. Aus diesem Grunde wird von ISO/IEC 20000-1 eine rechtzeitige und umfangreiche Kommunikation mit dem Anwender und allen weiteren beteiligten Parteien gefordert.

Die Regeln dieser Kommunikation werden in einer Kommunikationsmatrix hinterlegt. Darin muss geregelt sein

- wer die zu informierenden Parteien sind,
- zu welchem Zeitpunkt die Information zu erfolgen hat,
- welche Kommunikationskanäle zu verwenden sind und
- auf welche Art ein gemeinsames Verständnis über die Risiken und Auswirkungen auf das Geschäft sichergestellt wird.

Bei der Gestaltung der Kommunikationsmatrix sind sowohl Incidents von lokaler Bedeutung, Major Incidents als auch der Katastrophenfall zu berücksichtigen.

Treten bei der Bearbeitung Schwierigkeiten auf, so sollte nach festgelegten Regeln an die jeweils zuständigen Stellen eskaliert werden. In diesem Zusammenhang sollten

- alle Änderungen der für die Bearbeitung des Incidents zuständigen Stellen über den gesamten Lifecycle festgehalten,
- drohende und tatsächliche Verletzung von SLAs (Service Level Agreements) kenntlich gemacht,
- eindeutige Ansprechpartner für alle Eskalationsstufen bestimmt und
- alle benutzten Ressourcen und alle ergriffenen Maßnahmen festgehalten werden.

10.2.2.4 Major Incidents und Katastrophenfälle

Gemäß ISO/IEC 20000-1 ist eine eindeutige Definition erforderlich, anhand derer Major Incidents bzw. Katastrophenfälle identifiziert und klassifiziert werden können. Diese Definition hat angemessen, für den Anwender und den Dienstanbieter verständlich, sowie im Kommunikationsprozess separat berücksichtigt zu werden. Darüber hinaus muss dort beschrieben sein, in wieweit von dem üblichen Incident-Management-Prozess abgewichen werden darf und wer über derartige Abweichungen entscheidet. Soweit sachlich möglich, müssen die abweichenden Verfahrensweisen als separater Prozess dokumentiert sein.

10.2.2.5 Rollen

Über die in ITIL® definierten Rollen des Incident-Managements hinaus (Incident Manager sowie First, Second und Third Level Support), ist für die Konformität mit ISO/IEC 20000 die Rolle des Major Incident Managers erforderlich.

Jeder Major Incident sollte genau einem klar definierten verantwortlichen Major Incident Manager zugeordnet sein. Der Major Incident Manager trägt die Verantwortung für alle Aspekte der Lösung des jeweiligen Major Incidents und benötigt entsprechende Rechte. Insbesondere obliegt ihm die effektive Kommunikation und Eskalation bezüglich aller beteiligten Bereiche.

10.2.3 Problem-Management

Das Problem-Management hat die Aufgabe, das Auftreten und die Wiederholung von Incidents, die sich auf bekannte Fehler zurückführen lassen, zu vermeiden und Lösungen bereitzustellen für Incidents mit unbekannter Ursache.

Ziel dabei ist die Minimierung von Beeinträchtigungen des Geschäftes durch proaktive Untersuchung möglicher Ursachen für Störungen und durch aktive Verfolgung von Problemen bis zur abschließenden Lösung.

10.2.3.1 Anforderungen

Gemäß ISO/IEC 20000-1 sind alle Probleme, die als solche erkannt wurden, zu dokumentieren. Es sind Regeln aufzustellen zur

- Identifizierung,
- Minimierung und
- Vermeidung

von Auswirkungen von Problemen auf den Geschäftsbetrieb. Darin ist zu regeln, wie Probleme

- aufgezeichnet,
- klassifiziert,
- aktualisiert,
- kommuniziert und eskaliert,
- gelöst und
- geschlossen

werden. Darüber hinaus müssen die Regelungen vorbeugende Maßnahmen, wie die Auswertung von Trendanalysen über das Auftreten verschiedener Klassen von Incidents, enthalten, um mögliche Probleme zu vermeiden.

Erfordert eine Problemlösung die Veränderung von Komponenten der IT-Infrastruktur oder IT-Anwendungen, so sind diese zwingend als Change an den Changemanagement-Prozess zu übergeben.

Die Wirksamkeit der Lösung von Problemen muss

- überwacht,
- bewertet und
- in Berichtform ausgewertet

werden.

Im Rahmen des Problem-Management-Prozesses muss eine Sammlung von bekannten Fehlern mit Lösungen (Known Errors) und von Workarounds aufgebaut, stets aktuell gehalten und den am Incident-Management-Prozess Beteiligten zur Verfügung gestellt werden. Darüber hinaus sind die im Rahmen der Lösung von Problemen aufgekommenen Verbesserungsmöglichkeiten so zu dokumentieren, dass sie Eingang in einen Plan zur kontinuierlichen Verbesserung der Dienstleistungen finden.

10.2.3.2 Rollen

ISO/IEC 20000 enthält keine besonderen Anforderungen an die Rollen im Rahmen des Problem-Management-Prozesses.

Dies wichtigste Rolle im Rahmen des Problem-Management-Prozesses ist die des Problem-Managers. Er trägt insbesondere die Verantwortung dafür, dass jedes als solches erkannte Problem über seinen kompletten Lifecycle verfolgt wird und dabei die aufgestellten Regelungen eingehalten werden.

Im Rahmen der Anwendungsentwicklung hat sich die Etablierung von Anwendungsbetreuern als sinnvoll herausgestellt. Sie fungieren als erster Ansprechpartner, sobald ein

Problem in Beziehung zu einer bestimmten Anwendung gesetzt wird und keine spezifischere Zuordnung gegeben ist. Die Etablierung von Anwendungsbetreuern ist insbesondere dann angezeigt, wenn die Anwendungsentwicklung nach Anwendungen strukturiert ist oder in engem Austausch mit den Fachabteilungen arbeitet.

Je nach Organisationsstruktur und Ausgestaltung des Service Desks kann auch die Einrichtung von Kontaktpersonen in den einzelnen Fachabteilungen von Nutzen sein. Die Kontaktpersonen akkumulieren durch vermehrte Einbeziehung ein tieferes Verständnis für die in der betreffenden Abteilung genutzten Anwendungen und die damit möglicherweise auftretenden Probleme. Sie fungieren in der Kommunikation auch als Multiplikatoren und „Übersetzer". Die Einrichtung von Kontaktpersonen ist nur dann sinnvoll, wenn die Organisation ein gewisses Maß an dezentralen Strukturen verkraftet und die Funktion des Service Desks dadurch nicht untergraben wird.

10.2.3.3 Problemaufnahme

Der Problemaufnahme kommt eine zentrale Bedeutung für die Vollständigkeit und Konsistenz der Aufzeichnungen und damit der Wirksamkeit von Auswertungen im Rahmen der Problemvermeidung zu. Entsprechend sorgfältig sollten die Regelungen zur Problemaufnahme entwickelt und umgesetzt werden.

Für eine effektive Lösung von Problemen ist es sinnvoll, Probleme zu klassifizieren. Diese Klassifikation kann sich auf die Klassifikation von Incidents stützen. Darüber hinaus sollte auf andere relevante Incidents und Probleme verwiesen werden.

10.2.3.4 Known Errors

Wurde der Grund eines Problems ermittelt und ein Weg zur Lösung des Problems gefunden, so sollte das Problem bzw. der Incident als „Known Error" klassifiziert werden. Derartige Known Errors sollten so aufgezeichnet und in einer Sammlung (Knowledge Base) zusammengeführt werden, dass sie nicht nur mit den wahrscheinlich fehlerhaften Configuration Items, sondern auch mit den potenziell betroffenen Dienstleistungen verknüpft wird.

Werden Dienste mit bekannten Fehlern eingeführt, so sollten alle Informationen über diese Fehler zusammen mit entsprechenden Workarounds wie Known Errors aus dem Problem-Management aufgezeichnet und gesammelt werden. Derartige Informationen können zum Beispiel von Herstellern und Partnern oder aus der Anwendungsentwicklung stammen.

Known Errors dürfen, wie andere Probleme auch, erst geschlossen werden, wenn sie erfolgreich und abschließend gelöst sind.

10.2.3.5 Problemlösung

Im Rahmen des Problem-Management-Prozesses wird für ein Problem nach dem Grund gesucht (Root Cause Analysis), eine Lösung erarbeitet und über deren Umsetzung entschieden. Die Umsetzung sollte generell über das Changemanagement erfolgen. Alle Lösungen, die eine Veränderung der IT-Infrastruktur oder IT-Anwendungen beinhalten, sind zwingend durch Changemanagement zu implementieren.

Wird entschieden, dass eine gefundene Lösung aus Kosten- oder anderen Gründen nicht implementiert wird oder eine begonnene Lösungssuche nicht fortgeführt wird, so wird dies dokumentiert, das Problem jedoch nicht geschlossen.

10.2.3.6 Kommunikation

Informationen über den Fortschritt der Analyse sowie der Entwicklung von Workarounds und Lösungen sollten so dokumentiert werden, dass alle Beteiligten, auch die für die betroffenen Dienstleistungen Verantwortlichen, immer auf dem Laufenden gehalten werden können.

Die Kommunikationspflichten sollten klar zwischen Service Desk und Problem-Management geregelt werden. Dabei ist zu berücksichtigen, dass zur Beantwortung von Rückfragen im Service Desk ausreichende Informationen vorliegen sollten.

10.2.3.7 Problemverfolgung und -eskalation

Aus den Aufzeichnungen über jedes Problem sollten sich der Verlauf der Bearbeitung und der aktuelle Stand ergeben.

Treten bei der Bearbeitung Schwierigkeiten auf, sollte nach festgelegten Regeln an die jeweils zuständigen Stellen eskaliert werden. In diesem Zusammenhang sollten

- alle Änderungen der für die Problemlösung zuständigen Stellen über den gesamten Lifecycle des Problems festgehalten werden,
- drohende und tatsächliche Verletzung von SLAs kenntlich gemacht werden,
- Informationen weitergeleitet werden an Kunden oder Kollegen, die zur Verringerung der geschäftlichen Auswirkungen eines ungelösten Problems beitragen können,
- eindeutige Ansprechpartner für alle Eskalationsstufen bestimmt werden,
- alle benutzten Ressourcen und alle ergriffenen Maßnahmen festgehalten werden.

10.2.3.8 Schließen von Tickets

Beim Schließen von Tickets sollte eine Qualitätssicherung stattfinden, die sicherstellt, dass

- die Lösung zutreffend, vollständig und in einer auch außerhalb des unmittelbaren Kontextes des Tickets verständlichen Form festgehalten ist,
- die Ursache des Problems für spätere Auswertungen klassifiziert ist,
- sowohl der Kunde als auch die Mitarbeiter, soweit anwendbar, über die Lösung unterrichtet sind und
- der Kunde bestätigt hat, dass das Problem gelöst ist.

Wenn das Problem nicht gelöst wurde, gleich aus welchem Grund, bleibt das Ticket offen. In diesem Fall sollte im Rahmen einer abschließenden Qualitätssicherung zumindest sichergestellt werden, dass der Kunde über den Sachverhalt informiert ist.

10.2.3.9 Problem-Management-Audit

Im Rahmen des Problem-Management-Prozesses sollten einzelne Tickets eingehend untersucht werden, soweit ungelöste, ungewöhnliche oder besonders schwerwiegende Probleme hierzu Veranlassung geben. Darüber hinaus sollte der Problem-Management-Prozess anhand der Gesamtheit der aufgezeichneten Datenbasis regelmäßig untersucht werden.

Ziele dieser Untersuchungen sollten Verbesserungen des Problem-Management-Prozesses bzw. Vermeidung von Wiederholungen sein. Typische Beispiele von Untersuchungsgegenständen sind

- die Auswertung einzelner Klassen von Incidents oder einzelner Statuswerte für Probleme in Bezug auf SLAs,
- Auswertungen für das Management, um Sponsoren für unmittelbar erforderliche Maßnahmen zu gewinnen,
- Auswertungen zur Bestimmung und Untersuchung von Trends als Input für andere Prozesse, zum Beispiel in Form von Trainingsunterlagen.

In den Untersuchungen sollten unter anderem folgende Punkte herausgearbeitet werden:

- Trends unterschiedlicher Art, wie sich häufende Probleme und Incidents oder Entwicklung von Known Errors,
- verstärktes Vorkommen einzelner Fehlerklassen, Standorte, Geräte etc.,
- Unzulänglichkeiten bei Ausstattung, Training oder Dokumentation,
- Verletzungen von Regeln, Normen oder Gesetzen,
- Known Errors in einzuführenden Releases,
- die Personalverfügbarkeit für die Bearbeitung von Incidents und Problemen,
- Wiederholung gelöster Incidents und Probleme

10.2.3.10 Problemvermeidung

Unter dem Eindruck des täglichen Problemlösungsgeschäftes darf der Aspekt des proaktiven Problem-Managements nicht vernachlässigt werden. Erst die effektive Vermeidung von Problemen schafft die für eine zuverlässige und qualitativ hochwertige Problemlösung erforderlichen Freiräume.

Das proaktive Problem-Management wird unterstützt durch eine gute Verknüpfung von Problemen mit

- Asset- und Konfigurationsdaten,
- Changemanagement,
- Known Errors in der Knowledge Base,
- Workarounds von Herstellern und Partnern,
- ähnlichen Problemen und deren Lösungen.

Proaktives Problem-Management kann sehr verschiedenartige Maßnahmen beinhalten, von der Vermeidung eines spezifischen Problems mit einer bestimmten Anwendungsfunktion durch einen entsprechenden Hinweistext, über anwendungs- oder prozessspezifisches Anwender- und Mitarbeitertraining, bis hin zu strategischen Entscheidungen zu Infrastruktur- und Anwendungsarchitektur, Servicekatalog, Organisation, Prozessen oder Personal. Während erstere Maßnahmen in der Regel unmittelbar über das Changemanagement umgesetzt werden können, greifen letztere unter Umständen in eine Vielzahl anderer Service-Management-Prozesse oder allgemeiner Management-Prozesse ein.

10.2.4 Change-Management

Die Aufgabe des Changemanagements ist die Sicherstellung, dass alle Änderungen kontrolliert umgesetzt und dabei

- geschätzt,
- genehmigt,
- getestet (Pre-implementation Test),
- freigegeben und
- nach erfolgter Umsetzung überprüft (Review)

werden.
   Ziel des Changemanagements ist

- zu verhindern, dass nicht-autorisierte Änderungen in das System gelangen,
- eine erfolgreiche Implementierung von Änderungen innerhalb des vorgegebenen Zeitrahmens und eines vorgegebenen Budgets,
- die Risiken einer durch die Implementierung von Änderungen verursachten Störung des Services zu minimieren,
- eine Priorisierung der Änderungsanträge gemäß Geschäftsnutzen zu ermöglichen sowie
- klare Verantwortlichkeiten während jeder Phase der Bearbeitung von Änderungsanträgen zu schaffen.

10.2.4.1 Anforderungen

Gemäß ISO/IEC 20000-1 sind alle Änderungsanträge (Changes) zu dokumentieren, so dass alle Änderungen jederzeit nachvollziehbar sind, die Kosten der Änderungen von allen beteiligten Parteien verstanden und nachvollzogen sowie die Änderungen analysiert werden können und somit ein aussagefähiges Berichtswesen implementiert werden kann.
   Folgende Informationen sind vor Beginn der Entwicklung des Änderungsantrags erforderlich:

- Antragsteller und gegebenenfalls abweichende Organisationseinheit, die die anfallenden Kosten übernimmt
- klare Beschreibung der Änderung und des damit angestrebten Zieles

- Klassifikation/Priorität (Notfall, hohe, mittlere oder geringe Priorität)
- Risiko (hoch, mittel oder gering)
- Auswirkungen auf das Geschäft (Business Impact)
- Nutzen für das Geschäft (Business Benefit)
- betroffene Infrastrukturobjekte
- Zeitraum oder Datum, ab/bis zu dem die Implementierung erfolgen sollte

Die Auswirkungen und der Nutzen auf das Geschäft sind nach fest vorgegebenen Kriterien, unter Vermeidung subjektiver Bewertungen, zu ermitteln und zu dokumentieren.

Die Klassifikation ist nach fest vorgegebenen Kriterien und fest vorgegebenem Schema zu vergeben (zum Beispiel nach Umfang, Risiko oder Nutzen). Subjektive Entscheidungsspielräume sind auf ein Minimum zu reduzieren.

Das vorgeschlagene Implementierungsdatum ist als Basis für die Change- und Releaseplanung zu verwenden. Dieser Change- und Releaseplan hat die Details aller genehmigten Änderungsanträge sowie das jeweils geplante Implementierungsdatum zu beinhalten, ist stets aktuell zu halten und rechtzeitig an alle beteiligten Parteien zu kommunizieren. Darüber hinaus sind eventuell vorhandene Abhängigkeiten in der Koordination von Änderungsanträgen zu berücksichtigen.

Im Rahmen des Changemanagements sind die Auswirkungen jedes geplanten Änderungsantrags auf die Verfügbarkeit und den Kontinuitätsplan (Service Continuity Plan, K-Fall-Handbuch) zu ermitteln und zu dokumentieren.

Nach erfolgreicher Implementierung eines Änderungsantrags ist der Configuration-Management-Prozess zu informieren, so dass die Konfigurationsdaten aktualisiert werden, sofern dies nicht durch den Release-Management-Prozess erfolgt.

Der Changemanagement-Prozess muss, neben dem Standard-Prozessablauf, folgende Definitionen beinhalten:

- Wer darf einen Änderungsantrag stellen?
- Wer ist autorisiert, Emergency Changes zu stellen?
- Wie werden Änderungsanträge geprüft?
- Wie werden Änderungsanträge genehmigt?
- Wie werden Änderungsanträge abgelehnt?
- Wie erfolgt das Review der Änderungsanträge?
- Wie werden eventuell nach der Implementierung notwendige Aktivitäten dokumentiert?
- Wie werden nicht erfolgreiche Änderungsanträge gehandhabt?
- Welchem Prozessablauf hat ein Emergency Change zu folgen?

Alle Änderungsanträge sind regelmäßig zu analysieren, um

- die Zunahme von Änderungsanträgen,
- häufig wiederkehrende Typen von Änderungsanträgen,
- Notfalltrends und
- andere relevante Informationen

aufzufinden, zu analysieren und Schlussfolgerungen zu dokumentieren. Hierbei identifizierte Verbesserungsmöglichkeiten sind so zu dokumentieren, dass sie Eingang in einen Plan zur kontinuierlichen Verbesserung der Dienstleistungen finden.

Es ist sicherzustellen, dass keine Software implementiert wird, die nicht durch den Changemanagement-Prozess genehmigt, getestet und freigegeben ist. Es ist festzulegen, wie mit Verletzungen dieser Regel umgegangen wird.

10.2.4.2 Rollen

ISO/IEC 20000 enthält keine besonderen Anforderungen an die Rollen im Rahmen des Change-Management-Prozesses.

Neben den in ITIL® definierten Rollen

- des Change Managers,
  verantwortlich für die kontrollierte, dem Prozess folgende Umsetzung der Änderungsanträge auf einer Day-to-day-Basis,
- dem Change Advisory Board (auch CAB oder Change Authority genannt),
  verantwortlich für die Genehmigung der Änderungsanträge und
- dem Emergency CAB (auch ECAB genannt),
  verantwortlich für die Genehmigung von Emergency Changes,

empfiehlt es sich gegebenenfalls, weitere Rollen zu implementieren.

Prinzipiell wird die Einführung der Rolle des Antragstellers empfohlen.

Hierbei handelt es sich um den Initiator des Änderungsantrags und die Hauptkontaktperson zwischen dem Changemanagement und dem Kunden, den Projekten, Lieferanten und den anderen Service-Management-Prozessen. Es ist zwingend erforderlich, dass dem Antragsteller eine adäquate Autorisation zur Verfügung gestellt wird, einen Änderungsantrag zu stellen und dass er über ausreichende Informationen verfügt, diesen qualitativ hochwertig auszufüllen.

In großen Organisationen kann der Change Manager durch die Rolle des Change-Administrators unterstützt werden, welcher aktiv im Changemanagement eingebunden ist, normalerweise auf einer operativen Day-to-day-Basis.

Darüber hinaus kann es sinnvoll sein, auf den Tätigkeiten basierende Rollen des im Changemanagement eingesetzten Personals zu unterscheiden:

- Entwickler,
- Tester und
- Reviewer.

Es ist erforderlich, dass jederzeit nachgewiesen werden kann, dass die Aktivitäten innerhalb eines Änderungsantrags die folgenden Regeln befolgen:

- Der Antragsteller darf diesen nicht genehmigen.
- Der Genehmigende (stimmberechtigtes Mitglied im CAB bzw. ECAB) darf diesen Änderungsantrag nicht gestellt haben und ihn nicht entwickeln oder implementieren.

- Der Entwickler darf diesen Änderungsantrag nicht genehmigen, testen oder reviewen.
- Der Tester darf diesen Änderungsantrag weder entwickeln noch reviewen.
- Der Reviewer darf diesen Änderungsantrag nicht entwickeln, testen oder implementieren.

Darüber hinaus wird empfohlen, dass

- der Antragsteller nicht an der Entwicklung der im Änderungsantrag spezifizierten Änderungen beteiligt sein darf und
- der Entwickler diesen Änderungsantrag nicht gestellt haben oder implementieren darf.

10.2.4.3 Kommunikation

Alle am Änderungsantrag beteiligten bzw. davon betroffenen Parteien sind über den aktuellen Status und den Fortschritt des Änderungsantrags auf dem Laufenden zu halten. Dabei ist zu berücksichtigen, dass zur Beantwortung von Rückfragen im Service Desk ausreichende Informationen vorliegen sollten.

Diese Parteien werden unter anderem über den aktuellen Change- und Releaseplan informiert und erhalten zeitnah Information über eventuell notwendige Terminänderungen (Abweichungen vom gewünschten Implementierungsdatum), Genehmigung bzw. Ablehnung (inkl. Begründung) oder Schließung des Änderungsantrags.

Sollte ein Änderungsantrag zu einer Unterbrechung des Services (außerhalb der definierten Wartungsfenster) führen, ist dies im Vorfeld mit den betroffenen Personen abzustimmen und deren Einverständnis einzuholen.

Soweit nicht im Rahmen des Configuration-Managements erfasst, sind im Rahmen des Changemanagements die Kunden, Kundenbeteiligten, betroffene Anwender und die betroffene IT zu dokumentieren, damit sie in die Kommunikation eingebunden werden können. Sind diese Daten im Configuration-Management erfasst, werden sie über das dem Änderungsantrag zugeordnete Configuration Item gezogen.

10.2.4.4 Planung und Implementierung

Lediglich Änderungsanträgen mit einem kaufmännischen Nutzen für das Geschäft oder die zur Erfüllung externer Anforderungen (zum Beispiel gesetzlicher Anforderungen) notwendig sind, sollten genehmigt werden.

Alle Änderungsanträge müssen einen klar definierten Inhalt und ein klar definiertes Ziel haben und diese Daten im Änderungsantrag dokumentieren.

Kein Änderungsantrag darf ohne Dokumentation und Kommunikation der Gründe abgelehnt werden.

Bei der Bewertung der Auswirkungen und Risiken sowie der Implementierungsplanung ist ein besonderes Augenmerk auf die Abhängigkeiten der Applikationen untereinander zu legen und dies ausreichend zu dokumentieren(zum Beispiel zwingende Reihenfolge der Implementierung mehrerer Änderungsanträge oder der Applikationen innerhalb eines Änderungsantrags). Darüber hinaus ist zu dokumentieren, welche Auswirkungen auf andere Services durch die Implementierung auf der definierten Hardware entstehen werden (zum Beispiel kein Internetzugang, da nach Implementierung der Applikation X ein Neustart des Servers notwendig ist, welcher die Zugangsdaten der Anwender verwaltet).

Die Planung der Änderungsanträge im Change- und Releaseplan sollte basierend auf Klassifikation und Risiko erfolgen. Die für die Implementierung erforderliche Zeit sollte überwacht und bei Bedarf frühzeitig korrigiert werden. Die Change-Planung sollte allen beteiligten Personen oder Organisationseinheiten verfügbar gemacht werden.

Sollte ein Änderungsantrag zu einer Unterbrechung des Services (außerhalb der definierten Wartungsfenster) führen, ist dies im Vorfeld mit den betroffenen Personen abzustimmen und deren Einverständnis einzuholen.

Die Entwicklung des Änderungsantrags hat unter Anwendung geeigneter Methoden zur Softwareentwicklung und zur Versionskontrolle zu erfolgen.

Im Anschluss an eine nicht erfolgreiche Implementierung ist zu entscheiden, ob der Änderungsantrag geschlossen oder zur Umsetzung zurückgekehrt werden soll. Diese Entscheidung ist zu begründen.

Jeder Änderungsantrag sollte die folgenden Pläne (in einer dem Umfang und Risiko angemessenen Form) beinhalten oder darauf verweisen:

- Testplan
  Dieser Plan beschreibt welche Tests vor Beginn der Implementierung durchzuführen sind, wie die erwarteten Ergebnisse aussehen, in welcher Umgebung (Test oder Produktion) sie durchzuführen sind, wie die Voraussetzungen aussehen (zum Beispiel Daten oder Rechte) und unter welchen Bedingungen der Test als erfolgreich zu bewerten ist (zum Beispiel völlige Fehlerfreiheit, keine Fehler hoher Priorität). Hierbei ist besonders darauf zu achten, dass auch die im Implementierungs- und Wiederherstellungsplan definierten Verfahren getestet werden.
  Sollte ein Pre-implementation Test nicht möglich sein, so ist dies im Testplan zu dokumentieren und zu begründen.

Ein erfolgreiches Ergebnis dieses Tests ist die Voraussetzung für die Freigabe zur Implementierung.

- Implementierungsplan
  Der Implementierungsplan beschreibt, welche Aktivitäten von wem und in welcher Reihenfolge zur Implementierung der Änderung im Produktivsystem durchgeführt werden müssen. Darüber hinaus ist ein Zeitplan für diese Aktivitäten vorgegeben und auch, welche Ressourcen (Personal, Hard- und Software) dafür benötigt werden.
- Wiederherstellungsplan (Backout Plan)
  Dieser Plan beschreibt, welche Aktivitäten von wem und in welcher Reihenfolge zur Rücknahme der Implementierung durchgeführt werden müssen. Darüber hinaus ist der Zeitpunkt im Implementierungsablauf beschrieben, ab dem eine Rücknahme nicht

10.2 Vorschlag für eine Service-Management-Richtlinie

mehr möglich ist (point of no return) sowie eine Checkliste zur Überprüfung, ob die Rücknahme vollständig und erfolgreich war.

Sollte eine Wiederherstellung nicht möglich sein, so ist dies im Plan zu begründen und zu dokumentieren, wie weiter vorzugehen ist (zum Beispiel Eskalation).

Die Befolgung dieser Pläne (sofern definiert) zum vorgegebenen Zeitpunkt ist zwingend erforderlich, da ansonsten nicht im Prozess fortgefahren werden darf.

Darüber hinausgehende Dokumente, welche in Abhängigkeit von Umfang und Risiko des Änderungsantrags zu erstellen sind (zum Beispiel Programmspezifikation), sind im Changemanagement-Prozess (inklusive ihrer Prozessflussauswirkungen) zu definieren und zu beschreiben.

Es ist erforderlich, dass jederzeit die folgenden Daten aufgezeigt bzw. nachgewiesen werden können:

- Wie der Änderungsantrag gestellt, aufgenommen und klassifiziert wurde (inklusive Verweis auf zugrunde liegende Dokumente).
- Wie die Auswirkungen, Dringlichkeit, Kosten, Nutzen und Risiko der Änderung auf den Service, den Kunden und den Release-Plan ermittelt wurden.
- Wie die Genehmigung bzw. Ablehnung (basierend auf Art, Größe und Risiko) durch zugelassene Personen erfolgt ist.
- Wie der Änderungsantrag abgelehnt bzw. nach einer nicht erfolgreichen Implementierung gehandhabt wurde.
- Wie der Änderungsantrag dokumentiert wurde (zum Beispiel mittels Verweis des Änderungsantrags auf betroffene Configuration Items, Implementierungs- und Release-Plan).
- Wie die Änderung getestet (Pre-implementation Test), überprüft und freigegeben wurde.
- Wie der Änderungsantrag geschlossen wurde.
- Wie der Review des Änderungsantrags erfolgt ist.
- Wie der Änderungsantrag geplant, überwacht und berichtet wurde.
- Welche Verknüpfung zu anderen Änderungsanträgen bestehen und wie die Koordination erfolgte.
- Welche Incidents oder Probleme diesen Änderungsantrag initiiert haben.
- Welche Incidents oder Probleme durch die Implementierung der Änderung verursacht wurden.

10.2.4.5 Changemanagement und Projekte

Sollte der Änderungsantrag einen Umfang haben, der über den üblichen Rahmen eines Changes hinausgeht, ist ein Projekt zu initiieren. Es ist im Changemanagement-Prozess zu definieren, wann ein Änderungsantrag zu einem Projekt führt (zum Beispiel abhängig vom Aufwand, des Zeitrahmens oder der Anzahl beteiligter Parteien) und ob

- die Genehmigung,
- die Terminplanung,
- der Test und
- die Implementierung

des Projektes innerhalb oder außerhalb des Changemanagement-Prozesses zu erfolgen hat.

Die genaue Abgrenzung und eventuelle Schnittstellen des Changemanagement-Prozesses und des Projektmanagements sind zu dokumentieren.

Sollte die Verantwortung außerhalb des Changemanagements liegen, so ist der Änderungsantrag (unter Angabe von Gründen) abzulehnen und zu schließen. Zur Implementierung des Projektergebnisses können dann ein oder mehrere Änderungsanträge gestellt werden.

10.2.4.6 Schließen von Änderungsanträgen

Alle Änderungsanträge sind sowohl im Anschluss an die Implementierung als auch nach jeder Nachbesserung (im Anschluss an eine nicht erfolgreiche Implementierung) hinsichtlich des Erfolgs bzw. Misserfolgs zu überprüfen (Review).

Für alle Änderungsanträge mit hoher Klassifikation oder hohem Risiko ist eine Überprüfung hinsichtlich

- der Zielerreichung des Änderungsantrags,
- der Kundenzufriedenheit mit der Umsetzung und dem Ergebnis sowie
- dem Auftreten unerwarteter Seiteneffekte

durchzuführen. Änderungsanträge mit mittlerer oder geringer Klassifikation oder Risiko sollten stichprobenartig überprüft werden.

Identifizierte Mängel oder Schwächen sind so zu dokumentieren, dass sie Eingang in einen Plan zur kontinuierlichen Verbesserung der Dienstleistungen finden.

Ein Änderungsantrag kann erst geschlossen werden, wenn die erforderliche Dokumentation vollständig ist.

10.2.4.7 Emergency Changes

Manchmal ist eine ausreichende Zeit, um Änderungsanträge dem definierten Standard-Changemanagement-Prozess folgend umzusetzen und zu implementieren leider nicht verfügbar. Diese Dringlichkeit führt zu einem erhöhten Risiko, da eine adäquate Berücksichtigung aller Aspekte des Changemanagement-Prozesses nicht möglich ist.

Gemäß ISO/IEC 20000-2 ist in diesen Fällen ein Emergency Change zu initiieren, welcher, soweit möglich, dem Standard-Changemanagement-Prozess folgt. Einige Schritte des Standard-Prozesses dürfen jedoch beschleunigt oder übersprungen bzw. einige Details im Anschluss an die Implementierung nachträglich dokumentiert werden. An den Stellen, an denen der Emergency Change Anforderungen des Standard-Prozesses umgeht, sollte baldmöglichst die Konformität wiederhergestellt werden.

ISO/IEC 20000-1 sieht vor, dass jeder Emergency Change ausreichend zu autorisieren ist (zum Beispiel vom Implementierer überprüft und Dringlichkeit bestätigt). Nach erfolgter Implementierung ist zu überprüfen, ob es sich wirklich um einen Emergency Change handelte.

Es sind klare Richtlinien zu definieren, wann ein Änderungsantrag zu einem Emergency Change wird. Hiermit sollen nicht nur subjektive Bewertungen vermieden werden, sondern auch, dass verspätet abgegebene Änderungsanträge (zum Beispiel nach Abgabeschluss für das Change Advisory Board) zu dem Eindruck führen, häufig kritische Änderungsanträge bearbeiten zu müssen.

Ein Emergency Change ist meist durch einen Incident oder ein Problem initiiert und durch mindestens einen der folgenden Punkte beschrieben:

- hoher finanzieller Verlust (Financial Impact) und
- eine Vielzahl von Anwendern kann nicht arbeiten (Business Impact).

Ein Emergency Change unterliegt einem vom Standard abweichenden Genehmigungsprozess, welcher der erhöhten Dringlichkeit Rechnung trägt. Die Umsetzung und Implementierung eines solchen Änderungsantrags ohne Vorlage der für einen Emergency Change erforderlichen Genehmigungen ist nicht zulässig.

10.2.4.8 Changemanagement-Audit und Berichtswesen

Regelmäßige Berichte über das Changemanagement sind zu erstellen und auszuwerten. Diese sind im Rahmen des Changemanagements zu definieren und könnten zum Beispiel die folgenden Berichte beinhalten:

- Anzahl Änderungsanträge
- Anzahl nicht-autorisierter Änderungen
- Anzahl Emergency Changes
- Anzahl erfolgreich implementierter Änderungen ohne Beeinträchtigung der Anwender
- Anzahl erfolgreich implementierter Änderungen mit Beeinträchtigung der Anwender
- Anzahl Änderungen mit Verletzung der SLAs
- Anzahl nicht erfolgreich implementierter Änderungen
- Anzahl Änderungen, die Incidents oder Probleme verursacht haben

Darüber hinaus sind regelmäßig Analyseberichte aller Änderungsanträge eines definierten Zeitraums zu erstellen, um Trends zu identifizieren und adäquate Maßnahmen einzuleiten. Hierbei identifizierte Verbesserungsmöglichkeiten sind so zu dokumentieren, dass sie Eingang in einen Plan zur kontinuierlichen Verbesserung der Dienstleistungen und des Changemanagements finden.

10.2.5 Release-Management

Der Release-Management-Prozess ist verantwortlich für die Lieferung, Verteilung und Verfolgung eines oder mehrerer Änderungen einer Release in die Produktivumgebung. Um dies zu gewährleisten, ist eine klare Definition der Schnittstellen zum Changemanagement-Prozess erforderlich.

Dieser Prozess wird dazu verwendet, eine Gruppe von verknüpften oder kompatiblen Änderungsanträgen zeitgleich als ein Paket (Release) zu implementieren. Den größten Nutzen bietet dieses Verfahren zum Beispiel bei

- Änderungen an einem Standard Build (Hard- oder Software),
- Desktop-Anwendungen, die auf mehreren Geräten verwendet werden,
- Service-Änderungen für eine Vielzahl von Anwendern oder
- Technologie-Aktualisierungen (zum Beispiel Upgrades, Fixes, Security Patch).

10.2.5.1 Anforderungen

Gemäß ISO/IEC 20000-1 sind die Prinzipien der Release-Managements zur Frequenz und Art der Release zu dokumentieren und mit den beteiligten Parteien abzustimmen.

Alle akzeptierten Änderungsanträge müssen hinsichtlich ihrer Auswirkungen auf den Releaseplan überprüft werden.

Die Releaseplanung hat mit ausreichendem zeitlichem Vorlauf unter Einbeziehung des Geschäfts (Release der Services, Systeme, Software und Hardware) zu erfolgen. Die Planung, wann und wie die Verteilung (roll out) der Release erfolgt, ist durch alle beteiligten Parteien (Kunde, Anwender, Betrieb und Support) zu genehmigen.

Folgende Informationen sind im Releaseplan zu dokumentieren:

- eine detaillierte Beschreibung der zur Wiederherstellung nach Rücknahme der Release (zum Beispiel bei fehlerhafter Release) notwendigen Schritte,
- Lieferinhalt und -datum (Releasedatum) und
- Verweise auf die Änderungsanträge, die in der Release enthalten sind sowie Known Errors, die dadurch gelöst werden und
- Known Errors und Probleme in der neuen Release.

Das Release-Management ist verantwortlich für die Aktualisierung der Konfigurationsdaten sowie die Bereitstellung relevanter Release-Informationen zur Dokumentation in den beteiligten Änderungsanträgen.

Im Falle einer Störung hat das Release-Management angemessene und zweckmäßige Informationen an das Incident-Management zu übergeben.

Eine gesonderte Testumgebung sollte eingerichtet sein, auf der alle Releases vor ihrer Implementierung getestet werden müssen.

Das Release und die Verteilung sind so zu entwerfen und zu implementieren, dass die Integrität der Hardware und Software während der Installation, Abwicklung, Bündelung (packaging) und Auslieferung überwacht wird.

Erfolg oder Misserfolg der Release sind zu ermitteln und zu dokumentieren. Hierbei sind ebenfalls die Incidents aufzunehmen, die innerhalb eines definierten Zeitraums im Anschluss an die Implementierung auftreten, zu erfassen.

Alle Releases sind regelmäßig zu analysieren (inklusive ihrer Auswirkungen auf das Geschäft, IT-Betrieb und Support) und Schlussfolgerungen zu dokumentieren. Hierbei identifizierte Verbesserungsmöglichkeiten sind so zu dokumentieren, dass sie Eingang in einen Plan zur kontinuierlichen Verbesserung der Dienstleistungen finden.

Folgende Elemente sollten im Release-Management definiert sein:

- Frequenz und Art der Release,
- autorisierte Rollen für den Akzeptanztest und die Freigabe in der Produktivumgebung,
- Vorgehensweise zur Gruppierung von Änderungen in eine Release,
- Verfahren zur Automatisierung von Erstellung, Installation und Verteilung, um die Wiederholbarkeit und bessere Effektivität zu erreichen sowie
- Verfahren zur Überprüfung und Freigabe der Release.

10.2.5.2 Rollen

ISO/IEC 20000 enthält keine besonderen Anforderungen an die Rollen im Rahmen des Release-Management-Prozesses.

Somit wird lediglich die in ITIL® definierte Rolle des Release Managers zur Implementierung empfohlen. Diese Rolle ist verantwortlich für

- die kontrollierte, dem Prozess folgende Bearbeitung der Release (auf einer Day-to-day-Basis),
- der rechtzeitigen und korrekten Aktualisierung des Releaseplans und
- der Abstimmung der Vorgehensweise mit dem Service-Level-Management und relevanten Parteien (zum Beispiel Kunde, Betrieb).

10.2.5.3 Kommunikation

Eine zentrale Voraussetzung für ein effektives Release-Management liegt darin, einen Überblick über die anstehenden Änderungsanträge und deren Auswirkungen auf die aktuelle IT-Umgebung zu haben, wodurch eine enge Verknüpfung des Release-Managements mit dem Changemanagement und Configuration-Management dringend erforderlich ist. Durch diese enge Verknüpfung wird eine Ebene der Kontrolle erreicht, welche den Dienstleister in der Einhaltung rechtlicher oder vertraglicher Anforderungen bezüglich der Sicherung intellektueller Rechte und Lizenzen unterstützt.

Darüber hinaus arbeitet das Release-Management mit einer Vielzahl anderer Parteien über organisatorische oder geografische Grenzen hinweg.

Alle von der Release betroffenen Parteien sind über die Release (inklusive der darin enthaltenen Änderungsanträge) auf dem Laufenden zu halten. Diese Parteien werden über den aktuellen Releaseplan informiert und erhalten zeitnah Information über eventuell notwendige Terminänderungen (Abweichungen vom gewünschten Implementierungsdatum).

Sollte eine Release zu einer Unterbrechung des Services (außerhalb der definierten Wartungsfenster) führen, ist dies im Vorfeld mit den betroffenen Personen abzustimmen und deren Einverständnis einzuholen.

Dabei ist zu berücksichtigen, dass zur Beantwortung von Rückfragen im Service Desk ausreichende Informationen vorliegen sollten.

Jedes System oder jeder Service, der nicht vollständig seinen, im Rahmen der Release definierten, spezifischen Anforderungen entspricht, sollte vor der Freigabe zur produktiven Nutzung identifiziert und mittels Configuration-Management und Problem-Management berichtet werden.

Nach erfolgreicher Installation einer Release sollten die Konfigurationsdaten mittels des Configuration-Management-Prozesses aktualisiert werden (zum Beispiel Standort, Eigentümer).

Informationen über in der Release identifizierte Known Errors sollten an das Incident-Management berichtet werden.

Sollte die Release verworfen, verschoben oder storniert werden, ist das Changemanagement zu informieren.

Sollten Kundenbefragungen im Anschluss an die Release-Installation durchgeführt worden sein, so sind die Ergebnisse dem Business Relationship-Management mitzuteilen.

10.2.5.4 Releaseplanung

Gemäß ISO/IEC 20000-2 koordiniert das Release-Management die Aktivitäten aller an der Release beteiligten Dienstleister und Lieferanten mit dem Geschäftsplan (Business Plan) und liefert die Release übergreifend in verteilte Umgebungen. Für diese Koordination und die Handhabung der Geschäftsauswirkungen auf bzw. Risiken für das Geschäft und die IT-Infrastruktur und IT-Anwendungen ist eine sorgfältige umsichtige Planung Grundvoraussetzung, in die die beteiligten Parteien frühzeitig und umfangreich einzubinden sind.

Es ist sicherzustellen, dass Configuration Items (IT-Infrastruktur und IT-Anwendungen), die in einer Release enthalten sind, zueinander und zur Zielumgebung kompatibel sind. Des Weiteren sind die Auswirkungen auf genehmigte Änderungsanträge, die sich noch in Bearbeitung befinden, zu untersuchen und zu dokumentieren.

Auswirkungen auf betroffene Informationssysteme, IT-Infrastruktur, IT-Anwendungen, Dienstleistungen und Dokumentationen (zum Beispiel Prozess-, Support-Dokumente und SLA) sind von den beteiligten Parteien zu genehmigen, im Releaseplan zu koordinieren und zu verfolgen.

Die Verteilung von einem/mehreren Release/s (speziell bei verteilten Umgebungen) sollte in mehreren Schritten geplant werden, da es sein könnte, dass nicht alle Details bereits zu Beginn bekannt sind.

Die Releaseplanung sollte folgende Informationen betrachten:

- Releasedatum und Beschreibung des Lieferumfangs,
- Ressourcenbedarf (Personal, Hard- und Software) zur Installation,

- in der Release enthaltene Änderungsanträge, bzw. dadurch gelöste Probleme und Known Errors,
- während des Release-Tests identifizierte Fehler,
- eine detaillierte Beschreibung der zur Wiederherstellung nach Rücknahme der Release (zum Beispiel bei fehlerhafter Release) notwendigen Schritte,
- verwandter Prozess zur Implementierung der Release auf verteilten Geschäfts- und geografischen Bereiche,
- wie die Release überprüft und freigegeben wird,
- Kommunikation, Vorbereitung, Dokumentation und Schulungen der Kunden- und Supportmitarbeiter,
- Logistik und Verfahren für Beschaffung, Lagerung, Versand, Verbindung und Anordnung der Güter,
- Bedarf an Ressourcen zur Sicherstellung der Überwachung der Service-Level,
- Identifizierung von Abhängigkeiten, ähnlichen bzw. gegensätzlichen Änderungsanträgen und zugehöriger Risiken, die einen weichen Übergang der Release in den Akzeptanztest und die Produktivumgebung beeinträchtigen könnten,
- Freigabe der Release sowie
- bei größeren Änderungen (Major Updates) die Planung von Audits auf der Produktivumgebung, zur Sicherstellung, dass die Umgebung sich im erwarteten Zustand befindet, bevor die Release installiert wird.

10.2.5.5 Releaseerstellung (design, build, configure)

In Übereinstimmung mit ISO/IEC 20000-2 sollte beim Design und der Erstellung der Releases sichergestellt sein, dass

- sie konform zu Systemarchitektur, Service-Management und Infrastrukturstandards sind,
- die Integrität während Erstellung, Installation, Verwendung, Bündelung (packaging) und Lieferung überwacht wird,
- zur Verwaltung und Kontrolle der Komponenten während der Entwicklung und des Release-Prozesses Software-Bibliotheken oder ähnliche Speicher (zum Beispiel ein Versionskontrollsystem) verwendet werden,
- Risiken klar definiert sind, so dass bei Eintreten behebende Aktivitäten zur Verfügung stehen und durchgeführt werden können,
- die Zielplattform die Anforderungen der Release erfüllt (vor Beginn der Installation) und
- die Überprüfung der Release auf Vollständigkeit möglich ist.

Darüber hinaus ist das Verfahren zur Wiederherstellung nach Rücknahme der Release (zum Beispiel bei fehlerhafter Release) ausreichend zu beschreiben. Dieses sollte aus den Wiederherstellungsplänen der beteiligten Änderungsanträge bestehen und gegebenenfalls darüber hinaus notwendige Schritte beschreiben.

Im Anschluss daran sollten außerdem Installationsanweisungen, die installierte Soft- und Hardware, mit Baseline (siehe Configuration-Management) in der Konfigurationsdatenbank (CMDB), und gegebenenfalls weitere Anmerkungen vorliegen.

Die erstellte Release sollte dann an die für den Test verantwortliche Gruppe übergeben werden.

Softwares, die von Teams oder Organisationseinheiten innerhalb der Organisation entwickelt oder erworben werden, sollten bereits beim Empfang überprüft werden.

Des Weiteren sollte ein Freigabeplan (verification and validation plan) erstellt werden, anhand dessen überprüft wird, ob die Installation erfolgreich war und in die produktive Nutzung übergehen kann. Er sollte eine detaillierte Beschreibung der zu prüfenden Objekte, der benötigten Ressourcen (Personal, Hard- und Software), des Zeitplans (inklusive der Zeit für die Zusammenfassung und Bewertung der Ergebnisse) beinhalten sowie die Bedingungen, unter denen die produktive Freigabe erfolgen darf (zum Beispiel völlige Fehlerfreiheit, keine Fehler hoher Priorität).

10.2.5.6 Freigabe

Das Ergebnis der Release-Freigabe ist eine Genehmigung autorisierter Personen, dass das Gesamtpaket der Release bezüglich aller Anforderungen komplett ist und in die produktive Nutzung übergehen kann.

Die hierzu notwendige Freigabeprüfung sollte (basierend auf dem Freigabeplan) die folgenden Schritte beinhalten:

- Überprüfung, ob die Umgebung für den kontrollierten Akzeptanztest den Anforderungen der Ziel-Produktivumgebung erfüllt,
- Sicherstellung, dass die Release aus Versionen gebaut wurde, die unter Kontrolle des Configuration-Managements stehen,
- Sicherstellung, dass die Installation für den Akzeptanztest unter Verwendung des geplanten Prozesses zur Installation in der Produktivumgebung durchgeführt wurde,
- Prüfung, ob der Release angemessene Tests (in Umfang und Komplexität) erfolgreich durchgeführt wurden (funktionale und nicht-funktionale Tests – zum Beispiel Antwortzeitverhalten – sowie Tests der Prozeduren zu Verteilung, Installation etc.),
- Sicherstellung, dass der Test zur Zufriedenheit des Kunden und Dienstleisters erfolgt ist,
- Überprüfung, ob die Zielplattform die Hardware- und Softwareanforderungen erfüllt (bevor die Installation beginnt) sowie
- Überprüfung ob die Release vollständig ist.

Nur ausreichend getestete und freigegebene (genehmigte) Releases dürfen in die produktive Nutzung übergehen.

10.2.5.7 Verteilung und Installation (roll out, distribution, installation)

Der Verteilungsplan (roll out plan) sollte überprüft werden und um erforderliche Details erweitert werden, so dass sichergestellt ist, dass alle notwendigen Aktivitäten durchgeführt werden.

Die sichere Lieferung der Release im erwarteten Zustand ist äußerst wichtig, da eine Rücknahme fehlerhaft installierter Releases in der Regel nur mit einem erheblichen Aufwand möglich ist. Aus diesem Grund ist die Verteilungs- und Installationsprozedur mit besonderer Sorgfalt zu erstellen. Sie sollte sicherstellen, dass

- alle Hardware-Lager und Softwarespeicherbereiche sicher sind,
- angemessene Prozeduren für Lagerung, Versand, Empfang und Aussonderung etabliert sind,
- Installations-, Umgebungs-, Elektronik- und Ausstattungs-Prüfungen geplant und durchgeführt wurden,
- Geschäfts- und Dienstleistungspersonal über die neue Release informiert ist (insbesondere Mitarbeiter im Incident-Management) und
- redundante Produkte, Services und Lizenzen gekündigt wurden.

Im Anschluss an eine Softwareverteilung mittels Netzwerk ist es essenziell, zu überprüfen ob die Release vollständig und funktionsfähig am Ziel angekommen ist.

Nach erfolgreicher Installation einer Release sollten die Konfigurationsdaten mittels des Configuration-Management-Prozesses aktualisiert werden (zum Beispiel Standort, Eigentümer).

Ein Fragebogen bezüglich der Akzeptanz und Zufriedenheit mit der Release und der Release-Installation kann verwendet werden, um den Erfolg oder Misserfolg der Release zu dokumentieren. Alle Ergebnisse von Kundenbefragungen sind dem Business Relationship-Management mitzuteilen.

10.2.5.8 Dokumentation

Gemäß ISO/IEC 20000-2 ist eine angemessene Dokumentation der Release zu erstellen und im Configuration-Management als Configuration Item abzulegen. Dieses Configuration Item ist dann mit den von der Release betroffenen Configuration Items zu verknüpfen.

Die Release-Dokumentation sollte die folgenden Aspekte beinhalten:

- Support-Dokumentation (zum Beispiel Service-Level-Vereinbarungen, Installationsprozeduren, Diagnose-Hilfsmittel, Administrationsanweisungen),
- bei der Erstellung, Installation und Verteilung verwendete Prozeduren,
- Kontinuitäts- und Wiederherstellungsplan,
- Schulungsplan für Mitarbeiter des Kunden, Service-Management und Support,
- die im Configuration-Management vor Produktivschaltung gezogene Baseline (inklusive verknüpfter Configuration Items wie System-Dokumentation, Test-Dokumentation, Versionen der Entwicklungswerkzeuge),
- Verweis auf verknüpfte Änderungsanträge, Probleme und Known Errors und
- Nachweis der erteilten Überprüfung und Genehmigung vor Übernahme in die produktive Nutzung.

In einem definierten, der Installation folgenden Zeitraum sollten die Störungen erfasst werden, die ursächlich auf diese Release zurückgeführt werden können. Diese Störungen sind zu messen und bezüglich ihrer Auswirkungen auf das Geschäft, den Betrieb und den Support zu analysieren.

10.2.5.9 Schließen von Release

Ein Review der Release findet nicht statt, da nach erfolgreich durchgeführter Installation das Changemanagement darüber informiert wird und dort Post-implementation Reviews der enthaltenen Änderungsanträge durchgeführt werden.

Identifizierte Mängel, Schwächen oder Verbesserungsvorschläge sind so zu dokumentieren, dass sie Eingang in einen Plan zur kontinuierlichen Verbesserung der Dienstleistungen finden.

Ein Änderungsantrag kann erst geschlossen werden, wenn die erforderliche Dokumentation vollständig ist.

10.2.5.10 Emergency Release

Ebenso wie bei Changemanagement kann auch im Release-Management die Notwendigkeit entstehen, eine Release zeitnah zu implementieren. Diese Dringlichkeit führt ebenfalls zu einem erhöhten Risiko, da eine adäquate Berücksichtigung aller Aspekte des Release-Management-Prozesses nicht möglich ist.

Gemäß ISO/IEC 20000-1 ist in diesen Fällen ein Emergency Release (auch Urgent Release genannt) zu initiieren, das einem definierten Emergency-Verfahren folgt, welches eng mit dem Emergency Change-Verfahren des Changemanagement-Prozesses verknüpft ist. Hierbei dürfen im Release-Management einige Aktivitäten des Standardablaufs beschleunigt oder übersprungen werden und die Dokumentation einiger Daten nachträglich erfolgen.

Parallel zum Emergency Change müssen Emergency Releases ausreichend autorisiert sein. Die Implementierung eines Emergency Release ohne Vorlage dieser Autorisierung ist nicht zulässig.

Eine Emergency Release wird zumeist durch mindestens einen Emergency Change initiiert.

10.2.6 Configuration-Management

Aufgabe des Configuration-Management ist es, Umfang und Detaillierung der zu kontrollierenden Komponenten (Configuration Items, CIs) der IT-Infrastruktur, Anwendungen und Dienstleistungen zu bestimmen und dafür zu sorgen, dass die vereinbarten Informationen über diese Komponenten in vereinbarter Aktualität und Qualität zur Verfügung stehen.

10.2.6.1 Anforderungen

Die Regelungen zur Steuerung von Änderungen im Rahmen des Changemanagements und die zur Steuerung der Konfiguration müssen aufeinander abgestimmt sein.

Der Configuration-Management-Prozess muss definierte Schnittstellen zur betriebswirtschaftlichen Anlagenverwaltung haben.

10.2 Vorschlag für eine Service-Management-Richtlinie

Im Rahmen des Configuration-Managements muss festgelegt werden, welche Komponenten der IT-Infrastruktur, Anwendungen und Dienstleistungen mit welchen Informationen zu verwalten sind und nach welchen Regeln diese Festlegung an sich verändernde Anforderungen angepasst wird.

Im Rahmen der Configuration-Management-Prozesses müssen Verfahren festgelegt und bereitgestellt werden, mit denen die zu verwaltenden Komponenten identifiziert und überwacht und, insbesondere bei Software-Komponenten, ihre Versionen verfolgt werden können.

Umfang und Detaillierung der Erfassung von Komponenten müssen den geschäftlichen Anforderungen gerecht werden und eine effektive Steuerung von Betriebsrisiken ermöglichen.

Der Configuration-Management-Prozess muss Informationen über die Auswirkungen von beabsichtigten Änderungen auf die IT-Infrastruktur, Anwendungen und Dienstleistungen bereitstellen, die eine effektive Entscheidung im Rahmen des Changemanagement-Prozesses ermöglichen.

Die Änderungshistorie der verwalteten Komponenten muss in angemessenem Umfang nachvollziehbar und überprüfbar sein. Insbesondere müssen alle Änderungen von verwalteten Software-Komponenten und alle Änderungen und Umzüge von verwalteten Hardware-Komponenten nachvollziehbar sein.

Es sind Verfahren vorzusehen und umzusetzen, die die komponentenübergreifende Integrität sicherstellen und prüfen.

Bevor eine Release produktiv wird, muss aus dem Configuration-Management heraus in angemessenem Umfang eine Erhebung des Istzustandes (Baseline) der von der Release betroffenen Komponenten bereitgestellt werden.

Von rein elektronischen Komponenten, also insbesondere von allen Software-Komponenten, sind Vorlagen in gesicherten physischen oder elektronischen Bibliotheken abzulegen und mit den betreffenden verwalteten Komponenten zu verknüpfen.

Alle verwalteten Komponenten müssen eindeutig identifizierbar sein und in einer logischen oder physischen Datenbank (CMDB) abgelegt werden. Der Zugriff auf diese Datenbank muss im Rahmen des Configuration-Management-Prozesses vollständig kontrolliert werden.

Es sind Verfahren und Regelungen zur aktiven Verwaltung und Prüfung der Inhalte der CMDB zu etablieren, die Zuverlässigkeit und Fehlerfreiheit der Inhalte sicherstellen. Das Configuration-Management stellt allen, die diese Informationen im Rahmen der definierten Prozesse benötigen, zu jeder Komponente

- einen Status,
- die Version,
- die Lokation,
- zugehörige Change- und Problem-Tickets und
- eine zugehörige Dokumentation

zur Verfügung.

Revisionen der Regelungen des Configuration-Managements müssen

- Unzulänglichkeiten festhalten,
- Gegenmaßnahmen einleiten und
- über Ergebnisse berichten.

10.2.6.2 Rollen

Pflege und Weiterentwicklung der CMDB erfordern eine zentrale Rolle des Configuration Managers und gegebenenfalls des Configuration-Architekts oder -Designers. Die Durchführung von Pflegeaufgaben kann je nach Umfang und Inhalt der Arbeiten auf verschiedene Configuration-Analysten verteilt werden.

Es hat sich bewährt, für Komponenten von besonderer Bedeutung dezidierte Komponentenverantwortliche (CI Owner) zu benennen, die die Wirksamkeit der Regelungen zu deren Verwaltung und Änderung sicherstellen. Verschiedene Aufgaben kann ein Komponentenverantwortlicher delegieren, die Verantwortung sollte er jedoch nicht delegieren können.

Im Rahmen der Anwendungsentwicklung kann ein Anwendungsbetreuer sinnvoll die Aufgaben des Komponentenverantwortlichen übernehmen.

10.2.6.3 Einrichtung des Configuration-Managements

Configuration-Management sollte nur im Zusammenhang mit Changemanagement und Release-Management eingeführt werden, da anderenfalls eine effektive Verwaltung von Configuration Items nicht möglich ist.

Die Planung und Verwaltung von Änderungen, Einführung und Verteilung von Dienstleistungen und Systemen erfordert zutreffende Informationen über alle betroffenen Komponenten. Deshalb sollten die zur Unterstützung der Prozesse und zur Datenhaltung eingesetzten Systeme mit denen der (internen) Kunden und denen der Dienstleister in angemessenem Umfang verknüpft sein.

Unterschiedliche Typen von Komponenten benötigen möglicherweise unterschiedliche Regelungen zur Verwaltung ihrer Konfigurationsdaten. Je nach Anforderungen sollte es deshalb eine umfassende oder mehrere separate Regelungen zum Umgang mit Konfigurationsdaten geben. Diese sollten folgende Gesichtspunkte abdecken:

- Umfang, Ziele, Strategien und Standards,
- Rollen und Verantwortlichkeiten,
- konkrete administrative und technische Verfahren zur
    - Identifizierung der betreffenden Komponenten,
    - Kontrolle von Konfigurationsänderungen,
    - Dokumentation und Auswertung des Status von Configuration Items und
    - Prüfung der Vollständigkeit und Fehlerfreiheit der CMDB,

10.2 Vorschlag für eine Service-Management-Richtlinie

- geschäftliche, gesetzliche und andere Anforderungen an
  - Verantwortlichkeit,
  - Verfolgbarkeit und
  - Prüfbarkeit
- Konfigurationskontrolle durch
  - Zugangsbeschränkungen,
  - Schutzmaßnahmen,
  - Versionierung,
  - Build- und Releasekontrolle
  - etc.,
- Regelungen zur Kontrolle von Schnittstellen im Configuration-Management zwischen verschiedenen Gesellschaften oder Organisationen,
- Schulungen und andere Maßnahme zur Umsetzung des Configuration-Managements,
- Steuerung von Dienstleistern und Kontraktoren mit Aufgaben im Bereich des Configuration-Managements.

Die Effektivität der Umsetzung von Regelungen im Bereich des Configuration-Managements wird typischerweise deutlich erhöht, wenn diese Regelungen stark automatisiert werden. Vielfach wird mit einer einfachen automatisierten Regelung ein besseres Ergebnis erzielt als mit einer optimal angepassten Regelung, die teilweise manuell umzusetzen ist. Es ist deshalb sinnvoll, die mögliche Automatisierung bereits bei der Gestaltung der Regelungen zu berücksichtigen.

10.2.6.4 Objekte des Configuration-Managements

Der Umfang der zu verwaltenden Komponenten hängt stark von den geschäftlichen Anforderungen ab. Die Entscheidungen, welche Komponenten zu verwalten sind und in welcher Detaillierung, sollten dokumentierten Grundsätzen über Typen von Komponenten folgen und einschließlich der jeweiligen Gründe und Rahmenbedingungen festgehalten werden. So kann es zum Beispiel im Zusammenhang mit der betriebswirtschaftlichen Anlagenverwaltung erforderlich sein, bestimmte Komponenten zu verwalten solange sie gekauft werden, während auf ihre Verwaltung verzichtet werden kann, wenn sie im Leasingverfahren beschafft werden.

Eine für die praktische Umsetzung wesentliche Festlegung ist die Bestimmung von Komponenten und Unterkomponenten. Zum Beispiel könnten lokal angeschlossene Drucker als Unterkomponente des zugehörigen Rechners verwaltet werden oder als eigenständige Komponente (mit einer Relation zum zugehörigen Rechner). Auch diese Entscheidungen sollten dokumentierten Grundsätzen folgen. Sie können weitgehende Auswirkungen auf alle Service-Management-Prozesse haben.

Die folgende Aufstellung ist ein Beispiel für eine mögliche Typisierung von möglichen Komponenten:

Hardware
Server
- Mainframe
- Mid Range
- Local Server

Speichersysteme
- NAS
- SAN

Workstation
- Desktop
- Notebook
- NC
- PDA

Netzwerkkomponenten
- Firewall
- Router
- Switches
- Leitungen
- Ports

Peripherie
- Drucker
- Scanner
- Fotokopierer
- Beamer
- Brenner
- All-in-one-Geräte

Telekommunikation
- Telefon
- Handy
- Fax

Software
Betriebssoftware
- MVS
- Unix
- Windows
- Embedded

Treiber
- Storage-Treiber
- Laufwerkstreiber
- Kartentreiber
- Bildschirmtreiber
- Druckertreiber

Entwicklungssoftware
- Editor
- Compiler
- Interpreter
- Debugger
- Simulator
- Entwicklungsumgebung
- Versionsverwaltung

Anwendungssoftware
- Office-Anwendung
- Web-Anw.
- Kommunikationsanw.
- Kollaborations-Software
- Fachanwendung

Dokumente
Verträge
- Lizenzverträge
- Wartungsverträge
- Kaufverträge
- Leasingverträge
- SLAs und OLAs

Organisationsdokumente
- Richtlinien
- Prozessbeschreibungen
- Arbeitsanweisungen
- Reports
- Rollen und Verantwortlichkeiten
- Katastrophenpläne
- Business Continuity-Pläne

Hard- und Software-Dokumentation
- Technische Handbücher
- Benutzerhandbücher
- Betriebshandbücher
- Schulungsunterlagen

Leistungsbeschreibungen
- Warenkorb-Hardware
- Service-Katalog
- Warenkorb-Software

Organisation und Personal
Lokationen
- Niederlassung
- Büro
- Home Office

Einheiten
- Führungs- und Stabsstellen
- Abteilungen
- Kostenstellen

Personal
- Mitarbeiter
- Zeitarbeiter
- Kontraktoren

Firmen
- Hersteller
- Dienstleister
- Lieferanten
- Verbundene Unternehmen
- Leasinggeber

Jede Komponente muss eindeutig identifizierbar sein. In der Praxis ergeben sich diesbezüglich häufig erhebliche Herausforderungen. Bereits die Wahl und Gestaltung eines eindeutig identifizierenden Tags ist handwerklich oft anspruchsvoll. Je nach Anwendungsgebiet kommen zum Beispiel Aufkleber, EPROM-Einträge, digitale Signaturen etc. als Träger eines solchen Tags in Frage. Zum Teil hängt die richtige Wahl der Tag-Inhalte von vertraglichen Regelungen ab, zum Beispiel wenn die Identität eines Gerätes darin geregelt ist. Besonderes Augenmerk verdienen drei Aspekte:

Eindeutigkeit des Tags: Das Verfahren zum Erzeugen der Tags muss eine Eindeutigkeit gewährleisten. Dabei ist der Gültigkeitsbereich, in dem eine Eindeutigkeit zu gewährleisten ist, zu berücksichtigen; dieser reicht unter Umständen über Unternehmensgrenzen hinweg. Dabei sind auch unterschiedliche Stellen, die Tags vererben können, zu berücksichtigen. Sollen individuelle Software-Installationen oder andere rein digitale Komponenten verwaltet werden, sind Vorkehrungen zu treffen, die eine Vervielfältigung mit identischem Tag verhindern. Der Eindeutigkeit des Tags kommt eine zentrale Bedeutung für die Verfolgbarkeit von Komponenten über ihren gesamten Lifecycle zu. Verfahren, bei denen sich ein einmal vergebenes Tag ändert, sollten vermieden werden, da anderenfalls die Verfolgbarkeit der Komponente über ihren gesamten Lifecycle und ihre Verknüpfungen mit anderen Komponenten beeinträchtigt werden könnte.

Zeitpunkt der Vergabe: Der Zeitpunkt, zu dem das Tag vergeben wird, ist mit Bedacht zu wählen. So kann es zum Beispiel erforderlich sein, Tags für PCs bereits bei der Bestellung zu vergeben, noch bevor das physische Gerät existiert, weil es möglicherweise Prozesse gibt, die sich bereits zu diesem Zeitpunkt auf die Komponente beziehen müssen.

Beispielsweise kann es sein, dass die gewünschten Tags vom Hersteller in ein EPROM eingeschrieben werden und deshalb zusammen mit der Bestellung übermittelt werden müssen. Eine Wiederverwendung einmal vergebener Tags sollte in der Regel ausgeschlossen sein, auch dann, wenn der Lifecycle der betreffenden Komponenten in einem sehr frühen Stadium geendet hat.

Automatisches und manuelles Auslesen: Tags sollten wo immer möglich automatisch auslesbar sein. Anderenfalls ist mit erhöhten Fehlerraten und deutlich erhöhten Aufwänden zu rechnen. Beispielsweise sollten Monitore über standardisierte Schnittstellen auslesbar sein, wenn Monitore zu den verwalteten Komponenten gehören. Auch die Identität von Softwareinstallationen sollte sich zweifelsfrei durch einfache Agenten feststellen lassen, wenn diese Komponenten verwaltet werden. Als sinnvoll hat sich aber auch herausgestellt, ein manuelles Ablesen von Tags zu ermöglichen. So sollte das Tag auf verwalteten PCs auch in Form eines Aufklebers angebracht sein oder bei Software auf einem Datenträger, in begleitender Dokumentation oder in einem auszudruckenden Dokument enthalten sein.

Grundsätzlich müssen die zu jeder Komponente zu verwaltenden Informationen

- Unterkomponenten,
- Relationen,
- Dokumentation und
- Attribute

in dem für ein effektives Service-Management erforderlichen Umfang abdecken.

Die folgende Liste enthält typische allgemeine Attribute und Relationen einer Komponente:

- eindeutiges Tag
- Komponententyp
- Name oder Beschreibung
- Modell oder Version
- komponentenspezifische Eigenschaften wie Anzahlen, Größen etc.
- Standort
- Anwender oder Verantwortlicher
- Status
- Lieferant oder Herkunft
- zugehörige Dokumentvorlagen
- zugehörige Softwarevorlagen
- zugehörige Verträge und Vereinbarungen
- verbundene Komponenten
- zugehörige Änderungen
- zugehörige Probleme und bekannte Fehler
- Revisionshistorie

Für eine Anwendungs-Release kommen zum Beispiel folgende spezifische Attribute in Frage:

- Release-Richtlinien
- Pflichtenheft
- Entwurfs-Spezifikation
- Spezifikation der technischen Voraussetzungen
- Dokumentation
- Freigabe-Testplan
- Freigabe-Protokoll
- Softwarevorlage
- Lizenzvorlage

Für eine konkrete Installation einer solchen Release könnte es dann Verweise auf das Anwendungs-Release, die konkrete Lizenz und eine Installationshistorie geben.

Bei der konkreten Ausgestaltung der Informationen sollte insbesondere darauf geachtet werden, dass

- nicht nur die Benennung der Attribute klar ist, sondern auch ihre Bedeutung und ihre korrekte Benutzung,
- alle vorgesehenen Informationen praktisch mit vertretbarem Aufwand ermittelbar sind bzw. eindeutige Vorgaben für Defaultwerte existieren,
- bei der Gestaltung der Attribute ihre manuelle und automatisierte Weiterverarbeitung im Rahmen der Service-Management-Prozesse für Einzelfallbearbeitung, Massenverarbeitung und Auswertungen berücksichtigt wird und
- keine unnötigen Kosten durch die Ermittlung und Verarbeitung nicht erforderlicher Informationen verursacht werden.

Im Rahmen der Anwendungsentwicklung können sich die zu pflegenden Attribute zu erheblichen Teilen aus dem Zusammenspiel von Entwicklungsverfahren mit den Prozessen des Problem-Managements und des Changemanagements ergeben.

10.2.6.5 Soll-Ist-Abgleich

Für ein effektives Configuration-Management ist nicht nur die angemessene Erstellung und Pflege der Datenstrukturen der CMDB maßgeblich, sondern auch die lückenlose Dokumentation des Sollzustandes der IT-Infrastruktur, Anwendungen und Dienstleistungen sowie die aktuelle Ermittlung des Ist-Zustandes.

Die lückenlose Dokumentation des Sollzustands wird durch eine geeignete Gestaltung und Umsetzung der Service-Management-Prozesse, insbesondere des Changemanagements, erreicht. Er bestimmt sich im Wesentlichen aus den bearbeiteten Änderungsanträgen.

Eine aktuelle Ermittlung des Istzustandes gelingt am besten durch eine weitestgehende Automatisierung. Eine Ermittlung durch manuelle Einzelmaßnahmen und Inventur ist nicht nur sehr kosten- und zeitintensiv, sondern auch fehleranfällig. In der Praxis werden deshalb viele Inventurvorhaben verworfen, vorzeitig abgebrochen oder in unangemessen schlechter Qualität umgesetzt. Die Folge ist im Extremfall eine Verschlechterung der Datenbasis.

Müssen zum Beispiel Anwendungssysteme im Einzelnen kontrolliert werden, so bieten sich Agenten an, die anhand verlässlicher Kriterien wie zum Beispiel Versionsinformationen von Bibliotheken, MD5-Hash-Schlüsseln etc., und je nach Anforderungen bis auf die Ebene einzelner Dateien oder Datensätze Auskunft über die tatsächlich zum Einsatz kommende Software liefern können.

Der aktive Abgleich zwischen Soll- und Istzustand findet im Rahmen des Configuration-Management-Prozesses statt. Ähnlich wie beim proaktiven und reaktiven Problem-Management geht es dabei nicht nur um die Beseitigung festgestellter Differenzen, sondern insbesondere auch um deren Vermeidung durch technische Einrichtungen, Prozessverbesserungen, Schulungen oder andere geeignete Maßnahmen.

Bei Differenzen zwischen Soll- und Istzustand ist im Einzelfall zu prüfen, ob

- die Abweichung zu akzeptieren ist,
- der Istzustand durch nachträgliche Änderungsanträge oder eine anderweitige Änderung des Sollzustandes legitimiert oder
- der Istzustand korrigiert werden soll.

Die Korrektur des Istzustandes kann, zum Beispiel bei revisionsrelevanten, fehlerhaften Softwareständen, umfangreiche Korrekturen an Datenbestand und Geschäftsvorfällen beinhalten.

10.2.6.6 Configuration-Management-Revision und Berichtswesen
Regelmäßige Revisionen des Configuration-Managements sollten sicherstellen, dass

- die Konfiguration physisch und funktional hinreichend gesichert ist,
- das geistige Eigentum des Unternehmens hinreichend gesichert ist,
- die Konfiguration, Vorlagen und Lizenzen effektiv kontrolliert werden,
- sich die Daten der CMDB bei Stichproben und anderen Auswertungen als vollständig, zutreffend und zugänglich erweisen,
- Änderungen, Release, Systeme etc. den Spezifikationen und vereinbarten Anforderungen genügen

und dass hierfür angemessene Prozesse und Ressourcen vorhanden sind.

Günstige Zeitpunkte für derartige Revisionen sind vor und nach größeren Änderungen, nach größeren Störfällen und zufällig in gewissem zeitlichem Abstand zur letzten Revision.

Berichte aus dem Configuration-Management sollten zu Komponenten neben den aktuellen Informationen auch eine Historie enthalten, aus der Veränderungen wie Statuswechsel, Standortwechsel etc. hervorgehen. Folgende Angaben sollten im Allgemeinen vorkommen:

- eindeutiges Tag
- aktueller Status
- aktuelle Version
- Standort und gegebenenfalls Ort der verwendeten (Software)-Vorlage
- Abhängigkeiten
- Statushistorie
- Versionshistorie
- Beziehung zu übergeordneten Größen (System, Änderung, Build, Release, Version etc.)

Die Gestaltung konkreter Berichte sollte sich weniger an einem vorgegebenen Schema orientieren, als vielmehr den Informationsbedürfnissen der beabsichtigten Empfänger gerecht werden.

Das Configuration-Management stellt den unterschiedlichen Beteiligten die Berichte zur Verfügung.

IT Continuity-Planung 11

Die Planung der Fortführung bzw. Wiederaufnahme der Geschäftstätigkeit im Falle schwerer unvorhergesehener Störungen geht weit über die IT hinaus. IT spielt aber in den meisten Unternehmen inzwischen eine so zentrale Rolle, dass ohne eine saubere Planung der IT Continuity an die Wiederaufnahme des Geschäfts gar nicht zu denken ist.

Erschreckenderweise wird dieses Feld von sehr vielen Unternehmen nach wie vor sehr vernachlässigt. Wir empfehlen jedem Unternehmen dringend, die Anforderungen an die Continuity im Rahmen des Risikomanagements dediziert mitzubetrachten und entsprechende Maßnahmen zu definieren.

Zudem ist die Wirksamkeit dieser Maßnahmen regelmäßig zu prüfen. Ihres wäre nicht das erste Unternehmen, das nach einem Störfall sehr erleichtert war, dass die IT vor vielen Jahren einmal ein teures Sicherungslaufwerk gegen viele Widerstände durchgeboxt hat, nur um dann festzustellen, dass die gesicherten Daten gar nicht lesbar waren. Oder dass die Daten zwar lesbar waren, aber nur mit der alten Version einer Software, die das Unternehmen noch immer eingesetzt hatte, die der Hersteller aber inzwischen nicht mehr liefern kann. Selbst wenn sich so etwas dann doch reparieren lässt, wirft es ihre Wiederanlaufplanung um Stunden, Tage oder auch schon mal Wochen zurück.

11.1 Regelungsziele nach COBIT

Das COBIT-Framework gibt in den Domains

- Planung und Organisation und
- Delivery & Support

einige wichtige Ziele vor, die in einer Richtlinie zur IT Continuity verankert werden sollten. Nicht jeder Aspekt der aufgeführten COBIT-Kontrollziele muss durch die Richtlinien zur IT Continuity-Planung abgedeckt werden. Die umfassende Berücksichtigung der Kontrollziele ergibt sich aus dem Zusammenwirken aller Richtliniendokumente.

11.1.1 Planung und Organisation

Ein im gesamten Unternehmen anwendbares Klassifikationsschema sollte eingerichtet werden, dem die Kritikalität und Sensitivität (zum Beispiel öffentlich, vertraulich, streng geheim) der Unternehmensdaten zugrunde liegt. Dieses Schema beinhaltet Details über Dateneigentümerschaft, die Festlegung von angemessenen Sicherheitsstufen und Schutzmechanismen und eine kurze Beschreibung der Vorgaben für die Datenaufbewahrung und -zerstörung, Kritikalität und Sensitivität. Das Schema ist Grundlage für die Anwendung von Controls wie zum Beispiel Zutrittskontrollen, Archivierung oder Verschlüsselung.

Ein technischer Infrastrukturplan sollte unterhalten werden, der mit den strategischen und taktischen IT-Plänen abgestimmt ist. Der Plan basiert auf der technologischen Ausrichtung und umfasst Maßnahmen zur Notfallvorkehrung und Vorgaben für die Beschaffung von technischen Ressourcen. Er betrachtet Änderungen im Wettbewerb, Skaleneffekte bei Stellenbesetzung und Investitionen sowie die verbesserte Interoperabilität von Plattformen und Applikationen.

Eigentümerschaft und Verantwortung für IT-bezogene Risiken im Kerngeschäft müssen auf angemessen hoher Ebene verankert werden.

Schlüsselpersonal der IT sollte bestimmt und die übermäßige Abhängigkeit von diesen minimiert werden. Ein Plan sollte existieren, um im Notfall mit ihnen Kontakt aufnehmen zu können. Bei Jobwechsel, insbesondere bei der Auflösung des Arbeitsverhältnisses, müssen der Wissenstransfer vorbereitet sein, Verantwortlichkeiten neu zugewiesen und Zugriffsrechte entfernt werden, um Risiken zu minimieren und die Fortführung der Funktion zu gewährleisten.

Anforderungen an Sicherheit und Verfügbarkeit der Anwendung sind in Bezug auf identifizierte Risiken, unter Berücksichtigung der Datenklassifikation, der Informationssicherheitsarchitektur der Organisation und dem Risikoprofil zu betrachten. Es sind unter anderem Aspekte wie Zugriffsberechtigungen und Rechtemanagement, der Schutz sensitiver Informationen auf allen Ebenen, die Authentisierung und Transaktionsintegrität sowie die automatische Wiederherstellung zu berücksichtigen.

11.1.2 Delivery & Support

Ein Framework für IT-Kontinuität zur Unterstützung eines unternehmensweiten-Managements der Geschäftskontinuität durch einen konsistenten Prozess ist zu entwickeln. Das Ziel des Frameworks ist die Unterstützung bei der Bestimmung der notwendigen Ausfallsicherheit der Infrastruktur und das Vorantreiben der Entwicklung von Wiederanlauf- und IT-Kontinuitätsplänen (disaster recovery and IT contingency plans).

Das Framework sollte die Organisationsstruktur für das Kontinuitätsmanagement behandeln, einschließlich der Rollen, Aufgaben und Verantwortlichkeiten von internen und externen Dienstleistern, ihrem Management und ihren Kunden, sowie die Rollen und Strukturen für Dokumentation, Test und Ausführung der Wiederanlauf- und IT-Kontinuitätspläne festlegen.

Der Plan sollte Einzelheiten wie die Identifikation kritischer Ressourcen, das Monitoring und Reporting der Verfügbarkeit kritischer Ressourcen, alternative Verarbeitung und die Grundprinzipien für Back-up und Wiederherstellung umfassen. Basierend auf dem Framework gilt es IT-Kontinuitätspläne zu entwickeln, die auf die Reduktion der Auswirkungen einer wesentlichen Unterbrechung auf die Schlüssel-Geschäftsfunktionen und -Prozesse ausgelegt sind. Die Pläne sollten die Anforderungen für Ausfallsicherheit, alternative Verarbeitung und Wiederherstellungstauglichkeit für alle kritischen IT-Services behandeln. Sie sollten auch Gebrauchsanleitungen, Rollen und Verantwortlichkeiten, Verfahren, Kommunikationsprozesse und das Testvorgehen abdecken.

Die Aufmerksamkeit sollte in erster Linie auf die im IT-Kontinuitätsplan als am kritischsten definierten Elemente gelegt werden, um eine Ausfallsicherheit einzubauen und um Prioritäten für den Wiederanlauf festzulegen. Reaktion und Wiederanlauf sind entsprechend den priorisierten Unternehmensbedürfnissen sicherzustellen. Erst in einem zweiten Schritt sind weniger kritische Systeme zu adressieren. Dies gilt unter der Maßgabe, dass die Kosten auf einem akzeptablen Niveau gehalten werden und die Einhaltung regulatorischer und vertraglicher Anforderungen sichergestellt ist.

Anforderungen für Ausfallsicherheit, Reaktion und Wiederherstellung sind für verschiedene Abstufungen zu definieren, zum Beispiel eine bis vier Stunden, vier bis 24 Stunden, mehr als 24 Stunden und kritische geschäftliche Betriebszeiten. Das IT-Management muss bei der Festlegung und Anwendung von Verfahren zur Steuerung von Changes von allen Leitungsebenen unterstützt werden, um sicherzustellen, dass der IT-Kontinuitätsplan aktuell gehalten wird und fortwährend die aktuellen Geschäftsanforderungen widerspiegelt. Es ist wichtig, dass Veränderungen der Verfahren und Verantwortlichkeiten klar und rechtzeitig kommuniziert werden.

Der IT-Kontinuitätsplan ist regelmäßig zu testen, um sicherzustellen, dass alle IT-Systeme wirksam wiederhergestellt werden können, Mängel behandelt werden und die Pläne zweckmäßig bleiben. Dies verlangt eine sorgfältige Vorbereitung, Dokumentation, Berichterstattung über Testergebnisse und – abhängig von den Ergebnissen – die Umsetzung einer Maßnahmenplanung.

Der Umfang für Wiederherstellungstests von einzelnen Anwendungen ist sorgsam zu planen, von integrierten Test-Szenarios bis hin zu durchgehenden Tests und integrierten Anbieter-Tests. Alle betroffenen Parteien sollten regelmäßig Schulungen für die im Ereignis- oder Katastrophenfall anzuwendenden Verfahren sowie ihrer Rollen und Verantwortlichkeiten erhalten. Trainings sind entsprechend den Ergebnissen von Kontinuitätstests zu verifizieren und gegebenenfalls zu erweitern.

Eine festgelegte und gesteuerte Verteilungsstrategie soll sicherstellen, dass die Pläne genau und sicher an geeignete, autorisierte Interessensgruppen verteilt werden und diesen bei Bedarf – zeitlich und örtlich – zur Verfügung stehen. Es sollte darauf geachtet werden, dass die Pläne für alle Katastrophenszenarien verfügbar gemacht werden.

Die Aktionen für den Zeitraum, während die IT wiederhergestellt und die Services wieder aufgenommen werden, sind detailliert zu planen. Dies kann

- die Aktivierung von Ausweichstandorten,
- die Inbetriebnahme der alternativen Verarbeitung,
- die Kommunikation mit Kunden und Stakeholdern,
- Wiederanlaufverfahren etc.

beinhalten.

Es muss sichergestellt sein, dass die Fachbereiche die IT-Wiederherstellungszeiten und die notwendigen technologischen Investitionen zur Unterstützung der geschäftlichen Bedürfnisse hinsichtlich Wiederherstellung und Wiederanlauf verstehen. Alle kritischen Back-up-Medien, Dokumentationen und andere IT-Ressourcen, welche für den IT-Wiederanlauf und die Geschäftskontinuitätspläne notwendig sind, sollten an einem entfernten Standort ausgelagert werden.

Der Inhalt der Back-up-Aufbewahrung sollte in Zusammenarbeit zwischen Geschäftsprozesseignern und den IT-Mitarbeitern bestimmt werden. Die Verwaltung der externen Lagereinrichtung sollte dem Datenklassifikationsschema und Unternehmenspraktiken für Medienlagerung folgen. Das IT-Management sollte sicherstellen, dass die Vorkehrungen für Auslagerung periodisch (mindestens jährlich) nach ihrem Inhalt, dem umgebungsbezogenen Schutz und der Sicherheit beurteilt werden.

Die Kompatibilität von Hard- und Software muss sichergestellt sein, um die archivierten Daten wiederherzustellen, periodisch zu testen und archivierte Daten aufzufrischen. Nach erfolgreichem Wiederanlauf der IT-Funktionen nach einem Unglück ist zu verifizieren, ob das IT-Management Verfahren für die Beurteilung der Angemessenheit der Pläne und für deren dementsprechende Überarbeitung etabliert hat. Verfahren für Sicherung und Wiederherstellung von Anwendungen, Daten und Dokumentation in Übereinstimmung mit den Geschäftsanforderungen und dem Kontinuitätsplan sind zu definieren.

Die Einhaltung von Back-up-Verfahren, die Fähigkeit zu sowie die notwendige Zeit für eine erfolgreiche und komplette Wiederherstellung sind zu überprüfen. Back-up-Medien und der Wiederherstellungsprozess müssen dabei getestet werden.

11.2 Vorschlag für eine IT Continuity-Richtlinie

11.2.1 Grundlegende Maßnahmen zur IT Continuity-Planung

11.2.1.1 Aufbau einer geeigneten Organisationsstruktur für das Notfallmanagement

Zur Planung eines Notfallmanagement-Prozesses muss eine geeignete Aufbauorganisation für das Notfallmanagement vorhanden sein. Es sind Rollen zu definieren und die jeweiligen Aufgaben, Pflichten, Rechte und Kompetenzen festzulegen.

Sind bereits Verantwortliche für verschiedene Aspekte des Notfallmanagements benannt, dann muss eine für das Unternehmen geeignete, übergreifende Organisationsstruktur für das Notfallmanagement aufgebaut werden. Die Organisationsstruktur teilt sich in zwei Bereiche auf: die Notfallvorsorgeorganisation und die Notfallbewältigungsorganisation.

Es ist regelmäßig zu überprüfen, ob alle Verantwortlichkeiten und Zuständigkeiten eindeutig zugewiesen und diese praxistauglich sind.

Auch ist regelmäßig zu prüfen, ob alle Prozesse und Abläufe der Notfallorganisation wie vorgesehen angewendet und durchgeführt werden und dass die aufgebauten Organisationsstrukturen für das Notfallmanagement den Anforderungen gerecht werden.

Das Management ist über die Ergebnisse der oben genannten Überprüfungen regelmäßig zu informieren.

Dies entspricht der Maßnahme M 6.112 des BSI Grundschutzkatalogs.

11.2.1.2 Erstellung eines Notfallkonzepts

Es ist ein Notfallkonzept bestehend aus Notfallvorsorgekonzept und Notfallhandbuch zu erstellen. Das Notfallvorsorgekonzept enthält alle Informationen, die bei der Konzeption anfallen inklusive der ausgewählten Maßnahmen zur Risikobehandlung und um einen schnellen Wiederanlauf und eine schnelle Wiederherstellung zu ermöglichen. Das Notfallhandbuch enthält die Informationen, die direkt für und bei der Notfallbewältigung benötigt werden. Dazu zählen unter anderem die Geschäftsfortführungspläne, die Wiederanlauf- und Wiederherstellungspläne inklusive Ersatzbeschaffungs- und Ausweichpläne sowie Notfallpläne für Sofortmaßnahmen. Die Pläne haben die Informationen über die Wiederanlaufzeiten und Prioritäten für die Prozesse und Ressourcen zu enthalten sowie verschiedene Wiederanlaufoptionen für verschiedene Schadensereignisse.

Das Notfallkonzept ist so zu gliedern, dass einzelne Teile mit vertraulichen Informationen an nur einen speziellen Adressatenkreis zuständiger Personen weitergegeben werden können.

Dies entspricht der Maßnahme M 6.114 des BSI Grundschutzkataloges.

11.2.1.3 Integration von Notfallmanagement in organisationsweite Abläufe und Prozesse

Es existieren im Notfallmanagement viele Überschneidungen sowohl mit dem Risikomanagement, mit dem Sicherheitsmanagement, aber auch dem Krisenmanagement. Daher sind die Methoden zum Management von Risiken aus dem Bereich des Notfallmanagements mit den bereits etablierten Methoden abzustimmen. Wichtig ist, dass sich Arbeitsanweisungen aus unterschiedlichen Bereichen eines Unternehmens nicht widersprechen dürfen.

Dies entspricht der Maßnahme M 6.116 des BSI Grundschutzkataloges.

11.2.1.4 Tests und Notfallübungen

Es müssen regelmäßig Tests und Notfallübungen durchgeführt werden. Dadurch wird die Validität, Handhabbarkeit und Verständlichkeit des Notfallhandbuchs überprüft. Der

Ablauf jedes Tests und jeder Übung ist in einem Protokoll so zu dokumentieren, dass eine Auswertung der Ergebnisse möglich ist. Die Auswertung eines Tests oder einer Übung ist zu dokumentieren und muss die Ergebnisse, die Rückmeldungen der Beteiligten sowie der beübten Organisationseinheit und ein Vergleich des Ergebnisses mit den festgelegten Zielen der Übung enthalten.

Für die Behebung der erkannten Mängel und Lücken in der Notfallplanung sind Maßnahmen festzulegen, Verantwortliche für die Umsetzung zu benennen und Termine zu setzen. Die zeitgerechte Umsetzung ist durch den Notfallbeauftragten zu kontrollieren.

Dies entspricht der Maßnahme M 6.117 des BSI Grundschutzkataloges.

11.2.1.5 Überprüfung und Aufrechterhaltung der Notfallmaßnahmen

Alle Notfallmaßnahmen sind regelmäßig zu überprüfen: die hierfür notwendigen Überprüfungen, auch Revisionen genannt, sind zu festgelegten Zeitpunkten durchzuführen und können bei gegebenem Anlass auch zwischendurch erfolgen. Die vorhandenen Notfallmaßnahmen sind mindestens einmal im Jahr zu überprüfen. Insbesondere Erkenntnisse aus eingetretenen Notfällen oder Krisen erfordern eine Anpassung der bestehenden Maßnahmen und initiieren daher eine Überprüfung.

Erkannte Fehler und Schwachstellen müssen zeitnah abgestellt werden. Der identifizierte Optimierungsbedarf bei Effizienz und Effektivität von Notfallmaßnahmen muss umgesetzt werden.

Aufgrund der Überprüfungsergebnisse sind Entscheidungen über das weitere Vorgehen zu treffen. Insbesondere sind alle erforderlichen Korrekturmaßnahmen in einem Umsetzungsplan festzuhalten. Die Zeitrahmen und die Verantwortlichen für die Umsetzung der Korrekturmaßnahmen sind zu benennen und mit den notwendigen Ressourcen auszustatten.

Es ist ein Prozess aufzusetzen, der die Umsetzung steuert und überwacht. Der aktuelle Status sowie Probleme bei der Umsetzung sind zu dokumentieren. Werden notwendige Korrekturen zum Schließen von Schwachstellen nicht planmäßig durchgeführt, so sind gegebenenfalls zu eskalieren.

Dies entspricht der Maßnahme M 6.118 des BSI Grundschutzkataloges.

11.2.1.6 Dokumentation im Notfallmanagement-Prozess

Der Ablauf des Notfallmanagement-Prozesses, die Arbeitsergebnisse der einzelnen Phasen und wichtige Entscheidungen sind zu dokumentieren. Eine solche Dokumentation und Protokollierung ist eine wesentliche Grundlage für die Aufrechterhaltung und die effiziente Weiterentwicklung des Prozesses. Sie hilft dabei, die Ursachen von Störungen und fehlgeleiteten Abläufen im Notfallmanagement zu finden und zu beseitigen. Erst durch die kontinuierliche Dokumentation können die Entwicklungen und Entscheidungen im Bereich Notfallmanagement nachvollziehbar zurückverfolgt werden.

Es ist ein nachvollziehbarer Prozess zu etablieren, der für alle im Notfallmanagement erstellten Dokumente, Protokolle und Aufzeichnungen sicherstellt, dass diese auffindbar, eindeutig identifiziert, kurzfristig zugänglich und lesbar sind. Jedes Dokument muss sicher gespeichert bzw. verwahrt werden und der Zugriff ist auf autorisierte Personen zu beschränken, um einen Missbrauch zu verhindern.

Damit die oberste Leitungsebene eines Unternehmens die richtigen Entscheidungen in Bezug auf die Steuerung des Notfallmanagements treffen kann, benötigt sie die dafür notwendigen Informationen. Hierfür hat der Notfallbeauftragte bzw. das Notfallmanagement-Team regelmäßig sowie anlassbezogen Management-Berichte zum Status des Notfallmanagements zu erstellen.

Dokumentationen müssen verständlich sein. Das bedeutet auch, dass sie zielgruppengerecht gestaltet werden müssen.

Dokumentationen müssen aktuell sein. Es muss festgelegt werden, wer sie pflegt. Sie müssen so bezeichnet und abgelegt werden, dass sie im Bedarfsfall schnell gefunden werden können. Es müssen Angaben zu Erstellungsdatum, Version, Quellen und Autoren vorhanden sein. Veraltete Unterlagen müssen sofort aus dem Umlauf genommen und archiviert werden.

Dies entspricht der Maßnahme M 6.119 des BSI Grundschutzkataloges.

11.2.1.7 Überprüfung und Steuerung des Notfallmanagementsystems

Die Geschäftsführung ist für die Prüfung, Steuerung und Verbesserung des Notfallmanagementsystems verantwortlich.

Um das Notfallmanagementsystem zu steuern und aufrecht zu erhalten, muss regelmäßig seine Wirksamkeit und Effizienz überprüft werden und die Ergebnisse müssen auf Leitungsebene bewertet werden. Ziel hierbei ist es, das weitere Vorgehen im Notfallmanagement-Prozess abzustimmen. Daher sind alle erforderlichen Änderungen und Anpassungen am Notfallmanagement-Prozess, wie beispielsweise in den Zielen oder Anforderungen an das Notfallmanagement, aufzuzeigen. Die Ergebnisse müssen dokumentiert und die bisherigen Aufzeichnungen gepflegt werden.

Da die Management-Berichte zum Notfallmanagement im Allgemeinen sensitive Informationen über bestehende Schwachstellen und Restrisiken enthalten, ist deren Vertraulichkeit zu schützen. Es müssen angemessene Schutzvorkehrungen getroffen werden, damit keine unbefugten Personen Kenntnis über den Inhalt der Management-Berichte erlangen.

Dies entspricht der Maßnahme M 6.120 des BSI Grundschutzkataloges.

11.2.1.8 Erstellung einer Richtlinie zur Behandlung von Sicherheitsvorfällen

Zielgruppenorientierte Richtlinien für die Behandlung von Sicherheitsvorfällen sind zu erstellen.

Für die Administratoren und für die Mitglieder des Sicherheitsmanagements hat es technische Handlungsanweisungen im Rahmen des Managementsystems zur Sicherheitsvorfallsbehandlung zu geben. Aber auch die Benutzer müssen frühzeitig einbezogen werden. Ebenso ist der Umgang bei der Störungs- und Fehlerbehebung (also des Incident-Managements) mit Sicherheitsproblemen und sicherheitsrelevanten Service-

Anfragen in der Richtlinie zu regeln. Die Richtlinie hat vollständig und praktisch anwendbar zu sein. Die Aufgaben aller Beteiligten müssen darin klar formuliert sein. Von der Richtlinie abweichendes Verhalten darf nur in dokumentierten Ausnahmefällen gestattet sein.

Zu unterscheiden ist hierbei zwischen allgemein gültigen Verhaltensregeln, die für sämtliche vorstellbaren Sicherheitsvorfälle gelten, und den IT-spezifischen Verhaltensregeln.

Dies entspricht der Maßnahme M 6.121 des BSI Grundschutzkataloges.

11.2.1.9 Einrichtung eines Expertenteams für die Behandlung von Sicherheitsvorfällen

Es ist Team mit erfahrenen und vertrauenswürdigen Spezialisten zusammenzustellen. Dieses Team kann bei Bedarf durch externe Spezialisten ergänzt werden, um angemessen auf alle Arten von Sicherheitsvorfällen reagieren zu können. Alle Mitglieder des Expertenteams sollten auf ihre Vertrauenswürdigkeit hin überprüft werden.

Alle Mitglieder des Teams müssen geeignet in die Eskalationswege eingebunden werden.

Dies entspricht der Maßnahme M 6.123 des BSI Grundschutzkataloges.

11.2.1.10 Einrichtung einer zentralen Kontaktstelle für die Meldung von Sicherheitsvorfällen

Alle Störungen (inklusive der Sicherheitsvorfälle) werden über die zentrale Störungsannahme, also üblicherweise über den Service Desk im First Level des Incident-Managements, gemeldet.

Sicherheitsvorfälle werden über eine separate Meldestelle bei einem dedizierten Ansprechpartner des Sicherheitsmanagements gemeldet.

Entscheidet sich das Unternehmen für die Einrichtung einer zentralen Kontaktstelle für die Meldung von Sicherheitsvorfällen, sind den dort tätigen Mitarbeitern Hilfsmittel und Verfahren für das Erkennen von Sicherheitsvorfällen zur Verfügung zu stellen (zum Beispiel einen Überblick über den Schutzbedarf der betreuten Systeme).

Dies entspricht der Maßnahme M 6.125 des BSI Grundschutzkataloges.

11.2.1.11 Schulung der Mitarbeiter des Service Desks zur Behandlung von Sicherheitsvorfällen

Die Service Desk-Mitarbeiter haben regelmäßig an Informations- und Schulungsveranstaltungen über Informationssicherheit im Allgemeinen und das Erkennen von Sicherheitsvorfällen im Besonderen teilzunehmen. Inhaltlich sind sie auf jeden Fall mit dem IT-Sicherheitsbeauftragten abzustimmen.

Darüber hinaus müssen Service Desk-Mitarbeiter auf die notwendigen Hilfsmittel zur Erkennung von Sicherheitsvorfällen zugreifen können und in ihrer Bedienung geschult sein. Um Sicherheitsvorfälle rechtzeitig und richtig zu erkennen, müssen Service Desk-Mitarbeiter anhand ihrer Checklisten die Existenz von einem Sicherheitsvorfall feststellen können.

Dies entspricht der Maßnahme M 6.129 des BSI Grundschutzkataloges.

11.2.1.12 Wiederherstellung der Betriebsumgebung nach Sicherheitsvorfällen

Betroffene IT-Systeme sind vom Netz zu nehmen und alle Dateien sind zu sichern, die Aufschluss über die Art und Ursache des aufgetretenen Problems geben könnten. Hierzu gehören insbesondere alle relevanten Protokolldateien. Auf jedem dieser IT-Systeme sind das Betriebssystem und alle Applikationen auf Veränderungen hin zu untersuchen. Neben Programmen müssen aber auch Konfigurationsdateien und Benutzerdateien auf Manipulationen untersucht werden.

Original-Dateien sind von schreibgeschützten Datenträgern wiedereinzuspielen. Dabei muss darauf geachtet werden, dass alle sicherheitsrelevanten Konfigurationen und Patches mit aufgespielt werden. Wenn Dateien aus Datensicherungen wiedereingespielt werden, muss sichergestellt sein, dass diese vom Sicherheitsvorfall nicht betroffen waren, also zum Beispiel nicht bereits mit dem Computer-Virus infiziert sind.

Vor der Wiederinbetriebnahme nach einem Angriff sind alle Passwörter auf den betroffenen IT-Systemen zu ändern. Dies schließt auch die IT-Systeme ein, die nicht unmittelbar durch Manipulationen betroffen waren, von denen aber der Angreifer vielleicht bereits Informationen über die Benutzer und/oder Passwörter eingeholt hat.

Nach der Wiederherstellung eines IT-Systems ist zu überprüfen, ob alle Funktionalitäten auch wirklich vollständig wiedereingerichtet wurden.

Dies entspricht der Maßnahme M 6.133 des BSI Grundschutzkataloges.

11.2.1.13 Notfallplan für den Ausfall eines VPNs

Die Notfallvorsorge für VPNs muss in das existierende Notfallmanagement integriert werden. Hierfür sind Verfahren und Definitionen von Erstmaßnahmen für den schnellen Übergang in den operativen Betrieb festzulegen.

Das VPN-Notfallkonzept muss an die spezifische Situation des Unternehmens angepasst und so ausgestaltet sein, dass kritische Geschäftsprozesse innerhalb der geforderten Zeiten wieder zur Verfügung stehen. Das VPN-Notfallkonzept ist so zu schreiben, dass es von einem sachverständigen Dritten ausgeführt werden kann. Das VPN-Notfallkonzept ist immer aktuell zu halten.

Dies entspricht der Maßnahme M 6.109 des BSI Grundschutzkataloges.

11.2.2 Ziele der IT Continuity-Planung

Im Umfeld der Datenverarbeitung können unerwartete Störungen des normalen Ablaufes auftreten. Diese Störungen können verursacht sein durch Probleme in der Hardware, Software, der Kommunikations-Infrastruktur oder durch Umgebungseinflüsse.

Bezüglich der Schwere der Störung wird unterschieden zwischen ‚Notfall' und ‚Katastrophe'.

Notfall: Ein Notfall ist eine unvorhergesehene Kombination von Umständen, die unmittelbares Handeln erfordern. Unterbrechungen der Leistungserbringung sind nicht vorhanden oder minimal.

Katastrophe: Eine Katastrophe ist ein wesentliches Ereignis, das zu einer Schädigung, einem Verlust oder der Zerstörung von Eigentum oder der Fähigkeit zur Leistungserbringung führt.

Es ist von großer Bedeutung, dass das Unternehmen darauf vorbereitet ist, auf jedes Ereignis angemessen zu reagieren, das geeignet ist, wesentliche Unterbrechungen der Fähigkeit zur Leistungserbringung zu verursachen.

In der Tab. 11.1 werden vier Ebenen von Ereignissen nach Häufigkeit und Schwere unterschieden.

11.2.3 Abgrenzung

11.2.3.1 Business Continuity-Planung

Business Continuity-Planung bildet den umfassenden Rahmen für die Aufgaben des Krisen-Managements, der Disaster Recovery-Planung und der Business Resumption-Planung. Die Kombination dieser Funktionen der Business Continuity ermöglicht die Minimierung der Auswirkungen eines Ereignisses in der Art, so dass Unterbrechungen oder erforderliche Anpassungen möglichst klein gehalten werden.

Tab. 11.1 Datenverarbeitungs- und/oder Kommunikationsunterbrechungen

Typ	Definition	Beispiel
4	Häufige Ausfälle mit zu erwartendem Wiederauftreten. Beinhaltet kleinere Kapazitätsverluste oder zeitlich kurze Ausfälle. Wiederherstellung wird üblicherweise in der bestehenden (Infrastruktur-) Umgebung durchgeführt	Speichersystemfehler, Fehler von Steuer- und Kontrolleinheiten, Fehler durch Einführung neuer/geänderter Software
3	Signifikante Einschränkung der Leistungserbringung (30 %–50 %) ohne physikalische Beeinträchtigungen an dem Standort oder an der technischen Ausstattung. Wiederherstellung durch örtliche Verlagerung oder Neuausrichtung der Arbeit innerhalb desselben Standorts	Unterbrochene Kommunikationswege, CPU-Fehler oder Wasserschaden
2	Signifikante Einschränkung der Leistungserbringung (30 %–50 %) mit physikalischen Beeinträchtigungen an dem Standort, an der technischen Ausstattung oder am Personal. Wiederherstellung durch Einbeziehung anderer Standorte	Flut oder Wetterschäden oder Feuer
1	Vollständiger Verlust von Standort und allen Assets. Wiederherstellung impliziert die vollständige Rekonstruktion des Standortes und aller Assets. Externe Zulieferer werden für die Unterstützung des Wiederaufbaus benötigt	Naturkatastrophen, ABC-Angriffe, Terroranschläge

11.2.3.2 Krisen-Management

Krisen-Management ist die effiziente und frühzeitige Reaktion des Unternehmens auf eine Unterbrechung der Leistungserbringung oder eine Krise mit dem Ziel der Vermeidung oder Minimierung des Schadens oder der Störung für die Unternehmensabläufe.

Die Abläufe des Krisen-Managements sowie der zugehörigen Kommunikationswege sind nicht Gegenstand dieser Richtlinie.

11.2.3.3 Disaster Recovery-Planung

Disaster Recovery-Planung ist der Prozess der Erarbeitung und Einübung von Regelungen und Abläufen, die das Unternehmen befähigen, auf eine Krise oder Katastrophe angemessen zu reagieren und kritische Geschäftsfunktionen innerhalb einer vordefinierten Zeit wiederherzustellen. DRP verfolgt den Zweck der Minimierung des Verlustes bzw. der erforderlichen Wiederherstellungsaufwände und erstellt dazu Prozeduren für Personal, Netzwerke, Güter und Anlagen.

Diese Richtlinie befasst sich mit diesem technologischen Aspekt der IT Continuity-Planung.

11.2.3.4 Business Resumption-Planung

Business Resumption-Planung umfasst die Regelungen und Prozeduren zur Wiederherstellung der Arbeitsfähigkeit der Organisation im Falle einer Störung durch ein externes Ereignis.

Diese organisatorische Sicht ist nicht Gegenstand dieser Richtlinie.

11.2.4 Gegenstand dieser Richtlinie

Diese Richtlinie definiert den Umfang sowie die Rahmenbedingungen, Ziele und Kriterien, unter denen die Bereiche der IT des Unternehmens detaillierte Planungen zur Wiederherstellung der Lieferfähigkeit im Falle unvorhergesehener Störungen erstellen.

Diese Richtlinie beschreibt daher die Vorbereitung und Reaktion auf eine unvorhergesehene Störung.

11.2.4.1 Kriterien der Planung

Die detaillierte Planung der Reaktionen der IT auf unvorhergesehene Störungen orientiert sich an den Erfordernissen des Geschäftes in Bezug auf ‚Recovery Time Objective' und ‚Recovery Point Objective' der einzelnen Bereiche und Applikationen der IT:

- Recovery Time Objective beschreibt den Zeitraum, innerhalb dessen Funktionen oder Applikationen wiederhergestellt sein müssen.
- Recovery Point Objective beschreibt den Zustand, in dem Daten wiederhergestellt sein müssen (zum Beispiel den Zeitpunkt der Verfügbarkeit der letzten vollständigen Version).

11.2.4.2 Zweck und Ziel

Maßgebliches Instrument für die Dokumentation der notwendigen Maßnahmen zur Wiederherstellung der Lieferfähigkeit ist der Wiederherstellungsplan. Der Wiederherstellungsplan dient den folgenden Zwecken:

- Gewährleistung der Sicherheit der Mitarbeiter vor, während und nach einem Ereignis (Notfall oder Katastrophe) an ihrem Standort.
- Gewährleistung der Ausnutzung aller bekannten und verfügbaren Ressourcen zur Wiederherstellung der Geschäftsfunktionen nach einem Ereignis (Notfall oder Katastrophe), welches den derzeitigen Standort getroffen hat.
- Bereitstellung von Vorgehensbeschreibungen, um priorisierte Geschäftsprozesse mit maximaler Geschwindigkeit und minimalen Auswirkungen auf interne und externe Kunden wiederherzustellen.

Die Ziele des Wiederherstellungsplanes sind

- Minimierung des wirtschaftlichen Verlustes,
- Reduktion der operativen Störung,
- Gewährleistung organisatorischer Stabilität,
- Erreichung geordneter Wiederherstellung,
- Reduktion rechtlicher Haftung,
- Begrenzung möglicher Gefährdungsrisiken,
- Reduktion der Abhängigkeit von Schlüsselpersonal,
- Schutz von Werten,
- Gewährleistung der Sicherheit von Mitarbeitern und Kunden,
- Minimierung von Entscheidungsnotwendigkeiten während eines Ereignisses,
- Reduktion von Verzögerungen,
- Vermittlung eines Gefühls der Sicherheit sowie
- Erfüllung regulatorischer Verpflichtungen

11.2.4.3 Voraussetzungen

Der schriftliche Wiederherstellungsplan wird unter den folgenden Voraussetzungen erstellt:

- Alle Geschäftsfunktionen müssen gegebenenfalls den Betrieb an einem anderen Standort als den bisherigen wieder aufnehmen.
- Dies setzt voraus, dass alle Datenbestände gesichert werden und diese Backups in ordentlicher Wartung an einem Off-site-Standort verbleiben, zugreifbar sind und die Sicherungsprozeduren regelmäßig und gewissenhaft überprüft werden.
- In den Abteilungen werden, wo erforderlich, Vorgehensbeschreibungen erstellt und für die manuelle oder alternative Verarbeitung von Daten und Geschäftsvorfällen während eines Ereignisses implementiert.

11.2 Vorschlag für eine IT Continuity-Richtlinie

- Angemessene Schulungen, Ausbildung und Testing werden durchgeführt.
- Eine Business-Impact-Analyse wird durchgeführt, um die Funktionen innerhalb jeder Abteilung zu priorisieren und die Minimalanforderungen an Ressourcen für die Wiederherstellung zu identifizieren.
- Alle Abläufe, System-Files, Dokumentationen und Ressourcen für die Wiederherstellung werden identifiziert und zusätzlich off-site aufbewahrt.
- Die Planung berücksichtigt, dass das Personal eines Standortes während oder nach einem Ereignis nicht verfügbar sein könnte.
- Jede Unterstützungsgruppe legt Recovery Time Objectives fest.
- Jede Applikationsgruppe ist verantwortlich für die Erstellung applikationsspezifischer Pläne.

Der Wiederherstellungsplan umfasst nicht Physical Security, Katastrophenvermeidung, Notfall-Betriebsabläufe oder die physikalische Wiederherstellung betroffener Standorte.

11.2.5 Planung der IT Continuity

11.2.5.1 Verantwortlichkeit
Das Executive Management-Team ist für die Aktualisierung und Verteilung der IT Continuity-Pläne verantwortlich. Die Verantwortung erstreckt sich ebenfalls auf die Pflege der erforderlichen Mitarbeiterlisten und der Zuordnung der Verantwortlichkeiten im Rahmen der IT Continuity. Ein IT Continuity-Koordinator wird eingesetzt und handelt im Auftrage des Executive Management-Teams außerhalb von Ereignissen.

11.2.5.2 Review
Das Executive Management-Team führt regelmäßige Reviews durch, jedoch mindestens alle 12 Monate.

11.2.5.3 Maintenance
Das Executive Management-Team ist verantwortlich für den Review-Zyklus und die Verteilung der Pläne. Die Verantwortung für die Aktualisierung von Informationen zu einzelnen Standorten unterliegt den Standortverantwortlichen. Die Aktualisierung der Pläne wird regulärer Teil der Change-Management-Prozesse. Dies bedeutet, dass jede Veränderung an Hardware, Betriebssystemen, Applikationen, Dokumentation oder anderen Teilen des Betriebsumfeldes auf die Auswirkungen hinsichtlich Disaster Recovery und IT Continuity geprüft wird, ehe die Veränderung in die Produktionsumgebungen implementiert wird.

11.2.5.4 Verteilung
Es liegt in der Verantwortung des Executive Management-Teams, jeden Mitarbeiter zu informieren, der eine Rolle im Rahmen der Disaster Recovery-Planungen zugewiesen bekommen hat und für die notwendige Ausbildung zu sorgen.

11.2.6 Contingency-Management

Contingency-Management ergänzt die Planungen für den Not- oder Katastrophenfall um Übungen zur Vorbeugung oder Minimierung von Risiken.

Folgende vorbeugende Maßnahmen ergänzen die IT Continuity-Planung:

- Physical Security,
- alternierende Stromerzeugung,
- Reduktion struktureller Risiken,
- Daten-Kommunikations-Sicherheit,
- Netzredundanz,
- Sicherheitsmaßnahmen.

Die zugehörigen Richtlinien sind nicht Teil dieses Dokumentes und werden an anderer Stelle erläutert.

11.2.7 Prozesse der IT Continuity

Die zentralen Prozesse der IT Continuity betreffen die Planung, den Change Prozess bezüglich der IT Continuity-Dokumentation, den regelmäßigen Review der IT Continuity-Maßnahmen, die Trainings- und Verifikationsprozesse und die Wiederherstellungsprozesse.

11.2.7.1 IT Continuity-Planungsprozess

Der Wiederherstellungsplan beschreibt das Vorgehen, welches die Mitarbeiter in die Lage versetzt, Daten und Geschäftsvorfälle im Falle eines Ereignisses weiterhin zu verarbeiten. Zu diesem Zweck werden detaillierte Aufgaben und Verantwortlichkeiten festgelegt.

Diese Verantwortlichkeiten betreffen sowohl die Verfügbarkeit von Standorten, Hardware und Netzwerk, als auch die Wiederherstellung von Applikationsdaten.

Die IT Continuity-Planung umfasst

- Planung und Dokumentation der Einübungs- und Testaktivitäten,
- Beschreibungen der Schnittstellen zwischen den beteiligten Abteilungen und dem IT Continuity-Koordinator sowie
- Risiko- und Business-Impact-Analysen als Basis für die Wiederherstellungspläne.

11.2.7.2 IT Continuity Change-Prozess

Alle im Rahmen der IT Continuity-Planung erstellten Dokumente bedürfen der regelmäßigen Pflege und Aktualisierung. Zu diesem Zweck ist es unerlässlich, die Pflege und Aktualisierung der IT Continuity-Dokumentation als einen wichtigen Baustein des normalen Change-Managements zu etablieren.

11.2 Vorschlag für eine IT Continuity-Richtlinie

11.2.7.3 IT Continuity Review-Prozess

Alle Maßnahmen der IT Continuity sind regelmäßig, aber mindestens einmal jährlich durch das Executive Management-Team zu reviewen. Neben den Inhalten des Wiederherstellungsplans ist natürlich auch die organisatorische Struktur und die Verfügbarkeit der im Falle des Ereignisses benötigten Personen zu überprüfen. Der Review ist formal zu dokumentieren.

11.2.7.4 IT Continuity Trainings- und Verifikationsprozess

Die im Wiederherstellungsplan beschriebenen Inhalte sind regelmäßig, aber mindestens einmal jährlich durch entsprechende Trainingsmaßnahmen mit den im Wiederherstellungsplan dokumentierten Personen durchzuführen. Ziel ist es, die Wirksamkeit der dort beschriebenen Maßnahmen zu verifizieren und falls notwendig, geeignete Anpassungen oder Zusatzmaßnahmen zu veranlassen.

11.2.7.5 IT Continuity-Wiederherstellungsprozess (Disaster Recovery)

Im Falle eines Ereignisses tritt der tatsächliche Wiederherstellungsprozess in Kraft. Dieser beinhaltet die Umgebungswiederherstellung und die funktionale Wiederherstellung.

11.2.8 Organisation der IT Continuity

Die Benachrichtigungs- und Aktionspläne der IT Continuity legen insbesondere die Aktivitäten von drei Gruppen fest, die im Falle eines Ereignisses spezifische Aufgaben übernehmen:

- Disaster Recovery Management-Team,
- Disaster Recovery Action-Team und
- Application Recovery-Team.

11.2.8.1 Disaster Recovery Management-Team

Das Disaster Recovery Management-Team übernimmt unmittelbar Verantwortung für die Koordination des gesamten Disaster Recovery-Prozesses.
  Mitglieder des Teams sind

- Repräsentant(en) der Geschäftsführung,
- verantwortliche Manager der betroffenen Standorte,
- der IT Continuity-Koordinator sowie
- Vertreter der Systembereiche.

Die Aufgaben des Disaster Recovery Management-Teams sind

- Einschätzung der entstandenen Beeinflussung (Menschen, Ausrüstung, Gebäude),
- Einrichten des War Rooms als Single Point of Contact,

- Benachrichtigung der zentralen Ansprechpartner von Abteilungen, Standorten und Systembereichen,
- Bewertung der vorhandenen Optionen,
- Auswahl der alternativen Standorte, falls erforderlich,
- Benachrichtigung des Disaster Recovery Action-Teams und Benennung eines Team Leaders,
- Benachrichtigung relevanter externer Stellen (zum Beispiel betroffene Kunden),
- Benachrichtigung des Application Recovery-Teams und Benennung eines Team Leaders,
- Benachrichtigung des Risk Managers,
- Unterstützung der Disaster Recovery Action-Teams und der Application Recovery-Teams.

11.2.8.2 Disaster Recovery Action-Team

Das Disaster Recovery Action-Team steuert die Wiederherstellung von Standorten, Hardware, Betriebssystemen und Netzwerken. Es wird zusammengesetzt aus Vertretern aller betroffenen Systembereiche.

Der Disaster Recovery Action-Team Leader wird durch das Disaster Recovery Management-Team bestimmt. Der Disaster Recovery Action-Team Leader verfügt über die Autorität, alle für die Erfüllung der Aufgaben benötigten Ressourcen zusammenzuziehen.

Die Aufgaben des Disaster Recovery Action-Teams sind

- Einleitung der Prozesse der Wiederherstellung unter der Führung des Disaster Recovery Management-Teams,
- laufende Information des Disaster Recovery Management-Teams über neue Entwicklungen,
- Organisation und Verteilung von Teams zur Wiedererlangung aller zur vollen Wiederherstellung benötigten Gegenstände,
- Koordinierung der Wiederherstellung von Standorten, Hardware, Software und Netzen,
- Information des Disaster Recovery Management-Teams, wenn die Wiederherstellung der Applikationen beginnen kann sowie
- Präsenz vor Ort, um Anfragen zu beantworten, bis Personal am Recovery-Standort eintrifft.

11.2.8.3 Application Recovery-Teams

Das Application Recovery-Team setzt sich zusammen aus Fachleuten aller betroffenen Systeme und stellt die Wiederherstellung der Applikationen sicher.

Der Disaster Recovery Management-Team Leader bestimmt den Application Recovery-Team Leader. Das Application Recovery-Team hat das Mandat, alle für die Wiederherstellung der Applikationen und zur Erfüllung der Aufgaben des Teams erforderlichen Ressourcen zusammenzuziehen.

Das Application Recovery-Team hat folgende Aufgaben:

- Initiierung der Prozesse zur Wiederherstellung der Applikationen unter der Führung des Disaster Recovery Management-Teams
- Information des Disaster Recovery Management-Teams über aktuelle Entwicklungen und Status
- Organisation und Verteilung von Teams zur Wiedererlangung aller zur vollen Wiederherstellung von Applikationen benötigten Gegenstände
- Single Point of Contact für alle Fachabteilungen (und gegebenenfalls Kunden) sowie die beteiligten technischen Experten
- Bereitstellung von Expertenwissen für die Wiederherstellung der Applikationen
- Präsenz vor Ort, um Anfragen zu beantworten bis Personal am Recovery-Standort eintrifft

Diese drei Gruppen sind die wichtigsten Ansprechpartner während des Wiederherstellungsprozesses. Jede Gruppe hat definierte Aufgaben, einschließlich der Identifikation und Einbeziehung von Schlüsselpersonal, welches für die schnellstmögliche Wiederherstellung der kritischsten Applikationen benötigt wird.

11.2.9 Umgebungswiederherstellung

Wiederherstellungsprozeduren für technische Applikationen werden durch dedizierte Arbeitsgruppen entwickelt und gepflegt.

11.2.9.1 Wiederherstellung von Standorten

Wiederherstellung von Standorten ist die erste Phase des Wiederherstellungsprozesses. Darin enthalten ist administrativer Support für die Recovery-Teams. Die Wiederherstellung der Standorte liegt in der Verantwortung des Disaster Recovery Action-Teams. Sobald der Disaster Recovery Action-Team Leader über das Ereignis in Kenntnis gesetzt wurde, wird dieser das Team an einem Ort möglichst nahe am War Room zusammenrufen. Die Mitglieder des Teams setzen sich aus Vertretern von Hardware, Standort und Administration zusammen. Der Disaster Recovery Action-Team Leader verfügt über die Autorität, die erforderlichen Ressourcen für die Erreichung der Ziele hinzuzuziehen.

Spezifische Aktivitäten der administrativen Unterstützung:

- Bestimmung der logistischen Erfordernisse für Individuen und Teams (Mietwagen, Flüge, Hotel etc.)
- Sicherstellung von Verpflegung und Versorgung (Büromaterial etc.)
- Koordinierung der Kommunikation mit dem Risk Management
- Statusmeldungen (Fortschritte und Probleme) an das Disaster Recovery Management-Team

Spezifische Aktivitäten der Standortwiederherstellung:

- Ermittlung des Schadens an dem Standort
- Sicherstellung der Stromversorgung am Ausweichstandort
- Sicherstellung der physikalischen Sicherheit am Ausweichstandort
- Sicherstellung des Zugangs aller relevanten Mitarbeiten am Ausweichstandort
- Sicherstellung der Klimatisierung am Ausweichstandort (soweit erforderlich)
- Sicherstellung der Verfügbarkeit hinreichender Raumkapazitäten und -qualitäten am Ausweichstandort
- Statusmeldungen (Fortschritte und Probleme) an das Disaster Recovery Management-Team

11.2.9.2 Wiederherstellung der Netzwerke

Die Wiederherstellung des Netzwerkes umfasst nur die Wiederherstellung der Datenverbindungen und ist die zweite Phase des Wiederherstellungsprozesses.

Das Disaster Recovery Action-Team ist verantwortlich für die Wiederherstellung der Datenverbindungen.

Sobald der Disaster Recovery Action-Team Leader über das Ereignis in Kenntnis gesetzt wurde, wird dieser das Team an einem Ort möglichst nahe am War Room zusammenrufen. Die Mitglieder des Teams setzen sich aus Vertretern von Netzwerk-Hardware, Netzwerk-Software und des Netzbetriebs zusammen. Der Disaster Recovery Action-Team Leader verfügt über die Autorität, die erforderlichen Ressourcen für die Erreichung der Ziele hinzuzuziehen.

Spezifische Aktivitäten der Netzwerk-Wiederherstellung:

- Ermittlung des Schadens an Netzequipment und Leitungen
- Initiierung von Beschaffungsmaßnahmen (soweit erforderlich)
- Errichtung des Netzwerkes am Ausweichstandort
- Wiederherstellung der Kommunikationsinfrastruktur
- Statusmeldungen (Fortschritte und Probleme) an das Disaster Recovery Management-Team

11.2.9.3 Wiederherstellung der Hardware

Wiederherstellung der Hardware ist die dritte Phase des Wiederherstellungprozesses. Die konkrete Planung unterscheidet zwischen Maßnahmen, die im Falle einer Standortverlegung notwendig sind, und Maßnahmen, die auch in dem Falle erforderlich sind, wenn nur geringer Schaden am bestehenden Standort entstanden ist.

Das Disaster Recovery Action-Team ist verantwortlich für die Wiederherstellung der Hardware-Umgebungen. Sobald der Disaster Recovery Action-Team Leader über das Ereignis in Kenntnis gesetzt wurde, wird dieser das Team an einem Ort möglichst nahe am War Room zusammenrufen. Die Mitglieder des Teams setzen sich aus Vertretern von Hardware-Planung, Storage, Betrieb und Kapazitätsplanung zusammen.

11.2 Vorschlag für eine IT Continuity-Richtlinie

Der Disaster Recovery Action-Team Leader verfügt über die Autorität, die erforderlichen Ressourcen für die Erreichung der Ziele hinzuzuziehen.

Spezifische Aktivitäten für die Wiederherstellung der Tape Library:

- Verteilung von autorisiertem Data Management-Personal auf die Off-site-Standorte, an denen die Backup-Daten gehalten werden
- Anforderung der erforderlichen Speichermedien für die von dem Ereignis betroffenen Standorte
- Anforderung der notwendigen Dokumentationen (Hardware, Software, Netzwerk, Betrieb)
- Aufbewahrung aller Belege für die Entnahme von Medien der Off-site-Standorte
- Sicherstellung einer ordnungsgemäßen Transportverpackung
- Organisation des Transportes zu den Ausweichstandorten
- Organisation erforderlicher Beschaffungen
- Statusmeldungen (Fortschritte und Probleme) an das Disaster Recovery Management-Team

Spezifische Aktivitäten zur Wiederherstellung der Hardware:

- Ermittlung des Schadens an der Hardware
- Information und Kontaktaufnahme mit den betroffenen Lieferanten von geschädigter Hardware
- Koordinierung erforderlicher Beschaffungsmaßnahmen zum Ersatz geschädigter Hardware
- Koordinierung der Vorbereitungen des Ausweichstandortes für die Aufnahme der Hardware
- Statusmeldungen (Fortschritte und Probleme) an das Disaster Recovery Management-Team

11.2.9.4 Wiederherstellung der Software

Wiederherstellung der Software ist die vierte Phase der Wiederherstellungsprozesse. Die konkrete Planung unterscheidet zwischen Maßnahmen, die im Falle einer Standortverlegung notwendig sind, und Maßnahmen, die auch in dem Falle erforderlich sind, wenn nur geringer Schaden am bestehenden Standort entstanden ist.

Das Disaster Recovery Action-Team ist verantwortlich für die Wiederherstellung der Betriebssystem-Software, Datenbank-Software und Applikations-Software. Sobald der Disaster Recovery Action-Team Leader über das Ereignis in Kenntnis gesetzt wurde, wird dieser das Team an einem Ort möglichst nahe am War Room zusammenrufen. Die Mitglieder des Teams setzen sich aus Vertretern aller betroffenen Systeme zusammen. Jede dieser Systemgruppen unterhält einen eigenen Wiederherstellungsplan.

Der Disaster Recovery Action-Team Leader verfügt über die Autorität, die erforderlichen Ressourcen für die Erreichung der Ziele hinzuzuziehen.

Spezifische Aktivitäten der Wiederherstellung der Betriebssystemsoftware, Datenbank-Software und Applikations-Software:
Die Wiederherstellung beginnt mit der Ankunft der Daten und Dokumentationen vom Off-site-Standort.

- Test des neuen Betriebssystems, um sicherzustellen, dass die Umgebung Computing-Services bereitstellen kann.
- Test der Datenbank-Software, um sicherzustellen, dass die Umgebung Datenbank-Services zur Verfügung stellen kann.
- Test der Applikations-Software, um sicherzustellen, dass die Umgebung Applikationsfunktionalitäten bereitstellen kann.
- Information des Disaster Recovery Management-Teams über die Beendigung der Tests, damit die Wiederherstellung der Applikationsdaten erfolgen kann.
- Bereitstellung von On-Site-Support für Systemsoftware.
- Statusmeldungen (Fortschritte und Probleme) an das Disaster Recovery Management-Team.

11.2.9.5 Wiederherstellung von Applikationsdaten

Wiederherstellung von Applikationsdaten ist die letzte Phase der Wiederherstellungsprozesse. Ebenso wie die Wiederherstellung der Betriebsumgebungen (Gebäude, Netzwerk, Hardware, Software) muss auch die Wiederherstellung der Applikationsdaten in Schritten erfolgen. Die initialen Anstrengungen sollten der Wiederherstellung von kritischen Daten gelten.

Das Application Recovery-Team ist verantwortlich für die Wiederherstellung der Applikationsdaten. Sobald der Applikation Recovery Action-Team Leader über das Ereignis in Kenntnis gesetzt wurde, wird dieser das Team an einem Ort möglichst nahe am War Room zusammenrufen. Die Mitglieder des Teams setzen sich aus Vertretern aller betroffenen Applikationen und der erforderlichen Systemumgebungen zusammen. Jede Applikationsgruppe unterhält einen eigenen Wiederherstellungsplan.

Der Application Recovery-Team Leader verfügt über die Autorität, die erforderlichen Ressourcen für die Erreichung der Ziele hinzuzuziehen.

Spezifische Aktivitäten der Wiederherstellung der Applikationsdaten sind:

- Verfügbarmachung des Application Disaster Recovery-Planes vom Off-site-Standort.
- Sicherstellung der Verfügbarkeit der erforderlichen Ressourcen.
- Sicherstellung der Verfügbarkeit der erforderlichen Bandlaufwerke.
- Einrichtung einer Telefon-Hotline zur Verwendung durch die einzelnen Recovery-Teams.
- Information der einzelnen Applikations-Teams über
  - die Telefon-Hotline-Nummer und
  - die exakte Eintrittszeit des Ereignisses zur Datensynchronisierung.

- Entsendung autorisierter Personen zum Off-site-Standort zur Beschaffung der Sicherungsbänder der betroffenen und wiederherzustellenden Applikationen.
- Organisation des Transportes der Sicherungsbänder.
- Sicherstellung der Einspielung der Applikationsdaten.
- Aufsetzen des Schedulings.
- Aufnahme der kritischen Verarbeitungsprozesse.
- Statusmeldungen (Fortschritte und Probleme) an das Disaster Recovery Management-Team.

11.2.9.6 Wiederherstellung der Monitoring-Plattformen

Obgleich die Wiederherstellung dieser Systeme geringere Priorität hat, sollte ein minimales Monitoring der wiederhergestellten Systeme durch die Application Recovery-Teams eingerichtet werden.

11.2.10 Funktionale Wiederherstellung

11.2.10.1 Business Resumption Plans

Jede Fachabteilung ist verantwortlich für die Erstellung und Pflege eines Wiederherstellungsplanes für die Geschäftstätigkeit und die Unterstützung der technischen Einheiten.

11.2.10.2 Daten-Synchronisation – Backlog Processing

Nach der Wiederherstellung erforderlicher Supportfunktionen startet der manuelle Prozess der Verarbeitung des Backlogs und verlorener Transaktionen am Ausweichstandort.

Jede Fachabteilung ist dafür verantwortlich spezifische Prozeduren zu erarbeiten, welche die folgenden Bereiche adressieren:

- Manuelle Prozeduren zur Wiederaufnahme der Geschäftstätigkeit,
- Starten des Einspielprozesses für verschobene Transaktionen und
- Starten des Wiederherstellungsprozesses für verlorene Transaktionen.

11.2.10.3 Wiederaufnahme der Geschäftsfunktionen

Nach der Wiederherstellung und dem Testen aller Funktionen und der Verifikation der Datenintegrität wird die Geschäftstätigkeit wieder aufgenommen.

Nach Wiederherstellung der Betriebsumgebung und der Applikationen wird die Funktionalität überprüft und in der Folge wird die automatische Verarbeitung wieder aufgenommen.

11.2.10.4 Verlegung zum Übergangsstandort

Bei Nichtverfügbarkeit eines Heimatstandortes für einen längeren Zeitraum wird der kontrollierte Umzug zu einem Übergangsstandort vorbereitet.

Nach Wiederherstellung am Ausweichstandort kann gegebenenfalls ein Übergangsstandort identifiziert werden, zu dem migriert werden kann bis der Heimatstandort wieder verfügbar ist.

11.2.10.5 Rückverlegung zum Heimatstandort

Sobald die Folgen des Ereignisses hinreichend beseitigt sind, wird das Disaster Recovery Management-Team entscheiden, wann an den primären Verarbeitungsstandort zurückgekehrt wird. Wenn diese Entscheidung getroffen ist, wird der Rückkehrplan ausgeführt. Die Umsetzung dieses Plans ist deutlich einfacher, da die Dringlichkeit geringer ist.

Der Rückverlegungsplan enthält

- erwartetes Personal,
- erwartete Ankunftszeiten,
- eine Betriebssystemunterstützung,
- Applikationen, die betrieben werden müssen,
- Änderungen in den Hardwareanforderungen,
- Änderungen der Softwareanforderungen,
- Netzwerkanforderungen,
- erforderliche Maßnahmen zur Beschleunigung des Umzugs sowie
- die Berücksichtigung von Anforderungen der Geschäftsbereiche und Kunden.

In Vorbereitung des Auszuges aus dem Übergangsstandort wird bestimmt, ob ein eigenständiger Migrationsplan erstellt und befolgt wird oder ob die Wiederherstellungsprozeduren zu diesem Zweck verwendet werden. Hier sind auch Kombinationen denkbar. Sobald dies entschieden ist, werden die folgenden Maßnahmen durchgeführt, ehe der Rückumzug stattfinden kann:

Im Falle des Umzuges mittels des Wiederherstellungsplans:

- Dokumentation der aktuellen Situation (Hardware, Software und Netzwerke)
- Bestimmung der erforderlichen Unterstützungsorganisationen
- Bewertung der Alternativen zum Umzug von Hardware und Daten
- Umsetzung aller Hardware und Netzwerkanforderungen
- Sicherung aller System-, Applikations- und Kundendaten und Transport zum Heimatstandort
- Wiederherstellung der Systeme in der Reihenfolge/Priorisierung wie im Wiederherstellungsplan vorgesehen

Im Falle des Umzugs mittels eines dedizierten Migrationsplanes:

- Dokumentation der aktuellen Situation (Hardware, Software und Netzwerke)
- Bestimmung der erforderlichen Unterstützungsorganisationen
- Bewertung der Alternativen zum Umzug von Hardware und Daten

11.2 Vorschlag für eine IT Continuity-Richtlinie

- Entwicklung eines Designs für die Migrationssoftware
- Fertigstellung der Migrationshardwareumgebung
- Entwicklung eines Notfall/Risiko-Assessments
- Design der Migrationsmethode
- Entwicklung eines Hardware-Umstellungs-Ansatzes
- Entwicklung eines Netzwerk-Umstellungs-Ansatzes
- Inventarisierung der Tape Library
- Entwicklung eines Ressource-Utilisation-Reports
- Beschaffung erforderlicher Sicherungsmedien und Hardware
- Installation von Netzwerk und Hardware für die Migration
- Konvertierung der Software
- Erstellung eines Prozesshandbuches
- Verifizieren der Service-Level und Migrationsprogramme
- Durchführen der Migration von Betriebssystemen und Daten

Sobald die Systeme ordnungsgemäß funktionieren und getestet wurden, werden die Verarbeitungsaktivitäten am Ausweichstandort eingestellt.

Stichwortverzeichnis

A

Access. *Siehe* Zugang
Access Control List (ACL), 213, 225, 238
Account, 38–39, 65, 133, 212
    Entfernung, 39
    individueller, 39
    Sharing, 232
    Zugangsbeschränkungen, 147
Active Directory, 74, 156, 164, 226–227
    Authentisierung, 249
    Betriebssicherheit, 250
    DNS, 249
    Gruppenrichtlinien, 234
    Infrastruktur, 165
Administrationstätigkeit, 133
Administrator, 28, 39, 74, 132
    autorisiertr, 65
    fachlich übergreifender, 134
    IDs, 220
    Schulung, 195
    vertrauenswürdiger, 137
Änderungsantrag, 288
    Schließen, 294
Änderungsmanagement, 34, 94, 138
Anforderungsmanagement, 272
Anti-Viren-Software, 240
Anwendungsprogramm, SOX-kritisches, 211
Anwendungs-Release, 309
Apache-Webserver, 222
Application-Level-Gateway, 242
Application-Recovery-Team, 328, 332
Arbeitsplatz
    aufgeräumter, 197
    mobiler, 37, 40, 42, 218

Architekturgremium, 203
Archivierung, 35, 52, 70, 88
    dauerhafte, 185
    Funktions-und Recoverytests, 72
Archivmedien, 185
Archivsystem, 127, 196
Auftraggeber. *Siehe* Business Sponsor
Auftragsdatenverarbeitung, 64
Ausscheiden von Mitarbeitern, 264
Auswirkungsanalyse, 272
Authentifikation, 123, 142, 208
Authentikationsmechanismus, 64
Authentisierung, 149
Autoupdate-Mechanismus, 138

B

Backlog Processing, 333
Backout-Plan, 292
Back-up, 54
Backup-Server, 30
Benutzerauthentikation, 199
Benutzerberechtigung, 121
Benutzergruppe, 143
Benutzerkennung, 87, 207
Benutzerkonto, 212
Benutzerumgebung, eingeschränkte, 144
Beschaffungsstrategie, 210
Best Practice, 280
Betriebsmittel, schützenswerte, 151
Bildschirmsperre, 199, 211
BIOS-Bootschutz, 218
BitLocker Drive Encryption, 231
Boot-Schutz, 211

Bot-Netz, 11
Brandmeldeanlage, 126
Brandschutzbegehung, 128
Brandschutz von Patchfeldern, 127
Bundesamt für Sicherheit in der
    Informationsverarbeitung (BSI), 125
Business Continuity Management, 2, 13, 29,
    98, 289, 322–323
  Richtlinie, 316
Business-Impact-Analyse, 325
Business Resumption Plan, 323, 333
Business-Sponsor, 205, 271

C
Certifier-ID, 219
Change-Administrator, 290
Change Advisory Board (CAB), 94, 295
Changemanagement, 118, 274, 288
  Audit, 295
  Projekte, 293
Chipkarte, 139
Client, 41
  Citrix, 102
  Referenzinstallation, 216
Client/Server-Modell, 162
COBIT, 15, 91, 268
  Regelungsziele, 20, 52, 81, 111, 201, 259,
    267, 313
Code, bösartiger, 208
Cold Standby, 247
Compliance, 90
Computerkonto, 226
Computerräume, 37
Computer-Virus. *Siehe auch* Virus, 186
Configuration Items, 276
Configuration-Management, 297, 302
  Objekte, 305
  Revision und Berichtswesen, 310
  Soll-Ist-Abgleich, 309
ConsoleOne, 225
Contingency-Management, 326
Control-Umfeld, 84
Customizing, 246

D
Data Dictionary, 202
Data Loss Prevention (DLP), 154
Dateiformat, gefährliches, 189

Daten
  Entsorgung, 123
  personenbezogene, 55–56, 59
  Rekonstruktion, 76
  Schutzbedarf, 60
  schutzrelevante, 96
  Synchronisation, 333
  Wiederherstellung, 72, 78
Datenbank, 38, 49, 78
  Accounts, 243
  Administrator, 243
  anwendungsspezifische, 134
  Einrichtung von Benutzern/
    Benutzergruppen, 144
  Lotus Notes, 220
  Software, 243
Datenerhebung, 59
Datengeheimnis, 59
Datenschutz, 2–3, 6, 9, 31, 51
  Grundsätze, 58
  Verantwortlichkeiten, 61
  Verpflichtung, 59
Datenschutzbeauftragter, 28, 46
  Funktion, 57
Datensicherung, 28, 30, 35, 38, 40, 77
  Aufbewahrung, 316
  Domänen-Controller, 74
  Fristen, 76
  Refresh-Zyklen, 78
  Sicherungssoftware, 72
  Verpflichtung der Mitarbeiter, 70, 78
Datensicherungskonzept, 75
Datenträger, 37, 47
  magnetischer, 175
  mobiler, 176, 218
  optischer, 175
  ordnungsgemäßer Austausch, 71
  physikalisches Löschen, 175
  schutzbedürftiger, 197
  sicheres Löschen, 153
  Vernichtung, 73
    durch externe Dienstleister, 74
Datenübermittlung, 59
Datenverarbeitung, 58
  im Auftrag, 60
Default-Berechtigung, 220
Demilitarisierte Zone (DMZ), 241
Designspezifikation, 205, 271
Dienste-Administrator, 250
Dienstkonto, 233

Direktive HostnameLookups Off, 223
Disaster Recovery, 327, 330
   IT Contingency Plans, 314
   Planung, 323
DNS
   Clientabfrage, 249
   Server, 216, 249
Dokumentation, 2, 28, 33, 38, 42, 45, 192
   formelle, 86
   neutrale, 190
   Notfallmanagement, 318
   Rechteprofile, 103
   von Sicherheitsvorfällen, 95
   der Systemkonfiguration, 102, 190
      Router und Switches, 193
   technische, 100
   der Verkabelung, 194
   der zugelassenen Benutzer, 103, 190
Domänen-Controller, 74, 165, 227, 249
   Virenschutz, 249
Domino-Server, 220–221
Drucker, 155, 247

E
Echttest, 129
eDirectory-Struktur, 223
Einarbeitung/Einweisung neuer
      Mitarbeiter, 262
Einweg-Verschlüsselung, 141
E-Mail, 48
   Client, 189
   Nutzung, 198
      sichere, 197
Emergency Change, 294
Emergency Release, 302
Entsorgung
   bestimmter Daten, 54
   ordnungsgemäße, 151
   sichere von Equipment, 38
Escrow, 95
Evaluierung, 90
Event-Datenbank, 221
Executive-Management-Team, 325
Extrusion Prevention, 154

F
Fachbereichsmanagement, 118
Fallback/Backout Plan, 276

Fernadministration, 238
Festplattenpartition, 232
Filesystem, 222
Filterregel, 161
Firewall, 6, 40, 42, 44–45, 53, 147, 158, 161
   Administrator, 189
   Cisco Pix, 102
   Festlegung einer Policy, 159
   Integration von Servern, 160
   Protokollierungsserver, 182
   Proxy, 171
Forgotten Password, 232
Freigabeplan, 300
Fremdpersonal, 264–265
Funktionstrennung, 26–27, 86, 99, 118,
      131, 138

G
Gebäudesicherheit, 125
Gefährdung des Normalbetriebs, 136
Grundschutz, 1, 15, 104–105, 108,
      129, 211
Gruppenrichtlinien, 226

H
Hacking, 8
Handbuch, 191
Hard-und Software
   nicht freigegebene, 150
   Test, 156
   Überprüfung, 150
Hashfunktion, 141
Hausstandard, 135
Hinterlegung, treuhänderische, 95
HTTP-Proxy, 242

I
ID, 139
iMonitor-Tool, 224
Incident, 88, 277, 280
   Aktivitäten, 281
   Eröffnen von Tickets, 282
   Kommunikation, 282
   Management, 17, 95
Index-Datenbank, 175
Information Leakage Prevention (ILP), 154
Informationsabfluss, unerwünschter, 154

Informationsschutz, 149
Informationsserver, 160
Infrastruktur, 21, 24, 28, 36, 42, 55
    Baupläne, 189
    Funktionstests, 129
    Integrität, 91
    physische, 94
    technische, 158, 206
    Wartung, 273
Inplace-Upgrade, 233
Integrität, 1, 17, 31–32, 249
    COBIT, 54
    Schlüsseldaten, 69
    Sicherstellung, 98
    Standardsoftware, 152
Integritätsicherung, 196, 202
Integritätsprüfung, 175, 181
Integritätsverlust, 191
Internal Control, 90, 124, 206, 209, 260, 270
Internet Service Providers (ISP), 171
Intranet-Webserver, 160
Intrusion, 46
Intrusion-Detection-System, 175, 189
Intrusion-Response-System, 189
Investitionsprogramm, IT-unterstütztes, 203
IPSec-Kommunikation, 168
ITIL, 268, 283

K
Kabelführung, 176
Kennwort, 38
K-Fall-Handbuch, 212
Klimatisierung, 125
Knowledge Base, 285
Known Errors, 278, 285
Kommunikation, 1, 19, 59, 96, 108
    Änderungsantrag, 291
    mangelhafte, 99
    Schutzbedarfsfeststellung, 107
Kommunikationsdienst, 199
Konfigurationsänderung, 211
Konfigurationsdatenbank (CMDB), 300
Kontinuität, 121
Kontinuitätsplan, 289
Konto. *Siehe* Account
Kontrollmaßnahmen, 177
Kopierer, 155
Kosten-Nutzen-Analyse, 272
Krisen-Management, 323

Kryptokonzept, 31
Kumulationseffekt, 106

L
LAN, 192
    Manager-Authentisierung, 249
Laptop, 40, 217
Layer-3-Router, 240
Layer-3-Switching, 237
Least-Privilege-Strategie, 228
Lizenzverwaltung, 153
Logdaten, 215
Logging, 46, 157, 220
Loghost, 240
Log-in-Nachricht, 237
Lotus-Notes-System, 219

M
MAC-Address Notification, 239
Machbarkeitsstudie, 205
MAC-Locking, 239
Major Incident, 283
Management-Interface, 238
Managementsoftware, 180
Metakonfigurationsdatei, 163
Mirror-Server, 188
Mobiltelefon, 42
Modem, 44
    Viren, 44
Monitoring, 23, 124, 208
Multifunktionsgerät, 155

N
Need-to-know-Strategie, 228
NETBIOS-Funktion, 242
Netware Loadable Module, 223
    Directory Service (DS.NLM), 170
Network Address Translation, 219
Netzadministrator, zusätzlicher, 137
Netzdienst, 195
Netzmanagementkonzept, 162
Netzperformance, 193
Netzprotokoll, 192
Netz-Share, 219
Netzsituation, aktuelle, 103
Netztopografie, 192
Netztopologie, 192

Netzverwaltung, 137
Netzwerk, 6–7, 40, 171, 238, 248
  heterogenes, 42
  Management, 42
  nicht-vertrauenswürdiges, 158
  physikalisches, 42
  Schwachstellen, 104
  servergestütztes, 47
  Sicherheitscheck, 183
  Sicherheitsmaßnahmen, 44
  Verbindungen, 43
Netzzugang, ungesicherter, 172
Non-disclosure agreement. *Siehe*
    Vertraulichkeitsvereinbarung
Notbetriebsregelung, 180
Notes-ID, 221
Notes-Server, 219
Notfall, 322
Notfall-Changes, 208, 274
Notfallkonzept, 317
Notfallmanagement, 316
  Vertraulichkeit, 319
Notfallplanung, 202
Notfallübung, 184, 317
Novell Directory Services (NDS), 170
Novell-Netware-Server, 223
Novell-Netz, 148
Nutzer, 15, 36
  Account, 39
  externer, 38
  falscher, 32
  ID, 38
  Multi-User-System, 45

O
Offline-USV, 126
OpenVPN, 167
Operating Level Agreement, 120, 207
Organisationsstruktur, 260
Organizational Roles, 225
Out-of-Band-Management, 161, 238
Outsourcing, 35, 74, 113, 157, 247, 260

P
Paketfilter, 241
Passwort, 38–39, 140
  individuelles, 39
  Management, 39
  Speicher-Tool, 213

Passwortschutz, 146
Patch, 34, 98, 118, 138, 161, 229
  sicherheitsrelevanter, 173
  Sicherheitsrichtlinie, 35
  Verantwortlichkeiten, 35
Performance-Monitoring, 124, 209
Personal Firewall, 242
Personalrekrutierungsprozess, 114
Pflichtenheft, 168
Portal-Szenario, 147
Post-Installationsskript, 233
Poststelle, 133
Pre-implementation-Test, 292
Problem-Management-Audit, 287
Problemmanagementsystem, 278
Projektmanagement, 116
Projektperformance, 117, 269
Projekt-Stakeholder, 117, 269
Protokolldateien, 177
  eines Datenbanksystems, 178
Protokollierung, 88
  der Archivzugriffe, 186
Protokollierungsinformation, 122
Protokollierungsserver, 182
Prüfspur (audit trail), 276

Q
Qualitätsmanagement, 117, 261
Qualitätssicherungsplan, 273
Quell-IP-Adresse, 241

R
RAS-Server, 44
Rauchverbot, 129
Räume, 105, 265
  schutzbedürftige, 26
  technische, 37
Rechenzentrum, 139
Rechteprofil, 190
Rechtevergabe, restriktive, 149
Recovery-Mechanismus, 181
Recovery Point Objective, 323
Recovery Time Objective, 323
Recruiting, 261
Referenzinstallation, 216
Registry-Überwachung, 226
Release-Dokumentation, 301
Releaseerstellung, 299

Release-Freigabe, 300
Release-Management, 296
    Rollen, 297
Releaseplanung, 298
Remote-Administration, 215
Repository, 277
Request For Change, 279
Richtlinie, 124, 209
    ISO/IEC 20000 Standard, 280
    zur IT-Sicherheit, 24
Risikomanagement, 90
Rollen, 22, 27, 74, 83, 297
    Configuration-Management, 304
    kritische, 113
    Problem-Management, 284
    Zuweisung, 29
Rollentrennung, 268
Root Cause Analysis, 278, 285
Router, 39, 42, 101, 171, 237
    Außerbetriebnahme, 174
    Kontrolle, 179
    Software-Pflege, 174

S

Samba-Server, 172, 247
SAP, 6, 42, 101
    Benutzerkonto, 246
    Berechtigungen, 146
    Dreistufen-System, 244
    Einsatzplanung, 157
    Gui-Zugan, 147
    kritische Berechtigung, 213
    Security-Audit-Log, 246
    Sicherheitsrichtlinien, 209, 244
    vorgegebene Rollen, 213
Sarbanes Oxley Act (SOXA), 91
Schadprogramm, 130
Schattenkennwortdatei, 245
Schließanlage, 128
Schlüssel, 27, 36, 42, 53
    Archivierung, 69
    kryptographischer, 68, 168
    Schutz, 88
    Session Key, 69
    Vernichtung, 70
Schlüsselmanagement, 68
Schlüsselverwaltung, 128

Schulung, 195, 261
    vor Programmnutzung, 263
    zu IT-Sicherheitsmaßnahmen, 263
Schulungsrechner, 217
Schutzbedarf, 15, 27, 52, 96, 145, 193, 211, 320
    Feststellung, 105
Schutzschrank, 129
Security-Plan, 87
Segregation of Duties, 268
Server, 37, 101
    Aufbau, 40
    ID, 219
    Message-Block-Datenverkehr, 249
    Migrationskonzept, 214
    Protokollierung, 184
    sicherer Betrieb, 215
    Sicherheitsanforderungen, 214
    Windows, 156
Servereinsatzplanung, 154
Server Message Block (SMB) Message
    Signing, 172
Serverschrank, 129
Service Desk, 277, 285
    Funktion, 277
Service-Level, 207
    Performance, 120
Service Location Protocol, 224
Service-Management
    Richtlinie, 279
Sicherheitsanalyse, 109
Sicherheitsbeauftragter, 28, 74, 92
Sicherheitsbewusstsein, 97
Sicherheitseigenschaften, 210
Sicherheitsgateway. *Siehe* Firewall
Sicherheitskonfiguration, 233
Sicherheitskonzept, 25, 64, 93, 97, 160
Sicherheitsmanagement, 1, 25, 28, 30, 36–37,
    61, 91, 210
    Rollen, 92
    Verantwortlichkeiten, 92
Sicherheitsrichtlinien, 197, 209, 252
    Verankerung in der Organisation, 259
Sicherheitsupdate, 173
Sicherheitsvorfall, 109, 319
    Schulung der Mitarbeiter, 320
    Wiederherstellung der
        Betriebsumgebung, 321
Single-Point-of-Failures, 104

Sitzungsschlüssel, 70
Software-Bestandsverzeichnis, 150
Speichersystem, 183
Spyware, 122
Standardsoftware, 152
Standortwiederherstellung, 330
Stellenbesetzung, 260
Störfall, 31, 313
Stromversorgung, unterbrechungsfreie (USV), 126
Strukturanalyse, 100–101, 108–109, 209
Super-User, 236
    Log-in, 148
    Passwort, 132
Supervisor
    Account, 223
    Passwort, 133
Switch, 42, 101, 237
    Außerbetriebnahme, 174
    Kontrolle, 179
    Software-Pflege, 174
Systemabsturz, 181
Systemadministrator, 148
System-Changes, 275
Systemdatei, 149
System-Dokumentation, 190
Systemintegrität, 32
Systemkonfiguration, 102
    Dokumentation, 190
Systemmanagementsystem, 170, 179
Systemverwaltung, 148
Systemzugriff, 46

T
Terminal, 65
    Zugangsbeschränkungen, 147
Testumgebung, 275
Trojaner, 10, 188
Tunnel, 155

U
Überwachung, 123
Umgebungswiederherstellung, 329
Unix-System, 132, 148, 234
    Protokolldateien, 235
    Standardinstallation, 234
Unternehmensinformation, 202

Unternehmenskontrolle, 271
Update, 173
Update-Server, 138, 230
User. *Siehe* Nutzer

V
Verantwortlichkeit, 27
Verfügbarkeit, 1, 17, 31
    Anforderungen, 86
    Sicherstellung, 98
Verkabelung, 176
    Dokumentation, 194
Verschlüsselung, 19, 41, 45, 52, 54, 67, 71, 123, 199, 256
    Einsatz, 67
    Ende-zu-Ende, 241
Verschwiegenheitserklärung, 265
Versionskontrolle, 118, 153, 274, 292
Verteilungsplan, 300
Vertraulichkeit, 1, 17, 22, 31, 145
    Sicherstellung, 98
Vertraulichkeitsvereinbarung, 136
Vertretung, 85, 115
Vertretungsregelung, 136
Verzeichnisdienst, 41, 74
    Absicherung der Kommunikation, 250
    Außerbetriebnahme, 164
    Auswahl von Komponenten, 248
    eDirectory, 224
    Multi-Master-Replikation, 248
    Partitionierung, 248
    Schnittstellen, 163
    sichere Installation, 164
    sichere Konfiguration, 249
    Überwachung, 165
    Verwaltung, 163
Videoüberwachung, 127
Virenscanner, 6, 175, 188
    residenter, 198
Virenschutz, 122, 187
Virus, 5, 8, 33, 152, 187
    Schutzkonzept, 31
    Schutzprogramm, 130
    Suchprogramm, 187
VPN, 7, 31, 41, 45, 155, 218, 251
    Einsatzplanung, 166
    Konfiguration, 251

Notfallplan bei Ausfall, 321
Sicherheitsgrundfunktionen, 250
technische Realisierung, 166

W
WAN, 192
Webserver, 48, 222
Web-Zugriff, 221
Wechseldatenträger, 218
Wechselmedien, 212
Whitelist-Strategie, 241
Wiederherstellung, 54, 123, 208
    von Applikationsdaten, 332
    von Assets, 29
    automatische, 86
    funktionale, 333
    der Hardware, 330
    der Monitoring-Plattformen, 333
    der Netzwerke, 330
    des Schutzes, 96
    der Software, 331
    von Standorten, 329
    der Unternehmenswerte, 261
Wiederherstellungsplan, 324
Wiederherstellungstest, 315
Windows, 230
    Client, 234
    NT 4.0, 233
    Server 156, 184, 231, 2003
    Service Pack, 230
    Vista, 231
        Benutzerkontensteuerung, 231
        Wechselmedien, 231
    XP-System, 226
        Remotedesktop, 229
Wissensaufzeichnung (knowledge capture), 261
Wissenstransfer, 118, 206, 274

WLAN, 107, 151, 168
    Komponenten, 169
    Management-Software, 239
    Sicherheitsrichtlinien, 151
WWW-Server, 171

Z
Zertifikatsserver, 225
Zugang, 2, 39, 51
    externer, 218
    funktionsbasierter, 125
    Kontrolle, 36
    physikalischer, 33, 125
    Remote Access, 39, 44
    Windows-XP-System, 226
Zugangskontrolle, 145
Zugriff, 2, 146
    Active Directory, 227
    Client, 41
    direkter, 37
    Freigaben, 86
    lesender, 182
    physikalischer, 36
    unautorisierter, 32
    unbefugter, 51
    unberechtigter, 31
    Verzeichnisdienste, 249
Zugriffsberechtigung, 87, 207
Zugriffskontrolle, 145
Zugriffsliste, 220
Zugriffsrechte, 139
Zutritt, 2, 51
    Beschränkungen, 101
    für Besucher, 36
    zum Serverraum, 37
    unbefugter, 62
Zutrittsberechtigung, 138

Ihr Bonus als Käufer dieses Buches

Als Käufer dieses Buches können Sie kostenlos das eBook zum Buch nutzen. Sie können es dauerhaft in Ihrem persönlichen, digitalen Bücherregal auf **springer.com** speichern oder auf Ihren PC/Tablet/eReader downloaden.

Gehen Sie bitte wie folgt vor:
1. Gehen Sie zu **springer.com/shop** und suchen Sie das vorliegende Buch (am schnellsten über die Eingabe der eISBN).
2. Legen Sie es in den Warenkorb und klicken Sie dann auf: **zum Einkaufswagen/zur Kasse.**
3. Geben Sie den untenstehenden Coupon ein. In der Bestellübersicht wird damit das eBook mit 0 Euro ausgewiesen, ist also kostenlos für Sie.
4. Gehen Sie weiter **zur Kasse** und schließen den Vorgang ab.
5. Sie können das eBook nun downloaden und auf einem Gerät Ihrer Wahl lesen. Das eBook bleibt dauerhaft in Ihrem digitalen Bücherregal gespeichert.

EBOOK INSIDE

eISBN
Ihr persönlicher Coupon

Sollte der Coupon fehlen oder nicht funktionieren, senden Sie uns bitte eine E-Mail mit dem Betreff: **eBook inside** an **customerservice@springer.com**.

978-3-658-18205-2
GgcxSYb9TrY3kbC